失序与迷茫

大变局下欧洲的未来

张　健◎著

DISARRAY AND BEWILDERMENT

The Future of Europe under Great Changes

时事出版社
北京

图书在版编目（CIP）数据

失序与迷茫：大变局下欧洲的未来／张健著．—北京：时事出版社，2021.5

ISBN 978-7-5195-0413-7

Ⅰ.①失…　Ⅱ.①张…　Ⅲ.①政治—研究—欧洲②欧洲经济—经济发展—研究③欧洲联盟—经济发展—研究　Ⅳ.①D750.0②F150.4

中国版本图书馆CIP数据核字（2021）第030352号

出版发行：时事出版社
地　　址：北京市海淀区万寿寺甲2号
邮　　编：100081
发行热线：（010）88547590　88547591
读者服务部：（010）88547595
传　　真：（010）88547592
电子邮箱：shishichubanshe@sina.com
网　　址：www.shishishe.com
印　　刷：北京良义印刷科技有限公司

开本：787×1092　1/16　印张：24.75　字数：368千字
2021年5月第1版　2021年5月第1次印刷
定价：98.00元

序

今天我们讨论国际格局和世界秩序，往往首先想到中美关系，接着会思考中美俄、中美日；思考国家安全和发展战略，也多从周边入手，从发展中国家着手。欧洲长期是一个既不特别重要又不十分显眼的存在。这显然既不符合欧洲在世界格局中的应有位置，也不适应新时代中国外交的发展变化。

而世界百年未有之大变局，说到底，指的是从 1648 年威斯特伐利亚体系以来世界秩序发生的翻天覆地的变化。威斯特伐利亚体系的源头正是欧洲，欧洲是近现代国际体系的缔造者。维也纳、凡尔赛、雅尔塔，左右着世界数百年的格局之变。站在百年未有之大变局新的历史关口，蓦然回首，发现“终点又回到起点”，许多答案还得从欧洲寻找。

我们今天所处之大变局，是经济全球化、政治多极化、社会信息化、文化多样化、威胁多元化同频共振、相互激荡的结果；是国内国际两个大局、发展与安全两件大事紧密相连、相互联动的反应；是第三次科技革命仍在继续，第四次科技革命却又先期到来的巨大冲击；是网络时代、数字时代、社交媒体时代带来的新变革、新机遇、新问题与惯性思维、既定模式、传统管理滞后之间的矛盾冲突；是既有国际体系面临冲击、而新的国际秩序仍未搭建所带来的前所未有的不确定感、焦虑感和惶恐感。

与全球所有行为体一样，欧洲也处于这样一个大变局之中。

欧盟是欧洲一体化的图腾，欧洲复兴的希望。作为经济总量世界第二、现代化水平程度最高、全球治理水平和能力最强的主权国家联合体，欧盟也是维护世界秩序稳定或重构世界新秩序的重要力量。欧洲虽不比四百年前具有引领世界大势的能量，却仍然具有左右大国力量平衡、决定世界未来方向的独特分量。中国认同欧盟作为世界政治一极、文明一极、经济一极的巨大作用，也希望通过深化中欧合作共同维护世界秩序的稳定。

然而，自冷战结束后，“欧盟往何处去”就一直困扰着欧洲各国领导人，美国人所形容的“经济巨人、政治矮子、军事侏儒”状况虽有所改观，但总体而言，欧盟要在国际政治舞台上发挥更大作用还面临不少困难。高福利制度和移民带来的社会问题，金融危机和债务危机的后遗症问题，恐怖主义和隐然再现的“文明冲突”问题，乌克兰危机折射出的战略安全困境，英国脱离欧盟再次凸显出的分与合的问题，新冠肺炎疫情的考验等等，显示“后现代”的欧洲也免不了“战争与和平”“发展与复兴”，甚至“生存与死亡”等“现代国家”习以为常的那些烦心事儿。总之，大变局之下，欧洲未来发展方向的不确定性前所未有。

全球大变局正在深入演进，欧洲内部也在发生深刻变化，欧洲之变与世界之变互为因果、相互影响，二者互动将很大程度决定欧洲的未来。这既是一个分与合的问题，即欧洲是将走向更为紧密的一体化，让欧盟具有更多主权国家性质，还是在内外不断增大的压力之下走向分崩离析；又是一个主与从的问题，即欧洲果如马克龙、默克尔等政治家所言将走向“战略自主”，还是囿于现实依然无法摆脱对美国的战略依附。这是一个有关世界秩序重构的重大战略性问题。

张健博士在其新著《失序与迷茫——大变局下欧洲的未来》一书中，对欧洲进入 21 世纪以来所发生的重大事件和社会现象进行了详细的梳理，对欧洲与世界互动方式变化背后的原因进行了深入分析。作者虽未明确给出欧洲是走向“合众国”还是再次走向分裂的明确结论（事实上也无法给出），但清晰展现了一条大变局之下欧盟的上下求索之路：欧盟在开放还是保护、欧洲主义还是国家主义、战略自主还是仰人鼻息之间犹疑、摇摆，难以抉择、莫衷一是。但欧盟的“欧洲道路”，也就是所谓“第三条道路”，不论其结局如何，这一追求过程本身就将对欧洲和世界产生重要影响。

因此，张健博士的研究，丰富了我们对欧洲的认识，加深了我们对大国博弈中欧洲角色的理解，有助于我们更好地处理中欧关系、更好地融入世界。这就是《失序与迷茫》一书的贡献所在。

张健博士是中国现代国际关系研究院欧洲研究方向的带头人，从事欧洲研究已 20 年，勤奋刻苦，治学严谨，低调内敛，很具有“东风人”的特质。这部著作是作者在繁忙的日常工作之余完成的，体现了作者扎实的专业基础和深厚的学术功底。祝贺该书的出版，也为现代院学者不断取得新的学术成就感到欣慰。

袁　鹏

中国现代国际关系研究院　院长

2021 年 4 月于北京万寿寺

目录

Contents

下编　分合之辩

前　言

欧洲曾经雄霸世界400年，但两次大战让其成为“屠宰场”，死伤无数，不仅实力大损，也让其阴暗与丑陋面暴露无遗。欧洲不仅失去对世界的控制权，甚至无法主宰自身的命运，从历史的主角沦为配角。

二战后，为避免战争的一再重演，西欧国家做出了一个重大的战略抉择，告别了民族主义，也告别了千余年来的相互仇杀，走上了一体化道路，拥抱欧洲主义，携手和平发展，在两极秩序中找到了一条独特的道路。自此，“欧洲的未来”就一直是一个难以回答、又令人着迷的问题。欧洲将最终成为一个类似美国的“欧洲合众国”吗？欧洲的边界最终会定在哪？欧洲会一直向前走吗，会不会发生倒退，会倒退至何种程度？不同的人可能会给出不同的答案。但总体看，应该说，欧洲人自从走上一体化道路后，对未来就充满了信心。

冷战结束后，西欧更是满怀豪情，创立欧元，谋划东扩，一体化洋溢着乐观主义情绪。在这期间，尽管欧洲内部时有分歧和矛盾，但外界对于欧洲一体化向前走的信心并未根本动摇，“危机驱动论”仍是对欧洲一体化的主流看法。

进入21世纪以来，欧洲眼中的“祥和”世界逐渐开始支离破碎，到如今的“面目全非”。欧盟和欧洲一体化一再受挫，频遭危机，从宪法危机到债务危机、乌克兰危机、难民危机、恐怖主义、英国脱欧、新冠肺炎疫情，可谓风雨飘摇，大厦将倾。失序的欧洲遭遇世界大变局，俄罗斯再成“威胁”，欧洲安全秩序崩塌，冷战阴云密布；美国变得陌生，是盟友，但更多时候已成为破坏性的力量和对手；中东乱上加乱，非洲暗流涌动，变故随时可能发生。

在欧洲最需要团结一致的时候，英国脱欧，这是欧洲一体化空前但可能并不是绝后的大倒退。更多的人对欧洲未来有了更多的疑虑，欧洲内部失败主义情绪弥漫，外界悲观主义抬头。欧洲处于迷茫、彷徨之中，不知下个危机会什么时候爆发，也不知欧洲一体化究竟将走向何方，欧盟的未来到底会怎样。总之，欧洲面对的是一个自二战以来从未有过的大变局。欧洲是世界大变局的一个重要组成部分和重要推动因素，而一个急剧变化中的世界又将深刻影响欧洲形势的发展演变，二者相互作用，互为因果。

从目前形势发展来看，欧洲似乎正远离世界地缘政治中心，相对边缘化的趋势可能难以逆转，这正是当下欧洲人的焦虑所在。一个无可挽回的事实是，欧洲占全球人口及 GDP 的比例从过去几十年一直在持续下降，到 2050 年时，在全球最大的七个经济体中将无一欧洲国家。

欧洲在世界政治中趋于边缘化的一个重要迹象是，中美博弈对世界政治发展的"牵引力"[①] 上升，欧洲人发现，自己正在成为地缘政治的角逐场而非角逐者，[②] 面临选边站队的强大压力，也就是说，欧洲在一定程度上已经无法主宰自身命运。过去十余年，特别是自特朗普执政以来，中美竞争加剧，美国启动了"全政府"对华遏制模式，包括拉拢、胁迫欧洲与美国一起共同遏制中国。应该说，欧洲与美国一样，对中国有相似的诉求，包括在知识产权保护、市场开放、所谓不公平竞争以及价值观等方面，但中欧分歧和矛盾可以在对话中解决，中欧事实上在国内发展及国际事务上有越来越多的共识。但美国的全力施压，比如威胁停止情报共享、从欧洲撤军等等，迫使欧洲国家选边站队，也就是与美国站在一起对华施压。5G 就是一个代表性案例。美国为打压华为，无所不用其极，以莫须有的国家安全问题为由，要求欧洲国家拒用华为。欧洲国家虽然声称自主决策，实际上基本屈从了美国的意愿，做出了明确或事实上禁止使用华为 5G

---

① 参见袁鹏："新冠疫情与百年变局"，《现代国际关系》，2020 年第 5 期，第 3 页。

② Jacopo Barigazzi, "Borrell urges EU to be foreign policy 'player, not the playground'," December 9, 2019, https://www.politico.eu/article/on-foreign-policy-josep-borrell-urges-eu-to-be-a-player-not-the-playground-balkans/.

产品的决定。2020 年英国约翰逊政府在华为 5G 问题上的出尔反尔，就表明了欧洲国家在美国的压力之下主权及自主性的缺失。毫无疑问，美国为维护霸权地位，不惜损害自身经济利益也要打压华为和中国高科技产业，推动“脱钩”。但欧洲并不愿意与中国“脱钩”，不愿在中美之间选边站，因为中国经济的发展、科技上的进步对欧洲来说也是机会。打压华为，并非欧洲主动政策选择，很大程度上是美国施压的结果，事实上严重损害了欧洲国家自身的经济利益，也损害了中欧关系。

欧洲在世界政治中趋于边缘化的另一个重要迹象是，在至关重要的周边安全问题上，欧洲已经在较大程度上沦为看客。对欧洲来说，其大周边包括非洲、中东、东欧在内，安全与发展问题越来越突出，难民、非法移民以及恐怖主义甚至传统军事安全等问题对欧洲构成越来越大的压力，可以说是欧洲的核心关切。但就是在这一核心关切问题上，欧洲越来越无法主导地区事务发展。2020 年 10 月爆发的阿塞拜疆和亚美尼亚在纳卡问题上的冲突，基本上是由俄罗斯和土耳其两个欧洲边缘的国家在做决定，欧盟和德、法等国无法也无力介入。欧洲“曾经在 2008 年无助地看着俄罗斯入侵格鲁吉亚、2014 年分割乌克兰，如今在纳卡战事上再次靠边站，眼看着俄罗斯在东欧地区再次获得地缘政治的胜利”，而毫无办法，最后只能接受既定事实。在叙利亚和利比亚等战乱国家，也是俄罗斯和土耳其在起主导性和决定性作用。法国 2020 年试图在黎巴嫩大爆炸后的重建问题上发挥重要作用，马克龙总统本人也付出了极大的政治资本，但也无功而返。在伊朗核问题、巴以和平等问题上，欧洲更是只能看美国眼色，寄希望于美国回心转意。在乌克兰问题上，欧洲必须服从美国和北约的战略意图，即使法国、意大利甚至德国在内均有强烈改善与俄罗斯关系的意愿，也无法付诸行动。对地区重要国家土耳其，欧洲向来执行既拉拢又拒止的政策，但随着欧洲困境的加剧以及土耳其自信心的上升，土耳其已经基本脱离了欧洲的掌控，并与希腊、塞浦路斯、法国等欧盟国家在诸多问题上形成尖锐对立。

更重要的是，欧洲一体化倒退风险增大，这将削弱欧盟国际地位，这是欧洲在世界政治中趋于边缘化的又一重要迹象。2016 年，英国公投脱欧，对欧盟投下震撼弹，2021 年 1 月 1 日，英国在结束过渡期后，正式完全脱离欧盟，与中、美、俄一样，成为一个欧盟外国家。而且，从长期来看，英国对欧盟构成的挑战和威胁将远远超过欧盟眼中的中、美、俄等国。但欧盟迄今仍不愿接受、也不愿面对这一现实，并未对英国这样一个有重要影响力的国家宁愿承受巨大经济损失也要离开欧盟做深入检讨，而是基本上将脱欧原因归咎于英国国内政治。应该说，二战后启动的欧洲一体化进程取得了重大成功，解决了欧洲的战争与和平问题，将分散的欧洲国家凝聚起来，欧盟凭借其巨大的单一市场、共同的贸易政策和货币政策（欧元区）、强大的规则制定能力（即所谓“布鲁塞尔效应”），成为一支不容忽视的世界性力量。但与此同时，欧盟内部问题逐渐累积，南北经济分化形成鸿沟，难以弥合，东西价值观矛盾冲突加剧，民粹主义、国家主义思想泛滥，欧盟层面的民主赤字与成员国民主的被限制、被剥夺更是形成难以克服的巨大冲突，这些都严重削弱了欧盟的凝聚力和行动能力。英国脱欧是第一例，但很难说这就是最后一例。正因为如此，欧盟 2016 年发表其最新一份全球战略时就已经宣称，“我们生活在一个面临生存危机的时代”“我们的联盟遭受威胁”“带来了和平、繁荣和民主的欧洲计划受到怀疑”①。

欧洲曾经辉煌，是一个生机勃勃的地方；现在遭遇困境，虽仍然富裕，却日显老迈；欧洲是如何走到这一步的，未来能否焕发新机、再创辉煌？这是一个需要认真研究的重大问题。回首来时路，特别是看看过去 20 年欧洲变局和世界变局的发生和演变，看看二者的相互激荡，对大变局下欧洲的未来应该会有一个更客观、更全面的把握。

---

① “Shared Vision, Common Action: A Stronger Europe, A Global Strategy for the European Union’s Foreign And Security Policy,” June 2016, https://eeas. europa. eu/archives/docs/top_ stories/pdf/eugs_ review_ web. pdf, p. 7.

上编　欧洲之变

第一章

宪法危机——精英政治终结的开始

人类进入21世纪后，欧洲政治人物也希望欧盟和欧洲一体化能有新气象和新发展，开始考虑为欧盟制定一部宪法条约，这是欧洲一体化史上最为雄心勃勃的工程，其根本目的是想将建设一个“超级国家”的理想以宪法条约的形式固定下来，体现了欧洲人对过去50年一体化成就的骄傲以及对未来一体化发展的热情和憧憬。从20世纪下半叶开始的欧洲一体化从一开始就是精英主导，制定宪法条约可以说是欧洲一体化精英政治发展的最高点，2005年开始的宪法危机从根本上冲击了欧盟的这一发展模式，自此，欧盟进入了一个民粹主义逐渐兴起的新时期，极大地影响了21世纪头20年欧盟和欧洲一体化的发展。

第一节　精英主导的条约创立与修订

欧盟从根本上讲，是一个国际组织，其机制、权力与运行基于一系列国际条约，这些国际条约就是欧盟的根本大法，相当于一个国家的宪法，欧盟所有的法律、规则、指令、判决等等均来源于此。欧盟的作为绝对不能超出条约之外，必须严格依法办事。有欧洲学者声称，“欧洲一体化是一项由政治精英主导的、强加给人民的工程”①。通过持续的签订条约、修

---

① Roger Bootle, “Making a Success of Brexit and Reforming the EU, the Brexit edition of The Trouble with Europe,” 2017, p. 329.

改条约，欧盟也逐步的深化和扩大。法律与欧洲一体化密不可分，用欧盟委员会首任主席、德国人哈尔斯坦的话来说就是，“法律取得了欧洲几个世纪的铁和血所未能取得的成就”①。

从某种程度上讲，哈尔斯坦的话是对的。欧洲曾经雄霸天下400年，文化发达、科技先进、工业强大，武力更是一流，靠船坚炮利征服全球84%的领地②。但令人惊奇的是，欧洲从未统一，争霸全球的都是“小国”。作为除大洋洲之外世界上面积最小的洲，却四分五裂，自成一体的国家单元曾多至数千个，至今欧洲大地上仍星罗棋布49个国家，而且未来极可能产生新的国家。另外一个让人惊奇的事实是，虽然世界上其他文明也经历过动荡、战争和毁灭，但从尚武精神、战争频度和烈度、战争的国际影响看，欧洲无人能及。一方面是文明的高度发达，另一方面是战争的残酷和野蛮。这一切直到二战结束，欧洲开始改天换地。拿破仑和希特勒靠战争没能做到的事，欧洲正通过一体化、通过法律努力去实现，这就是欧洲的融合和统一。

欧洲一体化的发展过程简单而言就是欧盟委员会和欧洲议会等超国家机构扩大权力的过程，也就是成员国向欧盟让渡主权，让自己在更多政策领域接受欧盟机构监管的过程。比如，在对外贸易、竞争政策、渔业政策、货币政策（欧元区）等领域，欧盟有所谓专享权力，因为成员国已经将这些政策领域的主权让渡给了欧盟机构。在签订和修改条约以让渡主权的过程中，有些国家比如英国可能会感觉不安，但由于欧洲一体化的每一步都是小心翼翼，每一步看起来都是为了解决新出现的危机或问题，因此成员国往往无法拒绝这种切香肠式的权力割让，这就是即谓的“危机驱动论”，也即“莫内模式”，它无法明言欧洲一体化的最终目的，但其潜在的逻辑就是让欧盟逐渐变成一个超级国家。欧盟在20世纪下半期的一体化进程就是这样一个模式。但在这一进程中，民众基本上没有发言权。

---

① Joris Larik, “Foreign Policy Objectives in European Constitutional Law,” Oxford University Press, 2016, p. 8.

② ［美］菲利普·霍夫曼著，赖希倩译：《欧洲何以征服世界?》，北京：中信出版集团，2017年版，第2页。

欧盟的历史始于二战结束之后，1946 年 9 月 19 日，英国首相丘吉尔在瑞士苏黎世大学发表著名的演讲《欧洲的悲剧》，提出欧洲想要重获和平与自由，就必须建立一个“欧洲合众国”，吹响了欧洲一体化的号角。当然，丘吉尔的“欧洲合众国”里并不包括英国，主要是敦促德法和解与合作建设欧洲，英国与英联邦将与其并行发展；而且，这一“欧洲合众国”是一个主权国家的联盟，并不是法国人莫内等人所主张的联邦式国家。

随着冷战的深入发展以及处理德国问题的需要，莫内看到了从煤钢起步，建立超国家机构推动欧洲向联邦化发展的机会。他起草了一份欧洲建设的备忘录，并想方设法送交给时任法国外长舒曼。舒曼全盘接受了莫内的计划，并于 1950 年 5 月 9 日以召开新闻发布会的形式发表一份声明①，向全世界公布了莫内的计划，这一天后来成为欧盟的官方纪念日“欧洲日”。1951 年 4 月 18 日，欧洲六国德、法、意、荷兰、比利时、卢森堡签署了建立欧洲煤钢共同体的《巴黎条约》，这一条约创立了超国家机构“高级机构”，设立了部长理事会、仲裁法庭以及代表大会，欧盟后来的机构均脱胎于此。

在《巴黎条约》谈判期间，朝鲜战争爆发，德国重新武装问题更为紧迫。美国对法国施加压力，要求法国提出武装德国的方案，不然美国将撇开法国武装德国。在这一背景下，莫内又提出了一项旨在建立欧洲防务共同体的建议，并交给了时任法国总理普列文，普列文于 1950 年 10 月 24 日在法国国民议会内公布了这一计划，史称“普列文计划”，其要点是，建立一支欧洲军，由一名欧洲国防部长和部长理事会领导，建立共同的预算和军备采购。在美国和英国的强力保证下，欧洲煤钢六国在 1952 年 5 月 27 日签署了《欧洲防务条约》。为加强欧洲共同防务的民主性，六国同意设立一部法律以创建一个欧洲共同体，包括设立一个“欧洲政府”、参众

① 声明是这样说的，“成立一个其他欧洲国家都能参加的组织，它把德、法的全部煤钢生产置于它的高级联营机构的管制之下”，这种“煤钢生产的联合经营将直接保证建立一个经济发展的共同基础，这种共同基础是欧洲联邦的最初形态”，“以这种方式建立起来的生产联营将清晰地表明，德法之间的战争不仅不可想像，而且实际上也不可能发生”。参见洪邮生：《英国对西欧一体化政策的起源和演变（1945～1960）》，南京：南京大学出版社，2001 年版，第 72 页。

两院等。这一法律草案于1953年3月9日得到六国批准。欧洲政治精英在表决这一草案时引用了1787年乔治·华盛顿向美国国会提交美国宪法时的讲话，称欧洲人也希望能有同样的成功①。但《欧洲防务条约》在法国遭遇极大阻力，议会内反弹强烈，军人和知识群体也是一片反对声，戴高乐也毫不掩饰对这一条约的敌意。1954年8月30日，当法国政府最终将这一条约交付议会表决时，条约遭到否决。欧洲建设防务共同体的努力失败，这一失败宣告了战后初期盛行的联邦主义的破产，欧洲一体化的政府间主义成为主流。

1957年3月25日，欧洲六国（德、法、意、荷兰、比利时和卢森堡）在意大利首都罗马签订了建立欧洲原子能共同体和欧洲经济共同体的条约，即《罗马条约》，正式启动欧洲一体化。这一条约在很多方面已经有了宪法性质，规定了各机构的目的和职能，欧盟委员会、部长理事会、欧洲议会以及欧洲法院等主要机构基本成型。建立欧洲经济共同体的条约在其序言中声称，要建设一个“日益紧密的联盟”。在随后的几十年时间里，欧盟又陆续出台了诸多条约。

《单一欧洲法令》签订于1986年2月28日，1987年7月生效，这是欧盟对《罗马条约》的首次修订。尽管这一法令的目的在于完善单一市场，但正如其名，这是欧盟朝向“单一欧洲”的关键一步。法令扩大了欧共体的职能领域，欧盟获得环境、卫生和健康等事务的立法权；更多领域适用特定多数表决；扩大欧洲议会的权力；提出了建立欧洲经济和货币联盟的目标。

《马斯特里赫特条约》（《欧洲联盟条约》）签订于1992年2月7日，这一条约最主要的成就是创立了单一货币欧元，成立了欧盟，条约再次大幅拓展欧盟管辖领域，另外30个领域适用特定多数表决，引入共同外交与安全政策，司法与内务上的合作等等，由于这一条约是对《罗马条约》的大幅度修改，一些国家需要以全民公决的形式进行批准。这也是欧盟条约的修改首次遭遇全民公决。1992年6月2日，丹麦全民公决以50.7%对

---

① Richard T. Griffiths, “Europe's First Constitution – The European Political Community, 1952 – 1954,” London, Federal Trust, 2000, p. 93.

49.4%的比例否决了《马斯特里赫特条约》，显示民众对精英主导的一体化不满情绪上升。为了表明法国对条约的支持，密特朗政府决定以全民公决而不是议会通过的形式批准该条约，1992 年 9 月 20 日，法国举行全民公决，结果只以 51.05%对 48.95%的比例通过，让法国和欧盟倒吸一口凉气。尽管最终丹麦在获得不加入欧元的许可后，在第二次全民公决中批准了该条约，但形势发展已经显示，精英主导的一体化工程与民众的需求差距正日渐拉大。1993 年 11 月 1 日，《马斯特里赫特条约》才正式生效。

《阿姆斯特丹条约》签订于 1997 年 10 月 2 日，这是欧盟历史上第三次对基础条约作出重要修改，旨在完成《马斯特里赫特条约》在外交与安全政策、司法与内务合作、机制改革等领域未能完成的任务，并为世纪东扩做准备，但由于各国分歧巨大，条约成果非常有限。

进入 21 世纪以后，欧盟迫在眉睫的重大问题是如何应对中东欧国家的入盟申请，由于欧盟将要从 15 国扩大到 25 国甚至更多国家，必须要进行机制体制的修订，以适应欧盟扩大后的新形势。《尼斯条约》很大程度上是想要解决这一问题。2000 年 2 月 14 日，欧盟 12 国正式开始谈判，12 月 11 日，各国达成妥协完成谈判。回头看，欧盟当时出于政治原因所做的东扩决定，给欧盟带来了重大后果。2001 年一份民调显示，支持东扩的民意很低，只有 34%，[①] 这表明欧盟社会并未做好接纳新成员国的准备，政治精英强行东扩招致民众反感。但该条约除搞了一套理事会内复杂的投票机制外，并无建树。2001 年 6 月 8 日，爱尔兰公投以 53.9%的比例拒绝了《尼斯条约》，尽管投票率只有 32%。爱尔兰按人口比例看是欧盟成员国中得到欧盟各种补贴最多的国家，爱尔兰也是最为积极的亲欧主义者。但这仍然不能改变爱尔兰对欧盟过多干预本国政治和经济事务的恐惧，并以此为由拒绝了《尼斯条约》。直到 2003 年 2 月 1 日，《尼斯条约》才正式生效。否决已经给四年后宪法条约的批准蒙上了阴影。只是当时欧盟并不想承认欧盟这一政治精英工程不受民众欢迎这一现实。一名荷兰高级官员当时曾私下表示，如果荷兰也就《尼

---

① Christopher Booker and Richard North, *The Great Deception*, Third Edition, Bloomsbury, 2016, p. 474.

斯条约》举行公投，也将被否决[①]。

因此，《尼斯条约》生效不久，2001 年 12 月，欧盟就宣布，将要拟定一部宪法。欧盟当时的想法是，要以这部宪法条约取代欧盟之前的所有条约（将此前欧盟签订的所有条约的内容全包括进来）并就欧盟的机制发展做出新的修订。随后，由法国前总统吉斯卡尔·德斯坦牵头，成立了由各国议会和政府、欧洲议会、欧盟委员会代表及一批专家和观察员组成的制宪大会。在这一历史性时刻，有很多评论将其类比为 1787 年在费城召开的持续 5 个月起草美利坚合众国宪法的制宪大会。吉斯卡尔·德斯坦在 1997 年首次提出这一类比，2003 年 2 月访美时做了进一步的说明。但事实上，两次制宪会议有着根本性不同。2003 年 7 月，在经过反复的谈判和妥协后，制宪大会历时 16 个月完成了欧洲宪法草案。2004 年 6 月 18 日，欧盟领导人通过了宪法的最后文本。2004 年 10 月 29 日，欧盟 25 国领导人在意大利首都罗马举行了欧盟历史上首部宪法的签署仪式，向全球送出欧盟已“长大成人”[②] 的明确信号。

但宪法条约要最终生效，还需得到各国议会或全民公决的批准。早在 2003 年，英国右翼媒体和保守党对宪法条约表现出极大的敌意，《每日邮报》称其为“暴政的蓝图”；《每日电讯报》称欧盟正在将其变成一个“单一国家”；《太阳报》称其为“英国历史上最大的背叛”，称布莱尔“即将签掉英国 1000 年的主权”。民调显示，84% 的人支持以全民公投的形式批准宪法条约，61% 的人认为英国为避免向欧盟出让更多主权应该考虑脱离欧盟[③]。正因为如此，英国布莱尔政府迟迟不敢决定是否将宪法条约交由议会批准。最终，布莱尔屈从于反对党和民意压力，2003 年 4 月 20 日，布莱尔在议会发表讲话称，“现在是一劳永逸地决定是否英国应该留在欧洲决策的中心，还是位于其边缘的时候了，让我们把问题提出来，让

---

① Christopher Booker and Richard North, *The Great Deception*, Third Edition, Bloomsbury, 2016, p. 475.

② Javier Solana, “Toward a united European voice,” International Herald Tribune, October 30, 2004.

③ Christopher Booker and Richard North, *The Great Deception*, Third Edition, Bloomsbury, 2016, p. 504.

我们打响战斗”。布莱尔没有使用“全民公投”这一词，但人人都明白布莱尔准备将批准宪法条约与是否留在欧盟关联在一起搞一次全民公投。这将是一次极为大胆的赌博。当时民调显示，只有 16% 的英国人支持该条约，而 53% 的人反对。后面的事态发展是，法国和荷兰否决了宪法条约，宪法条约宣布死亡，英国也就不用搞全民公投了。可以说，法国和荷兰挽救了布莱尔，也拖延了英国的脱欧时刻。直到 13 年后的 2016 年，英国民众才有机会就是否留在欧盟发表意见。

2005 年 5 月 29 日，法国全民公投以 55% 对 45% 毫无争议的比例否决了《欧盟宪法条约》。一名爱尔兰记者就此写道：“欧盟的标志就是不尊重民主和人民的意愿，他们被认为只会带来不方便。欧盟将不管这些继续前进。我们爱尔兰人曾经也说过‘不’，但事实上，我们被告知下次要投正确的票。让我们羞愧的是，我们照做了。”① 法国举行全民公投后，欧盟和几乎所有成员国都认为，条约的批准程序将继续进行。6 月 2 日，荷兰举行全民公投，尽管荷兰政府、政党、媒体、工会等全力支持，宪法条约仍以 61.6% 对 38.4% 的比例被否决，这是荷兰民众对荷兰整个体制的断然拒绝。尽管欧洲政治精英仍不愿相信这一结果，不愿面对现实。但很显然，法国和荷兰作为欧盟两个重要的创始国，特别是法国还是欧盟的核心大国，不可能遭受爱尔兰或丹麦似的待遇，欧盟宪法条约在当前状态下已经宣告死亡。这部曾耗费欧盟无数心血的宪法条约胎死腹中，这就是所谓的“宪法危机”。

随后几年，欧盟各国采取换汤不换药的方式，即去掉了有主权象征意味的表述，比如宪法、欧盟总统、欧盟外长等，保留了绝大多数宪法条约的实质性内容，形成了所谓简版的宪法条约。2007 年 10 月 18—19 日，欧盟峰会在葡萄牙里斯本举行，通过了这一简版条约，并以里斯本命名，即《里斯本条约》。但《里斯本条约》的批准之路也不顺利。2008 年 6 月 12 日，爱尔兰公投高票否决了《里斯本条约》，欧盟继 2005 年遭法国和荷兰否决《欧盟宪法条约》后，又一次遭受重大打击。直到 2009 年底，《里斯

---

① Christopher Booker and Richard North, *The Great Deception*, Third Edition, Bloomsbury, 2016, pp. 568 – 569.

本条约》才最终得到欧盟所有成员国的批准生效。这是欧盟迄今为止修订基础条约的最后一次尝试。

第二节 《欧盟宪法条约》[1] 为何备受争议

应该指出的是，欧盟宪法并没有改变欧盟的本质。从主权国家的角度来看，欧盟宪法仍不完善，但它是对欧盟过去众多法律的一次极为必要的集中整理。相对过去洋洋数万页的欧盟法律，宪法更简单，只有数百页。宪法条约生效后，欧盟过去所签订的所有条约都将作废，这一新的条约将使欧盟更易为一般大众所理解，更民主也更有效率。宪法是主权国家的标配，欧盟并不是一个主权国家，而是一个国际组织，靠条约来运行，将国际条约上升到宪法的高度，显示了成员国欲将欧盟建成一个联邦式实体的雄心。

《欧盟宪法条约》（以下简称宪法）共分四个部分：第一部分规定了欧盟的原则、功能和机构设置；第二部分是基本权利宪章，阐明了欧洲公民所应有的基本权利；第三部分是欧盟的决策机制及实施各项政策的细则，这是宪法最长的部分，其绝大部分条款都来自以前的条约；第四部分对条约如何生效做了规定。与以前的条约不同，宪法明确规定了欧盟的职能范围及欧盟与成员国的权力划分。它将欧盟的职能分成三个范畴：在教育等领域，欧盟仅仅起支持成员国的作用；在内部市场及农业政策等领域，欧盟与成员国分享权力；在单一市场内部的竞争规则、欧元区的货币政策、贸易政策、关税同盟、海洋生物资源保护五大领域，欧盟拥有完全的权力，也就是专属权力。宪法既是对欧盟过去众多条约的一次“整理”，也有很多创新性提法，成员国将向欧盟机构大出让主权，欧盟新增 38 项职

---

① TREATY ESTABLISHING A CONSTITUTION FOR EUROPE, https://europa.eu/european-union/sites/europaeu/files/docs/body/treaty_establishing_a_constitution_for_europe_en.pdf.

能，成员国在61个政策领域放弃否决权[①]。

第一，关于欧盟的三大机构。宪法对欧盟机构进行了一定革新，如设立欧洲理事会主席职位、缩小欧盟委员会规模以提升欧盟的决策效率，扩大欧洲议会的权力以使欧盟更为民主等。

1. 设立欧洲理事会主席职务。宪法规定，由各国元首或政府首脑所组成的欧洲理事会将选出一位任期两年半的主席。这一革新旨在代替欧盟现行的缺乏效率的轮值主席制。当前的欧盟轮值主席制是由欧盟各成员国轮流担任欧洲理事会及部长理事会的主席，任期6个月。欧盟成员国通常利用自己的主席职位推行本国所感兴趣的一些项目，而这些项目往往缺乏连续性。而且，欧盟之外的国家也常常为这种不断变化的主席体系所困扰。根据欧盟宪法规定，理事会主席的主要任务将是推动欧洲理事会的工作，确保峰会前准备工作的充分及工作的连续性以及理事会内部的凝聚与共识。但宪法关于这一职位的具体规定比较模糊，因此有国家担心理事会主席最后的结局可能就像北约理事会秘书长一样，即除非得到所有成员国的同意，他不能做出任何政策决定。未来，这一主席地位与权力如何，在很大程度上还要依靠主席的个人权威及能力而定。宪法也对部长理事会主席的安排做了规定，三个国家将共同担任除外长理事会外的其余部长理事会的主席职务，任期为18个月。在此期间，每个国家都担任为时6个月的部长理事会主席。这种安排将会大大提高理事会工作的协调性。但从长远来看，欧洲理事会主席职位的设立将对欧盟政策的连续性带来更大影响。

2. 缩小欧盟委员会的规模。鉴于欧盟大国特别是法国和德国极力推动削减委员会的规模以提高委员会的工作效率，而小国却竭力反对失去在委员会内发言权的情况，宪法对此做了一个妥协：它限制了委员会的最多人数，即不超过成员国总数的2/3（这实际上是一个较为随意的规定），所有成员国在任命委员上都有同等的权力，这意味着在每三届委员会中，每个成员国将拥有两次任命一位本国委员的机会。但这种轮流体制到底如何运转，宪法没有明确的规定。宪法还包括了一项声明，要求委员会考虑那些

---

① Christopher Booker and Richard North, *The Great Deception*, Third Edition, Bloomsbury, 2016, p. 542.

没有委员的成员国的利益，但究竟如何保障，宪法也没有明确规定。当然，对于未来欧盟委员会的组成，成员国有可能还会做一定的变通，但必须得到所有成员国的一致同意。

3. 扩大欧洲议会的权力。在每次条约修改中，欧洲议会的权力都得到了扩大，这次也不例外。宪法生效后，绝大部分欧盟事务都将通过“共同决定程序”来执行，按照这一程序，欧盟委员会提出一项政策措施，理事会与欧洲议会共同对它做出决定。宪法也将欧洲议会的共同决定权扩大到欧盟每年1000亿欧元的预算。目前，欧洲议会仅仅对欧盟预算中的“非强制性支出”拥有发言权，而占欧盟预算最大部分的共同农业政策支出是不包括在内的。未来，议会将有权对所有的欧盟预算项目提出修改意见，但在外交和安全政策方面，它仍将仅仅具有咨询权。这次制宪中虽又扩大了欧洲议会的权力，但仍远远不能解决欧盟的所谓“民主赤字”问题。

此外，宪法还增加了成员国议会在欧盟决策中的发言权。宪法要求欧盟必须让成员国议会完全了解它的工作：在未来，欧盟委员会必须将它的所有立法提议都告知成员国议会，让它们进行检讨和评论。宪法也允许成员国议会否决它们认为是违反了欧盟辅助性原则的任何立法建议。辅助原则是指欧盟仅仅对那些在欧盟层面才能得到更好解决的问题采取行动。宪法规定，如果有1/3的成员国议会反对，欧盟委员会（或是其他提出议案的机构）就要对立法建议进行重新评估，但欧盟没有修改或放弃立法建议的义务。

第二，革新决策表决机制，即实行双重多数表决机制。按照这一机制，一项决定如果得到欧盟成员国55%的支持并且这些成员国的人口达到欧盟总人口的65%，那么理事会就可以通过这一决定。在宪法得到各国批准后，这一机制将于2009年正式生效。这一新的表决机制将可保证扩大后的欧盟不会在决策上陷于僵局，因为按照这一表决机制，25个或者更多成员国的欧盟在决策上将不会比1995年前只有12个成员国时更困难。但在波兰和西班牙的坚持下，宪法也规定，只有4个或4个以上的国家才能阻止某一决策的通过，这样做的目的是为了防止出现欧盟大国（法、德、英、意）中任意3国联手就可阻止通过一项决定的现象。欧盟各国领导人还同意，在一些敏感的政策领域如外交和安全政策方面设立更高的通过门槛，一项决定要获通过需得到72%的成员国支持，并要达到欧盟总人口的65%。而且，在这些领域，欧盟委员会对立法提议的垄断权将被打破，只能由理事会或成员国来提出立法建议。为了使欧盟在扩大后能有效地运转，宪法不仅引入了更为简化的投票机制，还减少了需要成员国一致同意的决策领域。在总数上，适用于多数表决机制的新领域达到了44个，但除司法与内务领域外，绝大多数的新政策领域都与实施现有的政策决定有关，而不是延伸到新的关键性领域。例如，欧盟可以通过多数表决的方式决定向发展中国家提供紧急人道主义援助。在多数表决问题上，英国在保护其所谓的“红线”上取得了最大成功，保持了在税收、外交、国防及欧盟预算方面的否决权。法国和丹麦则坚持保留了在电影及其他文化产品贸易与社会、教育事务等方面的否决权。宪法扩大了在刑事法律程序和在欧盟国家工作的欧洲人的社会安全保障等几个领域的多数表决范围。但宪法也加上了一个“紧急制动”条款，即一个成员国如果不喜欢以多数表决方式通过的某一决定，而它又认为这一问题攸关其最高国家利益，那它就可以将这一立法建议提交到欧洲理事会，欧洲理事会将以一致通过的方式处理这一决定或者要求欧盟委员会提出一个新的建议。因此，欧盟成员国依据这一“紧急制动”规定拥有了事实上的否决权。宪法也包含了一条所谓的“通过”或“放行”条款，允许欧盟未来扩大多数表决的范围，即如果所有欧盟成员国都同意，欧盟就可以无须通过重新谈判或修改条约来扩大多数表决机制的适用范围。但宪法也包含了一条重要的特别保护条款，即欧洲理事会必须向所有成员国议会通告其决定，并给予它们6个月的考虑时间，如果有一个成员国的议会不同意，就不能扩大多数表决的范围。因此，成员国议会实际上是获得了对“通过”条款的否决权。而且，成员国不能将这一机制运用到可能有军事影响的领域。

第三，司法与内务。司法与内务包括移民、签证、避难、警察与司法合作等。宪法在这一领域有较重要的革新。当前，司法与内务领域的决策模式主要是政府间的，欧盟机构如欧盟委员会与欧洲议会只能发挥有限的作用。宪法通过后，将允许欧盟以类似“共同决策”的模式来进行决策。

宪法强化了欧盟委员会在这一领域的提议权，而相应地减少了成员国的权力。欧盟成员国在提议之前必须得到1/4以上成员国的支持。在司法与内务领域的立法方面，欧洲议会与理事会拥有了同等权力。但欧洲法院在涉及司法与内务的事务方面并不拥有裁决权，欧盟委员会有权以成员国没有履行司法与内务领域的立法为由将成员国告上欧洲法院，而在此前只有成员国才能这样做。但欧洲法院只能从国家法律的角度来裁决成员国是否充分履行了自己的法律义务，它不能就成员国的政策行为或司法机构的行为做出裁决。宪法在司法与内务的绝大多数政策领域引入了多数表决机制，包括警察与司法合作、移民与难民政策等。绝大多数成员国欢迎这一改革，因为这将使它们在打击跨境犯罪、恐怖主义和非法移民方面更为容易，也将有助于解决欧盟国家（英国、爱尔兰除外）和一些如挪威等非欧盟成员国在签订申根协议及实行旅行免签护照后所带来的问题，即非法移民、人口贩子、恐怖分子能在欧盟范围内自由移动，而警察及检查机关却由各国掌管。成员国需要在跨境事务上进行密切的情报交流与合作，以便更有效地打击犯罪及非法移民。因此，宪法条约将多数表决机制扩展到司法与内务领域将有助于欧盟制定共同的规则，进行联合打击行动。不过，宪法虽然允许成员国在处理犯罪事务方面的司法合作以多数表决方式进行决策，但也严格限制了多数表决机制适用的范围，它也有一条所谓的“紧急制动”条款，即如果一个成员国害怕已经达成一致的协议有可能从根本上危及其司法体系的某一方面，它就可以启用这一条款，这实际上就是让成员国拥有否决权。与此相对应，宪法也制定了一项“加速”条款，对一国或几国的否决进行限制。按照这一条款，即使有成员国以“紧急制动”条款为由在理事会内否决了某一提议，一些成员国（至少1/3成员国）仍能继续采取行动，并在采取行动前不需要理事会的同意。“紧急制动”条款及“加速”条款的同时存在使得欧盟未来极有可能出现在处理犯罪事务方面的“先锋集团”。宪法也允许欧盟设立一个公共检察官职位。但这一检察官的职权仅限于调查与起诉涉嫌滥用欧盟资金的案件。如果得到成员国的一致同意，检察官的职权也可能扩展到对严重跨境犯罪的起诉等。

第四，外交和防务政策。这方面的主要创新之处在于设立了一位欧盟外交部长，新职位合并了原有的两个职位，即理事会的外交政策高级代表（目前由索拉纳担任）及委员会的对外关系委员，欧盟外交部长负责主持欧盟外长理事会。合并这两个职位的目的在于为欧盟在国际舞台上创立一个更为清晰的形象，保证欧盟更好地协调其外交政策的两个方面：外交（主要是理事会的职权范围）及对外援助（主要由欧盟委员会来负责）。但欧盟的外交政策在很大程度上仍然是由成员国来主导的，欧盟委员会只扮演着一个次要的角色。关于欧盟的共同外交和防务政策，宪法设立了一条“忠诚条款”，要求“成员国积极并毫无保留地支持欧盟的共同外交和安全政策”。这一条款来自1992年的《马斯特里赫特条约》，但这只是欧盟的期望而已，它并不具有强制执行力。因为欧盟外交政策的决策权在于欧洲理事会及部长理事会，而且几乎都是以一致通过的方式进行决策。与1999年生效的《阿姆斯特丹条约》一样，宪法也规定在极其有限的情况下可以采用多数表决机制，即在理事会内一项条约要获通过需得到72%成员国的支持，并且这些成员国还要达到欧盟总人口的65%。只是多数表决机制在欧盟共同外交和防务领域里的适用范围在宪法里略微做了扩大，即可对欧盟外交部长的某些提议进行有效多数表决。但只有在欧洲理事会以一致通过的方式要求他这么做才行。例如，欧洲理事会可能因对某一国家不断恶化的人道主义危机感到担心而要求欧盟外长就欧盟如何采取行动提出一项建议。欧盟外长可能提出，欧盟对非洲联盟寻求政治解决的努力提供财政支持，并派遣停火监督员。欧盟理事会据此可能会以一致通过的方式决定，并以多数表决的方式决定提供资金的具体数额及监督员的具体人数。简而言之，欧盟可以在极有限的情况下动用多数表决的决策方式，多数情况下欧盟的外交政策仍将在一致通过的基础上来决定。但宪法一个值得注意的创新之处，是设立了一个欧盟“对外行动署”以支持欧盟外长的工作。这一机构的成员由所有涉及对外政策的机构的代表组成——包括理事会、委员会、成员国的外交机构等。它将使欧盟的外交政策更有连续性，并有助于形成欧盟的共同外交政策。在防务领域，宪法制定了“结构合作”条款，只要理事会以多数表决的方式通过，某几个国家就能先于其他国家进行军事上更为紧密的合作。这一条款很有意义，欧盟各国的军事能力差别很大，因此欧盟可以依赖少数几个有意愿也有能力的国家来执行欧盟的军事任务。防务集团在某些方面将类似于欧元区，即一些国家可出于自愿或是因为没有达到最低标准而待在这个集团之外。宪法也包括了一项新的共同防务条款，即如果一个成员国的领土受到武装入侵，其他成员国政府有义务进行援助。但宪法没有规定要建立一支欧盟武装力量，更不用说是一支欧洲军了。

第五，经济政策。宪法关于经济政策的条款绝大部分都来自于《马斯特里赫特条约》，对欧盟在经济政策协调中的作用没有做过多的改变，也没有赋予欧盟机构更多的权力，在一些敏感的政策领域如税收及社会政策方面，成员国仍持有否决权。但宪法允许欧元区成员国进行更为紧密的合作，并承认欧元区国家有权推选一位任期两年半的主席，即所谓的“欧元先生”，以便在国际组织中代表欧元区国家。对于争议很大的《欧盟稳定与增长公约》，宪法保留了它所有的条款，但加上了一条较为模糊的声明，表示要在将来对这一公约进行改革。此外，宪法也为未来更为灵活的欧盟铺平了道路，为一些国家更为紧密的合作提供了多样化方式。宪法为希望进行强化合作的国家提供了新的刺激因素，只要部长理事会以多数表决的方式同意，几个国家就可以通过多数表决决策方式在某一政策领域进行强化合作。但这样一个国家集体至少必须包括成员国总数的1/3。宪法还在防务领域引入了“结构合作”，在司法与内务领域引入了“加速合作”等。一些成员国极有可能利用这些条款来进行更为紧密的合作。然而，这些条款并不意味着宪法的实施将导致建立一个双速或多速的欧洲，即几个核心国家参加欧盟所有的共同政策，而另一些国家则处在这一核心圈之外。与此相反，根据宪法，每个国家都会根据自己的不同情况选择参加不同的政策领域，如英国可能与某几个国家在防务领域加强合作，但却不参加一个旨在协调公司税的“先锋集团”。

与《欧盟宪法条约》相比，《里斯本条约》[①] 主要有如下一些改动：

---

① TREATY OF LISBON，AMENDING THE TREATY ON EUROPEAN UNION AND THE TREATY ESTABLISHING THE EUROPEAN COMMUNITY，（2007/C 306/01） https：//eur－lex. europa. eu/LexUriServ/LexUriServ. do？ uri＝OJ：C：2007：306：FULL：EN：PDF.

一是放弃了宪法概念。《里斯本条约》主要分别修订1992年的《欧洲联盟条约》和1957年的《罗马条约》，前者仍保留原有名称不变，后者将改名为《关于欧盟功能的条约》，这样欧盟将最终取代“共同体”具有单一法人地位，有权签署国际条约（《里斯本条约》之前，欧洲经济共同体、共同外交和安全政策以及司法与内务构成欧盟三支柱，但只有欧洲经济共同体具有法人地位，可以和第三方签署国际条约）。二是不再使用“宪法”一词，仍按原来的说法称为“规则”“指令”和“决定”等。“宪法”和“法律”的字眼容易和国家的形象联系在一起，有些成员国不愿新条约有任何可以引起欧盟作为一个超国家实体的联想，因此，原来宪法条约中提到欧盟的象征，如盟旗、盟歌等在《里斯本条约》中都被取消，宪法规定的“欧盟外交部长”也被“欧盟外交与安全政策高级代表”这一名称取代。三是应英国要求，原来作为《欧盟宪法条约》第二章的“欧盟基本权利宪章”不再作为《里斯本条约》的正文被放入条约附件，但仍有法律效力。原来的宪法条约文本厚厚的共有475页，而新文本核心部分只有145页，加上132页的附件和声明等内容，共有277页，少了近200页，的确是精简很多。但就实质性内容而言，《里斯本条约》与原宪法相比并没有大的区别，只是保留了关键性内容，特别是关于欧盟机制改革的部分：（1）关于欧盟理事会未来的表决模式。条约草案规定了双重多数制，即表决需要55%的成员国和欧盟人口的65%以上同意（为满足波兰的要求，这一双重多数制要到2014年才生效，而且遇有争执，各国在2017年之前还可援引《尼斯条约》，要求取消某项不受欢迎的决定）。（2）关于设立欧洲理事会主席的问题。未来欧盟将拥有常设的理事会主席。欧盟主席将任期两年半，领导欧洲理事会。（3）关于欧盟委员会的人数问题。委员的人数将减少，到2014年由目前的27个减少到15个。[①] 其他包括扩大欧洲议会权力，扩大欧盟多数表决的范围等内容也得到保留。正因为如此，一些成员国（英国等）认为，新条约与原来的宪法条约实质性区别不大，称以议会表决的方式批

---

① 由于波兰等小国的坚决反对，这一条款并未执行，欧盟委员会目前仍然是由27名委员组成，即每个成员国向欧盟委员会提名一名委员。

准是“瞒天过海”“暗渡陈仓”，仍然要求举行全民公决①。

第三节 “宪法危机”反映的问题

宪法条约既是对过去50年欧洲一体化发展成就的总结，也是对未来一体化发展雄心的展示，对欧盟的象征性意义重大。因此2005年的“宪法危机”对欧盟是前所未有的重大打击，它意味着冷战后欧洲一体化加快前进的步伐就此打住。也正因为如此，欧洲政治人物处于完全的迷茫与彷徨状态，不知道何去何从，当时民调也显示，民众对一体化的支持出现前所未有的下跌，即使是在那些传统非常亲欧的国家。显然，欧洲一体化的方向和发展速度出现了深层次的问题，若解决不好这些问题，欧盟最终能否生存下去都将是一个大大的问号。

首先，政治精英抱负与民众需求严重脱节的矛盾愈益突出。众所周知，起源于德法和解，旨在消弭欧洲战乱，构建永久和平的欧洲一体化从一开始就是由精英推动的，民众在欧洲联合问题上没有发言权，也没有要求发言权。因为他们从中得到好处，即和平与经济发展，所以认可了政治精英们推动的欧洲一体化建设。此后欧洲一体化的发展基本上沿袭了这种模式，当政治精英们感到有必要深化一体化或扩大时，就进行政府间谈判，签订条约，将各自的利益考虑和权利以条约的形式固定下来，并以此逐步推动一体化的发展。在一体化发展的大部分时间里，由于欧盟各国同质性高，经济发展形势较好，特别是受欧盟外部的冲击较少，民众基本上是积极看待一体化发展的，尽管没有多少发言权，但还是能容忍政治精英的作为。但政治精英在做一体化决策时，所思所虑往往与民众并不一致，如法国同意创立欧元是为了拴住统一后的德国，德国则是以放弃马克取得欧洲国家的信任，而民众关心的则是欧元是否能改善其生活。再如，欧盟

---

① Lucia Kubosova, “UK referendum bid defeated,” March 6, 2008, https://euobserver.com/political/25785.

2004 年东扩更是一个明显的政治决定，目的是为了“统一欧洲”、提升欧盟全球影响力和实力，而当时欧盟很多国家民众对扩大是有很大疑虑的。又如，《欧盟宪法条约》或《里斯本条约》最主要的内容是有关机制改革的规定，如设立欧盟“外交部长”和主席，缩减欧盟委员会和欧洲议会规模，改变欧盟理事会决策方式等，目的是为了提高欧盟决策效率和国际影响力，这一设想对于一些雄心勃勃的政治家来说，显然是非常必要的，但普通民众更关心生活水平下降等现实问题。经济形势尚好时，民众能容忍欧盟的官僚机构，但在经济形势不好时，则很容易将生活中面临的各种问题，如失业、竞争压力加大、移民增多等迁怒于欧洲一体化和欧盟。比如爱尔兰是一个小国，在欧盟内并无多大影响力。但根据爱尔兰宪法，所有重大条约都必须经由全民公决批准，因此爱尔兰民众才有了对欧盟“说不”的权利。事实上欧盟也知道，如果各国都举行全民公决，《里斯本条约》根本就没有生效的可能。

其次，欧盟内部分歧和矛盾增多。一个由 25 国（宪法危机时欧盟成员国有 25 个）组成的国际组织，出现分歧和矛盾本是很正常的事。但欧盟快速扩大及全球化的迅猛发展放大、加剧了各成员国的利益冲突及应对政策上的分歧。一是理念或方向上的分歧。这是欧盟的一个老问题，欧洲一体化自启动起，就一直存在着联邦主义或超国家主义与政府间主义的分歧，各方的妥协和模糊化处理就形成了当前欧盟既有超国家性质居多的机制如欧盟委员会和欧洲议会，又有政府间机构如欧盟理事会的混合体。从理论上代表欧盟整体利益的欧盟委员会不向欧洲民众负责，而欧洲议会则既不是一个真正的超国家议会，也没有多少权力。为解决这一“民主赤字”问题，超国家主义者主张扩大欧洲议会权力，尽量减少成员国使用否决权的领域，但却遭到英国、捷克等所谓“疑欧”国家的抵制，《里斯本条约》是这两派意见的折中，并没有解决欧盟机制先天不足的问题。尽管如此，《里斯本条约》仍稍稍扩大了欧洲议会的权力，还取消了成员国在某些领域的否决权，这似乎在欧洲层面体现了少数服从多数的民主原则，但民众却不一定认为这就是民主，事实上，爱尔兰否决《里斯本条约》的一个重要原因就是要“维持爱尔兰的权力和身份认同”①。二是南北之争。出于地缘和经济结构、文化传统等方面的原因，欧盟内部一直存在着南北之争，在欧盟扩大及全球化加深的背景下，欧盟内部的南北差异也越来越难以调和。在经济结构方面，南欧国家工业出口偏重于劳动密集型及中低技术消费类产品，受新兴国家及欧元汇率上升冲击较大，德国、英国等北方国家或主要出口资本密集型生产类产品，或出口高新技术类产品与服务，受冲击较小，因而二者在一体化政策制定方面侧重点也有所不同，如法国和意大利等南欧国家要求欧洲中央银行降低利率，以压低欧元汇率，刺激经济增长，提高本国产品竞争力，但却遭到德国、荷兰等国的坚决抵制；再如，法国和意大利一再呼吁欧盟采取贸易保护措施，时任法国总统萨科齐还公开攻击主张自由贸易的时任欧盟贸易委员曼德尔森，称其主张的自由贸易政策是爱尔兰否决《里斯本条约》的主要原因②。由于南北欧国家货币政策需求不同，欧洲中央银行已陷入左右为难的境地，欧元区内国家关系将持续紧张。此外，南欧国家更注重与非洲国家的关系，而北欧和中东欧国家则更注重与乌克兰等前苏联国家的关系，法国提出建立地中海联盟，得到意大利的强烈支持，而波兰和瑞典则提出了一个东部邻国计划，有明显的针对意味，这些种种不同的政策取向既分散了欧盟的资源，也加深了欧盟内部的不和。三是东西矛盾。东部新成员国加入欧盟后，给原本相对平静的欧盟带来了巨大的变化，西部民众对东扩是与移民增多、工资水平下降以及企业外迁和失业等联系在一起的，而东部国家则觉得自己被视为二等公民，有一定的逆反心理。此外，西部老成员国认为，东部新成员国太亲美，太容易挑衅俄罗斯③，而东部国家则认为老成员国没有展现团结精神，在与俄交往时没有顾及它们的利益，如波兰之所以在宪法条约问题上多次采取不合作的态度，一定程度上就是这种心理的反映。此外，大国和小国的猜疑和矛盾也有加剧之势。小国对《里斯本条约》设立

① Gideon Rachman, “Ireland’s bold blow for democracy,” *Financial Times*, June 16, 2008.

② Stephen Castle, “EU leaders argue over whom to blame for Irish treaty vote,” *International Herald Tribune*, June 20, 2008.

③ “Post - enlargement stress,” *The Economist*, November 8, 2007.

欧盟“外交部长”和常任主席，以及缩减欧盟委员会规模普遍较为担心，认为这对大国有利，自己将来会愈益边缘化。如爱尔兰否决《里斯本条约》的一个理由是，未来爱尔兰在欧盟委员会内将不会有本国的常任代表。

再次，缺乏具有号召力和推动力的领导人。欧盟内部在利益多元化、分歧和矛盾增多的同时，还严重缺乏有威信的领导人。欧盟成员国小国居多，真正能在欧洲一体化方面起引导和带头作用的仍是法、德等大国。这一点并没有因欧盟的扩大而改变，但与以往不同的是，大国特别是德法领导人并没有起到欧盟国家普遍接受的领导作用。这有几个方面的原因：一是各国领导人受困于国内问题，均更多从本国利益而不是欧洲利益的角度看待欧洲一体化。如法国因移民和失业等问题导致社会冲突不断，经济失败主义和反全球化情绪弥漫[①]，改革措施不但难以落实，还招致公务员、铁路工人等各行各业的频繁罢工和抗议。在这种情况下，法国提出欧元要贬值，要求欧盟降低燃油消费增值税以及采取更多贸易保护措施等都是从本国利益出发，难以得到欧盟其他国家的支持。而且，一个在国内支持率不高、颇受非议的领导人也很难在欧盟范围内起到领导作用。二是因个人性格或国家利益取向上的不同，现今大国领导人很难形成推动欧洲一体化发展的合力。如时任法国总统萨科齐和德国总理默克尔不和已不是秘密，萨科齐“性格多变，举止鲁莽”，默克尔则出言谨慎[②]，两人在“地中海联盟”及欧洲中央银行的独立性等问题上已发生多次冲突。至于英国，从来都是游离在欧洲一体化之外，既不是欧元区也不是申根协议区的成员，在《里斯本条约》签订时，还得到了不参加司法与警务合作的保证，也因此一直被大陆国家视为一体化深入发展的最大障碍。因此，英国自然不大可能对欧洲一体化起到推动作用。

最后，也更为重要的是，在全球化的冲击和国际经济格局发生较大调

---

① 法国有某种程度上的“全球化恐惧症”，不同时期的民意调查均显示，大多数法国人对全球化感到担忧，认为其影响是消极的。参见：Elitsa Vucheva, “France considers ways to tackle globalization,” EUobserver, September 6, 2007.

② Stephen Castle, “EU anxiety as Sarkozy prepares to take helm,” *International Herald Tribune*, March 19, 2008.

整的情况下，欧盟国家经济出现较大的不适应[①]，一直无法明显好转，加上美国次贷危机及全球性食品和石油价格高涨的影响，欧盟国家经济增长更显艰难。当时的经济情况是，除原本疲弱的法国和意大利等南欧国家外，受次贷风暴的影响，英国经济也出现较大下滑[②]，作为欧元区国家最大的出口市场，英国经济滑向衰退进一步恶化欧元区经济形势。这些负面发展对欧盟民众信心造成较大影响，欧盟统计机构当时的一次调查显示，46%的受访者认为本国经济将持续恶化，食品和石油价格上涨问题也首次被认为是欧盟国家当前面临的主要问题[③]。在民众普遍关注自己切身利益的情况下，欧洲一体化的宏大项目如《里斯本条约》及防务建设等是很难得到理解和支持的。经济繁荣可以部分掩盖欧盟内部的分歧和矛盾，但在经济不景气或恶化的情况下，原有的分歧和矛盾就会凸显，欧盟当前的情况就是如此。

第四节　“宪法危机”定下欧盟未来发展主基调

“宪法危机”持续时间长，问题和矛盾深刻，欧盟不得不认真面对，解决民众关心的现实问题。欧洲传统的由政治精英签署框架性条约推动一体化发展的模式面临重大调整或变革。回头看，欧盟过去十多年来的发展可以明显看到“宪法危机”的留痕。

其一，“议题式”一体化。欧盟“制宪”8年，最终虽然开花结果，但这给了欧洲人极大的震动和教训：由于各成员国国情及利益诉求上的多

---

① 参见张健：“欧盟的困境、变化及其影响”，《现代国际关系》，2006年第2期，第1—2页。

② David Jolly, “British economy falling into American - style slump,” *International Herald Tribune*, July 3, 2008; Ralph Atkins, “Stagflation fears in eurozone rise,” *Financial Times*, June 23, 2008.

③ Lucia Kubosova, “Economic worries dampen feelings for EU,” http://euobserver.com/9/26388.

元性和差异性，欧盟已很难再制定一个统一的宪法性条约。事实上，即使后来应对债务危机和难民危机迫切需要欧盟修改条约，但欧盟也没有勇气去做。但如前所述，欧盟面临的一系列挑战如移民问题、打击有组织犯罪及反恐等非传统安全问题、全球经济格局调整、能源问题、气候变化等等都需要欧盟联合应对，因此，欧盟只能是依议题的重要性签署一些单项的合作协议，如关于能源问题的协定，关于司法合作的协定以及防务协定等，签署单项协定的好处在于：（1）内容单一、简单，容易理解和就事论事，反对者不太可能将一些无关的议题如对本国政府的不满带入对该问题的讨论，从而更容易通过；（2）各国更容易达成协议，不会再现“8 年努力未果”的情况；（3）具灵活性，各国可根据本国情况是否选择参与，欧盟统一货币欧元及申根协议区就是很好的例子，可以避免一国或少数几国阻碍或否决大多数国家的情况。到一定的时候，这些单项协定也可并入欧盟的基础条约。实际上，欧盟在这方面是有先例的，如申根协议，1985 年德国、法国、荷兰、比利时和卢森堡 5 国在卢森堡小镇签署申根协议，决定取消 5 国间的内部边境，后来随着加入国家的增多，申根协议区也不断扩大，并成为一项欧盟法律；再如，2005 年 5 月，德国、法国、比利时、卢森堡、荷兰、奥地利和西班牙在德国普吕姆签署了深化跨国警务与司法合作的《普吕姆条约》，以更有效地打击恐怖主义和跨国犯罪；2007 年，该条约被纳入欧盟法律框架后，成为欧盟法律。欧盟后来的发展路线也的确如此，欧盟没有试图修改基础条约，而是订立新的议题式法律协定，比如在金融及货币政策领域，欧盟成员国除英国与捷克外，于 2012 年 3 月 2 日签署了财政契约，这是一项政府间条约，2019 年 4 月这一条约得到了所有签字国以及捷克和克罗地亚的批准和生效。2012 年订立建立银行业联盟的协议（最初只限于欧元区国家）；在防务领域，欧盟 23 国 2017 年启动永久结构性合作，都是这方面的合作例证。

其二，“民生”议题成为欧盟的工作重点。如前所述，政治精英主要关注欧盟的运作机制及利用欧盟扩大自己的国际舞台和影响力，民众关心的主要是日常生活中的实际问题，二者的脱节和疏离已给了欧盟深刻的教训。为赢得民心，重新给欧洲一体化注入活力和信心，欧盟必须着力解决民众关心的实际问题，如工作、全球化、移民、治安问题、能源、气候变化等等。实际上，欧洲领导人已认识到这一问题的严重性，2008 年时任法国总统萨科齐就声称“让我们在解决机制问题的同时，为改善欧洲人的日常生活找到具体的解决办法”①。此外，在 2005 年“宪法危机”后，欧盟委员会也开始集中采取一些实际的、对消费者有利的政策，利用自身在单一市场及竞争政策领域的超国家权力，进一步打破垄断，开放市场，如迫使电信运营商大幅降低甚至取消漫游通信费，迫使各国能源巨头如法国电气、意昂等开放市场，严厉制裁微软，建立碳交易制度等。“宪法危机”后 10 多年来，欧盟这一实用主义的工作方式一直在持续加强。有欧盟官员认为，“这是一种基于需要的战略”。② 十年来，应该说，欧盟在这方面还是做出了很多努力。

2014 年 11 月 26 日，欧盟委员会主席容克提出要设立一个“欧洲战略投资基金”（也称“容克计划”），2015 年 5 月 28 日，欧盟委员会和欧洲议会达成一致，该计划于 2015 年 9 月正式运营。该基金初始资金为 210 亿欧元，其中，欧盟入股 160 亿欧元，欧洲投资银行入股 50 亿欧元，通过成员国公共部门资金和担保、私营部门注资和欧洲投资银行发售债券等方式，计划三年（2015—2017 年）筹措资金 3150 亿欧元。该基金主要投资能源、交通和科研领域，目的是在当时欧洲普遍财政紧缩、经济困难的情况下加大公共投资，拉动私人投资，促进经济增长。

2015 年 3 月 19 日，为提升能源安全水平、应对气候变化、促进投资拉动经济增长，欧盟峰会批准《附带前瞻性气候变化对策并具备抗冲击性的能源联盟框架战略》（简称“能源联盟”）③，着力推动欧盟范围内能源

---

① Stefan Simons, “Irish ‘No’ Torpedoes Sarkozy’s EU Presidency Plans,” http://www.spiegel.de/international/europe/0, 1518, druck-560698, 00.html.

② Stephen Castle, “Letter from Europe: The European Commission is back in business,” *International Herald Tribune*, October 25, 2007.

③ “A Framework Strategy for a Resilient Energy Union with a Forward-Looking Climate, Change Policy,” ENERGY UNION PACKAGE, COMMUNICATION FROM THE COMMISSION TO THE EUROPEAN PARLIAMENT, THE COUNCIL, THE EUROPEAN ECONOMIC AND SOCIAL, COMMITTEE, THE COMMITTEE OF THE REGIONS AND THE EUROPEAN, INVESTMENT BANK, https://eur-lex.europa.eu/resource.html?uri=cellar:1bd46c90-bdd4-11e4-bbe1-01aa75ed71a1.0001.03/DOC_1&format=PDF.

基础设施的互联互通，重点解决东欧成员国及葡萄牙和西班牙等“能源孤岛”问题；提高能效，研发无碳能源建筑物，限制汽车碳排放；大力发展可再生能源产业；加强与中亚、中东和南高加索地区国家的能源合作，减少对俄气依赖；建立最低油气储备标准等。

2015 年 5 月 6 日，欧盟委员会出台了《数字单一市场战略》①，这是欧盟提升数字经济发展水平，捍卫欧盟在数据时代利益的重要举措：包括实现在欧盟单一大市场内电商服务的标准化和无差别化；加强知识产权管理，为数字产品在境外注册版权提供帮助；引导规范搜索引擎、社交媒体以及电商网站等多种数字平台，确保数据安全，防范网络攻击，维护欧盟的数字主权；规范电信及音视频市场；取消成员国间移动通信和数据漫游费，整合欧盟范围内的无线电频段并进行统一管理，提高利用率；提升数字新技术，促进大数据和云计算发展；加大投入，支持基建、科研和创新型中小企业发展等。

2016 年 4 月，为维护欧盟数据安全，保护欧洲数字市场，欧盟立法通过《通用数据保护条例》②，以取代 1995 年制定的《个人数据保护指令》。这是欧盟对个人信息保护和监管的里程碑式立法。条例将为欧盟公民提供信息产品和服务、收集或处理欧盟公民个人信息的企业及非盈利组织全部纳入监管范围，而无论该实体以及数据处理是否发生在欧盟境内。除高科技企业外，银行、航空等掌握大量个人数据的传统企业也被纳入监管范围。扩大了数据监管机构的执法范围和监管权力，设立高额处罚标准，企业发生一般违规行为将处以 1000 万欧元或其全球年营收 2% 的罚金（以高者为准），发生严重事件则将标准提升至 2000 万欧元或全球年营收的 4% 。

---

① *A Digital Single Market Strategy for Europe*，{SWD（2015）100 final}，Brussels，6. 5. 2015，COM（2015）192 final，COMMUNICATION FROM THE COMMISSION TO THE EUROPEAN，PARLIAMENT，THE COUNCIL，THE EUROPEAN ECONOMIC AND SOCIAL，COMMITTEE AND THE COMMITTEE OF THE REGIONS，https：//eur – lex. europa. eu/legal – content/EN/TXT/PDF/？ uri = CELEX：52015DC0192&from = EN.

② REGULATION（EU）2016/679 OF THE EUROPEAN PARLIAMENT AND OF THE COUNCIL of 27 April 2016 on the protection of natural persons with regard to the processing of personal data and on the free movement of such data，and repealing Directive 95/46/EC（General Data Protection Regulation）https：//eur – lex. europa. eu/legal – content/EN/TXT/PDF/？ uri = CELEX：32016R0679.

该条例在两年过渡期结束后，于2018年5月25日正式生效。

2018年9月19日，欧盟委员会发布《联通欧洲与亚洲：为欧盟战略构建基础》[①] 的报告，被称为“一带一路”欧洲版。该战略提出“可持续、全面、基于国际规则”的原则理念，以促进欧盟内部及与周边地区的互联互通，既保障欧洲安全和地缘利益，也借此提振欧盟经济。

2019年4月，欧盟投资审查新规[②]正式生效，目的是保护欧盟范围内的战略性企业和资产。审查范围包括使用欧盟资金的项目，关键基础设施、关键技术领域项目，涉及“媒体自由及多元化”问题的投资收购；投资人背后是否有政府背景或接受政府资金支持，是否有影响欧盟及成员国“安全与公共秩序”的可能性，以及是否卷入司法纠纷或牵扯犯罪活动等。欧盟审查规定还扩大了欧盟委员会的审查权利，规定了成员国接受欧盟委员会审查和其他成员国监督的义务等。

2019年11月12日，欧盟委员会公布《欧洲绿色协议》[③]，旨在使欧洲到2050年成为首个碳中和经济体。《欧洲绿色协议》提供了行动路线图来提升能源使用效率、阻止气候变化、减少生物多样性丧失和减少污染。概述了所需投资和可用的融资工具，并说明了如何确保过渡公平公正。欧盟委员会为此提出首部《欧洲气候法》，落实2050年目标。

其三，“多速”欧洲成为一体化必要和现实的选择。当然，“多速”并不是一个新的提法，自欧盟第一次扩大吸收英国以来，“多速”的概念就出现了，目的主要是以“威胁排斥”的方式迫使英国跟上一体化的步伐。

---

① *Connecting Europe and Asia - Building blocks for an EU Strategy*, Brussels, 19.9.2018, JOIN (2018) 31 final, JOINT COMMUNICATION TO THE EUROPEAN PARLIAMENT, THE COUNCIL, THE EUROPEAN ECONOMIC AND SOCIAL COMMITTEE, THE COMMITTEE OF THE REGIONS AND THE EUROPEAN INVESTMENT BANK, https://eeas.europa.eu/sites/eeas/files/joint_communication_-_connecting_europe_and_asia_-_building_blocks_for_an_eu_strategy_2018-09-19.pdf.

② "European Fund for Strategic Investments," https://ec.europa.eu/growth/industry/innovation/funding/efsi_en.

③ *The European Green Deal*, Brussels, 11.12.2019, COM (2019) 640 final, COMMUNICATION FROM THE COMMISSION TO THE EUROPEAN PARLIAMENT, THE EUROPEAN COUNCIL, THE COUNCIL, THE EUROPEAN ECONOMIC AND SOCIAL COMMITTEE AND THE COMMITTEE OF THE REGIONS, https://ec.europa.eu/info/sites/info/files/european-green-deal-communication_en.pdf.

此后，随着欧盟的扩大，特别是“宪法危机”后，“双速”或“多速”的讨论开始增多，也越来越成为一种可行、必要的政策选择。在爱尔兰否决条约后，一些欧盟政治家就表示，“鉴于各国一同前进愈益困难，唯一的选择就是‘少数几人的俱乐部’”①。在欧盟内部分歧持续扩大，难以调和的情况下，“多速”成为一体化必然的选择。“宪法危机”之后，欧盟在金融及货币政策领域的一体化发展如财政契约、银行业联盟，以及在防务领域的永久结构性合作，都属于欧洲一体化的“多速”发展。

① Tony Barber, “EU leaders scramble to solve treaty crisis,” *Financial Times*, June 15, 2008.

第二章

主权债务危机——“政治欧元”的必然性

2010 年初希腊主权债务危机爆发，并在随后两年时间里演变成全欧盟范围内包括主权信用危机和银行债务危机在内的全面危机，欧盟特别是欧元区采取了一系列应对措施，但效果并不理想。主权债务危机充分暴露了欧元这一“政治工程”的结构性缺陷，欧元区的完整性自此被打上大大的问号。

第一节　危机根源及性质

2010 年初，希腊主权债务危机爆发并持续延烧，市场对希腊无力按期偿还到期债务的担心愈益严重，标准普尔、穆迪、惠誉等国际评级机构多次下调希腊主权债务评级，希腊国债利率急速上升，希腊政府已经无力向市场筹措资金偿还到期债务。与此同时，受希腊债务危机影响，爱尔兰、西班牙、葡萄牙等国财政赤字问题也开始受到市场更多的关注，这些国家的主权信用评级也遭到降级。2011 年 9 月 19 日，全球三大评级机构标准普尔将意大利主权债务评级下调一档至 A 级，拉开了意大利危机深化的序幕，意大利借债成本不断飙升，10 年期国债收益率一路升至 6.68%，希腊、爱尔兰和葡萄牙都是在 10 年期国债借贷成本上升到 7% 的水平后，被迫接受欧元区和国际货币基金组织援助。欧元及欧元区陷入巨大危机。

欧债危机根源在于欧元的局限性，即欧元区只有统一货币，没有统一的财政和税收政策、福利政策，更不用说没有统一的中央政府了。单一货币区对成员国意味着固定汇率和单一利率。单一利率政策即使符合单一货币区大多数国家的实际情况，但由于成员国间经济上不可避免的多样性，肯定会有一些成员国不适应单一利率政策。这就需要有相应机制照顾到这些国家的实际需求，显然，欧元区没有。而且，肯定也会有搭便车的情况，即所谓的道德风险。“与邻居共用同一货币的危险是，你无法控制邻居会不会执行足以‘埋葬’货币的政策。这可能会造成对债券获利的伤害、货币的崩贬、通货膨胀升高或者银行体系的危机——或这四者的任意组合，而让你的经济体系付出明显的代价。很确定的是，如果你要与他国共用货币，你应该对邻国提出合理的要求，以取得对他国财政（例如，预算）和金融政策某种程度的控制。然而，如果要一个国家对于另一个国家的财政政策有全面的了解，若不透过某种形式的政治联盟或共享式的控制财政政策，又怎么可能达成呢？”“所以，当货币联盟要构建单一货币时，却缺乏财政与政治联盟安排的话，这事实上就如同房子盖了一半，这正是轻量版的欧洲整合。”① 而且欧洲中央银行权力受限，并不能像美联储、日本中央银行等国家银行一样，能够扮演最终贷款人的角色。2020 年 5 月，德国联邦宪法法院做出一项裁决，认为欧洲中央银行 2015 年实施的货币量化宽松政策超出了欧洲央行的职能权限，要求欧洲央行作出解释，否则将禁止德国央行参与行动。这一裁决表明，与美联储、英国央行、日本央行等全球主要央行不同，欧洲央行的行动受到较大限制，欧盟条约严禁财政货币化，也就是说，欧洲央行不能直接印钱给成员国财政部，即使是在二级市场购债，也要受到各种限制，比如，购买某一成员国国债不能超过一定的比例等。

欧元毫无疑问是一项政治工程，为了欧洲的团结、和平、更为紧密的一体化以及在国际上的地位，欧洲从蛇形汇率到欧洲货币体系，已经做了很多的努力。当然，在 1992 年时，还有解决德国重新统一问题的现实紧迫性。“为了收买法国，让它同意两德统一，德国不得不牺牲马克，这是一

---

① ［英］罗杰·布特尔著，侯英豪译：《欧盟大麻烦——英国脱欧与欧盟前景》（中文增订版），好优文化出版有限公司，2019 年 4 月版，第 82 页。

个公开的秘密。”“曾经在 1988—1991 年期间担任法国总理的米歇尔 · 罗卡尔的说法则显得有几分隐晦：‘德国重新统一与欧洲经济与货币联盟的建立，这两者之间维持着某种微妙的平衡……密朗特总统不得不接受两德统一的时间比他自己所预想的提前很多这一事实；同样地，科尔总理也不得不接受欧洲经济与货币联盟的成立比他预期的更快这一事实’。”① 但值得指出的是，欧盟国家并无向欧盟机构让渡足够主权以让欧元可持续发展的政治意愿。比如，财政主权、银行业监管主权等等，更不用说政治主权了。

欧元成立之初，外界特别是英美两国国内就有很大的争议，认为其可持续性存在很大疑问，从经济和金融标准看，欧元从一开始就不该出现，1997 年时任英国财政大臣戈登 · 布朗曾指出：“欧元是有风险的，因为适合欧元区某个成员国的某种利率水平却不一定适合另一个成员国。欧元之所以是有风险的，还因为所有的国家不可能都步调一致地共同发展，并且欧洲国家似乎还不具备针对经济危机迅速调整经济所需要的高度灵活性，也不拥有单一货币体制所必不可少的严格纪律”②。但欧洲内部则普遍欢欣鼓舞，“人们普遍认为，欧元创立这一刻成了历史上最完美的时刻，因为欧元是一项伟大的、崇高的事业的结果，是几代人长期努力的结果；这个在历史上饱受战争蹂躏的大陆就由此进入和平、民主和共同繁荣的新时代”（保罗 · 克鲁格曼语）③。

欧元区未来的发展及债务危机的爆发正好验证了布朗的观点。欧元诞生以来，欧元区内部南、北部经济不但未趋同，反而持续分化，经济发展严重失衡，南欧竞争力差，区内贸易长期赤字，债台高筑。以希腊为代表的南欧国家，经济结构单一，高度依赖农业、旅游业，国家创新能力差，资金、人才外流严重，是经常收支的逆差国，比如爱尔兰、西班牙、葡萄牙和希腊的逆差分别为国内生产总值的 8.5%、12%、14% 以及 20%。德

---

① ［美］约翰 · 冯 · 奥弗特韦尔德著，贾拥民译：《欧元的终结?！欧盟不确定的未来》，北京：华夏出版社，2012 年 10 月版，第 24 页。

② 同上书，第 57—58 页。

③ 同上书，第 45 页。

国、荷兰等欧元区中心国家却具有较强的经济竞争力，拥有支撑经济可持续发展的支柱性实体产业，两国都是经常收支的顺差国，顺差分别占国内生产总值的9%和10%。[①] 经济分化导致南欧国家陷入“增长陷阱”，经济发展主要依靠外来投资和对北欧国家借债。而且由于欧洲中央银行的德国血统，希腊债券也开始值钱，其10年期的国债收益率从1999年的5%迅速下降到2005年的0%。“在一个时期，希腊债券与德国债券的利差几乎不见了，这意味着希腊政府可以无限制地举债，而且其利率水平只需略微高于德国这个最有信誉的国家即可。”[②] 爱尔兰、西班牙以及葡萄牙等国亦如此。但以债养债、不断吹大债务泡沫的经济对风险缺乏“免疫力”，市场一旦产生疑虑，就会爆发危机。

德国经济在欧元区内一枝独秀，希腊等国经济长期衰退，法、意、西等国经济增长缓慢。由于没有统一的财政政策，各成员国自行其是，也就是说，成员国牢牢掌握财政、工资和社会福利等政策权，只从自身角度而不是从欧元区整体角度制定本国的财政和福利政策，其结果是，德国等北方国家财政过紧，经济发展主要是出口，而希腊等国财政过于宽松，经济发展主要靠内需和消费。“欧洲意识到了把分散的国家经济体放入一个单一的货币体系里的风险。但是政治家认为这些分散性是可以得到解决的，而且坚信《马斯特里赫特条约》的制裁条款（后来还因《欧盟稳定与增长公约》得以增强）足以约束各国政府。”[③] 但事实上，条约的制裁力不足为惧，这给经济羸弱的南欧国家留下了实施赤字财政的漏洞，希腊是这方面的典型例子。2009年10月，希腊新当选的总理乔治·帕潘德里欧承认，希腊的预算赤字至少比前任政府所宣布的数字（占国内产生总值的6%）还要大一倍以上，这也从事实上承认了希腊长期向欧盟做假账，瞒报赤字，而且没有得到有效监管。希腊的公共财政之所以失控，主要原因在于

---

① ［英］罗杰·布特尔著，侯英豪译：《欧盟大麻烦——英国脱欧与欧盟前景》（中文增订版），好优文化出版有限公司，2019年4月版，第147页。

② ［美］约翰·冯·奥弗特韦尔德著，贾拥民译：《欧元的终结?！欧盟不确定的未来》，北京：华夏出版社，2012年10月版，第82页。

③ 罗埃尔·雅森：《欧洲面临两种选择》，参见［英］大卫·马什等著，许钊颖译：《欧洲的未来》，北京：中国经济出版社，2014年7月版，第152—153页。

其臃肿的公共部门、卫生保健、养老金及国防等方面的庞大支出，再加上腐败横行所造成的。

但西班牙和爱尔兰在财政上还是稳健的，债务危机爆发前财政处于盈余状态，公债水平都很低，这两国的问题在于其私营部门特别是房地产业和银行业，2007—2009 年房地产泡沫的破灭和银行业危机迫使政府出手救助，推高赤字和公债水平，最终导致债务危机。所以，爱尔兰和西班牙的例子表明，财政盈余和较低的公债水平并不能保证可以免于债务危机的冲击。这说明，欧元区还有更深层次的问题。而针对这一问题，货币联盟也没有任何的解决办法，且欧元区缺乏统一的跨国监管机制，各国监管标准也存在较大差异，未能发出债务问题风险警告。欧元区根本大法《稳定与增长公约》虽对成员国财赤和外债有明确规定，但缺乏惩罚和退出机制，是一只纸老虎。“从一开始，《稳定与增长公约》规定的补救计划和对各国政府的制约就是一个无法当真的笑话。”① 德、法 2004 年带头违约后，公约对成员国的约束力进一步下降，基本上是形同虚设。

欧盟债务危机既是经济危机，也是一次严重的一体化危机。一方面，一体化的重要标志和象征欧元至今仍未渡过难关，欧元区风险犹存。时任欧洲理事会主席范龙佩在爱尔兰债务危机爆发后声称，欧盟已陷入“存亡危机”。另一方面，比欧元受损更严重的是，成员国民族主义情绪抬头，欧洲意识进一步弱化。这在德国表现的最为明显。多年来德国一直是欧洲一体化的模范生和“出纳员”，但在债务危机刺激下，近来一直潜滋暗长的“疑欧”主义又有新的增长。多数民众反对政府出钱援助希腊，对欧元支持率急速下滑。在这种情况下，德国政府对欧盟援助希腊提出了严格的条件，并在谈判中坚持立场，不愿妥协，导致欧盟迟迟不能做出援助希腊的决定，在一定程度上加重了希腊债务危机。此后，为迎合民意，德国政府还不与欧盟委员会及其他国家磋商，在禁止裸卖空等问题上做出了一系列单边决定。德国的“与众不同”和“格格不入”及由此导致的欧盟内部争吵，增加了成员国特别是德法两个主要国家之间的猜疑，降低了欧盟凝

---

① ［美］约翰·冯·奥弗特韦尔德著，贾拥民译：《欧元的终结?! 欧盟不确定的未来》，北京：华夏出版社，2012 年 10 月版，第 67 页。

聚力。

欧债危机也是一场政治危机。在债务危机冲击下，2010—2012 年，爱尔兰、葡萄牙、斯洛伐克以及希腊、意大利先后政权更迭，虽然是和平更迭，但绝对不正常。先后倒台的这些政府均未完成任期，比如，希腊的帕潘德里欧政府 2009 年才开始执政，并且因为勇敢揭露前任新民主党政府“做假账”的行为，得到了欧盟内同行的好评。但此后由于实施系列紧缩政策，引发国内民众强烈反对，罢工示威游行不断，政府执政如履薄冰，总理帕潘德里欧最终在国内外的强大压力下宣布辞职。爱尔兰、葡萄牙以及希腊、意大利等国的垮台政府都曾在选举中大胜，是在选民的期待中上台的，但都没有达到选民的期望，并没有比以前的执政党做得更好。也就是说，民主游戏并没有成功选出让选民满意的政府。“不管你投哪一个党，掌权的都是同样的政治精英”①，都不能解决这些国家当前面临的经济困境，这是欧洲所谓民主政治的困境所在。民众感到幻灭，因为政治人物和主流政党都不可信。执政党支持率低迷并不是因为反对党有多好，反对党支持率上升也并不说明民众对其真正信任。比如，2011 年 5 月，西班牙爆发的反体制示威游行，民众无论对执政还是在野的政党都不相信也不满意。事实上，欧洲出现危机的国家比方说希腊、意大利，其当前困境正是各党派长期政治斗争的结果。为了达到上台执政的目的，各党派竞相提价，向选民做出很多不切实际、对经济和国家长远发展有害的承诺，比如减少工作时间，增加退休金等等。上台后，执政党也竞相在公共部门和国有企业大肆安插自己人马，导致公共部门机构臃肿、庞大，效率低下，人浮于事，国家支出也随之不断膨胀。在税收有限的情况下，只有靠借贷度日，长年累月下去，导致问题积重难返，形成了令人生畏的“债务山”。比如 2011 年时，希腊债务近 4000 亿欧元，超过国内生产总值（GDP）的 150%，意大利债务总额为 1.9 万亿欧元，占到 GDP 的 120%。在债务危机面前，各政党仍在出于政治私利和选举考虑相互掣肘，也就是说，国家前途命运似乎并不是这些政党的首要考虑，赢得选举胜利才是最优先考虑。

---

① *Victor J Seidler*: *Making sense of Brexit*, Policy Press, University of Bristol, 2018, p. 24.

所以，欧洲债务危机背后的根本原因是政治危机和由此引发的信任危机。

欧债危机还演化为社会危机。在主权债务危机的压力下，欧盟成员国纷纷出台大规模财政紧缩政策，大幅削减预算，首当其冲的是福利开支。在这种情况下，欧盟各国罢工和示威不断，而且常伴随激烈的街头斗争。法国抗议提高退休年龄的大罢工、英国抗议涨学费的抗议示威等层出不穷，特别是在希腊等国。由削减福利支出导致的社会矛盾呈激化趋势。在欧洲本土，也是风声鹤唳，巴黎埃菲尔铁塔以及德国帝国议会大厦等重要目标都遭到恐怖威胁。与此同时，“基地”组织也加大了在欧洲招募成员的力度。2011 年 12 月 11 日，瑞典历史上首次发生本土型自杀式恐怖袭击案件，再次表明，欧洲社会问题已经非常严重。

第二节　危机应对及其影响

欧债危机爆发之初，欧盟并无明确的应对方案，危机管理呈现明显的本能式及被动式反应特点。南方债务国与北方债权国之间以及欧盟委员会等超国家机构与成员国之间存在较大利益冲突，在危机管理方面分歧较大，但德、法等大国及北方债权国显然拥有更大的话语权，因而也主导着欧盟债务危机管理。在北方债权国特别是德国的主导下，欧盟的债务危机管理呈现出如下鲜明特色：

其一，紧缩财政。对于希腊等深陷危机的国家，德国、荷兰、芬兰等北方债权国的基本态度是：这些国家长期借贷消费，积累起庞大的“债务山”，是自作自受，必须稳定财政。[①] 德国总理默克尔的前幕僚长托马斯·德迈齐埃曾表示，“我们不希望欧盟变成一个转移支付联盟。法国的要求从来不如我们严格。法国人表示，如果我们采用欧洲平均融资利率，就可

① Judy Dempsey, “As Guardian of the Euro, Merkel Faces a Difficult Domestic Balancing Act,” http: //www. nytimes. com/2010/03/04/world/europe/04iht - germany. html? ref = europe&pagewanted = print.

以向市场发出一个强烈的信号，并增进法国融资成功的可能性。但是我们不同意这样做”①。德国甚至认为此次危机对欧元区发展是一个“最难得”的机会，可以迫使债务累累的南欧国家削减公共赤字，整顿国家财政，重获经济竞争力，从而缩小欧元区南北经济的不平衡，使欧元区成为一个真正的“稳定联盟”。② 由于以德国为代表的北方国家是欧盟救助资金的提供者，因而其主张也在很大程度上为欧盟所接受。在欧元区应对危机的数次谈判中，欧盟一直都在强调削减财政赤字和公共债务的重要性。在欧盟以及所谓“三驾马车”（即欧盟委员会、国际货币基金组织和欧洲中央银行）的反复要求下，加上债务危机的扩大蔓延，欧洲国家相继出台了大规模财政改革措施，形成了全欧范围内的财政紧缩和福利制度改革风潮，包括大幅削减养老金及失业和医疗等多种补贴、提高退休年龄、放松劳动力市场管制等。希腊连续实施多轮财政紧缩政策，而且一次比一次严厉。其他国家也是如此。2011 年 12 月 4 日，意大利政府继 7 月份以来的三轮紧缩措施之后又通过了一项名为“拯救意大利”的新一轮财政紧缩法案，计划在未来三年内累计增收节支 800 亿欧元，到 2013 年实现财政预算平衡。③ 法国为保住 AAA 级国家信用评级，于 2011 年 11 月 7 日在距第一项紧缩措施不到三个月的时间公布了第二项紧缩措施，提出通过增加税收和改革退休制度实现财政赤字从 2011 年占国内生产总值的 5.7% 降至 2013 年的 3%，进而到 2016 年财政赤字降为零。④ 与以往各成员国自主采取紧缩政策相比，此次欧盟范围内的财政改革凸显出全面、同步、相互监督、相互比照的特点，且在很大程度上是受到债务危机以及欧盟压力而采取的被动行为。

其二，“走一步看一步”。在具体救助濒临“破产”的“问题国家”

---

① ［美］约翰·冯·奥弗特韦尔德著，贾拥民译：《欧元的终结?！欧盟不确定的未来》，北京：华夏出版社，2012 年 10 月版，第 97 页。

② Quentin Peel and Gerrit Wiesmann, “Crisis provides opportunity for ‘fiscal union’,” *Financial Times*, October 30, 2011.

③ Guy Dinmore and Giulia Segreti, “Austerity package key to Italy averting collapse,” *Financial Times*, December 5, 2011.

④ Hugh Carnegy, “France unveils five - year €65bn savings plan,” *Financial Times*, November 7, 2011.

如希腊、意大利等国方面，欧盟基本上采取了“走一步看一步”、被动应对的做法。希腊主权债务危机爆发之初，由于德国在救助问题上拖延不决，欧盟只能听任市场“惩罚”希腊，致使希腊借贷成本一路攀升。之后，德国虽然同意“救助”，但附加了诸多条件，并不“尽心尽力”。欧盟也难以出台积极主动的综合性应对方案。这就导致了两年来欧债危机的发展与欧盟的应对大致形成了如下一种模式：危机恶化促使欧盟出台解决方案，危机略有缓解后继续恶化，欧盟措施随之升级。2010 年 5 月 3 日，欧元区联手国际货币基金组织（IMF）出台了为期 3 年、总额 1100 亿欧元的紧急援助方案；5 月 10 日，为预防危机蔓延，欧元区又启动了一套适用于所有欧元区国家、资金总额为 7500 亿欧元的金融稳定机制。[①] 但这些滞后且力度不足的措施根本无法阻止欧债危机的进一步升级。2011 年 7 月 21 日，在意大利、西班牙受冲击后，欧元区国家再次召开紧急峰会，出台了所谓具有“划时代的历史性意义”[②] 的应对方案，具体措施包括：不再对受援国征收“惩罚性”贷款利息，利率从约 5.5% 降至 3.5%，贷款期限由 7 年半延长至最高 30 年；扩大欧洲金融稳定机制的权限，允许其在紧急情况下在国债二级市场购买成员国国债。[③] 但金融市场对这个“迟到”的新方案并不“买账”，意大利国债利率继续走高。新方案墨迹未干，欧盟和欧元区又不得不筹划另一个救助方案。10 月 26 日，欧元区领导人在经过 11 个小时的紧张谈判后，就希腊债务减记、扩大欧洲金融稳定基金（EFSF）规模、银行资本重组以及“问题国家”的结构性改革等一揽子方案达成一致。但在最关键的如何加强欧洲金融稳定机制功能问题上，欧元区内南、北国家分歧较大，德国等北方国家坚持不能再增加该机制的资金

---

① Simon Tilford, “Closing the gap between rhetoric and reality is key to the euro's survival,” http://centreforeuropeanreform.blogspot.com/2010/05/closing-gap-between-rhetoric-and.html.

② “A New Epoch Has Begun in the History of the Euro,” July 22, 2011, http://www.spiegel.de/international/europe/0,1518,775911,00.html.

③ “Statement by the heads of state or government of the Euro area and EU institutions, Council of the European Union, Brussels,” July 21, 2011, http://www.consilium.europa.eu/uedocs/cms_Data/docs/pressdata/en/ecofin/123979.pdf.

担保规模，反对使用欧洲中央银行资金，提出了所谓的“杠杆化”处理方案。[①] 由于德国不愿给 EFSF 增资，寄希望于新兴市场国家注资，而新兴市场国家在投资得不到保障的情况下也不会轻易投资于 EFSF，这就注定了 EFSF 杠杆化处理方案必定破产。此外，为扩大应对危机的资金来源，欧盟在 12 月 8—9 日峰会上决定：欧元区国家和其他欧盟成员国将给国际货币基金组织增资 2000 亿欧元，扩大其救助能力；原本于 2013 年生效的欧洲金融稳定机制提前于 2012 年 7 月生效，欧洲金融稳定机制在决定救助欧元区成员国时不再需要成员国的一致同意。但相对于意大利、西班牙等国的庞大债务而言，欧盟新出台的方案力度仍然有限。实际上，欧盟应对当前债务危机最立竿见影的解决办法有两个：发行欧元区统一债券，或让欧洲央行像美联储那样开动印钞机，起到最后贷款人的作用。法国、意大利、西班牙等国也一再呼吁采取这类措施，但德国始终坚决反对，因为这样做将意味着德国要为希腊、意大利等南欧国家的债务提供担保，从而增加德国纳税人的负担。德国还担心这些做法会带来道德风险，即希腊等国在债务危机和市场压力消失后可能放弃财政紧缩政策和福利制度改革，重回借钱消费的老路。

其三，“建章立制”，试图用更严厉的法律条文规划成员国的预算政策。欧盟债务危机管理除财政紧缩及出资救助等短期措施外，还着眼长远，改进、强化欧元区运行机制，欲图从根本上杜绝债务危机的再次发生。在欧盟 2011 年 12 月 8—9 日的峰会上，除英国以外的 26 个成员国同意起草一部新条约。新条约的主要内容是：（1）各成员国必须将“黄金法则”纳入本国宪法或使其成为具有同等地位的法律，明确规定本国结构性赤字不超过国内生产总值的 0.5%，确保国内预算平衡；（2）财政赤字超过国内生产总值 3% 的成员国将自动受到处罚，除非欧元区成员国以有效多数表决的方式同意不予惩罚；（3）欧洲法院有权就成员国是否遵守本国制定的“黄金法则”作出裁决。峰会还决定，新条约于 2012 年 3 月前完成制定，2012 年底生效。在 2012 年 1 月 30 日的欧盟峰会上，除英国和捷

---

① “Main results of Euro Summit,” Brussels, October 26, 2011, http://www.consilium.europa.eu/uedocs/cms_data/docs/pressdata/en/ec/125645.pdf.

它不仅仅是一个主权国家的联合体，它还享有凌驾于主权国家之上的超国家权力。为了保证这一组织的民主性，欧盟设计了两层保障：成员国议会和欧洲议会。然而，持续两年多的债务危机以及欧盟采取的一些非常规应对手段已经大大削弱了成员国以及欧元区和欧盟决策的民主合法性。从成员国方面看，议会越来越多地受制于外部力量，不再是本国重大事务的最高权力机关。2011 年以来，在债务危机冲击下，爱尔兰、葡萄牙、希腊、意大利、西班牙、斯洛文尼亚等欧元区国家先后发生了政权的非正常更迭，下台的政府均未完成任期。希腊是个典型的例子，帕潘德里欧政府在外部压力下垮台，随后希腊产生了一个符合德、法及欧盟要求的“技术性”政府，希腊议会不再对本国预算事务享有完全的决定权，由欧洲央行、欧盟委员会和国际货币基金组织（IMF）组成的三驾马车负责对希腊预算和改革成效进行评估，它们在很大程度上决定着希腊民众的命运。爱尔兰、葡萄牙、意大利、西班牙等国情况与此类似：政府在欧元区和欧盟的压力下，不顾国内多数民众反对，被迫不断加大财政紧缩力度，其财政政策受到德、法以及欧盟机构的监督。由于这些国家新上台的政府仍必须推行紧缩政策，民众希望幻灭①，执政党支持率持续低迷。深陷危机的债务国情况如此，而德国、荷兰等债权国则陷入了另一种民主困境。在这些国家中，多数民众反对政府援助债务国，但政府却不得不那样做，因而也不得民心，支持率低迷。斯洛伐克联合政府就曾因内部执政联盟在救助希腊问题上意见相左而解散。

从超国家权力层面看，欧盟决策的民主性也受到更大的质疑。欧洲议会作为代表欧盟民众的超国家机构，在欧盟危机应对中的作用非常有限。欧元区事务在很大程度上由“法兰克福集团”② 主导，其中德国总理默克尔的意见受到了更多的“尊重”。希腊以及意大利过去几年的政坛变局与

---

① Jose Ignacio Torreblanca，“Democracy put to the test，” November 24，2011，http：//ecfr. eu/content/entry/commentary_ democracy_ put_ to_ the_ test.

② 2011 年 10 月，德国总理默克尔、法国总统萨科齐、国际货币基金组织主席拉加德、欧元集团主席卢森堡首相兼财政部长容克、欧洲中央银行行长特里谢、欧盟委员会主席巴罗佐和欧洲理事会常设主席范龙佩等 7 位首脑人物在德国法兰克福歌剧院开会，讨论如何应对欧债危机。“法兰克福集团”由此得名。

这一集团的施压有很大关系。这不是欧盟正常的民主决策程序。不仅债务国希腊、意大利等国抱怨其主权受到侵犯，一些欧元区小国如荷兰、芬兰等也因为经常被排斥在决策圈外而越来越质疑这一集团的合法性，认为欧元区的事务不能由“一小撮人”来决定，欧盟官员也承认这样的决策架构并不民主。① 欧盟决策民主性的减弱必将加深南方债务国与北方债权国、欧盟大国与欧盟小国之间的猜疑和矛盾，从而进一步弱化欧盟的凝聚力。

第三，强化了欧洲一体化的政府间合作模式。在欧洲一体化发展问题上，欧洲一向存在政府间主义与超国家主义（或称联邦主义）的方向之争。在欧盟机构中，欧洲理事会（即欧盟首脑会议）和欧盟理事会（即部长理事会）代表成员国利益，是政府间合作的主体。欧盟委员会、欧洲议会和欧洲法院作为超国家机构，代表所谓的欧盟整体利益。自 2008 年全球性金融危机爆发以来，自称为“欧盟政府”的欧盟委员会在应对危机中的作用非常有限，欧洲范围内的经济刺激计划以及救助银行的行动都是由成员国自行发起的，欧盟委员会和欧洲议会实际上被撇在了一边。2010 年初由希腊主权债务危机引发的全面性欧债危机进一步弱化了欧盟委员会的地位。尽管欧盟委员会在参与制定欧元区新的运行规则，包括加强对成员国的预算监管等方面，仍起到了较大作用，但从欧盟危机应对模式看，则完全体现了政府间合作的意志。危机期间，德法双边峰会以及欧元区峰会非常频繁，欧元区事务基本上是德、法等国家的领导人通过谈判完成决策的，德、法两国磋商基本决定了欧元区的全部救助方案，欧盟委员会在事关欧盟和欧洲一体化重大利益的欧元区问题上完全被边缘化。如欧元区最主要的救助机制 EFSF 是一个政府间的机构，德、法是主要出资国，对如何救助有决定权，欧盟委员会无可置喙。尽管欧盟委员会试图增大自己对欧元区事务的发言权，并不时出台一些建议，但都没有受到重视，也起不到任何作用。比如，欧盟委员会曾向欧盟理事会提出发行欧元区统一债券的建议，但遭到德国断然拒绝。德国毫不掩饰对超国家主义也就是所谓“共同体决策模式”（按照这一模式，欧盟委员会和欧洲议会在决策中起关

---

① Peter Spiegel, “Brussels’ new - found aggression raises hackles,” *Financial Times*, November 7, 2011.

键作用）的不满，主张由成员国首脑在欧洲理事会框架内决定欧盟事务（即“联盟模式”）。[①] 时任法国总统萨科齐2011年12月1日在法国南部城市土伦发表演讲时也表达了类似的看法，称法德将共同提出修改欧盟条约的建议，但改革欧洲并不意味着建立一个超越国家的欧洲，而意味着各国政治领导人将更多地在欧洲机构层面进行共同决策，“欧洲一体化将朝着政府间合作的道路前进”。[②] 很明显，在欧洲民族主义情绪普遍上升的情况下，德国等欧元区主要出资国更宁愿将如何救助欧元区的决定权留给自己，而不是超国家机构，这已成为欧元区及欧盟的最主要运作模式。

第四，催生疑欧主义。债务危机爆发之后几年，欧洲民众对欧元和欧盟的幻灭感日益增强[③]，德国等债权国民众担心欧盟会变成一个“转移支付联盟”，由自己为他国债务承担责任。希腊等债务国民众则憎恨欧盟和北方国家对其内部事务指手画脚，没完没了地提出进一步财政紧缩的要求。欧洲极右政党将宣传重点转向反救助、反欧元和反欧盟方面。荷兰极右的自由党在历次救助希腊等国问题上都投了反对票。[④] 法国极右的国民阵线主席玛丽娜在2012年的总统竞选中主打“退出欧元区”之牌，以吸引民众支持。[⑤] 波兰前总理图斯克在当时曾不无忧虑地表示，新的疑欧主义正在欧洲兴起，这种疑欧主义与英国的传统疑欧主义不同，它发生在大陆欧洲国家，这些国家一方面发表亲欧言辞，另一方面在保护本国利益上更为激进，并采取了弱化欧盟的措施。[⑥]

欧洲一体化面临切实的倒退风险，多年成果可能毁于一旦。欧洲领导人面临艰难抉择，是选择深化合作以保住欧元，还是选择放任欧元区成员

---

① Quentin Peel and Peter Spiegel, “Merkel shifts on economic convergence,” *Financial Times*, February 3, 2011.

② Honor Mahony, “Reform of Europe will not lead to supra - nationality,” Sarkozy says, December 1, 2011, http：//euobserver. com/843/114479.

③ Charles Grant, “Monnet loses to de Gaulle,” November 28, 2011, http：//www. cer. org. uk/publications/archive/bulletin - article/2011/monnet - loses - de - gaulle.

④ Matt Steinglass, “Wilders latches on to euro crisis,” *Financial Times*, November 13, 2011.

⑤ Hugh Carnegy, “Le Pen calls for France to quit euro,” *Financial Times*, November 20, 2011.

⑥ Andrew Rettman, “Polish leader raises alarm about ‘new’ euroscepticism,” July 1, 2011, http：//euobserver. com/18/32578.

国逐个沦陷，主权债务违约，最终引发欧元区崩溃、欧盟瓦解的悲剧性后果。最终，政治考虑战胜经济私利，欧洲国家尽管面临多重压力，包括民粹主义和民族主义势力上升、民意反弹等等，但还是选择了坚持一体化成果，不走回头路。一方面，欧洲国家面临的外部压力日益加大，竞争激烈。当前，新兴大国崛起已成不可阻挡之势，国际力量重心正快速偏离欧洲。欧洲国家多属小国，即使是德、法两个传统欧洲大国，在快速演变的世界里分量也只会愈来愈小。离开了欧盟这个大家庭，单个的欧洲国家无论在金融规则、产品和行业标准制定，还是在能源安全、气候变化等全球性议题的谈判中都将更难以有效捍卫自身利益。没有了统一货币欧元以及单一大市场和共同对外贸易政策等欧盟共同政策，欧洲国家的声音会更小，甚至可能沦为“群雄逐鹿”的竞技场。另一方面更严重的是，欧元区崩盘将产生极其严重的经济和政治后果。一系列的主权国家违约、银行破产以及多个国家重新实施资本管制等将不可避免，欧元区可能仅剩下德国、荷兰等几个北方国家，南欧国家的货币大幅贬值、过度的汇率波动将严重危及欧盟单一大市场，欧盟成员国之间的对立甚至敌视情绪也可能快速抬头，在这种情况下，欧盟也将难于生存下去。欧洲人自己也注意到，“如果货币联盟倒了，整个欧洲将遭受无法挽回的损失。它将冲击整个欧洲项目，并大大地影响欧洲国家间的关系”①。这样的结局对所有欧洲国家来说都绝对是灾难，是任何理性的政治家都将竭力避免的。但同时也应看到，由于欧盟决策机制复杂，成员国之间以及成员国内部各政党之间也存在分歧，特别是债权国民众反对为他人债务承担责任，欧元区要大步前进迈向财政联盟和经济政府也不大可能。加上希腊、意大利等国债务庞大，福利制度改革任重道远，要真正做到稳定财政，提高经济竞争力也非一日之功。

应该说，在债务危机刺激下，欧元区想要建成某种形式的财政联盟和经济政府，正在迈向这一目标的过程之中。其一，经济政府初具雏形。债务危机前欧元区国家很少单独举行峰会，但出于应对危机的需要，欧元区

---

① 罗埃尔·雅森：《欧洲面临两种选择》，参见［英］大卫·马什等著，许钊颖译：《欧洲的未来》，北京：中国经济出版社，2014 年 7 月版，第 153 页。

国家频频举行紧急峰会，就涉及欧元区事务进行协商。欧盟 2011 年 12 月 8—9 日峰会采纳德、法提议，推动欧元区成立经济政府，由时任欧洲理事会常任主席范龙佩担任主席，每年至少召开两次峰会，在债务危机仍在持续的情况下则是每月开一次首脑会议，以协调各国经济政策，未来欧元区国家还可能推出自己的常设主席。其二，财政转移力度加大。欧元区 2011 年 7 月 21 日的救援新方案大幅降低向希腊等国贷款利率，延长还款期限，实质上是富国向穷国的一次大规模资金转移。欧洲中央银行推进量化宽松政策，大量买进成员国债券，未来还可能加大购买量。德国、法国、荷兰等国作为欧洲中央银行股东，实际上是承担了南欧弱国的债务风险。其三，欧元区运行规则将更为完善。欧洲主权债务危机爆发表明，没有牙齿的《欧盟稳定与增长公约》只是纸老虎，欧盟在修改这一条约的基础上通过了新的“财政契约”。建立财政联盟和经济政府对欧元的生存至关重要，但是阻力也极其巨大。债务危机已经表明，联盟内部各成员国之间虽然努力维持团结，但是这种团结也是很有限的，真正的财政联盟和经济政府将遥遥无期。

第三节　希腊之痛

自 2010 年初希腊爆发主权债务危机以来，希腊问题一直持续困扰欧元区。2015 年 1 月 25 日，希腊左翼激进联盟历史性赢得议会大选胜利上台执政，这是债务危机爆发后欧盟内首个民粹主义政权，再度引爆希腊债务危机并引发欧元区政治危机。希腊危机跌宕起伏，成为观察欧盟及欧元区未来发展的一个重要窗口。

一、希腊危机凸显欧盟和欧元区内部重重矛盾

希腊左翼激进联盟政府上台后，试图推翻与欧盟达成的救助协议，以

全民公投的方式拒绝欧盟强加的紧缩政策。2015 年 7 月 13 日，危机发生戏剧性变化，希腊政府 180 度大转变，全面接受债权人“以改革换救助”的方案；8 月 14 日，欧元区批准与希腊达成的自 2010 年 5 月以来的第三轮救助协议，希腊危机暂告一段落；8 月 20 日，希腊总理齐普拉斯宣布辞职，显示希腊危机只是缓解仍远未结束；9 月 20 日，希腊举行了年内第二次大选，左翼激进联盟继续执政，希腊危机暂告一段落。希腊危机虽已结束，但折射出欧元区和欧洲一体化的诸多深层次问题和矛盾[①]。

其一，民主赤字扩大，民主原则受损。欧洲号称是民主的发源地，但欧盟从其前身欧洲共同体开始，就一直存在民主赤字。欧洲一体化属于典型的精英工程，由二战后欧洲一批有远见卓识的思想家和政治家启动，并未征询民意，在此后的发展过程中，由于一体化的日渐深入，欧盟机构享有的凌驾于主权国家之上的超国家权力也不断扩大，这些权力向谁负责，由谁制约的问题也使欧盟层面的民主问题凸显，为了保证欧盟的民主合法性，欧盟设立并通过历次的条约修改逐步扩大了欧洲议会的权力。尽管欧洲议会与主权国家议会的功能相差甚远，也并不民主[②]，但至少从形式上解决了欧盟的合法性问题。主权债务危机特别是希腊危机的爆发严重冲击到欧盟的这一民主设计，造成了更大的民主赤字。原因在于，欧元区是欧盟的核心，希腊危机主要在欧元区财长和首脑会议的层面上应对。如果说欧盟还有形式上的政府（欧盟委员会）和议会（欧洲议会），欧元区则二者均无。欧元区决策形式上由 19 个成员国协商决定，但起决定作用的仍是大国，特别是德、法两国。2011 年 11 月，德国总理默克尔和时任法国总统萨科齐迫使时任希腊总理帕潘德里欧放弃公投计划，并促成希腊组成技术型政府（即政府总理为技术官僚，并非选举产生）。从欧元区斯洛伐克、斯洛文尼亚以及立陶宛、爱沙尼亚等中东欧新成员国的立场看，希腊根本

---

① 有欧洲学者称，欧洲解体的可能性还从来没这么大过。See Constanze Stelzenmüller, “Berlin must lead Europe towards closer union,” *Financial Times*, August 10, 2015.

② 根据《里斯本条约》欧洲议会议席分配规则，每 70000 卢森堡人就可以获得 1 个欧洲议会议席，在德国则需近 86 万人。德国联邦宪法院在一项裁决中就据此认为欧洲议会议员选举并未做到人人平等，因而并不民主，欧洲议会并不是一个代表欧洲人民利益的民主机构，而只是一个代表成员国的机构。

发生经典式的'剃头'（债务减记），这在货币联盟之外可能发生，但不可能发生在货币联盟内部"[①]，也就是说，如果希腊退出欧元区，德国可能考虑对其债务减记，但如果希腊留在欧元区，德国将不会考虑削减其债务。时任德国副总理西格马·加布里尔说："如果希腊政府想再次启动谈判的话，我真希望它接受这一点，即欧元区其他 18 个成员国不能接受无条件的'剃头'（债务减记）。"他说："我们怎么能拒绝其他成员国？如果我们这样做了，对整个欧元区来说意味着什么？这将让欧元区分崩离析，肯定的。"[②] 时任德国财政部长朔伊布勒态度更为强硬，甚至打破禁忌，多次公开谈论"希腊退出"，被希腊政府官员和媒体称为纳粹和恐怖分子。德国的希腊政策既得到了荷兰、芬兰等北方富裕国家的支持，也得到了中东欧新成员国的支持，西班牙、爱尔兰等国在经历了主权债务危机期间痛苦的紧缩和结构改革后，正走在较快的复苏道路上[③]，也在向德靠拢，特别是西班牙，当时执政的中右翼的人民党遭遇与希腊左翼激进联盟意识形态相近的极左政党"我们能"的挑战，更不愿意对希腊让步，支持德国对希腊采取强硬政策。事实上，这些国家在希腊问题上比德国更德国，可以说，希腊危机反而使德国在欧元区内地位得到进一步强化。

法国认为团结更重要，必要时可网开一面，重组希腊债务，法国是欧元区国家中迄今唯一公开提出可以考虑对希腊债务减记的国家[④]。法国之所以对希腊更为宽容，除因时任法国总统奥朗德政府属于左派，意识形态上更易同情和接受希腊政府主张外，还有更深层次的考虑，即一旦希腊被迫退出欧元区，必将产生寒蝉效应，其他成员国可能更为自觉遵守欧元区

---

① Chris Bryant, "Angela Merkel signals conditions for Greek debt talks," *Financial Times*, July 19, 2015.

② Rachel Middleton, " Greek debt crisis: Prime Minister Alexis Tsipras to present new plan at Eurozone summit," July 7, 2015, http://www.ibtimes.co.uk/greek-debt-crisis-prime-minister-alexis-tsipras-present-new-plan-eurozone-summit-1509643.

③ 西班牙 2015 年第二季度环比增长率为 1%，为连续第 8 个季度增长，也是 2007 年以来最快的季度增长；爱尔兰经济已恢复到危机前水平. Ian Mount and Vincent Boland, "Economic recoveries in Spain and Ireland accelerate," *Financial Times*, July 30, 2015.

④ Eric Maurice, "Tsipras gets cross-party backing before euro summit," July 6, 2015, https://euobserver.com/beyond-brussels/129490.

规则，因而将更为靠拢德国，德国主导的欧元区规则将得到更为彻底地落实，也就是说欧元区将更为德国化，法国在欧元区内的运作空间势必将被大大压缩，这是法国不希望看到的。捍卫希腊，实际上是在捍卫法国在欧元区的未来地位，争取与德国平等的话语权。所以，在整个希腊危机期间，法国坚持要与希腊谈判达成妥协，将希腊留在欧元区，并一再警告希腊退出将带来严重后果。时任法国经济部长埃马纽埃尔·马克龙甚至称不要再来一个《凡尔赛条约》[①]。

2015 年 7 月 5 日，希腊公投拒绝欧元区的紧缩和改革要求后，欧盟发出最后通牒，希腊欧元区成员身份岌岌可危。法国扮演了欧元区的守护者角色，派出专业人员赶赴希腊，帮助时任希腊财长察卡洛托斯起草能在欧元区财长会议上过关的改革草案。德国坚称不会放松对希腊的紧缩与改革要求，时任德国财长朔伊布勒甚至还提出了希腊暂时退出欧元区 5 年的建议草案（实际上，这一建议一旦实施，很难想象希腊 5 年后还能否重返欧元区），这份草案也得到了德国总理默克尔的认可，她在联邦议院讲话时表示，希腊自愿、有序的退出欧元区是可行的选择。[②] 在 2015 年 7 月 13 日前夜决定希腊命运的关键性谈判中，法国主张欧元区应展现宽容，德国则提出了严苛的救助条件，并得到欧元区 15 个成员国支持，最终希腊妥协，全面接受德国所提条件，得以暂时留在了欧元区。但德法嫌隙和隔阂也在增大，法国怀疑德国正凭实力改变欧元区性质，时任法国经济部长马克龙声称，“欧元区正在经历一场意识形态战争，北方的清教主义者不想原谅犯罪者，南方的天主教欧洲则想要翻开这一篇”。

其三，民族主义复兴。长期以来，民族主义在欧洲是个不受欢迎的词汇，正是强烈的民族主义导致欧洲过去争战不休。欧洲一体化的主要目的就是发展欧洲主义和欧洲认同，抑制、削弱民族主义，甚至消灭民族国家。尽管如此，欧洲民族主义一直暗流涌动，主权债务危机期间，欧盟各

---

① Anne - Sylvaine Chassany, “François Hollande seeks to play role of Greece’s savior,” *Financial Times*, July 6, 2015.

② Anne - Sylvaine Chassany, James Politi and Peter Spiegel, “Greece clash sparks fears over German power,” *Financial Times*, July 17, 2015.

国民族主义不同程度有所抬头，形形色色的极端主义和民粹主义政党和组织纷纷涌现，这些政党和组织不论极左或极右，都有强烈的民族主义色彩，反紧缩、反欧元甚至反欧盟。德国的“选择党”即主张德国退出欧元区，法国的“国民阵线”也主张法国脱离欧元区，收回法国的货币和经济主权。希腊危机的再度爆发，既是民族主义达到空前高度的结果，也进一步刺激欧盟特别是欧元区国家民族主义的发展。债务危机爆发后，希腊社会充满悲情，从 2010 年到 2015 年持续 5 年的紧缩之后，经济萎缩 25%，失业率超过 25%，青年失业率更超 50%，[①] 看不到任何希望。在欧元区看来，希腊半年无谓的折腾打断了其本已开始的复苏进程[②]，并使希腊再陷危机[③]。但在希腊，齐普拉斯却更多被视为敢于与德国及欧元区对抗的民族英雄式的人物，即使他背弃竞选承诺，与欧元区达成“以改革换救助”的协议（这意味着希腊仍将持续更为痛苦的紧缩政策），仍享有超过其他希腊政治领导人的支持率。但在欧元区其他国家则是另一种民族主义情绪的抬头，即对欧元和欧盟的不满增加，认为希腊拖了本国经济的后腿，对欧元及欧元区深化一体化是否对本国有利、是否能保障他们的利益感到不确定，因而更宁愿民族国家来保障他们的利益，如在意大利，“重启里拉”的声音高涨，意大利“五星运动”领导人格里洛公开要求政府制定“B 计划”退出欧元区，以“拿回我们的货币主权”[④]。希腊危机及欧元区困境也对非欧元区国家产生了重要影响，欧元成为波兰议会大选的重要议题，其时执政的波兰公民纲领党主张条件成熟时加入欧元区，但具民族主义及疑欧主义倾向的主要反对党法律与公正党则认为加入欧元区将有损波兰利益，并因此在 2015 年 10 月 25 日的波兰议会选举中胜出（该党已赢得波兰 5 月的总统选举胜利，当选总统杜达已于 8 月 7 日宣誓就职）。时任欧洲理

---

① “Greece's Debt Crisis Explained,” July 27, 2015, http://www.nytimes.com/interactive/2015/business/international/greece-debt-crisis-euro.html.

② “Greece seen topping EU economic growth list next year,” http://www.reuters.com/article/2015/02/05/us-eurozone-greece-growth-eu-idUSKBN0L91XQ20150205.

③ Stefan Wagstyl, “Germany criticises Greek bailout agreement,” *Financial Times*, August 12, 2015.

④ James Politi, “Grillo calls for Italy to throw off euro ‘straitjacket’,” https://next.ft.com/bce25bca-3136-11e5-91ac-a5e17d9b4cff.

事会主席图斯克曾不无忧虑地表示，“欧洲近来气氛已类似 1968 年后的欧洲”，“各种极左、极右的极端主义已结成策略性的同盟”，“反欧盟、反德国情绪已成主流”，“当整个社会都缺乏耐心时，这就是革命的前奏”①。

二、欧盟和欧元区仍有韧性

毫无疑问，希腊危机进一步暴露也加重了欧元区和欧盟面临的发展困境，但换个视角看，其柳暗花明也充分展现了欧元区和欧盟的抗压性和韧性。

第一，欧元区仍有团结在一起的强大政治意愿。按照经济学的逻辑，欧元区只有统一货币，却无统一财政和中央政府，从长期看不可持续，迟早会出问题。但正如很多人已注意到的那样，欧洲单一货币区从一开始就是政治项目，统一后的德国想要展现更强的欧洲精神，以打消法国等国的顾虑；法国则希望将德国牢牢锁定在一个更为一体化的框架内，以制约其新获得的经济实力。因此时任法国总统密特朗、德国总理科尔一拍即合，促成了 1992 年《马斯特里赫特条约》的签订，创立了欧元。2010 年初欧洲主权债务危机爆发以来，市场豪赌希腊将退出欧元区，但最终政治考虑战胜了经济逻辑，欧元区包括希腊在内一个未少。过去几年的主权债务危机表明，只要成员国愿意留在欧元区，遵守共同的规则和协议，欧元区不会迫使任何成员国退出。2015 年初希腊左翼激进联盟上台执政是欧元区遇到的新问题，即一个成员国政府以撕毁与债权方达成的协议为竞选纲领上台，这与欧元区以往的救助原则形成直接冲突，希腊似乎也一步步走向“退欧”的道路。但在最后时刻，政治还是战胜了经济，从希腊方面看，违约虽然可以除掉 3200 亿欧元的债务，但政治代价太大，而且经济上至少短期内也不会得分，甚至很可能陷入混乱；另外更重要的是，希腊主流民意长期以来并无明显变化，即虽然强烈反对紧缩，但在无可选择的情况下，仍宁愿继续忍受紧缩的痛苦也要留在欧元区，左翼激进联盟政府并未

---

① Peter Spiegel, “Greece: Donald Tusk warns of extremist political contagion,” *Financial Times*, July 16, 2015.

获得退出欧元区的民意授权，这也是希腊政府在欧盟最后通牒面前屈服的根本原因。从欧元区其他国家看，借给希腊的钱极有可能打水漂（几乎无人相信希腊最终会全额还钱），继续借钱给希腊从经济角度看无疑犯傻，但希腊退出可能带来的地缘及政治风险却无法估量。德国总理默克尔正是出于维护德法合作的政治遗产以及地缘政治考虑，否决了财长朔伊布勒的“希腊退欧计划”①。值得指出的是，朔伊布勒的希腊政策得到了国内广泛支持，其民意支持率甚至超过默克尔②，而且默克尔本人对希腊政府的诚信也失去信心，对其能否落实与欧元区达成的紧缩与改革政策有较大疑虑，对其而言，做出留住希腊的决定并不容易。当然，值得指出的是，与主权债务危机期间包括德国在内的欧元区国家极力避谈“退欧”不同，希腊危机期间“退欧”不再是禁忌话题，反而成了一个欧元区开始认真考虑的选项，多国包括德国在内公开谈论希腊退出欧元区的可能性，一向以维护欧盟团结为己任的欧盟委员会也公开宣称准备好 B 计划，甚至已准备好向希腊提供人道主义援助。这表明，欧元区凝聚力及团结在一起的政治意愿已有所弱化。

第二，欧盟和欧元区在主权债务危机期间建立的应对机制行之有效，经受了市场检验。2010 年初欧洲主权债务危机爆发后，投资者恐慌情绪强烈，担心欧元区解体，纷纷抛售欧元区金融资产，葡萄牙、西班牙等边缘国家国债收益率一路攀升，被迫接受救助，形成“多米诺骨牌效应”。但 2015 年的情况完全不同，尽管希腊危机愈演愈烈，一步步走向“死胡同”，但基本失去“传染性”，市场波澜不惊，葡萄牙、西班牙等所谓边缘国家国债收益率偶有波动，但幅度有限。这与欧盟和欧元区在主权债务危机期间采取的系列应对措施不无关系，如签订“财政契约”，规范财政纪律；设立具有 5000 亿欧元贷款能力的欧洲稳定机制；建立风险共担的银行业联盟；欧洲央行推出“直接货币交易计划”，间接承担起“最后贷款人”角

---

① 卢森堡外长警告，如果希腊退出欧元区，将“给德国在欧盟内外的声誉造成致命伤害”，Gideon Rachman，“Germany's conditional surrender，” *Financial Times*，July 13，2015.

② Chris Bryant，“Angela Merkel signals conditions for Greek debt talks，” *Financial Times*，July 19，2015.

色，更重要的是，在这一过程中，市场充分领教了欧盟维护欧元区稳定和团结的强大政治意愿。特别值得指出的是，主权债务危机发生后，欧洲央行逐渐走上前台，大幅扩展其条约赋予的权力，发挥了定海神针的重要作用。2015 年初，欧洲央行宣布启动“量宽”，准备购买 1.1 万亿欧元的金融资产，促进了欧元区经济增长，压低了欧元币值。2015 年希腊危机之所以基本没有“传染性”，欧洲央行启动的“量宽”发挥了重要作用，因为市场认为，欧洲央行可能视情随时加大资产购买力度，压低国债收益率。希腊危机发生后，希腊银行存款大量流失，如无欧洲央行提供“紧急流动性援助”（ELA），恐早已破产倒闭，因此欧洲央行拥有对希腊政府的极大影响力，正是欧洲央行拒绝增加对希腊的紧急流动性，导致希腊政府不得不宣布暂时关闭银行。2015 年 7 月 20 日是希腊向欧洲央行偿还一笔 35 亿欧元债务的日子，与其此前对国际货币基金组织债务违约不同，一旦希腊政府对欧洲央行违约，欧洲央行将别无选择，只能完全停止对希腊的紧急流动性支持，在这种情况下，希腊由于无钱可用，极有可能引发退出欧元区的严重后果，也正是这一前景促成希腊政府最终不得不屈从欧盟“最后通牒”，在 7 月 13 日与债权人妥协，达成“以改革换救助”的协议。

第三，德国“规矩”再次得到确认。主权债务危机以来，德国凭借经济实力和最大债权人地位，获得了危机应对的主导地位，并通过“以改革换救助”原则获得了对债务国经济财政政策实施影响的机会。债务危机期间，欧元区危机应对的基本思路一是紧缩，迫使债务国削减公共赤字，整顿国家财政；二是改革，特别是劳动力市场、退休制度、福利制度、垄断行业等领域的结构性改革，以重获经济竞争力，缩小欧元区南北经济的不平衡，打造欧元区“稳定联盟”；三是“建章立制”，用更严厉的法律条文规范成员国的预算政策；同时，以银行业联盟、欧洲金融稳定机制、欧洲央行“量宽”等适度展现欧元区的团结互助精神。总体看，欧元区的规则、审慎财政等精神得到强化，成员国的主权则受到更多的监督和侵蚀。比如，按照欧盟“财政契约”要求，欧元区成员国在制定预算时，必须先得到欧盟委员会的批准。希腊左翼激进联盟上台后，试图挑战欧元区治理现状，德国则以“做好希腊退出欧元区准备”反制，最后虽同意希腊留在欧元区，但对希腊的附加改革条件不但没有减少，反而更为严厉。2015 年 7 月 13 日欧元区与希腊政府达成的“以改革换救助”原则性协议规定，希腊须取得“早期改革成果”，应在规定期限内通过部分改革措施的立法工作，向欧元区证明其改革“诚意和能力”，才有资格继续谈判。7 月 15 日前，议会须通过养老金体系、增值税法和统计体系的改革法案，实行“欧盟自动财政运行办法”（即政府赤字超标就自动削减财政支出）；22 日前，须通过“民事诉讼法改革方案”和“欧盟银行恢复与清算指令”（欧盟就银行救助和破产清算问题制定的共同法令）。在希腊议会通过这几项法案后，债权方才同意与希腊进行第三轮救助谈判。欧元区还规定，希腊政府应在欧盟监督下，变卖或抵押国有资产，用相关收入建立规模约 500 亿欧元的基金，用于偿债、补充商业银行资本和公共投资，分别占基金总额的 50%、25%和 25%。而这些都曾是希腊政府的谈判“红线”。从 2015 年 8 月 14 日希腊与债权方最终达成的第三轮总额 860 亿欧元、为期三年的救助协议看，7 月 13 日的原则性条款均得到细化和落实，对希腊政府哪些能做、哪些不能做，开放哪些领域，预算应保持多大盈余，健保及社会福利改革、公共管理机构的现代化及“去政治化”（欧盟认为希腊公共管理机构与政党联系过于紧密）等等都做了详细的规定①。时任德国财政部长朔伊布勒称，如果协议条款不能“逐条落实”，希腊就拿不到钱②。可以说，“三驾马车”不仅重返希腊，对希腊监督的广度和深度也前所未有。德国强硬应对希腊的挑战可能是一种谈判策略，即通过威胁让希腊退出欧元区促希腊政府回头是岸，目的并不是要逐出希腊；但更应视为一种长期战略，即维护欧元区共同规则的严肃性，以儆效尤，因为德国对希腊退出欧元区的可能性并不只是口头说说而已，而是有实实在在的准备。也就是说，德国宁愿迫使希腊退出欧元区也不愿放弃原则性立场，即只有改革才

---

① “Draft agreed at staff level – 11 August 2015, Greece, Memorandum of Understanding for a three – year ESM programme,” https://zh.scribd.com/doc/274285711/Greece – ESM – MoU – draft – 11 – 8 – 2015 – english.; “Eurozone okays Greek bailout, wooing IMF on debt,” August 15, 2015, http://www.euractiv.com/sections/euro – finance/eurozone – okays – greek – bailout – wooing – imf – debt – 316857.

② Andrew Tettman, “Merkel urges Bundestag to back Greek bailout,” August 17, 2015, https://euobserver.com/justice/129900.

能换救助。正是这种实实在在的准备迫使希腊政府最终面对现实，德国总理默克尔宣称，希腊态度大转变正是“由于许多国家包括朔伊布勒和德国政府均持强硬立场”，[①] 而希腊的最终妥协和屈从对其他债务国来说也是一个信号和警讯，即除遵守欧元区的原则和规定外，没有第二条道路可走。

三、从希腊危机看欧元区前景

希腊危机的正反两面表明，准确判断欧元区的发展前景并不容易，因为制约和有利于欧元区发展的两种力量处于不断的变化之中，这两股力量的此消彼长决定了欧元区的前进或倒退，快行、慢进还是停滞。

毋庸置疑，欧元区面临诸多发展困难，仍处于债务危机后艰难的调整和消化期，长期前景并不明朗，中短期内很难有实质性进展，停滞甚至倒退风险仍在。首先，希腊危机并未根本解决。希腊与债权人虽然达成救助协议，但问题是，希腊经历了此前两轮救助，留下的却是痛苦和失望，失业率不断攀升，债务也愈益庞大，希腊走上正轨可能需要多年时间。从好处看，谈判成功将给希腊未来几年带来稳定的金融和投资环境，加上结构性改革的持续推进和欧盟援助的增加，最终希腊将走向较快的复苏道路。希腊在 2015 年接受欧盟第三轮救助之后的发展表明，至少从目前来看，未来还是有希望的。希腊经过债务危机冲击，经济总量缩水 1/4，直至 2018 年 8 月才退出最后一轮救助。经济已经开始恢复增长，但债务问题依然突出，是欧元区最大债务国。而且，若按现在希腊经济的增长速度，要到 2041 年才能恢复至 2008 年危机前水平。

其次，法国特别是意大利可能成为欧元区新问题。欧元区北方国家经济情况相对较好，西班牙、爱尔兰等重债国经过债务危机期间的大改革，目前已经走上较快增长道路。法国和意大利问题相对较大。法、意是欧元区第二和第三大经济体，如果两国出现问题，将是欧元区不可承受之重。从政治上看，法国反欧盟、反欧元的极右政党“国民联盟”（原国民阵线）

---

① Andrew Tettman, “Merkel urges Bundestag to back Greek bailout,” August 17, 2015, https://euobserver.com/justice/129900.

支持率仍然较高，对法国政府的牵制加大，如果马克龙无法顺利推进法国改革，不排除国民联盟上台执政的可能。意大利政府支持率持续下滑，执政两党深度不和，“五星运动”和“北方联盟”均对欧元极为不满，意大利因此可能退出欧元区，不是因为其面临希腊式的严重困境，而是认为离开欧元区对本国更有好处①。从经济上看，法国和意大利两国也面临相似的问题，失业率居高不下，债务持续攀升，财政赤字难以降低，同时增长缓慢。按照2015年的数字，意大利总体债务（政府、家庭和企业）约占GDP的259%，自2007年以来增长55%；法国总体债务约占GDP的280%，自2007年以来增长66%；意大利财政赤字占GDP的2.9%，法国为4.2%；意大利自1999年加入欧元区以来，经济几无增长，欧元区内表现最差，甚至不如希腊，2007年以来更萎缩了10%；法国近几年增长较慢；意大利失业率为12%，青年失业率为44%；法国失业率超过10%，青年失业率超过25%②。法国和意大利两国的问题是长期形成的，短期内很难扭转，目前两国失业问题有所改善，但经济增长仍然乏力，债务规模仍然过于庞大，法国预算赤字现如今仍然达不到欧盟要求的标准。2019年第四季度，法国和意大利经济都出现了负增长，预示着麻烦还在后头。正是在这个意义上，希腊前财政部长瓦鲁法基斯曾意有所指声称，“三驾马车的最终目的地是巴黎”③，所谓“三驾马车”是指由国际货币基金组织、欧盟委员会、欧洲央行组成，负责评估和监督包括希腊在内的接受救助的欧元区国家落实紧缩与改革政策，被视为外部势力干涉国家主权的象征。尤其在希腊饱受争议，瓦鲁法基斯的意思是，法国和意大利应与希腊一起抵制德国的紧缩政策，不然迟早会面临与希腊一样的命运。从与德国及欧盟的关系上看，法国和意大利都是大国，对国家尊严更为敏感，尤其不愿在预算和经济政策等问题上接受欧元区其他国家和欧盟的监督。2018年，

---

① James Politi, “Italy's Pier Carlo Padoan calls for ‘political union’ to save euro in Rome,” *Financial Times*, July 26, 2015.

② Satyajit Das, “Greek problems mask the rising risks in Italy and France,” *Financial Times*, June 24, 2015.

③ Romaric Godin, “Are Paris and Berlin really divided over Greece?” http://www.euractiv.com/sections/euro-finance/are-paris-and-berlin-really-divided-over-greece-316788.

意大利民粹政府就因为预算问题与欧盟及德、法等国发生过较大纷争，即所谓“预算危机”。2014 年，当欧盟要求法国加大力度削减预算赤字时，时任法国总理瓦尔斯宣称，“法国是个大国，应受到尊重”，“我们的预算应由我们自己决定”①。至少到目前为止，即使法国预算赤字长期超标，欧盟委员会也未启动警告程序。如果法国和意大利决定不遵守欧盟法律和规定，德国和欧元区可能无可奈何，但无疑会加重彼此分歧和矛盾，进一步弱化欧元区凝聚力。比如，荷兰包括德国对法国预算赤字也是深为不满，认为欧盟委员会没有一碗水端平。

最后，希腊危机引发的“余毒”尚待肃清。希腊危机既严重毒化了希腊与欧元区其他国家的互信，“毒化了德国对欧洲以及欧洲对德国的态度”②，也加深了各国民众对欧元区未来发展的疑虑。“欧洲所有人，包括政治家、民众、媒体、机构、民主都极度疲累”，欧洲已进入一个“反欧时代”③。在总体民意反对加快一体化的情况下，各国将均倾向于维持现状，等待观望，很难想象欧洲一体化短时间内会有新的进展。

当然，从另一方面看，危机往往也意味着转机。一部欧洲一体化史，就是一部危机与反危机的历史。欧盟曾经历过多次重大危机，包括 20 世纪 50 年代法国否决《欧洲防务共同体条约》、60 年代法国抵制欧共体引发“空椅子危机”、90 年代初丹麦否决《马斯特里赫特条约》、2005 年法国和荷兰否决《欧盟宪法条约》，2010 年开始长达 4 年多的债务危机等，客观而言，这些危机并没有造成欧盟的倒退，更不用说解体了。希腊危机与其说是债务危机，不如说是一场政治危机，即债务危机后首次有激进政党在一个成员国上台执政，并由此引发欧元区内的政治冲突，这对欧盟来说是个新的考验。如能成功化解这一政治危机，欧洲一体化也可能迎来一个新的发展阶段。

值得指出的是，2013 年初以来，随着主权债务危机逐步缓解，外部压

---

① Marcel Fratzscher, “The rupture the EU needs to avoid is with Germany,” *Financial Times*, July 27, 2015.

② Gideon Rachman, “Germany’s conditional surrender,” *Financial Times*, July 13, 2015.

③ Dirk Kurbjuweit, “Opinion: We Are Living in the Anti – Europe,” http://www.spiegel.de/international/europe/spiegel – commentary – on – the – greek – crisis – a – 1041195.html.

力大大减轻，欧洲一体化发展动力渐失，欧盟开始安于现状。但持续发酵的希腊危机再次引发欧盟特别是欧元区内关于欧元区建设和一体化发展的大讨论，如何避免希腊式危机反复上演，弥补欧元区严重的机制缺陷，成为各方思考焦点，即“如无（一体化）新构想，就意味着维持现状，而维持现状即意味着欧元区事实上将走向解体，所以必须前进”[①]。欧盟机构领导人、欧元区国家总统、总理、部长亲自出马，或公开发表报告，或投书报刊，或接受媒体访谈，阐述本国立场和主张。

2015 年 6 月 22 日，欧盟委员会主席、欧洲理事会主席、欧洲议会议长、欧洲央行行长和欧元集团主席联名发表《完善欧洲经济与货币同盟》的报告[②]，对欧元区未来发展提出建议：一是深化经济联盟，包括共同提升竞争力，协调各国经济、财政、税收和社会政策等等；二是建立金融联盟，包括完善银行业联盟，推动建立资本市场联盟；三是构建财政联盟，建立欧洲财政董事会（European Fiscal Board），公开独立评估各国财政政策，建立欧元区财政稳定机制，处理一国无法单独解决的问题，成立欧元区财政部；四是提高政治影响力，在欧洲议会内建立代表欧元区利益的团体或委员会，在国际货币基金组织等国际经济组织内，欧元区要以一个声音说话，获得与其经济体量匹配的影响力，将单一清算基金、欧洲金融稳定机制、欧元区附加公约（Euro Plus Pact）等政府间协定通过立法变为欧盟法律，设立欧元集团专职主席等。7 月 25 日，时任意大利财政部长帕多安在接受采访时声称，希腊危机应被视为欧洲大陆的分水岭事件，“我们不要自己糊弄自己了，“退出”已成为桌面上的选择，欧元区不可逆转的神话已被打破”，“如果我们要避免这一风险，就必须要有一个不同的欧元——一个更为强大的欧元”，“小修小补已经不够”，“唯一的出路是直接建立政治联盟”，包括尽快完善银行联盟，建立共同的欧元区预算，以及

---

① Nicholas Vinocur, “France pushes Germany on ‘convergence, transfers’,” August 26, 2015, http://www.politico.eu/article/france-pushes-convergence-transfers-germany-economy-overhaul-crisis/.

② Jean-Claude Juncker in close cooperation with Donald Tusk, Jeroen Dijsselbloem, Mario Draghi and Martin Schulz, “Completing Europe's Economic and Monetary Union,” http://ec.europa.eu/priorities/economic-monetary-union/docs/5-presidents-report_en.pdf.

共同的失业保险计划，设立欧元区财政部长，设立与欧洲议会并列的欧元区议会等[①]。时任法国总统奥朗德 7 月 18 日在一篇文章中也谈及欧元区未来的发展设想，称欧元区需要有自己的预算、议会和政府[②]。7 月 31 日，法国负责欧盟事务的国务秘书哈莱姆·德西尔和意大利负责欧盟事务的国务秘书山德罗·戈齐联名在法国《世界报》发表题为《欧元不是货币问题，而是政治问题》的文章，呼应了奥朗德总统的说法，提出要设立欧元区预算、设立欧元集团常设主席、成立欧元区议会和欧元区内阁，以将欧洲经济和货币联盟转为政治联盟，将“货币欧元”转为“政治欧元”[③]。

德国是欧洲少有的亲欧国家，主要政党一直积极支持欧元区深化发展。事实上，在欧元启动之时，时任德国总理科尔就坚持要并行建立政治联盟（所谓政治联盟，就是有共同的预算、税收、欧元债券，甚至一个联邦化的中央政府，但由于各国特别是法国不愿让渡主权，尽管建立政治联盟的想法被写入条约，但至今进展不大）。近年来，随着历史问题的淡化及德国对自身发展信心的增强，德国也开始像法国、英国等其他国家一样更注重在欧盟内追求和捍卫本国利益，欧洲政策中的理想主义色彩趋少，功利主义色彩趋浓，更为务实。德国舆论总体仍支持欧洲一体化和欧元，但疑欧及反欧元情绪有所上升，2015 年成立的反欧元政党“德国选择党”即反映了德国内这一变化了的政治现实。2015 年 5 月，德国总理默克尔与时任法国总统奥朗德曾向欧盟委员会共同提交一份倡议，呼吁欧元区经常性召开峰会，并在欧洲议会内设立欧元区专门机构，并谈到强化欧元集团主席职责的可能性，但并未提及欧元区预算。德国国内就欧元区未来发展的相关讨论也已然升温。7 月 28 日，德国政府独立的经济顾问机构“德国经济专家理事会”发表报告声称，“一个长期不合作的成员（应是暗指希

---

① James Politi, “Italy's Pier Carlo Padoan calls for ‘political union’ to save euro in Rome,” *Financial Times*, July 26, 2015.

② Eric Maurice, “Hollande's limited eurozone vision,” https://euobserver.com/institutional/129713.

③ Harlem Désir and Sandro Gozi, “L’euro n’est pas une question monétaire mais politique,”（法国《世界报》2015 年 7 月 31 日文章），http://www.lemonde.fr/idees/article/2015/07/31/l-euro-n-est-pas-une-question-monetaire-mais-politique_4706442_3232.html? xtmc=harlem_desir&xtcr=2.

腊）不应威胁到欧元区的生存"，如有必要，应将成员国退出欧元区作为"最后手段"，该报告还对设立欧元区财政部长及建立欧洲失业保险等一体化建议表示怀疑，称如成员国不能在经济和财政主权上做出重大让步，这些一体化措施从长期看只会让欧元区更为脆弱①。这一报告虽非德国官方观点，但显然是当前德国国内对希腊等债务国日趋不满和强硬情绪的反应。

从总体看，欧盟政治人物在完善欧元区机制，深化一体化方面有共识，并有一些共同的主张，如加强欧元区成员国的政策协调，设立财政部长职位等。但侧重点不同，法国及南欧国家更重视风险共担，如设立欧元区预算，存款共同担保等，强调强国要帮助弱国；德国及北方国家则担心欧元区变成"转移支付联盟"，在设立欧元区预算等问题上态度谨慎。法国支持在政府间层面上加强政策协调，但不愿让渡主权，德国则担心法国等国一再违反欧元区的财政纪律，希望各国财政能受到欧元区和欧盟层面更严格的监管。从目前看，欧盟内部关于欧元区未来发展的讨论还只是开始，但随着各方讨论的深入，欧盟未来也有可能在部长理事会乃至欧洲理事会层面展开协商，应该说这是希腊危机引发的一个正面效应。

欧元区是欧盟的核心，近年来欧洲一体化的发展成就如银行业联盟的建立主要是欧元区危机应对的结果，也主要适用于欧元区。鉴于欧盟27个成员国中已有19个属于欧元区国家，其他国家除丹麦外都有条约义务在未来加入欧元区，因此未来欧洲一体化的发展，将在很大程度上是指欧元区的深化和扩大。但未来欧元区能否深化和扩大，将主要取决于三大因素：一是经济能否持续好转；这是欧元区政治稳定和民众信心恢复的根本基础；二是法国和意大利改革能否成功。法国和意大利不是希腊，都有相当深厚的工业基础和技术实力，但在失业率居高不下、劳动力市场僵化、公共开支过于庞大、实际利率和汇率长期相对过高、经常账户长期赤字以及反改革势力强大等问题上却与希腊有相似之处。当前，两国政府在内外压力之下均开始推行紧缩和结构性改革，但无论从历史经验和当前改革面临

① Jeevan Vasagar and Peter Spiegel, "Let debtor nations leave euro, say German experts", *Financial Times*, July 28, 2015.

的阻力看，短期内均很难成功①。三是德法能否形成合力。德法是欧元区核心国家以及北、南两派的代表，两国能否协调立场、相互妥协至关重要。从历史上看，无论是共同农业政策、建立单一市场还是欧元的启动等等，两国不乏成功合作的纪录。从现实上看，两国“已在极大程度上将本国的发展战略融入到了欧盟建设之中”，均将欧盟作为放大本国实力的依托，都希望欧元和欧洲一体化愈益成功，这种“对欧洲联合的感情可能是英美国家所无法完全理解的”②。因此，可以预期，德法两国未来仍会寻求妥协，努力推动一体化进程。但由于共同预算及共同经济、税收、财政、社会保险政策等等均涉及双方重大利益，需要较大甚至根本性主权让渡，而且两国对这些一体化措施的理解和出发点也不同，未来两国在这些领域的合作将更为困难。时任法国经济部长的马克龙自己也承认，“德国人对法国的任何建议都持怀疑态度”③。

综上所述，希腊危机后的欧元区和欧盟仍处于一个危与机均在、并可能相互转化的调整与过渡期，欧盟领导人也仍需要时间沉淀与反思，中短期内欧洲一体化难有进展，但亦很难根本逆转和倒退，仍会继续向前演进。依据欧盟以往发展规律，当前欧洲政治人物所提一体化建议，如设立欧洲财政部长、建立欧元区共同预算和欧元区议会等都有可能变成现实，只不过很可能是一种经过妥协的中间状态，如设立了欧洲财政部长，但其职能有限；或建立了共同预算，但其规模较小等等，欧洲一体化仍将是一个看不到终点，可能永远在路上的项目。

---

① See Anne - Sylvaine Chassany, “The French way of dealing with angry strikers: give in,” *Financial Times*, August 11, 2015.

② 张健：“德法特殊关系：变化与前景”，《现代国际关系》，2004 年第 9 期，第 33 页。

③ Nicholas Vinocur, “France pushes Germany on ‘convergence, transfers’,” August 26, 2015, http://www.politico.eu/article/france - pushes - convergence - transfers - germany - economy - overhaul - crisis/.

第三章

经济民族主义——一体化的暗流

欧洲的“经济民族主义”（economic nationalism）现象一直较为突出。顾名思义，经济民族主义是民族主义在经济上的表现，但在概念上迄今没有明确统一的定义。著名国际政治学者罗伯特·吉尔平把经济民族主义分为“温和型”和“强硬型”两种。前者是防守型的，试图保护本国经济免遭外来经济及政治力量的影响，它通常出现于不发达国家或经济走下坡路的发达国家，这些国家的政府执行保护主义政策，以保护其新建的或衰落的工业。较强硬的经济民族主义则是经济战争的产物，它崇尚实力扩张，典型的例子就是纳粹德国。① 美国政治经济学教授赖克（R. Reich）认为，经济民族主义是指18世纪以后在欧洲出现并广为各国接受的、把一个国家的经济同这个国家人民的福利结合在一起的观念，即国家应当为其人民的经济福利负责，而这个国家的国民享有一个共同经济命运。这种心态、认同、价值与观点就是经济民族主义。② 中国学者庞中英认为，经济民族主义是指民族国家框架和制度下经济领域的民族主义，既是指一种最优先考虑民族国家建设（主要是建立一个独立安全的国家和一个强大的国民经济）理论学说、意识形态，又是指一种行为主体（如民族国家和非国家的利益集团）的民族利益至上的指导思想、纲领和民族国家施行的此种对外政策体系。③ 上述定义尽管莫衷一是，但在一点上是一致的，即民族国家

---

① ［美］罗伯特·吉尔平著，杨宇光等译：《国际关系政治经济学》，北京：经济科学出版社，1989年版，第43页。

② 庞中英：《权力与财富——全球化下的经济民族主义与国际关系》，济南：山东人民出版社，2002年版，第29页。

③ 同上书，第19、20页。

经济政策及思潮的民族利益指向及其内在的排他性。经济民族主义在世界上很多国家都不同程度地存在，欧盟作为全球第二大经济体，其经济民族主义的上升不仅会影响欧盟经济和贸易政策本身，也会给包括中国在内的世界各国带来重大影响。

第一节　主要表现

欧洲经济民族主义的表现形式主要有两种：一种体现在政府层面，即欧盟内部成员国之间的经济保护主义。一是政府出面维护本国企业和利益。2019 年 2 月 26 日，荷兰政府突然宣布将增持法荷航空集团股份至14%。荷兰政府认为，法国航空公司和荷兰皇家航空 2004 年合并后，由于法国占主导地位，法荷航空集团的飞机更多在法国机场起降，将阿姆斯特丹等荷兰机场边缘化，影响了荷兰利益，所以荷兰希望通过收购股份能够直接影响法荷航空集团的未来发展，以保护荷兰利益。当然，法国对此极为不满，认为荷兰的做法是“不友好行为”，是以国家行为干预企业运作[①]。事实上，法国的经济民族主义及政府干预行为更为突出。马克龙是银行家出身，虽然在经济上更多持自由主义立场，但也有浓厚的保护情结。2017 年，意大利一家造船集团欲收购法国一家造船厂，马克龙政府的第一反应就是将这一造船厂国有化以阻止意大利收购，并引发意大利与法国的外交争端。虽然最终法、意双方通过谈判达成协议，但法国附加了严格的条件，比如保护本地就业，禁止法国造船厂向意大利转移法国的专有技术和知识产权等等。2017 年初，比利时邮政意图收购荷兰邮政公司，但在荷兰经济部的压力下被迫放弃。在欧盟的发展进程中，这样的例子可以说比比皆是。2006 年 2 月 22 日，意大利国家电力公司（Enel SpA）宣布

① Rob Davies and agencies, “France fumes as Dutch government takes stake in Air France - KLM,” February 27, 2019, https://www.theguardian.com/business/2019/feb/27/france - fumes - as - dutch - government - takes - stake - in - air - france - klm.

将对法国苏伊士公司（Suez SA）实施兼并，法国政府不顾意大利方面的强烈反对，力促法国燃气公司（Gaz de France）与苏伊士公司合并，目的就是让意大利国家电力公司因无力兼并这一“能源巨人”而自动放弃收购计划，以确保法国能源企业不受他国控制，增强其在欧洲乃至全球的竞争力。当然，法国此举招致意大利的激烈反对，由于正值意大利大选的白热化时期，包括贝卢斯科尼和普罗迪在内的左右翼政治人物都齐声谴责法国的保护主义行为，并扬言要对法国采取报复行动。意大利同样也没有遵守市场公平的原则，其前中央银行行长安东尼奥·法齐奥（Antonio Fazio）就在几起银行收购战中，偏袒本国竞标者，歧视外国竞购者。类似的例子还有。如西班牙政府挫败了德国杜塞尔多夫能源企业意昂（E. On）对本国能源企业恩德萨（Endesa）的收购企图；波兰也曾力图阻止意大利一家银行合并本国的两家银行等。二是服务业的保护情况更为严重。欧盟经济的最大组成部分是服务业，但服务业的跨国贸易却微不足道[1]。2000 年欧盟首次推出服务指令时，在法国遭到广泛抗议，声称此举将会导致东欧国家的“社会倾销”，以波兰铅管工为代表。欧盟委员会所提出的旨在进一步开放成员国服务市场的“服务指令”由于法、德等国的阻挠无法实施，有欧洲议员声称，欧盟成员国服务业领域的保护主义，让欧盟损失了 GDP 的 2.6%。[2] 特别是德国，虽然在货物贸易上相对开放，但服务业却有很多壁垒。而各国在谈判中，由于互相指责对方搞经济保护主义，反而毒化了欧盟内部的合作气氛，刺激了民族主义情绪的增长。三是部分老成员国对新成员国采取歧视性的保护政策，如阻止波兰等新成员国给本国提供低成本的服务，拒绝新成员国民众进入本国劳动力市场。法国自萨科齐政府开始，长期指责中东欧国家搞“社会倾销”（social dumping），意即其劳工、环境标准较低，因而生产成本更低、产品价格更具竞争力。2017 年法国马克龙政府上台后，推动欧盟通过立法，限制中东欧向西欧富裕国家的劳务

---

① “Not Yet Free to Serve,” *The Economist*, February 18, 2006, p. 50.

② Jorge Valero, “Wary of backlash, Commission delays Services Directive update,” https: //www. euractiv. com/section/innovation - industry/news/wary - of - backlash - commission - delays - services - directive - upgrade/.

派遣，遭致中东欧国家的愤恨。近年来，法、德等国以打击苹果等高科技公司的偷逃税为由，要求爱尔兰、卢森堡等低税收国家提高税收水平①，这些无疑都增加了双方经济上的民族主义对立情绪。

值得注意的是，尽管保护主义在欧洲一直都存在，但现在的保护主义的特别之处在于，一些政府已趋向于将其当作一种积极的和正面的政策选择。法国前总理德维尔潘曾毫不掩饰地宣称，法国需要“一种真正的经济爱国主义”，强调“当世界在变化的时候，我们要集聚法国的力量来捍卫法国式的东西”。② 现任法国的马克龙政府虽然不像前政府那样直白，但实际上也是一脉相承，马克龙自知法国自身实力有限，必须借助欧盟整体力量，而且以欧盟和“主权欧洲”的名义推进法国利益更具道义合法性，因此不再一味追求打造法国冠军企业，转而寻求打造欧洲冠军，比如推动法国阿尔斯通和德国西门子铁路业务部门的合并。但马克龙眼里的欧洲冠军实际上就是法国冠军，旨在为法国企业兼并、联合其他成员国企业提供一个更好的幌子。

另一种表现在民众情绪和社会思潮方面，如民众要求政府加强对本国劳动力市场的保护，民众的排外主义情绪趋于强烈，当地人与移民以及族群之间的冲突明显增多等等。出于历史和地理原因，欧盟国家大多有数目庞大的移民人口。这些人长期处于欧洲社会的底层，也基本上与主流社会相安无事。但欧洲发生的一系列变化如极右势力的兴起等表明，欧洲人在长期遭受经济困扰的情况下，已经开始趋向于将怨气撒在这些移民身上。2016 年英国公投脱欧，反对波兰等中东欧国家的移民进入成为最重要的脱欧理由之一③，脱欧派声称要拿回移民的控制权，终止移民的自由流动。英国脱欧是一个极端的例子，但反移民情绪在其他欧盟成员国普遍存在。

---

① Matthew Lynn, “There's nothing unfair about the Irish having low taxes,” October 13, 2014, https: //www. telegraph. co. uk/finance/economics/11160268/Theres – nothing – unfair – about – the – Irish – having – low – taxes. html.

② “Barbed Response: How Europe Could Be Rent Asunder by Barricades to Business,” *Financial Times*, March 22, 2006.

③ Adam Payne, “Tony Blair isn't the voice of Remainers — he is partly to blame for Brexit,” October 29, 2016, https: //www. businessinsider. com/tony – blair – brexit – immigration – eu – referendum – 2016 – 10.

比如丹麦，尽管丹麦本身有着很高的生活水准和完备的社会保障网，但欧洲大陆的经济气候，多少也影响到丹麦的经济表现。丹麦近20年来的大选主要议题之一就是移民问题，除极右翼政党外，主流政党都不同程度主张采取强硬的移民政策，以减轻本国公民的就业压力，减少对移民的各种福利支出。因此，经济民族主义出现在一向平静的北欧小国也就不值得奇怪了。这种经济民族主义以“保卫饭碗”为口号，比起在政治上高喊排斥某个国家或群体更易取得民众的认同。欧洲民众的这种排外情绪也为一些极右翼政党所利用。极右势力、反移民势力在法国、意大利甚至北欧国家都有明显抬头趋势，有的极右政党还参与了联合执政。同时，欧洲白人社会对移民特别是穆斯林移民的“污名化”及排斥感也在进一步增强。值得注意的是，为获得选民支持，一些主流政治家也开始向极右观点靠拢，比如法国总统候选人就公开声称那些不喜欢法国的人就不要再住在法国①。欧洲债务危机以来，德国等北方国家反对救助希腊等南欧国家，也是这种情绪的体现。

第二节　原因解析

欧洲经济民族主义产生的原因是多方面的，既有民族国家历史传统上的因素，也有福利文化的原因，但更重要的原因是，处于相对衰落状态的一些西欧大陆国家在新兴工业化国家更多地参与全球化的压力面前，欲以经济保护来减轻结构调整的压力。

首先，欧洲国家根深蒂固的民族主义传统是经济民族主义上升的内在因素。欧洲的一个重要特点是，作为全球最小的一个洲，却有着密度最高的40多个民族国家，而且现在还在继续诞生新的民族国家。这些民族国家在形成时基本上都经历过内部紧张甚至内战。从16世纪以来，欧洲的这些

---

① Kim Willsher, “Sarkozy Reaches Out to Far - right Voters,” *The Guardian*, April 24, 2006.

民族国家之间一直保持着一种动态的平衡，“平衡的中断引发战争，战争重新建立平衡。一些战争补偿了另一些战争的不平衡。依据各种不平衡，组成联盟或让联盟解体。”欧洲国家的民族特性也在这种反复的争夺和战争中得到强化。“民族历史的兴衰荣枯给人带来仿真性的痛苦和欢乐，并以一种超然的力量定出公民对祖国的关系。同时，敌国威胁的传统存在对民族意识具有强大的催化和激励作用”[①]。这种民族意识里自然也包括经济民族主义。民族国家发展经济以提升国力成为既是保护自己也是对外扩张的重要手段。因此，近代欧洲以后，经济民族主义实践和理论也应运而生，主张政治重于经济，市场要服从国家利益。在过去的几百年里，尽管欧洲的经济民族主义经历了从重商主义、中央集权下的经济统治论、保护主义、德国历史学派的数次变化[②]，但其传统却延续了下来，并成为西欧追求强大的各民族国家巨大的诱惑，它们不仅对外侵略弱小民族，也相互攻击，如一战后欧洲经济民族主义的普遍发展与凡尔赛体系的掠夺性质是分不开的[③]。二战后，“欧洲之父”让·莫内为了彻底消灭欧洲各国政治以及经济上的民族主义，启动了欧洲的一体化进程[④]。几十年来，欧洲地区一体化虽然极大地促进了欧盟各国经济的加速融合，但并没有完全消除各国根深蒂固的民族主义。所以，欧盟当前一些成员国内经济民族主义又出现上升势头与其民族主义传统不能说是没有联系的。特别是在当前经济竞争加剧，各国脆弱感（尤其是在能源安全方面）加强的情况下，例如，德国为确保本国能源供应，不顾波兰等国的反对与俄罗斯签订了修建波罗的海天然气管道的合同。波兰有人将这一计划比作是 1939 年的苏德协议[⑤]。第二期管道工程 2015 年 6 月启动，目前也已经完成大半。毫无疑问，波罗

① ［法］埃德加·莫兰著，康征、齐小曼译：《反思欧洲》，北京：三联书店，2005 年版，第 16、18 页。

② ［美］罗伯特·吉尔平著，杨宇光等译：《国际关系政治经济学》，第 40 页。

③ 庞中英：《权力与财富——全球化下的经济民族主义与国际关系》，第 41—42 页。

④ 莫内认为，欧洲各国如果只在民族独立的基础上重建各自的政府，强权政治和经济保护主义就会重新抬头，欧洲便无和平可言，参见《欧洲之父：让·莫内回忆录》（1976），中译本，北京：国际文化出版公司，1988 年版，第 9、10、11、379 页。

⑤ Daniel Dombey, “EU’s Energy Policy Brings ‘Hitler’ Jibe from Poland,” *Financial Times*, May 1, 2006.

的海天然气管道建设有利于德国的能源安全和经济发展，但却损害了波兰等中东欧国家的利益。波兰总统杜达宣称，“这一项目反映了一些国家的自私自利，完全无视其他国家的利益”[①]。回顾一下历史，波兰曾于1772年、1793年、1795年和1939年四次被分割，因此，波兰新政府表现出的“反德”甚至“反欧”的民族主义情绪也就不难理解了。再如，法国政府官员主张建设一个“保护的欧洲”，就与其是欧洲第一个完全的民族国家的典型，民族意识历来十分突出有很大关系[②]。所以，有人将欧盟的这一问题称为是“民族国家又开始有力地回归”[③] 是不无道理的。

其次，西欧国家福利制度的“保护性特质”是经济民族主义抬头的又一重要内因。西欧国家在二战后普遍建立了福利制度，并在20世纪五六十年代的经济高速发展时期进一步完善。福利制度的一个重要特征是劳动者就业保护，西欧国家公共部门的职员以及大型私营企业的雇员基本上都是终身制的，很难被解雇。例如，法国在因解雇而发生的法律纠纷中，2/3的案件以雇员的胜诉而告终，而且诉讼案耗时费力，在法国，这样的案件至少得花1年[④]。另一个特征是民众在经济和社会生活的各个方面都受到国家的高度保护，这体现在各种失业补贴、卫生保健、养老金等方面。这些保护具有刚性，一旦形成，很难削减。这造成了两个后果：一方面，由于西欧大陆国家的企业具有经济和社会的双重功能，为一大批终身依附于企业的员工提供保障，所以这些企业的生存和发展，直接关系到社会稳定。特别是在经济长期低迷、失业率居高不下的情况下，政府和民众对跨国并购或企业外移的第一反应就是担忧甚至恐惧，担心造成大量失业和工人福利的削减。另一方面，由于过度保护已不适应欧盟及全球范围内的激烈竞争，政府为减轻财政负担，刺激就业市场，也试图通过改革减少对民

---

① Marek Strzelecki and Piotr Skolimowski, “Nord Stream – 2 gas pipeline expansion hurts EU unity, Poland says,” http: //www. gasprocessingnews. com/news/nord – stream – 2 – gas – pipeline – expansion – hurts – eu – unity, – poland – says. aspx.

② ［法］埃德加·莫兰著，康征、齐小曼译：《反思欧洲》，第17页。

③ Katrin Bennhold, Graham Bowley, “In EU, Nation – state Appears to Be Back,” *International Herald Tribune*, March 2, 2006.

④ Martin Arnold, “Unfair Dismissal Cases Discourage Job Creation, Warns OECD,” *Financial Times*, March 31, 2006.

众的福利保护，但往往招致民众的激烈反对，民众将不满情绪直接发泄在选票上。在这种情况下，政府往往采取“民族主义”的反应方式，如阻止并购本国企业，拒绝服务和劳动力市场的开放，更多的诉诸贸易保护主义等等。也正是在这个意义上，罗伯特·吉尔平教授称，“福利国家潜在地是高度民族主义的，因为政府对公民负有克服经济困难的责任。有时候，达到这个目标的最好办法是把经济困难转嫁给其他国家。”① 当前，欧洲这种潜在的“高度民族主义”在经过长期的经济低迷后，正逐渐转化为现实的经济民族主义。

再次，欧洲部分国家以及部分产业处于难以挽回的相对衰落状态，这是经济民族主义情绪滋生的直接诱因。一是部分国家经济和财政实力持续下滑。在全球特别是新兴国家经济快速发展的情况下，欧洲大陆主要国家却从20世纪90年代中期以来经济增长就非常缓慢，2008年以来的全球金融危机及欧洲主权债务危机进一步加剧了欧洲的经济困境，特别是失业率长期居高不下。而与此同时，随着欧洲国家老龄化的快速发展，福利性社会支出也在增长，从2010年到2015年，社会保护支出从占GDP的28.6%上升至29.0%，在法国、丹麦以及芬兰等国，2015年社会保护支出均超过GDP的30%②，这导致国家财政补贴负担加重。债务危机爆发后，意大利公共财政严重恶化，2019年第一季度，公共债务达到了GDP的134%③，而且还在增长。2019年第三季度，意大利经济衰退幅度达0.3%，④ 表明其经济形势非但没有改善，反而在持续的恶化之中。法国等国也都不同程度地存在这个问题。二是民众收入难以提高。由于政府削减福利，普通民众所得下降更多。这使得民众大多对未来持悲观态度，因而消费更加保

---

① ［美］罗伯特·吉尔平著，杨宇光等译：《国际关系政治经济学》，第74页。

② Eurostat, “Social protection in 2015, Almost one – third of EU GDP spent on social protection,” 188/2017 – 8 December 2017, https://ec.europa.eu/eurostat/documents/2995521/8510280/3 – 08122017 – AP – EN.pdf/d4c48fca – 834b – 4b08 – bdec – 47aaa226a343.

③ Eurostat, “First quarter of 2019 compared with fourth quarter of 2018, Government debt up to 85.9% of GDP in euro area Up to 80.7% of GDP in EU2,” https://ec.europa.eu/eurostat/documents/2995521/9984123/2 – 19072019 – AP – EN.pdf/437bbb45 – 7db5 – 4841 – b104 – 296a0dfc2f1c.

④ Miles Johnson and Valentina Romei, “Coronavirus deals fresh blow to Italy’s struggling economy,” *Financial Times*, February 24, 2020.

守，形成经济不振与消费疲软的恶性循环。三是结构性高失业率长期存在。如法、意两国长期失业率在10%上下徘徊，法国青年人失业率更是高达20%以上。这已超出社会和民众的心理承受能力，导致罢工、游行、骚乱事件时有发生。四是法、意等国产业结构调整滞后，大量劳动密集型企业和小企业在与新兴国家低成本的同类企业竞争下难以生存。而且，政府由于财力有限，在研究与开发经费、教育培训、信息化基础设施以及国防支出等方面投入不够，制约了国家产业的升级转型和竞争力的提高。所有这些都加重了民众在经济上的不安全感，为民族主义和保护主义情绪的滋生提供了沃土。

最后，全球化的迅猛发展以及欧盟东扩是刺激欧盟内部经济民族主义抬头的外部诱因。欧盟东扩后，按照欧盟的“团结原则”，老成员国必须向新成员国进行财富的转移，以帮助新成员国发展经济。但在老成员国如德、法、意等国经济形势不佳的情况下，民众对大幅转移资金颇有怨言；而长期接受欧盟资金较多的“较穷”老成员国如西班牙等国，则因所得减少也有不满情绪。此外，欧盟东扩加剧了各成员国之间的经济竞争，在新成员国低成本及低税收的刺激下，老成员国企业在成本方面出现“向下看齐”的趋势，导致老成员国工人福利有所减少，劳动强度则有所上升，这也加深了老成员国民众对东扩的敌意，刺激了保护情绪的滋长。东扩后欧盟内部的经济竞争只是全球化下经济竞争的一个缩影，从全球范围内的竞争来看，欧洲部分国家大量存在的小企业和传统劳动密集型产业，在新兴国家的冲击下首当其冲。而且，资本从追逐利润的本能出发，使西欧“制造商转移了他们的阵地，撇下他们已经使其致富的那些国家和省份，而对劳动力和食物极其廉价的地方趋之若鹜”①。因此，经济全球化的加速发展打乱了欧盟核心国家民众长久以来安逸闲适的生活，使其被迫面对严酷的经济竞争及结构调整。而“结构改革时期往往以民族主义国家的激烈竞争为特征”，“新兴的工业化国家步发达国家后尘，采用最新的技术，最终在世界市场上向原来的领袖国进行挑战；老的发达国家竭力维护自己的地位

---

① ［美］罗伯特·吉尔平著，杨宇光等译：《国际关系政治经济学》，第132页。

以及受到威胁的工业”。结果，这种“比较优势的迅速转移引起新兴国家和衰落国家之间的激烈的经济冲突”①。19 世纪末、20 世纪 20 年代以及 80 年代，全球工业结构从一种向另一种转变时，都是以激烈的贸易角逐为特征。而受到冲击的民众则“害怕工作机会逐渐流失到国外”，“认为自己在全球化下是绝对的输家”②，因而强烈要求国家给自己提供经济保护，因为“他们个人的福利是同他们国家的经济实力结合在一起的”，“爱国主义和经济民族主义是不可分的”。③ 大多数法国人反对全球化，认为其导致了消费品价格上涨和高失业率④。近年来，欧盟也充分认识到全球化和欧盟扩大对欧洲一体化和欧盟内社会分化的影响。2017 年 5 月 10 日，欧盟委员会发表《驾驭全球化》⑤ 报告，对经济全球化带来的影响进行了全面评估，尽管该报告认为欧盟是全球化的受益者，但提出要加强管理全球化，减轻其负面影响。

第三节　内外影响

欧盟当前经济民族主义的上升已开始对欧盟及世界经济的稳定发展产生较大的消极影响，主要有如下三个方面：首先，它损害了欧盟内部的团结和稳定。如，法国等西欧国家为了遏制东扩的影响，阻止东欧国家的劳工进入本国市场，弱化了允许进行跨国服务的法律，从而引发了东欧国家的民族主义情绪，波兰前总统卡钦斯基就毫无掩饰地公开表示，“波兰人

---

① ［美］罗伯特·吉尔平著，杨宇光等译：《国际关系政治经济学》，第 130 页。

② Eric Pape and Christopher Dickey, “Sing Barriers,” *News Week*, March 20, 2006, p. 11.

③ ［美］罗伯特·赖克著：《国家的作用——二十一世纪的资本主义前景》，上海：上海译文出版社，1994 年版，第 31 页。

④ Heinrich Matthee, “Rising Protectionism in Europe,” https://financialtribune.com/articles/63956/rising-protectionism-in-europe.

⑤ European Commission COM (2017) 240 of 10 May 2017, REFLECTION PAPER ON HARNESSING GLOBALISATION, https://ec.europa.eu/commission/sites/beta-political/files/reflection-paper-globalisation_en.pdf.

感兴趣的是波兰的未来而不是欧盟的未来”。[①] 近年来，波兰与欧盟及法德等国的摩擦加剧，就与波兰反对德法等国经济、政治上的控制不无关系。摩根斯坦利的一位经济学家埃里克·切利（Eric Chaney）曾表示，“美国的大萧条之所以成为全球性的大萧条是因为你在试图保护你自己的时候，你也扼杀了全球化”。[②] 2006 年 3 月，意大利贝卢斯科尼政府的经济部长朱利奥·特雷蒙蒂（Giulio Tremonti）甚至断言，欧盟当时的民族主义情绪类似第一次世界大战爆发前的“1914 年 8 月”[③]。他们的意思是，欧洲一些政治家所煽起的民族主义情绪可能招致他们事先未曾料到的后果。近年来，在债务危机及难民危机等重重危机的刺激下，欧盟各国开始各自为阵，只顾自己，不及他国。欧盟不少官员担心，由于成员国违反欧盟法律，欧盟委员会作为欧盟单一市场和共同竞争政策守护者的权威有进一步被削弱的可能，不仅如此，成员国之间针锋相对的经济保护主义行为还可能导致欧洲一体化的倒退甚至欧盟的解体。当前，尽管还看不出欧盟单一市场受到严重威胁的可能，而且成员国的经济保护主义行为涉及的领域也还有限，但欧盟内的气氛已受到一定程度上的毒化。民族意识已在很大程度上取代合作精神，欧盟内部纷争更多，使其更难在至关重要的一体化政策上取得共识。比如，欧盟现在的确有建立共同能源政策的必要性，但由于各国均以国家利益为重，不愿放弃对本国能源企业和市场的控制，这一政策在很大程度上仍只局限于纸上谈兵。

其次，欧盟对外贸易政策在“防卫性”增强的同时更具“进攻性”。欧盟对外贸易的“防卫性”主要表现为贸易保护主义。当前，由于一些成员国内民族情绪较为高涨，政治家为转移焦点，往往将本国的经济困难归咎于欧洲一体化和全球化，要求欧盟考虑他们的利益，进行贸易保护。欧盟持续加大对中国出口商品的反倾销力度，包括纺织品、鞋、自行车、家俱、光伏产品、钢铁等等。值得注意的是，尽管欧盟内部在对外贸易方面

---

① “Barbed Response: How Europe Could Be Rent Asunder by Barricades to Business,” *Financial Times*, March 22, 2006.

② Eric Pape and Christopher Dickey, “Sing Barriers,” *News Week*, March 20, 2006, p. 12.

③ George Parker, “EU Clash over ‘Protectionist’ Law,” *Financial Times*, March 14, 2006.

并不是铁板一块，各成员国之间也有不少分歧，如北欧国家、荷兰、爱尔兰，在多数情况下还有德国主张自由贸易，反对法、意等南欧国家及大多数东欧国家的贸易保护主义政策。但由于是“枪口对外”，这些争执总体来说没有对欧盟运作造成太大的困扰。但欧盟各成员国及欧盟委员会却对成员国相互间的经济保护主义行为非常敏感和重视。因此，对欧盟来说，化解这些“内斗”才是至关重要的，而为了安抚法、意等“老牌”欧盟成员国，求得欧盟内部和谐，一些主张自由贸易的国家及欧盟委员会往往屈从于这些国家的保护性要求，使欧盟整体对外贸易政策体现出更强的“防卫性”，即更强的“欧盟经济民族主义”①。欧洲国家一些人反对华为，除美国压力和所谓的国家安全因素外，经济民族主义也是重要原因。除贸易上的保护主义外，欧盟投资保护主义目前来说更为严重，比如 2016 年开始，欧盟就开始酝酿建立投资保护规则，2018 年 4 月，欧盟投资保护新规正式生效，限制外资对本国所谓战略性行业的并购。与此同时，这种“防卫性”也以更强的“进攻性”政策体现了出来：一是出台更多新的欧盟范围内的技术和环保标准。由于欧盟在经济上的超强地位，其他国家企业为进入欧盟市场往往被迫接受欧盟标准，但它们所处的“后发”地位使其在与欧盟企业的竞争中处于劣势；二是要求对其某些行业构成挑战的发展中国家提高工资和福利标准，以进行所谓的“公平贸易”；三是在诸如知识产权以及市场准入等问题上加大对新兴国家施压的力度，要求其进一步开放对自己有比较优势的服务业，如金融业等等。

最后，可能引发全球经济民族主义的高涨，从而不利于世界经济的稳定发展。应该指出的是，欧洲的经济民族主义并不是孤立的，美国国内的经济民族主义更为突出，特朗普政府的“美国优先”政策就是赤裸裸的经济民族主义。美国政府四处出击，乱征关税，严重扰乱世界贸易秩序。当然，欧美之间的贸易纷争也很激烈，比如在农产品补贴及对客机制造商的补贴问题上，欧美也经常互相指责对方搞贸易保护主义等。近年来，随着

---

① 有学者认为，欧盟所体现的地区主义既是对原有“民族国家的民族主义”的克服，也是一种相对于其他地区的民族主义。参见庞中英：《权力与财富——全球化下的经济民族主义与国际关系》，第 177 页。

民粹主义的兴盛，反全球化在欧已形成一股强大的逆流，越来越多的主流政治人物被卷入其中，声讨全球化。欧美经济民族主义如果继续扩展，将给全球经济带来非常不利的后果，它可能引发发展中国家的反弹或效尤，从而导致全球经济民族主义的扩大化，扰乱全球正常的经济和贸易秩序，不利于世界各国的和平发展。

第四章

极右翼民粹主义——一体化的反动

极右翼民粹主义兴起是近十多年来欧洲一个重要的政治和社会现象。2017 年法国总统选举，极右翼的国民阵线（后改名国民联盟）候选人在第一轮投票中击败传统的中左政党社会党和中右的共和党，进入第二轮。2017 年 9 月德国大选，极右的选择党历史性进入德国议会，且成为第三大党和最大反对党。2019 年，选择党继续高歌猛进，在不来梅、萨克森、勃兰登堡和图林根四次州议会选举中支持率均有提升。法国的极右翼民粹政党“国民联盟”在 2019 年的欧洲议会选举中得票率高居法国政党首位。如何认识和解释这一现象，成为欧洲研究一大重点。

第一节　极右翼民粹主义深入发展

在欧洲，极右翼民粹主义的出现和发展并不是一个新现象。二战后不久，欧洲就出现了形形色色的新纳粹组织，如 1946 年成立的意大利社会运动、1949 年成立的德国国家党等。这些组织大多与二战前的法西斯主义有思想渊源，它们散布极端民族主义思想，仇视外国移民，但一般缺少系统的政治纲领，也没有严密的组织结构，在选民中影响力不大。由于奉行纳粹理念、易走暴力路线，这些组织还经常遭到当局取缔和打击，因此它们对欧洲国家政治的影响也较小。

从 20 世纪 90 年代中后期开始，欧洲极右翼民粹主义的声势有明显上扬，其中有两个标志性事件：一件事情发生在 2000 年 2 月，奥地利极右政党自由党进入奥地利联合政府参政。尽管极右政党参与执政的情况在欧洲并不是第一次出现，意大利极右组织国家联盟党和北方联盟早在 1994 年就进入了意大利联合政府。但与意大利情况不同的是，奥地利自由党主席海德尔曾因公开支持希特勒的政策而声名狼藉①。在欧洲，任何同情或支持希特勒的言论以及反犹主义倾向，在政治上都属于“绝对错误”。因此，当时欧盟委员会史无前例地对奥地利采取了外交制裁措施，要求其他成员国不要与奥地利新政府进行任何正式的双边接触，不要支持奥地利候选人竞选国际组织领导职位，各成员国只能程序性地接受奥驻本国的大使。②国际社会对奥地利政坛的新变化也有强烈反应，芬兰、以色列、阿根廷等国还相继召回了驻奥大使。另一事件发生在 2002 年 4 月，法国极右翼国民阵线主席勒庞在法国总统选举首轮角逐中出人意料地击败了呼声很高的社会党候选人若斯潘，进入选举第二轮。此事引起法国舆论哗然，并招来法国民众的自发性抵制。这两起事件引起了欧洲各界对极右问题的重新关注，但总体看，它们仍属个案范畴，不具普遍性。

自全球金融危机、主权债务危机以及难民危机爆发以来，欧洲极右翼民粹主义发展进入了一个新的阶段。其表现之一是多数极右组织开始“改头换面”，调整政党斗争策略。目前，除极少数非常边缘的欧洲极右组织仍崇尚暴力、奉希特勒为精神导师外，稍具规模和影响力的极右政党已调整策略，不再公开推崇法西斯主义，也不再公开鼓吹种族主义，而是打着为民众谋福利的旗号，“转型”为极右翼民粹主义政党③。从本质上讲，欧

---

① ［英］保罗·塔格特著，袁明旭译：《民粹主义》，长春：吉林人民出版社，2005 年版，第 105 页。

② Ian Black, “Europe rallies against Haider coalition,” *The Guardian*, February 4, 2000.

③ 民粹主义（populism），亦称平民主义、民众主义，通常在贬义的层面使用，泛指诉诸民众反对政治精英的一种政治风格。保罗·塔格特（Paul Taggart）认为民粹主义“是一个独特的概念”，很难对其准确定义；欧内斯托·拉康（Ernesto Laclau）将民粹主义描述为一个过程，认为如果对民粹主义研究得太过严密则会使其失去原有的意义。参见［英］保罗·塔格特著，袁明旭译：《民粹主义》，第 1—12 页。皮埃尔—安德尔·塔格伊扶（Pierre – André Taguieff）认为民粹主义大致分为两类：一类是所谓的抗议性民粹主义，即谴责精英人物，相信完全的民主，宣称对民众完全信任；另一类是所谓的认同性民粹主义，其对民众的感召主要集中于民族国家，同时它还表现出对精英的抗拒以及对外国人和全球化的排斥。当前欧洲绝大多数极右政党都属于此类民粹主义。参见“European Interview with Pascal Perrineau on the Rise of National Populism in Europe,” Foundation Robert Schuman, *European Interview*, No. 53, January 24, 2011, p. 1。

洲极右翼民粹主义组织的这种“转型”是“换汤不换药”。因为这些所谓的民粹主义政党虽然在政治主张上更为温和，但在思想理念上与之前的极右势力乃一脉相承，其最明显特点就是种族主义色彩。如法国国民联盟主席、勒庞的女儿玛丽娜虽公开否认自己是种族主义者①，但其政治纲领却有着极强的种族歧视色彩。另外，以前的欧洲极右势力有较强的反犹主义色彩，而当前欧洲右翼民粹主义则主要表现为反穆斯林和反伊斯兰。如，荷兰自由党主席维尔德斯将《可兰经》比作希特勒的《我的奋斗》，呼吁要阻止荷兰被“伊斯兰化”，要求对戴头巾的穆斯林妇女征税，提出要禁止修建清真寺等；② 法国国民联盟主席玛丽娜则将众多穆斯林聚集在清真寺外祈祷的情景比作纳粹占领③，奥地利自由党称伊斯兰是“21 世纪的法西斯主义”④，芬兰“真正芬兰人党”称移民为“团伙强奸犯”和“靠纳税人养活的寄生虫”⑤，等等。当前欧洲极右政党的另一显著特点是极端民族主义色彩。当然，它披上了“爱国主义”外衣，且在表现形式上更多体现为反欧洲一体化和反全球化。如法国国民联盟的口号是“法国人优先”，称欧盟将像苏联一样“瓦解”，主张法国脱离欧元区和北约，恢复边境控制，执行彻底的经济保护政策以确保“法国重新工业化”。⑥ 此外，与过去极右组织充当“反体制”角色不同，当今的极右翼民粹主义政党更多地表现出反主流政治的特点，它们在接受现行政治制度和以捞取选票为目的的“民主游戏”规则的同时，将攻击矛头转向主流政党及其政治精英，抨击

---

① 玛丽娜剔除了国民阵线的反犹主义以及新纳粹主义，坚持自己在移民问题上是实用主义者，称“不会宣扬憎恨、仇外”，自己不是反伊斯兰主义者，但反对破坏法国世俗化原则的法国社会“伊斯兰化”。参见“France's National Front,” *The Economist*, May 7, 2011, p. 91。

② “Anti – Establishment Rage is Fuelling Populism Everywhere,” September 29, 2010, http://www.spiegel.de/international/europe/0, 1518, 720275, 00.html.

③ Nicholas Kulish, “Norway Attacks Put Spotlight on Rise of Right – Wing Sentiment in Europe,” *The New York Times*, July 23, 2011.

④ Ian Traynor, “Austria in crisis as far right win 29% of vote,” *The Guardian*, September 30, 2008.

⑤ Tony Barber, “The frustrations of True Finns tap into Europe's Tea Party,” *Financial Times*, April 22, 2011.

⑥ “France's National Front,” *The Economist*, May 7, 2011, p. 91.

他们已“腐化堕落”，一心搞全球化，漠视民众利益。[①]

欧洲极右翼民粹主义新发展还体现在其影响力上升方面，特别是一些极右政党，由于披上了“民主”与“合法”外衣，在政治舞台上的声音开始放大。如前所述，二战后很长时间里，欧洲极右翼民粹主义政党大多处于政治边缘地位，法国国民阵线一度是“过街老鼠”。但近年，欧洲社会和主流政党已经基本接受极右政党的“正常”政党地位。其原因一方面是欧洲极右翼民粹主义政党的民意基础扩大了，它们的支持率和选举得票率普遍上升。在 2011 年 4 月芬兰议会选举中，极右组织“真正芬兰人党”借批评欧盟的反危机政策将本党的得票率从 2007 年的不到 4% 一下提升到 19%，与芬兰主流政党不相上下。[②] 西班牙极右民粹政党声音党（VOX）在 2019 年 4 月第一次参加西班牙议会大选就赢得 24 个席位。在法国，民调显示玛丽娜已成为最受工人阶层选民欢迎的候选人，并赢得了更多青年和中产阶级选民的支持[③]。意大利联盟党的民意支持率以超过 30% 的水平高居榜首。[④] 另一方面，实际上有不少欧洲极右政党已经参与执政，意大利的联盟党曾多次参与执政，瑞士的人民党长期是联合政府的成员。还有，在某些欧洲国家，主流政党虽然仍不愿与极右翼民粹主义政党联合执政，但由于本党在议会中掌控的席位有限，只能被迫成立少数派政府，它们要看极右政党的“脸色”才能维持本党的执政地位。比如，丹麦在从 2001 年到 2011 年长达 10 年的时间里，中右的少数派政府一直依靠极右的人民党支持才得以维持。[⑤] 此外，在不少欧洲国家，极右翼民粹主义政党

---

① “Right – wing populism takes another leap，this time heading to Finland，” April 21，2011，http：//www.thebeginner.eu/europe/506 – et – tu – finland.

② “Right – wing populism takes another leap，this time heading to Finland，” April 21，2011，http：//www.thebeginner.eu/europe/506 – et – tu – finland.

③ Peggy Hollinger，“France：En route to a fight，” *Financial Times*，May 4，2011.

④ “Gli ultimo sondaggi：le intenzione di voto，” https：www.panorama.it/news/politica/ultimo – sondaggi – politica – voto – lega – m5s – pd – forza – italia – voto – elezioni/.

⑤ 2011 年 9 月 15 日，丹麦选举产生新一届议会，蓝营即中右翼联合政府失去多数地位，红营即中左联合阵营获得微弱多数，将组建丹麦新一届政府。红营获胜并不意味着丹麦移民问题会淡化。实际上，在此前长达 10 年时间里，在人民党压力下，丹麦政府不断收紧移民政策，被认为是欧盟移民政策最严厉的国家。人民党的许多政策主张事实上已被包括中左翼政党在内的主流政党所吸收。参见 Andrew Ward，“Denmark elects first female premier，” *Financial Times*，September 15，2011。

虽未发展成全国性大党，但在地方政府中的影响力也开始增大。

可以这样认为，经过改头换面的欧洲极右组织目前已基本在欧洲政坛上站稳脚跟，且呈明显的主流化、正常化、普遍化发展趋势。所谓主流化，是指欧洲国家民粹主义政党从边缘小党成长为与传统主流大党并驾齐驱的政党。所谓正常化，是指民粹主义政党虽仍有历史原罪，不为精英所容，但日趋为社会大众所接受，奥地利极右的民粹主义政党“奥地利自由党”1999 年参与组阁，奥地利曾因此遭欧盟抵制，但 2017 年再次进入政府却遭“无视”。欧洲的民粹主义政党不仅进入议会，且或单独执政或参与执政，这一现象早已在欧洲政治中常态化。所谓普遍化，是指欧洲民粹主义政党早已不局限于法国和奥地利等国，而成为一种普遍现象，欧盟国家不论东西、南北，也不论大小、贫富，不论是在纳粹思想的发源地意大利和德国，还是在一贯奉行自由主义政策的荷兰、瑞典等北欧国家，几乎都出现了至少一个引人注目的极右翼民粹主义政党。而且，随着欧洲一体化的深入，各国极右政党不再单打独斗，出现了“一体化”趋势，相互之间的交流和学习增多。在 2019 年欧洲议会选举中，各国极右政党获得的席位普遍增加，法国国民联盟、德国选择党、丹麦人民党、奥地利自由党、荷兰自由党等都进入了欧洲议会，这意味着欧洲议会将成为各国极右势力整合力量的重要平台。

第二节　主要的极右翼民粹主义政党

奥地利自由党。奥地利自由党成立于 1956 年，是欧洲老牌的极右翼民粹主义政党。但其成立之初时是一个中右的保守主义政党。1986 年，海德尔成为其领导人，自由党开始向极右翼民粹主义政党转变。海德尔发表同情纳粹言论，主张奥地利终止移民进入。20 世纪 90 年代，自由党支持率持续上升，1999 年在奥地利议会选举中一举成为议会第二大党，获得 26.9% 的支持率和 55 个议席，次年奥地利自由党首次进入政府，获得 6 个部长席位。欧盟与美国因此都对奥地利实施了外交制裁。奥地利议会选举实行比例代表制，政党要进入议会必须获得至少 4% 的选票，相比绝对多数制度，比例代表制有利于小党进入议会。在总统选举层面，奥地利与法国类似，要求绝对多数。第一轮如果没有候选人获得超过 50% 的支持率，则排名前两位的候选人进入第二轮。2016 年 4 月 24 日，奥地利举行第一轮总统选举，自由党候选人霍费尔获得 35% 的选票排名第一，在 5 月 22 日举行的第二轮投票中，霍费尔仅以 0.3% 的微弱劣势败北。在 2017 年 10 月 15 日的奥地利议会选举中，自由党获得自 1999 年以来最好成绩，获得 1/4 的选票和 51 个议席（总议席为 183 席）。

荷兰自由党。二战后，荷兰曾经出现过多个极右性质的政党，但都很边缘化，或者是昙花一现。2006 年由维尔德斯成立的荷兰自由党则更为成功，成为荷兰政治中一股不容忽视的力量。维尔德斯的主张简单而言就是反伊斯兰、反欧盟、反移民特别是穆斯林移民。声称要保护西方自由价值观免受伊斯兰侵袭，禁止《可兰经》，曾出版著作《反对我们文化的伊斯兰化》，称“伊斯兰是落后文化”；主张脱离欧盟，声称正是欧盟给荷兰带来大量的穆斯林移民。2017 年 3 月 15 日议会选举，自由党成为荷兰议会第二大党，在全部 150 个议席中占据 20 席。与奥地利不同，荷兰自由党受到排斥，从未能进入政府。荷兰议会选举也实施比例代表制，政党进入议会门槛比奥地利还要低，荷兰四党、五党甚至更多政党联合执政成为常态。

法国国民联盟。法国国民阵线也是欧洲一个老牌极右翼政党，成立于 1972 年 10 月 5 日，老勒庞是创党人并长期作为其党首。但在二战后很长时间里，法国国民阵线相当边缘化，而且因为其亲纳粹和反犹主张而臭名昭著，曾称犹太大屠杀是“历史的细节”。老勒庞的辉煌时刻是 2002 年法国总统选举，他在第一轮获得 16.8% 的选票，挤掉中左的社会党候选人成功进入总统选举第二轮。其女儿玛丽娜执掌国民阵线后，试图与老勒庞的极端观点区分，即“去污名化”，“正常化”，不再反犹，但未改极右性质，强烈的反伊斯兰、反欧盟、反全球化。2017 年法国总统选举，玛丽娜进入第二轮，并获得 34% 的选票，这是国民阵线史上最好成绩。2018 年 6 月 1

日，玛丽娜将国民阵线改名为国民联盟，试图进一步“去污名化”。法国总统选举和议会选举都实行绝对多数制度，即分两轮进行，确保候选人能获得超过半数多数，这也是法国极右政党很难获得总统选举和议会选举胜利的主要原因。

德国选择党。由于历史的原因，德国对极右翼民粹主义和民族主义政党一直格外警惕。德国宪法第 21 条明确规定，如果政党寻求损害德国的民主原则，将被宣布为违宪，德国宪法法院也的确解散过多个极端民族主义政党。尽管如此，极右的德国民族党虽然屡次遭遇解体威胁，却一直存续下来了。2013 年 2 月 6 日，德国选择党在柏林成立，初衷是号召终止欧元，是个以经济学家为主的政党。随着欧洲主权债务危机的缓解，德国选择党也逐渐转型，2015 年爆发的难民危机给了选择党崛起的机会，选择党政策转向反移民、反伊斯兰和民族主义。2016 年，选择党发布第一份政治纲领，宣称伊斯兰不属于德国，主张禁止兴建清真尖塔、女性罩袍等。2017 年 9 年德国联邦议会选举，选择党获得 94 个议席，13% 的选票，大大超过 5% 的进入议会门槛。德国议会选举实行混合比例代表制，部分议员由选区直接选举产生，部分议员席位按政党得票率进行分配。德国选择党之所以能顺利进入议会，与政党支持率有很大关系。

英国独立党。英国二战后出现过多个民族主义和极右性质政党，如国民阵线、英国民族党等等，但均极为边缘，影响力有限。1993 年，英国独立党成立，其政策路线是反移民、反欧盟，要求英国脱离欧盟。英国独立党与其政治领袖奈杰尔·法拉奇紧密联系在一起。法拉奇年轻时因为信奉撒切尔主义而加入保守党。1992 年，梅杰领导的保守党政府在《马斯特里赫特条约》上签字，同意启动欧元。法拉奇对保守党倍感失望，转而加入刚成立不久的英国独立党（当时名为“反联邦党人联盟”）。2000 年，法拉奇联合蒂特福德将时任党魁霍姆斯赶下台，形成“双头”领导制。2006 年 9 月 12 日，法拉奇以 45% 的得票率当选独立党领导人，领先对手 20 个百分点。任党领袖期间，他加大对独立党的改造，在党纲中加入反对财政紧缩、限制移民、改革国民医疗服务体系（NHS）等公共议题，使该党从单一议题政党向主流政党转型。1999 年，英国工党政府进行宪政改革，将欧洲议会选举制度从单一选区选票第一即当选改为比例代表制，这为独立党扩大声势，为赢得英国和欧洲舞台创造了良机。2004 年欧洲议会选举，独立党凭借 16% 的全国得票率赢得 15 个欧洲议会议席。在 2014 年 5 月的欧洲议会选举中，独立党获得 73 个英国议席中的 24 席，成为英国在欧洲议会第一大党，改变 100 多年来保守党或工党把持全国性选举的局面。2015 年英国大选，独立党支持率上升至 12.6%，这是一个历史性成绩，但由于选举制度的原因，独立党仅获 1 个议席。正是由于独立党的崛起，卡梅伦首相才在 2013 年做出了就英欧关系举行一次全民公投的决定。独立党就是一个脱欧党，其存在的唯一目的就是推动英国脱离欧盟。随着英国 2020 年 1 月 31 日正式退出欧盟，英国独立党功成但也开始身退，虽然并未解散，但其角色亟待转型。

意大利联盟党。前身是北方联盟党，正式名称是争取帕达尼亚独立北方联盟，2018 年起改称联盟党。北方联盟党于 1991 年创立，曾三度加入贝卢斯科尼领导的联合政府，政治势力范围为意大利北部经济发达地区如伦巴地、威尼托等地。北方联盟曾主张意大利北部地区从意大利独立，在独立难成的情况下，主张将意大利改造为联邦制国家，给予北部地区财政上更大的独立性，减少对意大利南部和中部地区的补贴。萨尔维尼担任北方联盟党首后，淡化了北方地区诉求，谋求成为全国性政党，2018 年即以“联盟党”名义参选。联盟党特别是萨尔维尼强烈反对非法移民、反伊斯兰、反欧元，主张意大利脱离欧元区。

第三节　原因和背景

欧洲极右翼民粹主义的发展壮大，有其深刻的社会、经济和政治背景，是欧洲近年特别是在债务危机和难民危机等多种危机冲击下，社会快速变化、政党政治“失灵”、种族问题累积等多种因素相互作用的结果。

首先，全球化和欧洲一体化的加快发展引发了一系列经济和社会问题，为极右翼民粹主义势力的生存、发展提供了沃土。欧洲国家的社会发展模式建立在良好的福利制度基础之上，这种模式对欧洲社会曾起到了“稳定器”的作用，促进了社会的公平与和谐发展。但自 20 世纪 90 年代中期以来，随着经济全球化和欧洲一体化步伐的加快，欧洲社会模式的弊端日益凸显。其一，劳工市场严重僵化，就业矛盾突出。欧洲大陆国家现行法律普遍重视对工作岗位的保护，企业要解雇一名工人很不容易。欧洲工会组织拥有对工资的集体议价权，这使欧洲企业的劳动成本呈刚性上扬。两方面的压力导致企业不愿雇用新人，尤其是年轻人。[①] 于是，欧洲社会普遍出现了两个阶层：一个是有工作的，特别是那些在公用部门的职员，他们的工作得到保护，很轻松地就能获得终身稳定的收入；另一个阶层是没有工作的，即使他们愿意工作也没有机会。其二，企业税负过高带来的恶性循环。西欧国家为维持失业救济、医疗服务等高福利制度，不断加大对企业的征税力度，从而增加了企业成本，降低了企业竞争力。而企业为降低生产成本，大量外迁，结果导致当地失业率不断上升，政府税收也因此大幅减少，国家维持高福利制度变得更加困难。实际上，西欧国家政府财政赤字和负债率已连续多年超过欧盟条约规定的标准。[②] 其三，各种福利补贴过多，既挤占了政府有限的资金，也不利于鼓励民众就业。此外，西欧国家最低工资标准也普遍较高。[③] 多年来，欧洲各国的政治精英

---

① “Integration and work,” *Financial Times*, November 8, 2005.

② 2009 年，没有一个西欧国家预算有盈余，爱尔兰财政赤字占 GDP 比例最高，为 14.3%，希腊 13.6%，英国 11.5%，西班牙 11.2%，葡萄牙 9.4%，法国 7.5%；欧盟有 12 个成员国的政府债务占 GDP 比例超过了《马约》规定的 60%，其中意大利高达 115.8%，希腊 115.1%，比利时 96.7%，法国 77.6%，葡萄牙 76.8%，德国 73.2%。参见“Provision of deficit and debt data for 2009 - first notification,” *Eurostat News Releases*, 55/2010, April 22, 2010, http://epp.eurostat.ec.europa.eu/cache/ITY_ PUBLIC/2 - 22042010 - BP/EN/2 - 22042010 - BP - EN. PDF。

③ 一项统计显示，卢森堡最低工资标准为每小时 15 美元，爱尔兰、荷兰、比利时、法国、英国等国紧随其后，相比美国 7.25 美元的最低工资标准，即便是希腊，其最低工资标准也要略微高出。参见 Jackie Headapohl, “How U. S. minimum wage stacks up against European minimum wages,” February 3, 2011, http://www.mlive.com/jobs/index.ssf/2011/02/how_ us_ minimum_ wage_ stacks_ up_ against_ eu.html。

们对这些问题都有清醒认识，但迫于几乎每年都有的大大小小的选举压力，他们缺乏进行彻底改革的勇气，只能通过修修补补来维持现状，从而导致问题和矛盾不断累积。2008 年爆发的全球金融危机以及随后爆发的欧洲主权债务危机对欧洲本已脆弱的社会模式造成了更大冲击，希腊、爱尔兰和葡萄牙等国先后被迫接受欧元区和国际货币基金组织的援助，欧洲主权债务危机不断向意大利、西班牙甚至法国蔓延。欧洲国家包括英、法、德等大国被迫多次实施大规模紧缩政策，社会福利遭进一步削减，失业率居高不下。欧盟委员会的统计数据表明，2011 年 5 月，欧盟 27 国平均失业率为 9.3%，其中西班牙失业率最高，为 20.9%；青年人就业形势更为严峻，欧盟 25 岁以下青年的平均失业率达 20.4%，其中西班牙高达 44.4%，希腊居其次，为 38.5%。[①] 2019 年，欧盟国家失业率虽然普遍下降，但处于较高水平，特别是在南欧国家以及青年失业率。最极端的例子是希腊，自 2010 年以来，希腊经济产出下降超过 25%，约一半的银行贷款违约，到 2017 年底时，希腊经济仍未恢复过来，人均 GDP 不到 18000 美元，约为 2008 年时的一半。这一经济上的巨大变化必然引发政治上的反弹，包括极端民族主义政党“金色黎明”的崛起。2012 年“金色黎明”首次进入议会，获得 21 个议席，7% 的支持率。[②] 在这种形势下，欧洲民众特别是青年人的不安全感和焦虑情绪普遍上升，对政界精英、各主流政党，甚至对国家未来发展方向都失去了信心。自 2011 年初以来，英国持续发生大规模抗议示威活动，希腊、西班牙等国的抗议示威及罢工也是层出不穷。法国 2018 年 11 月爆发反对马克龙改革的“黄背心”运动，甚至仍未平息。欧洲社会日益分化，矛盾不断累积。这种局势非常有利于极右翼民粹主义思想的蔓延，极右组织的各种主张因为迎合了相当数量人的心理需求，很容易引起社会共鸣。如同 20 世纪 30 年代经济大萧条催生了纳粹主义，当前欧洲极右翼民粹主义势力的复兴与欧洲近年的经济、社会困境

---

① “May 2011 Euro area unemployment rate at 9.9%,” *Eurostat News Release*, 99/2011, July 1, 2011.

② Pippa Norris, Ronald Inglehart, “Cultural Backlash, Trump, Brexit, and Authoritarian Populism,” Cambridge University Press, 2019, pp. 150 – 151.

有很大关系。

其次，欧洲长期累积的移民问题成为极右势力利用的工具。由于历史和地理原因，欧盟许多国家都有数目庞大的移民人口，他们主要是来自北非、地中海沿岸国家及巴基斯坦等地的穆斯林，其中既有合法入境的，也有大量的非法移民。2004 年欧盟大规模东扩后，大量中东欧国家人口开始涌入西欧国家。移民曾为西欧国家战后经济复兴做出过很大贡献。在 20 世纪五六十年代，法、德等国在经济高速发展时期从北非和土耳其等地引入大量客籍劳工，这些人多数在工作结束后留在了客居国，而没有像雇主国最初设想的那样返回原属地。西班牙在 1998—2008 年的经济繁荣时期也曾引进大量移民劳动力，其外籍劳动力人口占全国人口比重从 1998 年的 2%增加到 2008 年的 16%，人口数量 10 年间从不到 50 万增加到 500 万。[①] 此外，全球化快速发展也加重了欧洲的移民问题。由于欧盟周边的穆斯林国家经济发展相对较慢，当地民众持续大量进入更为富足的欧洲国家。就连北欧小国挪威，其移民人口也在 1995—2010 年的 15 年间增长了 3 倍，目前占全国 490 万人口的 11%。大量的穆斯林移民还改变了挪威的政治文化生态——伊斯兰教已成为挪威第二大宗教。[②] 1970 年，瑞典国土上居住的几乎都是瑞典人，到 2015 年时，瑞典外国出生的人口已经占到 17%；荷兰和法国外国出生的人口占到 12%，德国和英国是 14%，奥地利是 19%，瑞士是 29%[③]。欧洲社会移民问题凸显与经济不景气有很大关系，移民很容易成为失业增加、治安恶化、福利减少等社会问题的替罪羊。法、德等国自 20 世纪 90 年代中期以来的 10 年经济低迷期，也是其移民和族群问题最严重的 10 年，2005 年发生在法国巴黎郊区的大规模骚乱事件就是典型例子。从根源上讲，欧洲是一个以白人为主体的非移民社会，不习惯异类民族的大量存在。近代以来，欧洲出现过形形色色的种族主义，包括极端

---

① Libertad Gonzalez，Francesc Ortega，“Immigration and Housing Booms：Evidence from Spain，” pp. 1 – 2，http：//www. econ. upf. edu/ ~ fortega/research_ page/housing. pdf.

② Steven Erlanger，“Attack Reignites Immigration Debate in Divided Oslo，” *The New York Times*，July 25，2011.

③ Pippa Norris，Ronald Inglehart，Cultural Backlash，Trump，Brexit，and Authoritarian Populism，Cambridge University Press，2019. p. 181.

反犹的纳粹主义。二战后，虽然种族主义遭到打压，但欧洲人的种族优越感、“白人至上”意识仍一直有较大市场。“9·11”事件后长达10年的全球反恐战在更大程度上固化了欧洲社会在宗教和价值观上对穆斯林移民的偏见和排斥。即使像挪威这样一直被视为对移民和外来文化较为宽容的国家，也开始对本国的穆斯林移民有所担忧。[①] 过去30年，德国接受了欧洲难民申请的30%，超过任何欧洲国家。2015年，德国总理默克尔采取边境开放政策，接收了89万难民。据调查，几乎一半的德国人希望大幅减少本国的移民人数，38%的德国人认为伊斯兰教与德国生活方式互不相容，它对德国价值观构成了威胁。[②] 在荷兰、瑞典这样传统的自由主义国家中，移民及种族问题也成为选举活动中的重要议题。2011年初以来的中东局势动荡使欧洲的移民问题更为突出，来自突尼斯、利比亚等国的难民和非法移民持续大量涌入欧洲，2015年来自叙利亚的难民洪流引发了欧洲的难民危机，进一步加深了当地人对穆斯林移民的担忧甚至恐惧。而且，在2015年进入欧洲的150万难民中，73%为男性[③]。大量的社会学研究显示（其实，这更是一个常识），一个社会如果男性过多，必然会导致更多的冲突、暴力和性袭击。德国由于经济发达，是难民最为向往的目的国之一。在这种情形下，欧洲极右翼民粹主义势力大打民粹主义牌，攻击移民“抢饭碗”“蹭福利”，更具蛊惑力。2017年荷兰议会选举中，极右的自由党选举主张包括终止伊斯兰国家移民，禁止穆斯林戴头巾，增强警力，就荷兰是否留在欧盟举行全民公投等。

最后，欧洲主流政党力量的弱化，为边缘激进小党的兴起提供了空间。二战结束以来，欧洲政坛基本上保持了中左和中右两大党派轮流执政的格局。一般而言，左翼倾向于社会公平，强调中小阶层民众的福利；右翼更注重效率，其社会政策较为保守。两大主流党派在意识形态上分野相对明显，并分别得到教会和工会的强力支持，它们党员众多、财力雄厚，

---

① Steven Erlanger, “Attack Reignites Immigration Debate in Divided Oslo,” *The New York Times*, July 25, 2011.

② Jakob Augstein, “German Voters and the Virus of the Right,” http://www.spiegel.de/international/germany/0, 1518, 762224, 00.html.

③ “Oh Boy,” *The Economist*, January 16, 2016.

占据了议会绝大部分议席，边缘政党难以进入议会和政府。欧洲各国的选民也基本上能“从一而终”，多数是社会党或基督教民主党的终身党员，在投票时固定支持某一党派。也就是说，在主流政党和选民之间已经形成了稳定的良好契约关系。由于经济发展顺利、财政状况良好，主流政党有能力给民众提供稳定的工作、良好的卫生保健和教育以及丰厚的养老金。相应地，选民也能从其支持的政党那里得到可预期的回报，即稳定的工作和良好的福利。但近 20 年来，这种相对稳定的格局正在被打破，教会影响力持续下降，工会不断萎缩，大党的基础遭到弱化，其党员人数和选民数量不断减少。2018 年，德国陆续进行的地方选举中，结果也出乎意料。以往联盟党、社民党两大党稳稳把控的局面不复存在，绿党、选择党等多个小党异军突起，基社盟在巴伐利亚州仅获 35.5% 选票，自 1957 年以来首次丧失在该州的一党独大地位。默克尔被迫于 2018 年 10 月宣布不再竞逐连任基民盟主席。另一方面，欧洲一体化的深入也导致了成员国政府越来越多地失去治理本国经济和社会的主动权。传统的中左和中右政党为争取中间选民，开始逐步减少彼此间的意识形态分歧，政策上出现了趋同现象。与此同时，由于经济、社会问题不断增多，中左或中右政党似乎都找不到治理的良方，民众对传统大党的不满和失望情绪增加。这种趋势在全球金融危机的冲击下进一步加强，并大大削弱了传统主流政党的合法性和代表性。事实上，欧洲极右翼民粹主义政党的“崛起”与主流政党的“失意”基本是同步的。另一个值得关注的新动向是，主流政党因其意识形态色彩淡化，内部凝聚力开始下降，并出现分化趋势。荷兰自由党领袖维尔德斯曾是荷兰中右政党的党员，他在 2004 年退党后于 2006 年成立了极右的荷兰自由党。目前，欧洲主流大党的分化过程还在继续。当传统大党失去了强大的意识形态凝聚力时，“如果你是一个有雄心的政治家，为什么不另组属于自己的组织呢?”①

---

① “Europe’s political parties,” *The Economist*, April 30, 2011, p. 88.

第四节　影响

虽然欧洲极右翼民粹主义近年的发展势头较猛，但目前还未达到与主流政党相匹敌的程度。在欧洲社会和政治舞台上，中间选民占据主导地位的格局没有发生根本性改变，中左和中右政党仍能稳获多数选民的支持，极右翼民粹主义势力的政策主张过去从来没有、未来相当长时期内也很难得到超过半数选民的支持。这一方面是因为欧洲民众对半个多世纪以前的纳粹主义历史教训有着深刻的记忆，在思想上对极右翼民粹主义势力的政策主张保持着较高的警惕性；另一方面，欧洲传统大党也在积极调整战略，减弱极右翼民粹主义势力的影响，包括吸收极右翼民粹主义政党的部分合理主张，如加强移民管理、减少犯罪率等，以及通过制定相关法律限制极右翼民粹主义政党的活动空间。

尽管如此，我们必须认识到，当前欧洲极右翼民粹主义势力的发展有其必然性，是欧洲近些年经济、社会发生深刻变化的必然结果，在未来较长时间内，欧洲极右翼民粹主义政党活跃在欧洲社会和政治舞台上的现象将成为一种常态。鉴于欧洲经济前景仍不明朗、移民问题日趋严重的态势，极右翼民粹主义势力甚至可能掀起更大波澜。2016 年春，皮尤民调中心调查的 10 个国家中，大多数民众均反对政府对难民危机的处理方式（在传统亲欧的瑞典，这一比例达到 88%），在这种情况下，对极右政党的支持率只会继续上升①。欧洲政治生态的这一新变化将对欧洲各方面产生较大影响。

首先，欧洲社会将进一步分化，族群问题更为突出，并可能引发更多的骚乱及恐怖活动。多年来，针对外来移民持续增多的社会现象，欧洲国家大多采取了“多元文化”的融合战略，即一方面允许伊斯兰教等异族文

---

① Pew Research Center，“Number of Refugees to Europe Surges to Record 1. 3 Million in 2015”（Washington，D. C.：Pew Research Center，August 2016）.

化和宗教的存在，另一方面鼓励移民接受欧洲价值观。从目前看，欧洲这种同化和融合移民的政策并不成功，许多城市都存在着移民与当地白人两个隔离的平行社会，而且它们之间的隔阂似乎越来越大。穆斯林移民对主流社会的对立甚至仇视情绪日益增长，任何风吹草动都可能引发骚乱，这从 2011 年 8 月初英国的骚乱事件中可以得到印证。更严重的是，穆斯林移民对社会的不满还易被恐怖组织所利用，从而制造出更多的“土生”恐怖分子。实际上，2005 年的英国“7・7”恐怖袭击案、2010 年 12 月的瑞典恐怖袭击案以及 2011 年 3 月德国一名 21 岁科索沃裔男子杀害两名途经德国前往阿富汗的美军士兵案等，都是当地穆斯林移民后裔所为。2018 年，英、法、德、比等国均曾遭遇恐袭。其中，3 月 23 日，摩洛哥裔凶犯拉克迪姆在法南部发动系列恐袭；5 月 29 日，比利时东部城市列日发生袭警事件；8 月 14 日，苏丹裔英国公民哈萨利赫・哈提尔驾车冲撞议会大厦。2019 年，欧洲国家也发生了多起恐怖袭击事件。另一方面，欧洲白人社会总体上对穆斯林也相当排斥。2010 年德联邦银行前董事、社民党重量级成员扎拉青撰写的《德国自取灭亡》一书以反移民特别是反对穆斯林移民为卖点，引起德国民众热捧，此书一出版就销售一空，还登上了网上书店亚马逊德语类书籍销量冠军的宝座。调查显示，德国各大政党的选民都认为“扎拉青说的有道理”。[①] 虽然此书并非第一本在德国出版的反伊斯兰书籍，但是第一本由主流政治家撰写的书籍。这一现象在很大程度上说明了欧洲社会心理的变化，表明欧洲主流社会开始逐渐抛开传统的种族主义禁忌，接受某些极右思想。更何况，在欧洲，反伊斯兰主义与反犹主义不同，它没有政治上的禁忌，再加上因为包装了“捍卫欧洲价值观”的外衣，它甚至被认为是“绝对正确”的。极右势力的反伊斯兰、仇视穆斯林的论调在没有任何约束的情况下将可能变得更为激烈和极端。在 2007 年瑞士议会选举期间，极右政党人民党制作了一张“白羊踢黑羊”的海报，画面上，三

---

① “Europe’s new populism：Islamophobia，” http：//www. the – atlantic – times. com/index. php?option = com_ content&view = article&id = 229% 3Aeuropes – new – populism – islamophobia&catid = 44% 3Ajanuary – 2011 – politics&Itemid = 2；［德］《明镜周刊》称扎拉青为“德国最成功的右翼民粹主义者”，参见 Jakob Augstein，“German Voters and the Virus of the Right，” http：//www. spiegel. de/international/germany/0，1518，762224，00. html。

只站在瑞士红底白十字国旗上的白羊将一只黑羊踢出瑞士。在瑞士乃至欧洲文化中，黑羊常指“害群之马”，被用来形容“坏学生”和“离群者”。这张竞选海报中的黑羊和白羊之分很容易使人们联想到种族肤色和外国移民。[①] 在2010年瑞典议会选举中，极右的瑞典民主党的竞选广告是，在领取国家福利金的途中，一名瑞典白人老妇跑不过一群身穿罩袍的穆斯林妇女，被挤到一边，领不到福利金。[②] 这些宣传已经深刻影响到民众心理，为极端个人和组织的产生种下了恶果，2011年7月发生的挪威枪击案就是一起由右翼极端分子发动的恐怖袭击案，其袭击对象是执行多元文化政策、对穆斯林和伊斯兰文化持宽容态度的挪威执政党和普通本土白人青年，创下欧洲基督教原教旨主义者发动恐怖袭击案的先例。近年来，极右翼极端恐怖活动继续增加。2019年6月，德国黑森州卡塞尔行政区政府主席吕布克遭极右翼分子枪杀。10月，德国哈雷市一座犹太教堂外发生枪击案，嫌疑人受反犹思想影响。11月，德累斯顿市宣布进入“纳粹紧急状态”，要求警惕极右暴恐问题，呼吁保护少数族群。2月19日，德发生9个月来第三起极右翼分子实施的枪击案，死伤多人。2020年2月19日，一名43岁的德国白人在黑森州哈瑙市中心两个酒吧接连枪杀9人，另有数人受伤。案犯留有视频和信件，显示其作案动机为仇外和种族主义。德国接连发生“极右恐怖主义”袭击，与难民危机、民粹主义、惩治不力等因素密切相关，未来极右势力或对德政治社会安全造成更大威胁。

此外，在极右政党的影响下，近来欧洲各国政府普遍收紧了移民政策，并出台了一系列针对穆斯林移民的歧视性措施。英国宣布将进一步加强移民管制，严格控制外籍工人的签证发放数量。[③] 德国要求申请人在入境前的年收入必须达到8.64万欧元，且申请的工作岗位必须是在德国或者

---

① David Charter, “‘Black sheep’ cartoon ignites bitter row on racism before Swiss election,” *The Times*, October 10, 2007.

② “The Sweden Democrats,” *The Economist*, September 10, 2011, p. 50.

③ James Kirkup, “Vince Cable: David Cameron’s immigration claims ‘risk inflaming extremism’,” *The Telegraph*, April 14, 2011.

欧盟范围内无人可胜任的。[①] 西班牙新《移民法》延长了对非法移民的羁留，严格了家庭成员团聚的条件。[②] 2016 年初，由于受到民粹主义的压力，对移民一向宽容的瑞典左翼政府被迫宣布，它将别无选择，只能驱逐 8 万名移民。法国和比利时已立法禁止穆斯林妇女在当地公众场合穿戴罩袍，意大利和荷兰亦通过类似法案。继英、法、德领导人相继承认本国“多元文化”战略失败后，荷兰政府也公开表示，“随着政府移民政策的变化，荷兰原有的多元文化社会模式将成为历史”，因为多元文化政策“鼓励穆斯林群体在荷兰建立一个平行社会”[③]。荷兰政府拟采取的移民政策改革措施包括：新移民将自行负担学习荷兰语言和获取荷兰社会知识课程的费用，政府将不再为移民负担这笔费用；终止对特殊移民群体的津贴补助等。[④] 由此可以预见，欧洲社会的族群对立问题将可能越来越严重。

其次，弱化欧盟凝聚力，制约欧洲一体化未来发展。欧盟虽然是一个地区一体化程度最高的组织，拥有自己的超国家机构如欧盟委员会和欧洲议会，但从根本上讲，欧盟本身并无传统意义上的国家主权，仍只是一个主权国家的集合体。在这个集合体里，各成员国的最高利益仍是国家利益而不是欧盟利益，欧盟得以存在以及欧洲一体化得以发展的最关键是各成员国的利益能在欧盟层面相互妥协并各取所需、各有所得。比如，欧盟富裕的北方成员国德国、荷兰、芬兰等长期以来一直是欧盟预算的净出资国，但同时得到了南方国家的广大市场；南方国家虽从欧盟预算中得到补助，但因国内开放市场而失去了对本国工业的保护权力。全球金融危机特别是欧盟主权债务危机发生以来，欧盟成员国之间的这种利益妥协和平衡

---

① Karl Brenke, Mutlu Yuksel, Klaus F. Zimmermann, "EU Enlargement under Continued Mobility Restrictions: Consequences for the German Labor Market," http://ftp.iza.org/dp4055.pdf.

② "Spanish parliament approves controversial immigration law," October 30, 2009, http://www.expatica.com/es/news/spanish-news/Spanish-parliament-approves-controversial-immigration-law_57691.html.

③ Soeren Kern, "The Netherlands to Abandon Multiculturalism," June 23, 2011, https://www.gatestoneinstitute.org/2219/netherlands-abandons-multiculturalism.

④ "The Netherlands to Abandon Multiculturalism," *EU Times*, June 27, 2011, http://www.eu-times.net/2011/06/the-netherlands-to-abandon-multiculturalism/.

开始被打破。北方国家越来越担心它们对希腊等南欧国家的救助变成一个难以承受的无底洞，而南欧国家则对北方国家越来越严苛的救助条件感到不满。[①] 如果说此前极右翼民粹主义势力反欧盟、反欧洲一体化等主张因过于偏激而没有引起国民的共鸣，那么现在这些主张却深得人心："疑欧主义"（euroscepticism）在传统亲欧的德国、芬兰、荷兰等国已成为普遍现象。[②] 调查显示，70%的德民众认为本国给欧盟的钱太多，30%的人希望德国脱离欧元区。[③] 2011 年 9 月 7 日，德国宪法法院就联邦议员高魏勒和 6 名经济学家起诉德国政府救助希腊违反德国基本法一案作出裁决，明确要求德国政府未来对欧元区国家的任何救助措施都必须得到议会批准，这将限制德国政府应对债务危机的反应能力，并给欧元未来发展增添了新的变数。2009 年法国出台的旨在"留住法国就业机会"的措施被捷克等欧盟其他成员国指责为"贸易保护主义"[④]，2010 年法国大规模驱逐罗姆人更是遭到了罗马尼亚等国和欧盟委员会的反对，法国政府的这些行为被普遍认为是执政党在与极右的国民阵线争夺选票。[⑤] 2011 年 4 月 26 日，时任法国总统

① 荷兰、德国、芬兰、奥地利等欧元区北方国家在要求希腊、葡萄牙、意大利等债务国实施严格的紧缩政策上持强硬立场，荷兰政府曾明确提出，那些不愿履行协议削减赤字和债务的国家最终可以被踢出欧元区。参见 Leigh Phillips, "Netherlands: Indebted states must be made 'wards' of the commission or leave euro," *Euobserver*, September 7, 2011。与之相反，为抗议意大利政府通过的总额为 455 亿欧元的新一轮紧缩政策，2011 年 9 月 6 日，意大利再次发生全国大罢工，超过 100 多个城镇的 300 多万意大利人走上街头，导致该国交通基本陷入瘫痪，包括 200 个航班被迫取消。西班牙同日也发生了大规模游行示威事件，抗议政府紧缩政策以及旨在限制政府开支的宪法修改案。参见 Leigh Phillips, "Mass strikes, protests hit Italy, Spain over EU - imposed austerity," *Euobserver*, September 7, 2011。

② 波兰时任总理图斯克 7 月 1 日在波兰担任 2011 年下半年欧盟轮值主席国的新闻发布会上宣称，"新的疑欧主义"正在欧洲兴起，这种疑欧主义与英国的传统疑欧主义不同，而是发生在大陆欧洲国家，这些国家一方面发表亲欧言辞，另一方面在保护本国利益上更为激进，并采取了弱化欧盟的措施。参见 Andrew Rettman, "Polish leader raises alarm about 'new' euroscepticism," *Euobserver*, July 1, 2011。

③ Jakob Augstein, "German Voters and the Virus of the Right," http://www.spiegel.de/international/germany/0, 1518, 762224, 00.html.

④ Andrew Willis, "Sarkozy defends French car plan," http://euobserver.com/9/27597; Stephen Castle, "Europe aims to ease tension on protectionist policies," *International Herald Tribune*, February 12, 2009.

⑤ John Wyles, "Mainstream struggles to deal with far - right gains," September 30, 2010, http://www.epc.eu/documents/uploads/pre_ 308_ jwev1oct.pdf.

萨科齐和意大利总理贝卢斯科尼联合呼吁修改“申根协定”，也主要是为了迎合民众需求，以及化解本国极右政党施加的反移民压力。除通过宣传和民意压力影响政府决策外，部分国家极右政党还能直接影响本国政府的欧洲政策。2011 年 5 月 11 日，丹麦执政的中右联盟少数派政府在反移民的“人民党”压力下，单方面决定恢复边检，以便将经济难民和来自中东欧的“罪犯”挡在丹麦边境之外，此举被欧盟委员会视为违反了欧盟内人员自由流动原则，是对“申根协定”的直接挑战。[①] 在荷兰，受极右组织自由党领袖维尔德斯的煽动，荷兰民众的反波兰人情绪上扬，荷兰政府还威胁将失业超过 3 个月的东欧人驱逐出境。[②] 荷兰与芬兰还一起否决了罗马尼亚和保加利亚两国加入申根区的申请。凡此种种都将使未来欧洲一体化更为步履维艰，并加剧成员国之间的紧张关系。此外，欧盟国家对移民问题的担心也会影响到欧盟的扩大政策，土耳其等国入盟将更为困难。

最后，强化欧盟贸易保护主义。长期以来，欧盟内部持自由贸易立场的成员国（主要是北方国家）与倾向实施贸易保护主义政策的成员国（主要是南方国家）基本上能达成平衡和妥协，欧盟委员会作为一个在对外贸易上有较大发言权的超国家机构也基本倾向于自由贸易，所以尽管欧盟贸易保护主义倾向多年来一直比较突出，但还没有走得太远。近年来，在全球金融危机特别是欧盟主权债务危机的冲击下，欧盟成员国经济发展陷入极大困境，极右翼的反全球化立场以及保护本国产业的主张开始得到民众更大共鸣。法国国民联盟领导人玛丽娜提出要推进“智能保护主义”，以保护法国工业免受外部竞争；2017 年竞争法国总统时，玛丽娜还提出要建立一个经济安全局，专门监控外资在法活动，并希望

① “Schengen Zone Disput,” http://www.spiegel.de/international/europe/0，1518，762064，00.html.

② “Another project in trouble,” *The Economist*, April 30, 2011, p. 92.

能强制法国政府采购只能购买法国产品①。压力之下，欧盟委员会和成员国政府出于短期的政治和经济利益考虑，也开始采纳极右政党的部分主张，将本国经济困境归咎于全球化和自由贸易，在对外经济政策上更倾向于贸易保护主义。近年来，欧盟贸易保护主义动作不断，比如取消对部分国家的普惠制优惠政策，以限制这些国家的产品进入欧盟市场；呼吁修改欧盟贸易法规，以将中国排除在欧盟的政府采购市场之外（如果中国不对欧盟对等开放的话）②，对来自中国的投资进行更严格的审查，以防止中国获取欧盟先进技术③；推动机制改革，以便欧盟委员会在未接到企业申诉的情况下也可进行反倾销和反补贴的“双反”调查④，而根据欧盟现行法规，欧盟委员会只有在得到企业申诉后才能发动反补贴、反倾销调查，此举表明欧盟在实施贸易保护政策上将更为积极主动。2011 年 5 月 14 日，欧盟决定对中国高档铜版纸征收 8%—35.1% 的反倾销税及 4%—12% 的反补贴税⑤，开创了欧盟对中国产品进行“双反”的先例，目的是遏制中国产品在价值链上的快速攀升势头。欧盟还欲利用自身技术和市场优势，单方面强迫中国等第三方国家遵从欧盟标准和法令，以打压其他国家的竞争力，比如，欧盟正在酝酿中的航空碳税⑥。

此外，欧盟国际形象和外交影响力也将受到较大冲击。极右翼民粹主义势力的兴起反映了欧盟当前面临的多重困境，比如社会矛盾加剧，国际

---

① Kirk Samson, “Fortress Europe? Protectionism and populism raise political risk in the European Union Fortress Europe? Protectionism and populism raise political risk in the European Union,” February 26, 2019, https://globalriskinsights.com/2019/02/fortress-europe-protectionism-and-populism-raise-political-risk-in-the-european-union/.

② “The trade war within,” *The Economist*, April 23, 2011, pp. 118-119.

③ Andrew Wills, “EU industry chief claims support for foreign investment review board,” *Euobserver*, February 16, 2011.

④ Joshua Chaffin, “EU acts over alleged Chinese subsidies,” *Financial Times*, May 15, 2011.

⑤ “EU imposes first ever anti-subsidy tariffs against imports from China, Brussels,” May 14, 2011, http://trade.ec.europa.eu/doclib/press/index.cfm?id=708.

⑥ Jonas Ekblom, “Nine EU countries call for European aviation tax to curb emissions,” https://www.reuters.com/article/us-eu-tax-aviation/nine-eu-countries-call-for-european-aviation-tax-to-curb-emissions-idUSKBN1XH244.

和国内恐怖主义的两面夹击，经济增长乏力，政党政治运转不灵，成员国民族主义情绪上升、彼此猜忌等等，这些问题都将是欧盟长期面对但又难以解决的根本性问题，未来将牵扯欧盟更多精力，这将在很大程度上打击欧盟的外交雄心。欧洲出现的“堡垒”化趋势，比如排斥移民、抗拒全球化和自由贸易，既损害欧盟国际形象和影响力，也将不可避免地影响到欧盟与其他国家的关系，特别是会更频繁地引发与新兴国家的贸易摩擦，恶化与伊斯兰世界的关系等等。

第五章 科索沃“独立”今昔

科索沃原是南斯拉夫塞尔维亚共和国南部一个偏僻、贫穷的自治省，面积1万多平方千米，人口200万，主要民族是阿尔巴尼亚族，其他还有塞尔维亚族等少数族群，阿、塞两族矛盾一直就较为突出。自20世纪90年代中期起，该地区一直受到欧、美、俄乃至整个国际社会的普遍关注。在1998年和1999年科索沃战争期间，特别是北约开始干预后，科索沃发生了严重的人道主义灾难。阿、塞两族均有大量人员死亡或成为难民，矛盾也持续加深。2008年2月17日，科索沃议会召开特别会议，全票通过独立宣言，单方面宣布科索沃为“独立”国家，引发系列问题。其时，欧洲和美国在推动科索沃单方面宣布独立之时，肯定没有想到未来的加泰罗尼亚问题、苏格兰问题，当然更不会想到阿布哈兹问题、克里米亚问题和2014年的乌克兰危机。一句话，有因必有果，有果必有因。

第一节　科索沃问题的由来

科索沃问题的核心是科索沃地位问题。占科索沃人口总数90%的阿族人认为，科索沃应并入本民族国家阿尔巴尼亚，或建立另一个独立的阿族国家；而塞尔维亚则坚持对科索沃的主权，认为科索沃应作为塞尔维亚的一部分而存在。

从历史上看，科索沃的地位和归属问题非常复杂。塞尔维亚将其视为民族发源地、宗教圣地和文化摇篮，认为塞族从定居巴尔干到14世纪被奥斯曼土耳其帝国征服，在科索沃一直生活了8个世纪，而信奉伊斯兰教的阿尔巴尼亚人只是在奥斯曼帝国时期才大量迁移到科索沃。阿尔巴尼亚族认为，自己的祖先即巴尔干半岛西部最古老的伊里利亚人公元前3世纪就在科索沃建立了王国，并创立了阿尔巴尼亚文字，科索沃自古以来就是阿族的领土，而斯拉夫人是6—7世纪才进入巴尔干的，是科索沃的外来入侵者，更何况阿族人口在科索沃占绝对多数，理应拥有这片土地。

长期以来，塞、阿两族互有仇杀，民族积怨颇深。1912年，巴尔干民族国家纷纷起义，推翻了土耳其统治。与此同时，各民族国家展开了领土扩张，实力更强的塞尔维亚占有了科索沃。虽然阿尔巴尼亚也成为了单独的主权国家，但是居住着一半阿族人口的科索沃等地却被实力更强的邻国所占。科索沃阿族人建立一个“大阿尔巴尼亚”的愿望未能实现，因而长期有着较强的反塞情绪。第一次世界大战爆发时，科索沃阿族人加入奥匈帝国一方，对塞作战。二战期间，阿民族主义者加入纳粹一方，与塞尔维亚军队作战。在二战后期塞尔维亚收回科索沃后，科阿族多次发起暴动和独立运动，但均遭镇压。二战后，南斯拉夫实行联邦制，由6个共和国即塞尔维亚、斯洛文尼亚、克罗地亚、黑山、马其顿和波黑组成，科索沃由于其非“南斯拉夫”民族并未获得共和国地位，只被作为塞尔维亚共和国的一个自治区。此后，阿族要求独立的抗议和暴力活动持续不断。南联邦中央为调解民族矛盾，实行了抑制塞尔维亚、扶助科索沃阿族的政策，科索沃由自治区升为自治省，取得了几乎等同于共和国的实体地位，成为不受塞尔维亚管辖的塞境内“国中之国”。这造成了两方面问题：一方面，科索沃阿族仍不满意，继续寻求成为共和国或独立国家，并不断排挤科索沃境内塞族，使科索沃境内塞族人口不断减少；另一方面，塞族人对这一政策的怨恨情绪与日俱增。1989年米洛舍维奇任塞尔维亚总统后，对阿族采取强硬政策，取消了科索沃的自治省地位，塞、阿两族矛盾更为激化。1991年阿民族主义者宣布成立科索沃共和国，1992年在外部势力的支持下又组建“科索沃解放军”，进行暴力和恐怖活动，与塞军事冲突也不断升级。塞、阿军事冲突为美欧武装干涉找到了借口，1999年3月，北约以人道主义为由，绕过联合国，对南联盟进行了长达78天的轰炸。自此，大国开始直接介入科索沃地位之争。

科索沃战争完全是在美国的主导下进行的，欧洲盟国尽管担心战争可能会造成一系列不良后果，如刺激科索沃阿族的独立愿望，加剧地区紧张局势，开创不经联合国同意对一个主权国家发动战争的先例等，但在美国的压力下，还是卷入了这场战争。美国的意图很明确：借科索沃这枚战略棋子打垮南联盟米洛舍维奇政权，争取让科索沃脱离塞尔维亚；借此实现北约冷战后的首次战略转型，即从集体防御转变为泛欧范围内的积极干预；借机在安全和政治问题上对自主性日益增强的欧洲进行压制。

科索沃战争后，联合国在1999年6月通过1244号决议,① 在承认南斯拉夫对科索沃拥有主权的同时，又规定科索沃实行实质性自治，并提出驻科索沃国际机构有责任促成科索沃未来地位问题的解决。由此，科索沃成为联合国托管地，由北约维护安全，塞尔维亚失去对其控制权，形成在事实上科索沃从塞尔维亚分离的局面。科索沃最终地位不明的状况一直持续到2008年2月科索沃在欧美支持下单方面宣布独立。

第二节　科索沃宣布独立的地缘政治背景

科索沃战争后，科索沃地位之争进入了一个新阶段。塞、阿之争的背后，有了更多的大国纷争和博弈。欧、美、俄的战略和地缘政治考虑决定了科索沃问题的演变和发展，是科索沃走向单方面宣布独立之路的根本原因。

科索沃战争结束后的一段时间里，欧美出于稳定巴尔干地区需要，同时顾忌塞尔维亚和俄罗斯的反对立场，虽然内心偏向阿族，但并没有明确表示支持阿族的独立要求。联合国驻科索沃特派团提出的“先标准，后地

---

① “United Nations Resolution 1244,” adopted by the Security Council at its 4011th meeting, on June 10, 1999, http://www.transnational.org/SAJT/features/UNresolution.html.

位”的政策（即要求科索沃在达到政治与经济等方面的八项标准后，再决定其最终地位[①]）得到了欧美的支持[②]。但科索沃阿族人却感到独立遥遥无期，对国际社会和塞族的不满情绪与日俱增。在此背景下，2004 年 3 月终因一起偶然事件引发了科索沃大规模种族骚乱。[③] 骚乱引起国际社会对科索沃地位问题的广泛关注，也使欧美特别是欧盟对解决这一问题有了更加强烈的紧迫感。欧美意识到，阿、塞两族已无法同处一个屋檐之下，必须认真考虑科索沃的地位问题，它们对科索沃独立的支持开始转向积极。

美国和欧盟虽都倾向支持科索沃独立，但出发点不完全一致。南联盟解体特别是米洛舍维奇下台后，美国在科索沃并没有重大利益，美国支持科索沃阿族独立，一方面是为了延续、保存科索沃战争的成果，用美国外交官的话来说就是，“完成巴尔干地区自 20 世纪 90 年代起就开始的革命”，因为科索沃独立将是对南联盟的最后一击。为此，时任美国副国务卿伯恩斯曾公开呼吁，那些在科索沃战争及战后援助中“做出最大牺牲的国家”应在支持科索沃独立方面发挥领导作用。[④] 另一方面，美国支持科索沃阿族既是对阿尔巴尼亚忠于美国的奖励，也是为了在巴尔干地区扶植另一个亲美国家。科索沃如独立将是世界上除阿之外另一个既强烈亲美又是穆斯林的国家，这会给美国的全球民主化和反恐战略带来战略利益，也可有效遏制俄罗斯在巴尔干地区的影响力。此外，美国在科索沃相对超脱科索沃独立可能产生的不良影响，如地区冲突、欧俄关系恶化等，都将由

---

① 这些标准包括：（1）存在有效的、具有代表性的和能发挥功能的民主机构；（2）加强法制管理；（3）保证居民出行自由权；（4）难民和流落他乡者的持续返回，社区权利得到尊重；（5）建立健康的市场经济基础；（6）合理的财产权管理；（7）建立与贝尔格莱德的正常对话；（8）科索沃保护部队的职能转换。参见：U. N. Interim Administration Mission in Kosovo，“Standards for Kosovo，” UNMIK/PR/1078 （Dec. 10，2003），http：//www. unmikonline. org/press/2003/pressr/pr1078. pdf。

② U. S. Embassy，“U. S. Welcomes UNMIK's ‘Standards for Kosovo’，” Dec. 11，2003，http：//www. usemb – assy. it/file2003_ 12/alia/a3121206. htm.

③ 当时发生了两名阿族儿童溺水身亡事件，阿族声称塞族应为此负责，并袭击了科索沃南部和中部的塞族村庄和塞族宗教设施。骚乱持续了 3 天，造成 28 名塞族平民被杀，600 多人受伤，3600 多人无家可归，是 1999 年科索沃战后最大的族群暴力冲突。参见：Eric Jansson，“Nato hopes show of force will restore calm in Kosovo，” *Financial Times*，Mar 21，2004。

④ Andrew Rettman，“US and EU back Kosovo independence by May，” *EUobserver*，March 26，2007.

欧盟承受，这会对刚刚摆脱“宪法危机”的欧盟形成又一次重大牵制。因此，如果说处理科索沃问题对美国只有附加利益的话，那么对欧盟来说则是一个攸关周边稳定和自身安全的重大问题。欧盟一向视科索沃地位问题为欧洲的内部事务，并对解决科索沃问题承担了主要责任。[①] 欧盟的战略考虑是：（1）诸大国中，欧盟在地缘政治上最接近科索沃，科索沃政治和经济动荡，以及难民、军事冲突、有组织犯罪等问题，无一不对欧盟成员国造成直接影响，因此，欧盟必须积极参与解决科索沃最终地位问题，为地区稳定找到一个长远的解决办法。（2）进入 21 世纪后，欧盟从不掩饰在国际政治、安全舞台上扮演重要角色的雄心，但如果在自己的后院都不能发挥重要作用，就更不能奢望扩大全球影响力了，而解决科索沃问题无疑是对欧盟共同外交与安全政策的一次检验。在经历了 1998 年科索沃危机的尴尬后（欧盟应对危机力不从心，被迫接受美国军事介入），欧盟在解决科索沃地位问题上有了更大的决心。（3）欧盟通过输出“入盟标准”，已经在政治和经济制度上成功改造波兰、匈牙利等中东欧国家，下一步要改造、扩大的重点就是西巴尔干地区。欧盟希望利用“扩大”这一外交工具，促进科索沃和塞尔维亚的“欧洲化”，以将塞尔维亚和科索沃同时融入欧洲的方式，逐步化解塞、阿民族冲突。（4）增强欧盟在西巴尔干地区的影响力，扩展战略和经济利益，同时抑制俄在巴尔干地区的传统影响和扩张势头。由以上分析可以看出，“维稳”是欧盟在科索沃问题上的首要目标，但在塞、阿两族尖锐对立，科索沃问题的紧迫性日益突出的情况下，欧盟内部对“先标准后地位”的政策发生了动摇，事实上，早在 2004 年 4 月 1 日，欧洲议会就通过一项决议，要求欧盟理事会对科索沃最终地位问题进行讨论[②]。

---

① 欧盟是科索沃的单一最大援助方，自 1999 年以来，欧盟在科索沃花费已超过 20 亿欧元。参见 Judy Dempsey，“€1. 5 billion expected from EU for Kosovo development,” *International Herald Tribune*，April 1，2007。

② European Parliament，“European Parliament Resolution on the Situation in Kosovo,”（Apr. 1，2004），available at http：//www3. europarl. eu. int/omk/omnsapir. so/pv2？PRG = CALDOC&FILE = 20040 – 401&LANGUE = EN&TPV = PROV&LASTCHAP = 33&SDOCTA = 25&TXTLST = 1&Type_ Doc = FIRST&POS = 1.

与欧美偏向科索沃阿族，更倾向于顾及科索沃阿族的独立意愿不同，俄罗斯在解决科索沃问题上没有紧迫感，并坚决支持塞尔维亚在科索沃问题上的立场。科索沃地位问题虽不涉及俄罗斯核心利益，但也是俄罗斯重大利益所在。（1）巴尔干在地缘上临近俄罗斯，支持同样信奉东正教的塞尔维亚，可扩展俄罗斯在巴尔干及欧洲的地缘政治和经济利益。（2）俄罗斯国内也存在有分离倾向的地区，科索沃如独立也可能波及到俄罗斯。（3）俄罗斯在科索沃战争期间曾饱受西方的忽视和羞辱，无力维护塞尔维亚和俄罗斯利益。如在经济快速发展，国力增强的情况下仍不能有力捍卫盟友和自身利益，会在苏东国家中失去更多的信任和尊严。（4）借维护塞尔维亚主权及国际法为由，遏制西方对俄逼压势头，提升俄大国形象和影响力。进入21世纪后，俄罗斯与西方关系急速降温，北约东扩、美国计划在波兰和捷克设立反导系统、“颜色革命”、美欧不断在人权和民主等问题上对俄罗斯进行指责以及能源问题等等，都深深刺痛了俄罗斯。在俄罗斯看来，欧美支持科索沃独立是西方再次不顾俄罗斯感受、不尊重俄立场的又一明证。基于以上考虑，俄罗斯支持塞方立场，认为科索沃问题的任何解决方案必须得到塞尔维亚的同意。

如前所述，塞尔维亚和科索沃阿族在科索沃地位问题上的分歧是根本性的：阿族只求独立，塞族则坚决反对独立，而双方又各自得到了欧美及俄罗斯或明或暗的支持，在这种情况下，塞、阿双方毫无妥协的意愿和余地。因此，尽管“前南问题国际联络小组”（包括英、美、德、意、法、俄）从2005年末就开始协调、安排塞尔维亚与科索沃阿尔巴尼亚族的谈判，但谈判从一开始就注定是一场没有结果的、沦为形式和程序的谈判。欧美考虑的也已经是如何让科索沃独立的问题了。因此，当联合国科索沃事务特使阿赫蒂萨里在2007年提出科索沃未来应“在国际监督下独立”的方案后，美国及欧盟立即表示欢迎和支持①，欧洲议会还通过一份报告，要求给予科索沃“监督下的主权”地位，成为当时欧盟内部倾向科索沃独

---

① Andrew Rettman and Ekrem Krasniqi, “EU splinter group emerges on Kosovo,” *EUobserver*, April 1, 2007.

立立场最为明确和强烈的表达[①]。塞尔维亚则坚决反对，主张塞、阿两族继续谈判，并得到俄罗斯的支持。由于俄明确表示将在安理会否决阿赫蒂萨里方案[②]，美欧试图通过联合国给予科索沃合法独立地位的希望落空[③]。俄罗斯的强硬态度表明，科索沃通过联合国安理会表决同意而合法独立已不可能。俄罗斯希望能借此迫使西方同意塞、阿双方继续谈判，并且不设谈判的最后期限。美国和欧盟部分同意了塞尔维亚和俄罗斯的要求，与俄方组成“国际三驾马车”，协调塞、阿双方继续谈判，但将谈判日期设定为 120 天。谈判期间，欧美主要大国的态度和立场日益明确，即科索沃的最终地位不可能无限期拖延，如果塞尔维亚和俄罗斯不同意，欧美就将承认科索沃单方面独立，时任法国总统萨科齐表示，“科索沃的独立从长期来看是不可避免的”，俄总统普京声称“必须理解没人想要羞辱他”[④]。因此，可以想象，得到如此明确保证的科索沃阿族会认真地致力于谈判，而得到俄支持的塞尔维亚也同样如此。120 天过后，一如预期，谈判仍然毫无结果。欧洲人对塞尔维亚和科索沃阿族之间达成妥协的愿望成为泡影，而这是欧盟希望的最理想的结果。时任德国外长施泰因迈尔指责塞尔维亚和科索沃阿族均不肯作出让步，因为“最终，不是时间不够，也不是双方缺乏交流的机会，而是双方都没有打算达成政治上的解决方案。”[⑤] 但是如果讲造成这一结果的真正原因，那就是欧美过早地给了科索沃阿族独立的承诺。

塞、阿谈判彻底破裂后，欧盟开始为科索沃单方面独立做准备。2007

---

① Renata Goldirova, “MEPs demand supervised sovereignty for Kosovo,” *EUobserver*, March 29, 2007.

② Andrew Rettman, “Russia confirms veto on Kosovo independence,” *EUobserver*, April 24, 2007.

③ 据 2007 年 3 月透露的一份欧盟内部报告显示，欧盟设想安理会批准了联合国就科索沃地位问题提出的计划，在这一基础上，欧盟计划从联合国科索沃临时行政当局特派团接管科索沃，这一计划将耗费欧盟 15 亿欧元。参见 Judy Dempsey, “€1.5 billion expected from EU for Kosovo development,” *International Herald Tribune*, April 1, 2007。

④ Judy Dempsey, “U. S. and EU are ready to recognize Kosovo independence,” *International Herald Tribune*, September 24, 2007.

⑤ “欧盟已考虑科索沃独立之后的问题，” http://www.dw-world.de/dw/article/0, 2144, 2998516, 00.html。

年12月的欧盟首脑会议上，欧盟决定向科索沃派遣1800人的警察和文职人员，以帮助稳定科索沃局势。决定通过后，当时的欧盟轮值主席国葡萄牙总理苏格拉底称，“这是欧盟准备在整个科索沃未来，包括它的地位和地区作用问题上发挥领导作用最明确的信号”[①]。之后，欧盟一方面警告科索沃当局不要单方面宣布独立，要求科索沃确保宣布独立之前与欧盟和美国进行协调；另一方面加紧协调各成员国立场，尽可能形成一致意见。就在科索沃单方面宣布独立的前一天，欧盟在塞尔维亚和俄罗斯反对的情况下仍然开始向科索沃派出使团人员。就连科索沃的独立宣言及科索沃领导人随后对科索沃少数民族充满善意的演讲，也可能是欧美帮助完成的[②]。因此，从这个意义上说，科索沃宣布独立并不全然是科索沃的单方面行为，而是与美国和欧盟商议、协调后的集体行为。

综上所述，欧美在科索沃走向单方面独立之路上发挥了重要作用，这方面欧盟的作用特别值得说明。美国虽然一直支持科索沃独立，但如果没有欧盟的支持，也不愿单独面对科索沃独立问题。所以，关于科索沃问题的讨论与其说是在塞、阿之间或美俄之间，不如说是在欧盟内部。欧盟在科索沃问题上的确面临两难境地，一方面是科索沃强烈的独立愿望和美国的压力，另一方面是俄罗斯的极力反对。应该说，欧盟对科索沃单方面“非法”独立的后果是有认识和评估的，也有比美国更多的顾虑，如德国由于不愿损害与俄罗斯的关系，一度反对科索沃任何的单方面行为[③]，西班牙、希腊和塞浦路斯等国则一直坚决反对科索沃不经塞尔维亚和联合国的同意单方面独立。欧盟之所以在内部存在分歧的情况下仍然同意科索沃单方面独立，一方面是为了维护大西洋关系的团结[④]，另一方面更重要的是，欧盟认为，科索沃独立虽然会造成阵痛，但时间会抚慰塞尔维亚的伤

---

① Ingrid Melander and Mark John, “EU backs Kosovo mission to Serb anger,” *International Herald Tribune*, December 14, 2007.

② Tim Judah, “Kosovo: the era of the EU protectorate dawns,” EU Institute for Security Studies, http://www.iss.europa.eu/uploads/media/Kosovo_ TJ.pdf.

③ Ekrem Krasniqi, “Kosovo future fuels serious EU divisions,” *EUobserver*, September 10, 2007.

④ 一名欧盟高级官员表示，美国人已经给予科索沃独立的承诺，如果美国人承认科索沃独立，而欧洲人不跟着这样做，那将是一场灾难。参见 Dan Bilefsky, “U. S. and Germany to recognize Kosovo independence, diplomats say,” *International Herald Tribune*, January 10, 2008。

痛，磨平俄罗斯强硬的棱角，而久拖不决只会使科索沃这一巴尔干的毒疮慢慢地流脓。因此，欧盟最终还是选择支持科索沃单方面独立。但实际上，科索沃单方面独立给地区及欧盟带来的变化和问题可能远远超出欧盟的想象，不是简单的随着时间的流逝而消失的。

第三节　严重后果

科索沃独立未能得到主权国家塞尔维亚的同意及联合国安理会的认可，也遭到俄罗斯及欧盟部分国家的反对。因此，科索沃单方面宣布独立不可避免地给地区安全和发展、欧洲一体化甚至国际秩序带来一系列的新变化和新问题。

首先，巴尔干及整个欧洲地区的民族矛盾将更难解决：（1）由于科索沃境内塞族人和塞尔维亚对科索沃单方面宣布独立强烈不满，塞、阿两族的矛盾不但不会因科索沃独立而终结，反而可能进一步加深，在某一时机甚至可能恶化。科索沃单方面宣布独立后，贝尔格莱德发生大规模群众集会，抗议科索沃单方面宣布独立。一些抗议者冲击了美国和克罗地亚驻塞尔维亚大使馆，造成一定财产损失。科索沃北部塞族聚居区的联合国和欧盟使团人员也受到攻击。抗议科索沃独立的上千名科索沃塞族居民焚烧了科索沃边界的两处检查站，当地警方最后不得不寻求北约维和部队介入。从目前来看，抗议浪潮似已成为过去，但科索沃仍蕴藏着风险，科索沃境内的塞族人抵制科索沃当局的行政管理，在可预见的将来，他们也仍将如此。（2）科索沃独立作为先例，将刺激和鼓舞欧洲其他国家的民族分离势力，造成更多的民族问题和主权纷争。支持科索沃独立的欧美国家强调，科索沃宣布独立只是一个特例，如德国总理默克尔称，“科索沃事件是个特例，在国际法上与其他事件也不具可比性。对我来说重要的是把科索沃独立事件当作特例来看待，而不去和其他类似事件做比较。”[①] 但事实上，这一说法连欧洲人自己都很难信服。德国著名国际法专家波特认为，“凡是有分裂倾向的地区，就有强烈反对分裂的运动。为什么在科索沃问题上，重要的欧盟国家和美国会另搞一套呢?”“国际社会喜欢把科索沃问题称为‘特殊情况’，但这一说法为效法者打开了大门”[②]，而可能的效仿者则多数在欧洲，如西班牙巴斯克地区和加泰罗尼亚，北塞浦路斯，苏格兰执政的分裂主义政党苏格兰民族党，北马其顿的阿族，阿塞拜疆的纳卡以及格鲁吉亚的两个分离地区阿布哈兹和南奥塞梯，摩尔多瓦的德涅斯特河左岸地区以及波黑的塞族共和国等等，对他们来说，科索沃并不是特例，而是一个可以效仿的先例。波黑塞族就主张寻求以全民公决的方式脱离波黑。也正是由于欧洲这些不稳定因素的存在，俄罗斯总统普京曾警告承认科索沃独立的西方国家说，它们这样做只会搬起石头砸自己的脚[③]。也正因为如此，西班牙、罗马尼亚等欧盟成员国至今仍未承认科索沃独立。

其次，西巴尔干地区经济和社会发展出现新的隐患。就科索沃而言，科索沃本来是欧洲最贫困的地区之一，冷战年代还被称作是南斯拉夫联邦的“贫民窟”，宣布独立之时37%的居民生活在贫困线以下，也就是每天用于支配生活的费用不足1.42欧元[④]。科索沃单方面独立后，由于没有解决与塞尔维亚的矛盾，也不具合法性，因而其经济和社会发展条件并不会因独立而得到改善，国际资本仍会对科索沃望而却步。此外，由于欧盟在科索沃问题上陷入分裂，部分国家不承认科索沃独立国家地位，因此科索沃与欧盟的法律关系是不明确的，即使欧盟有心将科索沃纳入入盟进程，科索沃也将面临一系列难以克服的困难，因为欧盟与科索沃的任何政府间

---

① “US, Germany Cautious on Kosovo as Separatists Call for Action,” http://www.dw-world.de/dw/article/0，2144，3133849，00.html l.

② “科索沃独立的国际法问题，” http://www.dw-world.de/dw/article/0，2144，3148012，00.html。

③ Vesna Peric Zimonjic，“Serbia gives reminder of defiance under Milosevic，” *The Independent*，February 23，2008.

④ “Could an Independent Kosovo Sustain Itself Economically?” http://www.dw-world.de/dw/article/0，2144，3122353，00.html.

协定如贸易关系、签证安排、财政援助等都需要成员国的一致同意。欧盟官员早就警告，这种对科索沃的部分承认可能阻遏投资，妨碍科索沃接受国际机构的贷款及与欧盟签署贸易和合作协定①。一些欧盟国家如法、德、意等国在自身经济困难的情况下，能为科索沃提供多长时间的经济援助也是一个问题。科索沃可能沦为一个“失败的欧盟保护国”②，如果这样，欧盟将背上一个巨大的经济和政治包袱，难以脱身。就塞尔维亚而言，政治家和民众因失去科索沃而对西方包括欧盟产生了强烈的憎恨情绪，民族主义情绪高扬。从整个西巴尔干地区的形势来看，科索沃、塞尔维亚及波黑甚至包括北马其顿这些国家内部未来几年甚至更长的时间内都可能因陷入民族和政治问题的争斗而无暇顾及经济和社会发展，欧盟借科索沃独立稳定巴尔干的初衷将难以实现。近年来，西巴尔干各国政党、民族与国家间和解意愿下降，政治与安全形势再度趋紧。阿尔巴尼亚总理拉马多次表示“阿尔巴尼亚将与科索沃合并”③。北马其顿国内马其顿族与阿尔巴尼亚族两族矛盾增大。此外，西巴尔干为欧洲最贫穷地区，人均国内生产总值不到欧盟老成员国（即欧盟15国）的30%④；地处欧、亚、非交通要道，有组织犯罪猖獗。时任欧盟委员会主席容克曾警告，“西巴尔干有回到20世纪90年代状况的危险”，强调欧盟在西巴尔干“不作为将付出巨大代价”，“对西巴尔干稳定与繁荣的投资就是对欧盟稳定与繁荣的投资”。⑤ 但由于欧盟近年来身陷多重危机，无暇顾及，西巴尔干成为被遗忘的角落，加入欧盟遥遥无期。欧盟扩大疲劳，而西巴尔干地区各国则是改革疲劳，对欧盟要求的各项改革措施失去积极性和动力，民众对欧盟失望情绪也普遍

---

① Dan Bilefsky, “Ethnic Albanians chart Kosovo path,” *International Herald Tribune*, March 4, 2008.

② Elitsa Vucheva, “EU warned against turning Kosovo into a ‘protectorate’,” *EUobserver*, February 12, 2008.

③ “EU says Albania comment on Kosovo unification ‘not acceptable’,” https://euobserver.com/foreign/128273.

④ “Western Balkans to 2025, a brighter future or permanent marginalization?” http://www.eiu.com/Handlers/WhitepaperHandler.ashx? fi = Western – Balkans – to – 2025 – report.pdf.

⑤ “European Commission – PRESS RELEASES – Press release – Strategy for the Western Balkans_ EU sets out new flagship initiatives and support for the reform – driven region,” https://europa.eu/rapid/press – release_ IP – 18 – 561_ en.

上升。

再次，欧盟共同外交和安全政策再次面临严峻考验。自 20 世纪 90 年代初开始的巴尔干冲突直至科索沃危机期间，欧盟心有余而力不足的缺陷一再暴露无遗，被迫让美国主导巴尔干事务。特别是科索沃危机对欧盟造成了极大刺激，之后欧盟启动了共同安全和防务政策以及快速反应部队等机制的建设，企图增强自身对欧盟周边的危机处理能力。欧盟还承担了在波黑和马其顿维和及在科索沃重建的主要任务。科索沃问题关乎欧盟自身安全、国际地位和一体化建设，不容有失，因此欧盟在科索沃独立问题上力图发挥领导作用，但由于科索沃独立的单方面性及“非法性”，欧盟能否成功解决科索沃问题，还有较大变数。（1）事实上欧盟在承认科索沃独立问题上是分裂的，西班牙、希腊、罗马尼亚、斯洛伐克和塞浦路斯等欧盟国家都没有承认科索沃的单方面独立。时任西班牙外交部长莫拉蒂罗斯（Miguel Ángel Moratinos）还明确指出，科索沃独立既没有征得相关国家的同意，也没有得到联合国的批准，没有尊重国际法，因此西班牙不会承认科索沃独立①。也正是由于西班牙等国的坚决反对，欧盟虽几经努力，也无法就承认科索沃独立一事达成一致。鉴此，未来欧盟在科索沃行动也将会受到内部分歧的困扰和掣肘，共同外交和安全政策的信誉在已经受损的情况下也可能再次受损。（2）由于科索沃单方面独立违反国际法，也没有得到联合国的同意，未来欧盟在科索沃的工作将较难得到国际社会支持特别是联合国的支持。此前，塞尔维亚和俄罗斯已声称，欧盟向科索沃派出使团的行动缺少合法性，是非法的，将不会与其合作。欧盟针对科索沃的共同外交行动由于缺少国际社会支持，未来将面临更大的内外压力。（3）欧盟在西巴尔干的扩大战略阻力增大。欧盟在西巴尔干的总体目标是通过稳定与联系协定及欧洲伙伴关系，将西巴尔干国家和科索沃纳入欧洲一体化进程，从目前情况来看，入盟这一“胡萝卜”对塞尔维亚已暂时失效，塞尔维亚和欧盟的入盟谈判可能无限期推迟；由于部分欧盟国家不承认科索沃是个独立

---

① Stephen Castle, “Behind the scenes, EU splits over Kosovo,” *International Herald Tribune*, February 18, 2008.

国家，科索沃的入盟进程更将遥遥无期，欧盟以入盟促稳定的西巴尔干战略将形成一个大的缺口，难以实施。

最后，科索沃单方面独立给国际秩序及国际关系造成的破坏性影响也将持续发酵。科索沃独立违反了国际法和联合国 1244 号决议，再次严重损害了联合国的权威，并导致国际社会陷入分裂，俄罗斯与西方矛盾则更为突出。俄罗斯总统普京曾公开宣称，“难道一些欧洲国家对于自己在别国事务上实施双重标准的做法，不感到羞耻吗?”[①] 科索沃宣布独立后，俄罗斯强烈谴责，称坚决反对科索沃单方面独立，支持塞尔维亚的国家主权和领土完整。西方强势推动科索沃单方面独立不仅加剧了欧洲内部的分离主义危机，如西班牙的加泰罗尼亚独立问题持续发酵，英国的苏格兰独立问题也日益成为英国的一个重大问题，还有法国的科西嘉独立运动等等，还为俄罗斯在其周边地区推进类似政策提供了范例，比如，2008 年俄罗斯与格鲁吉亚爆发冲突后，俄罗斯就推动格鲁吉亚的阿布哈兹和南奥塞梯单方面宣布独立；再如，2014 年乌克兰危机爆发，俄罗斯照样推动克里米亚从乌克兰独立，并进而合并到俄罗斯。俄罗斯总统普京宣称，“西方国家亲手创造了先例”，“与克里米亚的情况完全一样，（西方）承认科索沃从塞尔维亚分离出来是合法的，声称不需要中央政府同意，单方面宣布独立是必要的”[②]，俄罗斯还在乌克兰东部推动顿巴斯地区的分离运动。西方指责俄罗斯破坏相关国家主权和领土完整，但这也正是西方和欧盟双重标准造成的恶果。历史无法假设，如果西方和欧盟没有推进科索沃的独立，是否还有后来的克里米亚入俄问题。总之，欧洲吞下了科索沃独立的恶果，而这一恶果的效应正在显现，未来还可能更为突出。

---

① “Serbia, Russia fury as Kosovo independence draws near,” February 15, 2008, http://www.euractiv.com/en/enlargement/serbia-russia-fury-kosovo-independence-draws-near/article-170333?_print.

② Bojana Barlovac, “Putin Says Kosovo Precedent Justifies Crimea Secession,” March 18, 2014, https://balkaninsight.com/2014/03/18/crimea-secession-just-like-kosovo-putin/.

第四节　科索沃问题前景

科索沃单方面宣布独立并没有解决科索沃的“最终地位”问题，塞、阿两族及国际社会围绕科索沃最终地位的争执也并未平息，科索沃新的“最终地位”仍有待确定。

目前，科索沃仍是以“事实独立”存在，随着承认科索沃独立的国家增多，科索沃独立的合法性可能逐步增加，但仍将无法进入联合国。原因在于：一方面，俄罗斯作为常任理事国在联合国安理会内有一票否决权，科索沃独立无法得到联合国的承认，不具合法性。鉴于俄短期内不大可能改变当前的对科索沃政策，因此科索沃至少在未来几年内难以经由联合国披上合法外衣，无法加入联合国等国际组织。另一方面，塞尔维亚作为原主权国，其新修订的宪法明确规定，科索沃是塞尔维亚不可分割的一部分，因此塞尔维亚在可预见的将来也不可能承认科索沃独立，科索沃未来也无法获得塞尔维亚同意而“协议独立”。在俄、塞坚决反对的情况下，科索沃独立的合法性始终会是个问题。但从长远来看，如果未来几年内，科索沃能获得更多国家支持，科索沃“事实独立”的合法性会逐步增加，当绝大多数国家都承认科独立地位时，俄、塞等少数国家的反对就不那么重要了，这是科索沃希望的结果，也是欧美支持科索沃单方面独立的初衷之一。但如果欧盟部分国家仍坚持不承认科索沃独立地位，国际上多数国家也不承认科索沃独立，科索沃与欧美国家这一相对理想的前景就难以出现。

从目前来看，科索沃无法得到国际社会多数国家的承认。尽管如此，由于科索沃独立意愿强烈，美国及欧盟多数国家也不可能改变支持、承认科索沃独立的政策立场，科索沃“事实独立”已难以逆转。但为了更好地解决科索沃不具合法性所带来的诸多问题，欧美也会寻求解决办法，其中最重要的是争取塞尔维亚承认科索沃独立。

塞尔维亚在可预见的将来虽不大可能承认科索沃独立，但并非绝无可能。当然，这需要时间，也要看欧美特别是欧盟对塞尔维亚的态度，给塞尔维亚作出何种让步。（1）如果欧盟在塞尔维亚入盟问题上有更明确的时间表和具体的措施，比如给予塞尔维亚贸易优惠、更有利的签证安排、更大的经济援助，可能更有利于塞尔维亚民众心理的转变，从情感上的强烈抵制到更为实际的接受科索沃分割的事实。实际上，塞尔维亚国内的确有部分人士主张放弃科索沃这一是非之地，相当一部分人认为保留科索沃会成为塞尔维亚的包袱。如塞尔维亚知名作家和思想家乔西奇曾指出："科索沃—梅托西亚对塞尔维亚来说是个无法成功面对的人口负担、经济负担和政治负担……科索沃—梅托西亚将阻碍塞尔维亚的正常发展，对塞尔维亚来说是个恶性肿瘤。"① （2）在科索沃的塞尔维亚聚居地问题上向塞作出让步。科索沃北部与塞尔维亚相连的密特罗维茨北部和其他三个城市是科索沃塞族的主要聚居地，由塞族人控制并得到了塞尔维亚政府的支持。此前，塞尔维亚和科索沃阿族及欧美国家都有人提出沿种族界限分割科索沃的建议。塞尔维亚近来虽一再否认有沿种族界限分割科索沃的考虑和计划，② 但在科索沃独立已成为既定事实，且已无可能收回科索沃的情况下，为获取在科索沃最大利益，塞也会认真考虑这一方案，分割科索沃。毕竟科索沃北部塞族控制区还拥有大量的矿藏资源。事实上，也有塞政治家曾表示，如果科索沃宣布独立，那科索沃北部塞族也应脱离科索沃③。对欧盟来说，科索沃的再分割问题一直是个禁忌，一旦科索沃的种族划分成为先例，不但意味着欧盟波黑模式的失败，还可能真正打开巴尔干的潘多拉盒子，加剧这一地区的民族冲突。时任欧盟科索沃特使，荷兰外交官彼

---

① "Zgjidhja Historike e µƒshtjes sƒKosovƒs" （《科索沃问题的历史解决办法》），http：// www. alb2net. com/ pipermail/ art2caf e/ Week2 of2Mon220051107/ 009600. html，Rexhep Qosja，转引自柯静：《科索沃的历史、现状及未来走向》，《国际论坛》，2006 年 11 月第 6 期。

② Elitsa Vucheva，"Belgrade will not bargain on Kosovo，" Serbian PM says，*EUobserver*，September 13，2007.

③ Stefan Wagstyl，"World powers tested over Kosovo stability，" *Financial Times*，February 20，2008.

特·费斯（Peter Feith）曾特别强调，反对沿种族线分割科索沃[①]。尽管欧盟不愿继续巴尔干地区的拼图游戏，未来也有可能再次将科索沃问题定为“特例”，沿种族线分割科索沃，因为这样做有一个明显好处，塞尔维亚的同意可以让科索沃独立获得必须的合法性。一种可能的分割方案是：给予科索沃北部塞族聚居区及科索沃境内其他塞族飞地高度自治权，即不改变科索沃边界，但给予塞尔维亚对这些塞族地区的实际控制权，即所谓的“软分割”。另外一种则更为彻底，重划边界。各方虽均不愿看到科索沃再分裂，但在其他前景无望的情况下，这也不失为是达成妥协的一个现实选项。自2018年以来，塞尔维亚总统武契奇与科索沃“总统”萨奇有意推动“土地置换”（即科索沃北部塞族聚居区与塞南部阿族聚居区互换）的解决办法，但科索沃内部、欧美各方意见不一，争论不休，难以取得进展。

科索沃阿族和塞尔维亚的矛盾最终可能得到化解，并一起加入欧盟，融入到“欧洲大家庭”，这是欧盟的希望，也是欧盟同意科索沃独立的一个重要考虑。毕竟欧盟已经以其独特的方式解决了欧洲大陆的诸多世仇、民族矛盾和冲突，但巴尔干的民族分隔太深刻，也太鲜活，要真正弥合这些分隔可能需要更长的时间，也需要欧盟做出更多的努力。

---

① Neil MacDonald, “Kosovo envoy stands firm against partition,” *Financial Times*, February 28, 2008.

第六章 中东欧的大国逐鹿

中东欧地处东、西方中间地带，长期以来一直是大国争夺势力范围和影响力的逐鹿场，自主性有限。冷战后，中东欧整体性“加（欧）盟入（北）约”，致力于政治及经济转型，发展较为平稳，较少成为国际社会关注焦点。但近年来，随着欧亚大陆地缘政治变化特别是乌克兰危机的爆发，大国博弈再趋激烈，中东欧作为前沿及中间地带，因为其历史、地理及转型期的种种独特性，成为欧、美、俄诸大国重点利用、分化或争取的对象；就中东欧自身而言，虽再度成为欧、美、俄等大国逐鹿场，但自主性增强，欲左右逢源，争取主动，避免再次沦为棋子。欧、美、俄及中东欧四方地缘政治博弈呈现新态势。

第一节　美国“重返”中东欧

美国对中东欧政策是其欧洲政策及欧亚地缘战略的一环，谈论美国对中东欧政策，实际上须从其对欧洲及欧亚地缘战略入手。冷战时期，东西方泾渭分明，西欧是美国对抗苏联的最重要盟友，美国通过安全保证，很大程度上控制着西欧国家的对外政策。出于对抗苏联的目的，美国支持西欧国家经济联合和一体化，以所谓西欧的民主、繁荣加强对处于苏联控制下中东欧国家的吸引力，瓦解苏东集团。冷战结束后，美国大力帮助中东欧国家加盟入约，巩固中东欧地区的民主化进程。20 世纪 90 年代及 21 世纪初绝大多数中东欧国家完成了加盟入约进程，美国由此阶段性达成对欧亚地缘战略目标。

其一，通过支持中东欧“西化”诉求，收获其信任和忠诚，在欧盟及北约内部培植了一个亲美集团。中东欧的力量或许弱小，但关键时刻也能为美国提供必要的道义和政治上的掩护。2003 年初伊拉克战争前夕，以德、法为代表的西欧国家强烈反对布什政府发动伊拉克战争，但中东欧国家集体发声力挺。

其二，美国支持欧洲一体化有其限度①，特朗普政府对欧盟和欧洲一体化持更为敌视的态度。美国希望欧盟是其推进全球战略目标过程中有用的小伙伴，但并不乐见其成为全球性角色，变身美国平衡力量和竞争者。“听话”的中东欧有助于美国防止欧盟形成有力的共同外交与防务政策。

其三，利用中东欧的俄罗斯恐惧症，推动北约、欧盟双东扩，强化了俄罗斯的被遏制感和不安全感，制造了欧亚大陆的永久性对立，从而延续了美国对欧亚事务的影响力。美国小布什政府时期，推进在波兰、捷克等国的中东欧反导系统建设，更加剧了北约及欧盟与俄罗斯的紧张关系。

奥巴马政府上台后，美国与中东欧或者说美欧关系进入一个“彼此忽视”的新阶段。美国对中东欧和欧盟兴趣下降，后者则对美失望、不满。奥巴马政府高调宣布“重启”与俄罗斯关系，放弃在波兰和捷克的反导系统建设，且做出这一决定时，并未与波、捷磋商，也就是说并未考虑中东欧两个极为亲美国家的情感，而两国特别是捷克政府为说服本国民众接受美国反导体系已花费大量政治资源，做了艰难的说服工作②。对波兰来说，更为难堪的是，美国宣布取消中东欧反导系统是在 2009 年 9 月 17 日，即波兰的“苏联入侵 70 周年”纪念日。美国对中东欧政策的突然逆转令中东欧特别是捷、波两国错愕，中东欧特别是波、捷两国被迫重新思考如何

---

① Geir Lundestad, “Empire By Integration: The United States and European Integration, 1945 - 1997,” https://www.foreignaffairs.com/reviews/capsule-review/1998-09-01/empire-integration-united-states-and-european-integration-1945.

② Bruce I. Konvise, “U. S. Missiles in E. Europe Opposed by Locals, Russia,” *The Washington Post*, January 28, 2007, http://www.washingtonpost.com/wp-dyn/content/article/2007/01/27/AR2007012701370.html.

面对俄罗斯。当然，美国做出这一决定有其更重要的地缘政治考虑，即所谓的亚太“再平衡”。美国认为东亚更攸关其未来，由于中东欧及欧盟重要性下降，且无法在全球平摊其有限的军事及经济资源，要向东亚“再平衡”，须从中东欧及欧盟抽身。

但美国亚太“再平衡”伴随的是中东欧及欧盟总体对美国失望和不满情绪的上升。比如，与2003年伊拉克战争不同，2011年无一中东欧国家追随美国和北约参与利比亚战争。中东欧包括波兰及波罗的海国家在内，不同程度试图缓和与俄关系[①]。中东欧仍视美国为重要倚靠，但在其眼中，美国分量大大下降。这既是美国主动疏远中东欧的结果，也与中东欧安全地位的改善有关。

但美国始料不及的是，忽视中东欧及欧盟的负面效应也开始渐显：

其一，欧盟开始推进自身的“再平衡”战略，与俄、中合作逐渐深入。欧俄、中欧走近显然不符合美国的战略利益。一个一体化的、联系日益紧密的欧亚集团的出现无疑将成为美国的战略恶梦。

其二，欧美因相互不满，跨大西洋联盟更为松散，欧美最关键的纽带北约陷入转型方向不定的迷茫，美国对欧洲掌控力下降。

其三，美国竭力推进亚太“再平衡”，但力不从心，虽渴望但未能得到欧洲大力支持。因此，从奥巴马政府第二任期开始，欧美关系出现一些新的变化，即所谓欧美“走近”，特别是美国，有针对性地加强了对欧洲争取的力度，主要标志之一就是双方决定启动“跨大西洋贸易与投资伙伴关系协议（TTIP）”谈判。该协议既为加强欧美联系，也有很强的地缘政治考虑，至少从美方看是如此，有评论称之为“经济北约”[②]。

乌克兰危机成为美国重新强化对中东欧及欧盟影响和控制力的重要契机，美国借之“重返欧洲”：

---

① Paweł Swieboda, “POLAND’S SECOND RETURN TO EUROPE?” http://www.ecfr.eu/page/-/ECFR-03_POLANDS_SECOND_RETURN_TO_EUROPE.pdf.

② “The TTIP of the spear,” *The Economist*, October 17, 2015, http://www.economist.com/news/europe/21674772-selling-europes-trade-agreement-america-strategic-has-problems-ttip-spear; Trine Flockhart, “Can TTIP Be an ‘Economic NATO’?” October 14, 2013, http://www.gmfus.org/blog/2013/10/14/can-ttip-be-“economic-nato.

其一，率先并推动欧盟实施对俄制裁，弱化欧俄经贸联系。欧俄间经贸联系紧密，欧洲是俄罗斯最大贸易伙伴，俄罗斯是欧洲第三大贸易伙伴，欧洲还是俄罗斯最大外资来源方。美俄贸易相比微不足道。欧美对俄制裁，美国几乎不受影响，而欧俄贸易则大幅下降。乌克兰危机前的2012年，欧俄贸易额达到历史最高的3385亿欧元，2013年开始萎缩，2014年下滑至2846亿欧元，2015年再次下滑至仅为2096亿欧元[①]。欧俄僵持还影响俄投资环境，欧对俄投资也受到间接影响，进而长期影响欧俄关系。

其二，利用中东欧特别是波兰、波罗的海国家对俄罗斯的安全担忧，加强在中东欧地区军事存在。2015年北约军演近270场[②]，其中半数在中东欧地区举行。北约制定《战备行动计划》，组建“高度机动联合特遣队”，并将“快速反应部队”扩至4万人[③]，还新设8个中东欧指挥控制中心[④]，成立常设联合后勤总部，优化指挥结构，授权北约欧洲盟军司令部提前做好军事部署和行动准备。2016年2月，美国宣布2017年对欧军事预算增加34亿美元[⑤]，包括在东欧部署一支约4500人的陆军装甲战斗旅[⑥]。美国还不时派出F－22等战斗机飞往罗马尼亚等中东欧国家，向俄罗斯展示力量。2016年5月2日—19日，北约在爱沙尼亚境内举行代号为“春季风暴”的年度最大规模军事演习，参演人数近6000人，演习地点为

---

① Vladimir Chizhov, “Competitors benefit from the freezing of EU – Russia trade relations,” http://www.euractiv.com/section/agriculture – food/opinion/competitors – benefit – from – the – freezing – of – eu – russia – trade – relation; European Commission, Directorate – General for Trade, “European Union, Trade in goods with Russia,” http://trade.ec.europa.eu/doclib/docs/2006/september/tradoc_113440.pdf.

② “NATO, Russia Military Exercises Might Be Jeopardising Peace,” https://www.warhistoryonline.com/war – articles/nato – russia – military – exercises – might – be – jeopardising – peace.htm.

③ “NATO plans 40, 000 – strong rapid response force in E. Europe,” June 22, 2015, https://www.rt.com/news/268825 – nato – rapid – response – stoltenberg/.

④ “NATO will build in 2015 command centres in six countries including in Romania,” http://actmedia.eu/daily/nato – will – build – in – 2015 – command – centres – in – six – countries – including – in – romania – lithuanian – minister/56124.

⑤ “Cold War returns as we increase military spending in Europe,” http://www.russiannews251.tk/2016/02/cold – war – returns – as – we – increase.html.

⑥ Dan De Luce, “US weighs more troops, hi – tech weapons in Europe to counter Russia,” http://www.stripes.com/news/us/us – weighs – more – troops – hi – tech – weapons – in – europe – to – counter – russia – 1.407679.

接近俄罗斯边界的塔尔图、沃鲁区以及珀尔瓦县。2016 年 5 月 12 日，美国在罗马尼亚代韦塞卢空军基地建设的反导设施建成并投入运行。

其三，敦促欧盟加速摆脱对俄罗斯的能源依赖，加强在中东欧的能源基础设施建设，削弱俄罗斯对欧盟特别是中东欧能源影响力。美还开始向欧出口液化气①，即便不能完全替代俄罗斯的能源，也能大大弱化欧俄能源纽带，并强化美国对欧能源影响力。

中东欧虽非美国全球地缘政治中心，但在实现美国全球及欧亚地缘政治目标上仍能发挥独特作用：

其一，中东欧作为欧盟内影响力日渐上升的一支力量，其防范甚至敌视俄罗斯的心理将是欧对俄政策的重要牵制因素，有中东欧特别是波兰、罗马尼亚、波罗的海国家的牵制，欧盟不大可能实现与俄罗斯关系全面改善。美国战略重点仍在亚太，并不愿与俄罗斯发生激烈冲突，但利用中东欧，维持欧俄适度对抗局面，能部分帮助美国实现阻止欧俄接近的地缘政治目标。

其二，牵制俄罗斯发展。美在中东欧军事存在并不具实质性军事意义，但起到刺激俄罗斯的作用，俄被迫分散发展资源，应对来自美国和北约的挑战。

其三，牵制德国、法国、意大利等西欧大国与俄罗斯合作。乌克兰危机爆发后，法国被迫取消对俄罗斯军售，美国施压是主要因素，但波兰等国可能将不再购买法国军火也是重要原因之一②。德、俄能源合作，特别是北溪管道二期工程遭中东欧国家指责，默克尔政府对俄政策也不得不考虑中东欧因素。美国对德、法等欧洲大国加强与俄罗斯关系一直心怀芥蒂，中东欧的反对态度正好与美国契合，拉抬中东欧，实际上也是在帮美国自己。

自特朗普政府上台以来，对欧盟采取敌视的态度，但对中东欧政策基

---

① Georgi Kantchev, “With U. S. Gas, Europe Seeks Escape From Russia’s Energy Grip,” February 25, 2016, http://www.wsj.com/articles/europes-escape-from-russian-energy-grip-u-s-gas-1456456892.

② François Heisbourg, “France needs support to cancel the misbegotten Mistral sale,” *Financial Times*, July 23, 2014.

本上延续了奥巴马政府后期政策，继续加大投入拉拢中东欧国家。2017 年 7 月 5—6 日，美国总统特朗普在赴德国参加 G20 峰会前特意造访波兰，将波兰作为其访问欧洲的首个国家，并选择在波兰发表重要演讲。特朗普在华沙克拉辛斯基广场 1944 年华沙起义（反抗德国纳粹）的纪念碑前发表演讲，称波兰是美国的“老盟友”、“追求自由与捍卫西方文明的样板”（暗批德国大量吸收穆斯林移民损害西方文明），鼓励波兰更多购买美国液化天然气，力挺“三海（黑海、亚得里亚海与波罗的海）倡议”（2016 年由波兰和克罗地亚发起，共有 12 国参加，旨在加强区域贸易、能源与基建合作），特朗普还特意回应波兰需求，承诺履行北约第五条款①。2019 年，美国高官密集访问中东欧国家，副总统彭斯及国务卿蓬佩奥都是两度访问波兰，显示了对波兰的重视程度。蓬佩奥访问了匈牙利和斯洛伐克，是 8 年来首位访问匈牙利以及 20 年来首位访问斯洛伐克的美国国务卿。美国国务院官员明确表示，“美国对中东欧的忽视为中俄扩大影响力创造了条件”，美国将“弥补过去对中东欧关注的不足”②。近年来，美国对中东欧的军事投入明显加大。“欧洲威慑计划”是美国支持中东欧国家抗衡俄罗斯的重要举措，2019 年，美国对这一项目的预算由 2018 年的 47.8 亿美元增至 63 亿美元。美国还同意，在 4500 名驻波美军的基础上再增加 1000 人。2019 年 9 月 11 日，美国国务院批准向波兰出售 32 架 F－35 战斗机。美国继续推动北约东扩，对原马其顿与希腊加大施压力度，敦促两国尽快解决原马其顿国名问题，最终两国互相妥协，2019 年 2 月，马其顿正式改国名为“北马其顿共和国”，为其加入北约铺平道路。10 月 22 日，美国参议院投票表决同意北马其顿加入北约。2019 年 1 月 9 日，蓬佩奥宣称，若波黑通过与北约标准接轨的“年度改革计划”，北约将激活波黑“成员国行动计划”，为波黑加入北约铺平道路。美国还施压中东欧国家反俄、反华。2019 年 5 月 3 日，在美国授意下，捷克举办了“5G 网络安全会议”，

① Sarah Wildman, “Trump’s speech in Poland sounded like an alt－right manifesto,” July 6, 2017, https：//www.vox.com/world/2017/7/6/15927590/trump－alt－right－poland－defend－west－civilization－g20.

② Matthew Lee, “China, Russia concerns top Pompeo agenda in Central Europe,” http：//apnews.com/d263a98479cc449389a8a9f24d093989.

其发表声明表示将对5G供应商实施更广泛的安全限制，明显针对中国企业华为。2019年9月2日，美国与波兰签署关于5G技术合作的共同声明，声称要确保使用“可靠的供应商”①，也明显是针对中国企业华为。8月31日，美国能源部长佩里访问波兰，要求波兰增加购买美国天然气、减少对俄罗斯的依赖。美国还通过制裁“北溪二号”天然气管道项目的法案，阻挠这一项目的施工。2020年新冠肺炎疫情期间，美国与中东欧国家也保持了密切的联系，4月期间，特朗普与波兰总统杜达通话，讨论加强双边合作，蓬佩奥也先后与保加利亚总理、斯洛伐克总理、北马其顿总统、斯洛文尼亚外长通话。4月16日，美国国务院网站公布其全球抗疫援助对象国清单，详细罗列了对阿尔巴尼亚、保加利亚、波黑、黑山、北马其顿、塞尔维亚，以及罗马尼亚等国抗疫专项援助款项及多年援助资金总额，显示美国对中东欧国家的重视。特朗普政府负责欧洲和欧亚事务的前助理国务卿米歇尔发表文章，要求美欧应在后疫情时代加强合作，支持“三海倡议”，抗衡“一带一路”，将中东欧打造为西方产业链重组的可靠替代方与主要受益者。可以看出，与奥巴马政府不同的是，特朗普政府的中东欧政策有了更多的牵制中国与中东欧合作的意图。

第二节 俄罗斯“恩威并施”

俄罗斯因为地理上的原因，相对而言对中东欧更为重视和关注。冷战后，俄罗斯对昔日的“小兄弟”中东欧国家纷纷加盟入约情感复杂，特别是在入约问题上，展现出较为强烈的抗拒心理，与中东欧国家政治关系长期紧张。但总体看，俄罗斯对中东欧国家认知和政策情感因素减少，更趋

① Alan Charlish, Marcin Goclowski, “U. S. and Poland urge tougher checks on foreign influence over 5G networks,” September 2, 2019, https://www.reuters.com/article/us-poland-usa-5g/u-s-and-poland-urge-tougher-checks-on-foreign-influence-over-5g-networks-idUSKCN1VN174.

现实，即降低对抗性，加强务实合作。

俄罗斯在中东欧地缘政治目标主要有三：

其一，力图防止形成一个反俄“统一战线”。一是避免中东欧集体反俄，如中东欧国家对俄政策均向波兰、波罗的海国家靠拢，虽不会对俄构成重大威胁，但也会极大牵制俄对欧政策，也会对俄罗斯内外形象造成更大负面影响。二是避免欧盟内部反俄、遏俄看法成为主流，如果多数中东欧反俄，俄罗斯虽然能指望得到法国、意大利支持，欧对俄政策也将难言友善。三是避免欧美集体对付俄罗斯。美国遏制、打压俄罗斯意图明显，特别不希望欧俄走近，如欧盟整体性接受美做法，将严重损害俄地缘政治利益。乌克兰危机爆发后，欧美持续加大对俄制裁力度，俄在欧洲和西方倍受孤立，争取更多相对友俄罗斯国家的支持，对俄罗斯来说极为重要。

其二，维持中东欧在俄罗斯与西方特别是美国之间的缓冲区地位。俄罗斯西部边境地区并无天然屏障，历史上俄罗斯不仅曾遭受法、德入侵，也曾遭瑞典人、波兰人及立陶宛人入侵，不安全感根深蒂固，即使是在当今高科技时代，仍有强烈的缓冲区意识。冷战时期，北约距莫斯科 1800 千米。如乌克兰加入北约，这一距离将减少到不到 500 千米，俄罗斯军队担心，俄罗斯可能永远失去这一缓冲地带，而正是这一缓冲地带的存在，俄罗斯历史上才能在拿破仑和希特勒的进攻中幸存下来。这也是俄罗斯极为看重中东欧缓冲区地位的地缘政治原因。北约已步步紧逼，中东欧绝大多数国家均已加入北约，俄罗斯退无可退，决不愿看到北约扩至乌克兰等国，也难以咽下北约在中东欧设立永久军事基地的苦果。

其三，维护传统影响力。中东欧与俄罗斯地理上邻近，俄罗斯也在此长期经营，俄罗斯银行、能源企业等在中东欧各国广泛存在，一些中东欧国家特别是波罗的海国家还有较大数量的俄罗斯族人。俄罗斯冷战后在中东欧影响力虽逐渐下降，但政治、经济及安全利益仍在，因而仍有维护其传统影响力的较强意愿。

近年来，特别是乌克兰危机爆发以来，因应新的地缘形势，俄罗斯加强了对中东欧的地缘政治攻势：

其一，加大军事遏制力度。军事能力是俄罗斯相对欧盟特别是中东欧而言的重大比较优势，近年来，俄罗斯在军事和国防上动作频频，一是亮相新式武器，如已开始用最新式“亚尔斯”洲际弹道导弹重新装备战略火箭兵，并将在2022年前完成全面更换最新式装备的工作。“亚尔斯”导弹最大射程1.1万千米，配备3—4枚独立制导的分导弹头，打击精度更好，同时携带能克服反导系统的迷惑装备。针对美国在波兰和罗马尼亚建立的反导体系，俄罗斯总统普京警告将采取报复措施，将波、罗两国列为打击对象①。二是加强西部边境兵力。2016年5月4日，俄罗斯国防部长谢尔盖·绍伊古表示，俄罗斯正采取一系列措施以应对北约在俄边界近旁的兵力扩张，包括成立3个新师，2个在西部军区，1个在南部军区，组建工作将在2016年底前完成。三是与北约针锋相对举行系列军演。2015年俄罗斯军演共4000场②，较大规模如2015年8月24日至29日在境内6个州举行的专项演习，演练为作战集群提供全方位保障，实际提升物资、工程、心理保障水平。2019年7月11日，俄空降兵部队在克里米亚举行大规模演习，2400余名空降兵参与；8月23日，针对美国试射并准备在波兰部署射程超过500千米的陆基巡航导弹，普京要求俄军予以“对等回应”。四是在与波兰接壤的飞地加里宁格勒部署“伊斯坎德尔”弹道导弹，直接威慑波兰等国。俄军事行动虽然主要针对美国和北约，但无疑对中东欧国家也能起到强大的威慑作用，一方面让中东欧国家认识到，与俄罗斯军事对抗并无意义，反而可能会给自身带来潜在的重大安全威胁，促其与俄罗斯打交道时三思而后行，奉行更为务实可行的政策；另一方面通过展示先进军力，表明俄在军事实力上不逊于北约和美国，也有能力对北约和美国进行致命性打击，促使中东欧国家认识到，北约和美国不一定是其可信的保护者。

其二，分而治之，拉拢匈牙利、塞尔维亚等友俄罗斯国家，孤立波兰、波罗的海国家等“强硬派”。能源是欧俄更是中东欧与俄罗斯关系最

---

① Denis Dyomkin, “Putin says Romania, Poland may now be in Russia's cross – hairs,” May 27, 2016, http://www.reuters.com/article/us – russia – europe – shield – idUSKCN0YI2ER.

② Christopher Harress, “Russian Military Defense Drills 2015: 4, 000 Exercises By Armed Forces Conducted This Year, Up From 2014,” http://www.ibtimes.com/russian – military – defense – drills – 2015 – 4000 – exercises – armed – forces – conducted – year – 2014 – 2118576.

为重要的纽带，因为历史和地理上的原因，俄罗斯与中东欧国家形成了相互依赖的能源关系。中东欧国家是俄罗斯油气进入西欧的传统通道，能从俄油气过境运输中获利，但同时对俄油气依赖度也非常高，部分中东欧国家100%的天然气供应来自俄罗斯①。俄罗斯充分运用能源杠杆，选择性加强与俄罗斯友好的国家合作。如遭到欧盟极力阻挠的“南溪”天然气管线，沿线的中东欧国家就包括保加利亚、塞尔维亚、匈牙利、斯洛文尼亚和克罗地亚等对俄相对中立或友好国家，这一庞大的天然气管道项目除了有绕开乌克兰的战略考虑外，也旨在培养欧盟内的“亲俄派”。2015 年 2 月 17 日，在欧俄关系紧张时刻，俄倍受孤立之际，匈牙利政府热情接待来访的俄总统普京，两国签署了巨额能源协议，匈牙利在油气资源进口方面保持了与莫斯科之间的优惠伙伴国地位。俄匈还就帕克什核电站两台新机组建设达成初步协议，合同价值近 100 亿欧元，其中 80% 由俄提供贷款②。2019 年 10 月 31 日，普京访问匈牙利，邀请匈方加入即将完工的“土流”天然气管道项目，承诺可“迅速铺设匈境内管道”③，试图通过能源供应拉住中东欧国家。塞尔维亚与俄罗斯同属东正教国家，历史渊源深厚，在科索沃等问题上都得到俄的大力支持。因此，俄与塞更开展政治、军事及能源领域的全方位合作。俄、塞两国最大的油气合作项目是俄罗斯天然气工业石油公司（俄罗斯天然气工业股份公司的子公司）控股塞尔维亚石油工业公司，基本控制塞油气资产，俄则全力支持塞在科索沃问题上的立场。2019 年 1 月 17 日，普京率领庞大代表团访问塞尔维亚，受到塞方高规格接待。9、10 月，俄、塞分两阶段举行“斯拉夫之盾 –2019”联合演习，俄方允许塞参加对俄防空导弹系统进行的测试，俄还派出装备有“S –400”防空导弹系统和“铠甲 –S”弹炮合一防空系统的防空营赴塞，这是“S –400”首次出境军演。2020 年 4 月以来，俄罗斯在自身新冠肺炎疫情

① “Europe's vulnerability on Russian gas,” http://www.ecfr.eu/article/commentary_europes_vulnerability_on_russian_gas.

② Nick Thorpe, “Hungary challenged on nuclear choice with Russia,” http://www.bbc.co.uk/news/world-europe-33078832.

③ “Hungary's Orban: Good Relations With Russia Are Necessity,” https://www.voanews.com/europe/hungarys-orban-good-relations-russia-are-necessity.

加重的情况下，仍然向塞尔维亚和波黑分别派出 11 架、3 架次军机，调运 87 名军事病毒学专家和医务人员、24 名军人，以及大量防护物资与设备，协助两国抗击疫情。塞尔维亚成为中东欧最为亲近俄罗斯的国家。对波兰等“强硬派”国家，俄则展开针对性打击，如以卫生条件恶劣等理由对波兰的猪肉及其制成品、牛奶类制品、水果和蔬菜等农产品实行限制进口措施，关闭俄罗斯与波兰的水果和蔬菜边贸市场等。

其三，加强与德国等西欧国家的针对性合作，对中东欧国家迂回施压。俄罗斯“南溪”项目虽因欧盟反对、自身经济困难等因素被迫暂时放弃，但并未放弃绕开中东欧国家直接向西欧供气打算。“北溪”天然气管道二期项目虽然因为美国的强力干预受到阻碍，但最终仍将完成，俄输往西欧的天然气将无需过境乌克兰及中东欧国家。俄也努力寻求与法、意、希腊等国合作，改善不利处境。

其四，加强舆论攻势，争夺话语权。俄新建了国有的“卫星”新闻通讯社，用爱沙尼亚、拉脱维亚、捷克、波兰和塞尔维亚等语种向中东欧地区广播。

第三节　欧盟地位弱化

美、俄之外，欧盟是中东欧地缘政治博弈另一主要玩家。与美、俄“域外国家”身份不同，欧盟在中东欧地缘政治目标似乎更为“简单、纯洁”，因为在欧盟看来，中东欧就是欧盟的一部分。中东欧 16 国中，已有 11 国加入欧盟；另外 5 国塞尔维亚、波黑、黑山、阿尔巴尼亚和马其顿除波黑外均已成为欧盟候选国，也就是说，这些国家最终也将加入欧盟。之所以将欧盟列为中东欧地缘政治博弈的一家，有两个原因：一是从历史看，中东欧国家虽多数已为欧盟成员国，但因为加入较晚，发展程度相对落后，又因为与俄独特的关系，作为一个集团，有其共性，欧盟内部东西分别仍然存在，中东欧的“二等公民”感觉并未完全消散，欧盟仍处于消化、融合中东欧成员国的过程之中，东西欧完全融合仍有待时日；二是塞尔维亚等5国虽已走在入盟路上，但入盟不说遥遥无期，至少在未来10年内不大可能，也就是说，欧盟的政策并不能指望得到5国的完全支持。换言之，欧盟并未完全实现在中东欧的地缘政治目标，仍需防范域外国家特别是俄罗斯的影响，将中东欧国家彻底纳入“欧洲化”轨道。

多年来，欧盟通过设立入盟标准，全面改造中东欧，推动其政治民主化和经济自由化，实现融合、吸收中东欧国家的地缘政治目标，拓展势力范围。2004年，欧盟首次大规模东扩，纳入波兰、捷克、斯洛伐克、匈牙利、斯洛文尼亚、爱沙尼亚、拉脱维亚、立陶宛8个中东欧国家；2007年，欧盟再次东扩，吸收了罗马尼亚和保加利亚两国；2013年，克罗地亚成为欧盟成员国。从目前看，关于欧盟东扩对欧盟自身的影响评论不一，不可否认，欧盟过快东扩，在一定程度上存在“消化不良”的现象。但也应看到，欧盟东扩的地缘政治和经济收益远超其负面影响，中东欧总体壮大了欧盟实力和地缘影响力，多年来也基本上是欧盟“听话的好学生”。欧盟东扩政策稳定了中东欧局势，包括部分推动了科索沃问题的解决，因此，欧盟对中东欧政策从总体看较为成功，在中东欧地缘政治博弈中，相较俄更为强势。但近年来，由于危机、问题缠身，欧盟对中东欧国家掌控力呈下降之势。

其一，债务危机弱化了欧元吸引力。根据中东欧国家的入盟条约，中东欧国家在法律上有义务加入欧元区。但2010年初债务危机爆发以来，欧元区问题丛生，经济总体不振，特别是围绕救助希腊引发欧元区南北争斗，强化了中东欧国家对欧元的负面观感，对欧元区的可持续性产生了更大的疑问，因而大大弱化了欧元吸引力。在中东欧主要国家中，波兰、捷克、匈牙利等国疑欧情绪普遍上升①，特别是讳言加入欧元区。不可否认，中东欧国家仍普遍认可欧盟成员国身份，不大可能步英国后尘，搞“脱欧”公投，但在某种程度上中东欧对欧政策出现“英国化”趋势，即不愿向欧盟让渡主权。

① Douglas Murray, “Euroscepticism is growing all over Europe,” http://www.spectator.co.uk/2015/10/euroscepticism-is-growing-all-over-europe/.

其二，乌克兰危机暴露欧盟军事缺陷。冷战结束以来，随着苏联的消失，欧洲多数国家不再重视防务，国防部长成为“闲差”，军费总体一直呈下降趋势。西欧国家纷纷削减甚至放弃遏制力量，转而建设轻巧型、适合快速对外干预的军事力量。冷战时期，仅西德就有 49.5 万军队，4100 辆豹式坦克以及 600 架战斗机，但现在德国军队规模缩减到只有 18.5 万人，战斗机不到原来的一半，坦克不是退役就是被卖掉①。德国军队建设目标不再主要从保卫本国领土角度考虑，而更多考虑如何更好地参与世界其他地方如科索沃、中东、非洲等地的维和行动，伞兵、直升机而不是坦克成为优先发展对象。欧洲其他国家也大抵如此。从欧盟层面看，共同防务建设及所谓欧洲军队长期以来一直是纸上谈兵，无任何实质性进展。乌克兰危机爆发后，中东欧特别是波兰、波罗的海国家、罗马尼亚等国陷入安全恐慌，但放眼欧盟，没有任何值得依靠的力量，美国和北约的地位和重要性则再次得到凸显。

其三，难民危机加剧中东欧国家离心倾向。穆斯林移民融合难在西欧国家是一个严重的社会问题，并不时以骚乱甚至恐怖主义等形式激烈爆发，如 2015 年法国发生的两次大规模恐袭以及 2016 年 3 月比利时恐袭案均为本土穆斯林所为。中东欧国家由于历史及地理上的原因，穆斯林人口很少，因此基本上不存在类似西欧国家的融合困境；也正因为看到西欧国家的教训，中东欧国家在移民特别是穆斯林移民问题上态度保守。2015 年中东难民潮的爆发，首次将中东欧国家卷入穆斯林移民问题，德国要求包括中东欧在内的其他欧盟国家分摊负担。但中东欧国家普遍认为自己既非中东难民问题的始作俑者，也非难民赴欧的邀请者，邀请的人是德国总理默克尔，而且中东欧国家还认为，由德国主导的欧盟难民分配方案根本上解决不了问题，因此在难民问题上有强烈的抵触情绪。

其四，“扩大疲劳症”降低对未入盟国影响力。2003 年，欧盟萨洛尼卡峰会赋予西巴尔干国家入盟前景以来，地区基本上实现了和平。但近年来，由于内部问题繁多，欧盟扩大步伐大大放慢。西巴尔干国家自身情况

① Sam Jones, “Nato: Northern exposure,” *Financial Times*, April 8, 2014.

也增加了入盟难度。除要达到欧盟的《哥本哈根标准》外，还要解决自身历史遗留问题，如塞尔维亚的科索沃问题、波黑的政治体制问题等，这都很难在短期内解决。由于入盟前景黯淡，尚未入盟的西巴尔干国家改革动力不足，热情下降，国内经济、社会、政治问题再度凸显，如北马其顿2015 年春天爆发了 2001 年武装冲突以来最严重的政治危机和安全危机[①]。2019 年，北马其顿和阿尔巴尼亚本来有望启动与欧盟的入盟谈判，特别是北马其顿，对于希腊解决国名问题投入了巨大的政治资本，反对党攻击政府的更改国名方案牺牲了国家身份，是对国家的背叛。但在法国等国的反对下，欧盟 2019 年 6 月和 10 月两次都未能同意启动与两国的入盟谈判。塞尔维亚开启入盟谈判至今已有 6 年之久，但进展缓慢，严重打击了塞政府为入盟和平解决科索沃问题的积极性。欧盟的影响力也因此大打折扣，无法左右西巴尔干国家内政外交走向，如欧盟与俄罗斯因乌克兰危机交恶后，多次要求塞尔维亚跟随欧盟制裁俄罗斯，但并未得到响应。

欧盟地位和影响力下降的同时，美、俄乘虚而入，加强了在该地区的存在，欧盟焦虑感上升，担忧被“分而治之”，因而也开始加大在中东欧问题上的投入力度。针对中东欧特别是波兰等国最为关心的安全问题，欧盟及德、法等国适度展现了支持及同仇敌忾的立场。德、法、英等国向中东欧地区增派飞机和军舰进行巡逻和警戒，积极参与北约在中东欧地区举行的军事演习。德、法、英等国在乌克兰危机后承诺不再持续削减防务预算。德国承诺，到 2023 年，德国将扩军 7000 人、新增军队文职人员 4400 人，随后还将陆续从装备、预算和人员三方面强化军力[②]。这一“扩军”计划虽然只具象征意义，却是德国冷战后军事保守政策的逆转，这既有应对恐怖主义等考虑，也有针对俄罗斯的宣示意味。

如果说欧盟在军事上实力和作为有限，那么在能源问题上则更为强势，频频对俄发动阻击行动。“南溪”项目是俄针对中东欧和欧盟的重大

---

① Andrew Byrne, “Macedonia court halts early election in blow to ruling party,” *Financial Times*, May 19, 2016.

② “Back to the Future? Why Germany is Building Up Its Military,” http: //sputniknews. com/europe/20160515/1039641222/germany - building - up - miitary. html.

地缘政治和经济项目，在乌克兰危机背景下，该项目争议性增大，欧盟也从外围施压到直接介入。2013 年 7 月，欧盟委员会启动对“南溪”项目保加利亚段管线的反垄断调查，要求保加利亚停止有关“南溪”项目的一切行动，否则将对其启动惩罚程序。在欧盟压力下，保加利亚不得不暂停“南溪”项目管道建设。俄罗斯因此于 2014 年 12 月 1 日被迫宣布放弃“南溪”项目。2015 年 4 月，欧盟委员会正式向俄天然气工业股份公司（俄气）发起反垄断指控，指其至少在保加利亚、捷克、爱沙尼亚、匈牙利、拉脱维亚、立陶宛、波兰和斯洛伐克 8 个中东欧欧盟成员国涉嫌垄断，阻碍了这些国家天然气市场的自由竞争，排挤竞争者，操纵天然气价格。根据欧盟法律规定，如裁定“俄气”存在垄断，罚款金额最高可达该公司全球营业额的 10%，即 100 亿—150 亿欧元。“俄气”被迫寻求与欧盟和解，作出让步。此外，为减轻中东欧对俄能源依赖，欧盟还加大了能源市场一体化建设的力度。2015 年 3 月 19 日，欧盟峰会批准《附带前瞻性气候变化对策并具备抗冲击性的能源联盟框架战略》（“能源联盟”）①，将上马 248 个联网项目，重点解决中东欧部分成员国所谓“能源孤岛”问题，包括波罗的海国家与欧洲大陆能源联网，在波兰等中东欧国家建设液化气枢纽等。

对于尚未加入欧盟的西巴尔干国家，欧盟虽不愿过早接纳，但更注意鼓励“打气”。2014 年 8 月 28 日，德国总理默克尔发起“柏林进程”②，主要形式为西巴尔干峰会，为期 5 年，旨在通过每年的峰会为西巴尔干国家“答疑解惑”，重申对其入盟承诺。峰会参与者为西巴尔干未入盟 5 国、已经入盟的前南国家斯洛文尼亚和克罗地亚，以及峰会组织者德国、奥地利、法国和意大利。“柏林进程”目的一方面在于稳定该地区形势，促进该地区发展，另一方面很重要的是与俄争夺地区影响力。由于美国和俄罗斯纷纷加大了对中东欧国家的工作力度，再加上中国与中东欧国家合作日

---

① “European Council Conclusions on the Energy Union (19 March 2015), 19/03/2015 21: 15 Press release 139/15 Energy,” http: //www. consilium. europa. eu/en/press/press - releases/2015/03/conclusions - energy - european - council - march - 2015/.

② “Merkel seeks to strengthen EU ties to Western Balkans,” http: //www. euractiv. com/section/enlargement/news/merkel - seeks - to - strengthen - eu - ties - to - western - balkans/.

益密切，欧盟危机感前所未有，担心其对中东欧国家的控制力进一步削弱，也开始有意识地拉拢中东欧国家。2018 年 2 月，欧盟出台了向西巴尔干扩大的新战略[1]。2018 年 5 月 17 日，欧盟与西巴尔干时隔 15 年在保加利亚首都索非亚再次召开领导人峰会。欧盟机构、成员国及“西巴尔干伙伴”（包括塞尔维亚、马其顿、黑山、波黑、阿尔巴尼亚与科索沃地区）领导人及世界银行、欧洲复兴开发银行等国际金融机构代表与会。会议通过《索非亚声明》，强调欧盟共同价值观，支持西巴尔干入盟、“法制与民主”建设、经济发展与地区互联互通、睦邻友好与地区合作等。声明还另附更为细化的“索非亚优先议程”，包括欧盟促进地区互联互通的新措施，增加 3000 万欧元投资用于促进发展“数字经济”等[2]。2019 年 7 月 15 日，德国前防长冯德莱恩当选新一届欧盟委员会主席后，开始对中东欧国家实施柔性拉拢政策，而不是一味批准中东欧国家的民主和法制问题。冯德莱恩称，在法治问题上，“没有一个国家是完美的”，冯德莱恩还特意提名捷克人担任新一届欧委会副主席兼负责价值观与法治事务的委员；针对难民问题，冯德莱恩也表示要“倾听中东欧的声音”[3]。由于欧盟新一届机构并无中东欧国家的人出任要职，作为平衡，欧盟方面特意推举保加利亚人格奥尔基耶娃担任国际货币基金组织总裁。欧盟多数成员国都支持欧盟东扩进程，冯德莱恩也认为应该重启阿尔巴尼亚和北马其顿的入盟谈判。

尽管如此，欧盟特别是德、法等大国也必须掌握火候，在欧俄及美俄之间搞好平衡。欧盟及德、法等国至少从道义上，必须支持欧盟成员国波兰、罗马尼亚、波罗的海国家；也有借欧盟内“强硬派”敲打俄罗斯、促

---

① EUROPEAN COMMISSION, Strasbourg, 6. 2. 2018, COM (2018) 65 final, COMMUNICATION FROM THE COMMISSION TO THE EUROPEAN PARLIAMENT, THE COUNCIL, THE EUROPEAN ECONOMIC AND SOCIAL COMMITTEE AND THE COMMITTEE OF THE REGIONS, “A credible enlargement perspective for and enhanced EU engagement with the Western Balkans,” https://ec.europa.eu/commission/sites/beta-political/files/communication-credible-enlargement-perspective-western-balkans_en.pdf.

② *Sofia Declaration*, May 17, 2018, https://www.consilium.europa.eu/media/34776/sofia-declaration_en.pdf.

③ Andrew Rettman, “Von der Leyen signals soft touch on migrants, rule of law,” http://euobserver.com/news/145504.

其适当让步的考虑。当然，欧盟从自身安全利益考虑，也认为有必要遏制俄罗斯，因而支持美国和北约适当加大在中东欧的军事存在，借助美国力量遏制俄罗斯。但欧盟也有与俄罗斯务实合作的需要，如在叙利亚等问题上，俄罗斯的作用不可或缺，因此欧盟在支持波兰等国的问题上也不愿走得太远，对波兰等国对俄罗斯“偏激政策”颇有微词，反对美国及北约在中东欧国家永久驻军，担心引发俄罗斯反弹，进一步恶化欧洲安全环境。简言之，欧盟处境尴尬，既要照顾“小兄弟”（中东欧）情绪，更要从自身利益考虑，务实处理与美、俄关系。

第四节　中东欧自主性增强

中东欧国家在历史上一直是大国地缘政治博弈的牺牲品，无论“东靠”还是“西倾”，结局总是悲剧。从目前看，中东欧国家虽仍是欧、美、俄地缘政治博弈的战场，但也日益成为主动的地缘政治玩家，特别是一改以往“一边倒”做法，对外政策趋向多元务实。

所谓多元化，即中东欧国家对外交往对象增多，对欧洲—大西洋以外国家和地区的关注增大，兴趣上升。冷战后，中东欧国家全面“西化”，努力加盟入约，所谓安全上靠美国，发展上靠欧盟，美欧是绝对的外交优先目标，与新兴及发展中国家关系则渐行渐远。从目前看，中东欧国家仍视欧美为外交重点，但也开始注重与俄罗斯、中国、日本、印度、巴西、南非等国及拉美、非洲、亚太国家发展关系。出于安全上的考虑，中东欧国家曾普遍注重发展与美关系，对美可谓“言听计从”，如不顾德、法等老欧洲反对，积极挺美打伊。但从目前情况看，美国在中东欧的安全考虑中分量虽重，但绝非首要。其一，中东欧特别是不与俄接壤、距俄相对较远国家如捷克、斯洛伐克、匈牙利、保加利亚等国，对俄虽有疑虑和防范，但实际上并不特别担心会遭俄入侵，也就是说对美安全依赖降低。匈牙利总理欧尔班称“美是匈重要伙伴，但并非外交重点”，匈牙利外交政策主要目标是“同俄、德保持良好关系”①。多数中东欧国家对俄态度务实，从本国利益出发，通过与俄交往获取经济上的好处，同时也视搞好与俄关系为自身安全保证之一，也就是说防俄但不仇俄。2019 年 8 月 17 日，塞尔维亚防长福林在与俄罗斯防长绍伊古会晤时，对俄帮助塞发展武装力量表示感谢，并承诺“只要武契奇担任塞尔维亚总统，塞就不会加入北约”。② 一些国家搞骑墙，两面下注。2018 年 12 月，捷克国家网络与信息安全办公室发出警告，称华为、中兴等中国公司的设备可能造成安全风险，总理巴比什随即下令政府工作人员禁用华为手机。2019 年 10 月，布拉格市长因反对“一个中国”原则而解除布拉格与北京的友好城市关系。捷克国家安全情报局宣称，捷克 90% 的反情报活动针对俄罗斯和中国的“间谍”。2020 年初，捷克前参议院主席库贝拉高调宣布拟于 2 月访问我国台湾地区，未料行前猝死；6 月中旬，捷克参议院继任主席维斯特奇尔宣布将于 8 月 30 日—9 月 5 日访台 7 天，要求政府派机，并拟邀商界代表随行。但与此同时，捷克总统泽曼对俄罗斯与中国相对友好，多次警告政府的对华与对俄政策。塞尔维亚虽然与俄罗斯军事合作紧密，但塞尔维亚政府 2019 年 11 月通过了与北约的 2019—2021 年“单独伙伴行动计划”，肯定了塞尔维亚与北约伙伴关系的发展前景。

其二，即使是对俄态度强硬，在安全问题上对美国和北约需求较大的国家如波兰等国，虽然对美疑虑也在增大，并不确信美国的安全保证，做两手准备，但仍然极力迎合美国。2014 年 6 月 22 日，波兰《直言》周刊披露一段录音，内容是时任波兰外长西科尔斯基与财长罗斯托夫斯基在华沙一家餐厅里吃饭时的对话。西科尔斯基称，波、美同盟关系不仅“一钱不值”，而且“绝对是有害的，因为它制造了一种错误的安全感”③。西科

---

① Reuters, “Hungary PM: Strong Diplomatic Ties with Russia, Germany a Priority,” February 4, 2015, http://www.voanews.com/content/hungary - pm - strong - diplomatic - ties - with - russia - german - a - priority/2629725.html.

② “As long as Vucic is in power, Serbia will not be part of the NATO pact,” https://www.b92.net/eng/news/politics.php? yyyy = 2019&mm = 10&dd = 21&nav_ id = 107409.

③ “Polish foreign minister says country's alliance with US worthless,” http://www.theguardian.com/world/2014/jun/22/poland - foreign - minister - alliance - us - worthless.

尔斯基是波兰亲美政治家，其私下直白的抱怨很大程度上代表了波兰社会对美国的复杂情感。事实上，波兰等中东欧国家愈来愈清醒地认识到，美国战略重点在亚太，不会全力对俄罗斯，在中东欧的军事部署更多只具象征性意义，而且主要是从美国利益出发，因而不想将鸡蛋放进一个篮子，如波兰欲建自己的反导系统，积极加强自身军事力量建设，2017 年，波兰军队将从现在的 10 万人增加到 15 万人；在对俄问题上既强硬，也留有余地，避免在欧盟内成为绝对的少数派。尽管如此，特朗普上台后，波美关系改善，波兰也加大力度向美靠拢表忠心。2019 年 6 月 12 日，波兰总统杜达访问美国，双方签署防务合作联合声明，波兰将免费为驻波美军提供并维护基础设施，给予比其他北约盟国更优厚的驻军支持。波兰还决定购买价值 80 亿美元的美国液化天然气，与美方开展民用核能合作，杜达称美国为“真正的盟友”①。波兰还斥巨资购买美国军火，2020 年 1 月 31 日，波兰斥资 46 亿美元，购买 F－35 战斗机等先进武器。为讨好美国，2019 年 1 月 8 日，波兰国家安全局以“从事间谍活动”为由，逮捕中国华为公司驻波兰一名高管，还在推特上主动向美国中情局、联邦调查局和国务院等部门“报告”此事。

就欧盟而言，从中东欧国家立场看，欧盟对自身发展仍不可或缺，但重要性下降。中东欧国家均是中小国家，过去经济靠欧盟就够了，比如中东欧国家出口普遍过度依赖欧盟，波兰依赖率为 77%②，捷克超过 80%③，但近年来欧盟经济低迷，对中东欧国家的负面影响从目前看虽不明显，但从长远看，过度依赖单一市场可能造成严重后果，因而开始逐渐转向中国、俄罗斯、印度等新兴经济体。匈牙利欧尔班政府于 2011 年发布“全球开放政策”，2012 年又发布新的经济外交政策“向东开放战略”，2015

---

① “Remarks by President Trump and President Duda of the Republic of Poland at the Polish – American Reception,” https：//www. whitehouse. gov/briefings – statements/remarks – president – trump – president – duda – republic – poland – polish – american – reception/.

② Ministry of Foreign Affairs of the Republic of Ploand，“The economic and social effects of Polish membership in the European Union，Memo in relation to the eleventh anniversary of Polish accession to the EU，” https：//www. msz. gov. pl/resource/b452a2f7 – 6d1b – 4f2b – 87fa – 8d2c95870b7d：JCR.

③ “Czech Economy – development and macroeconomic indicators，” http：//www. mzv. cz/athens/en/trade_ and_ economy/czech_ economy_ development_ and_ indices. html.

年又发起“南向开放战略”，即加强与拉美、加勒比海国家及非洲的关系。2019 年 2 月，蓬佩奥访问匈牙利时，就中国华为问题对匈施压，匈牙利外长西亚尔托当面予以驳斥，称“某些国家总把时间花在干涉他国内政上”①，匈牙利与中、俄的良好关系不妨碍其与美国关系；11 月 6 日，在上海出席进博会的西亚尔托公开宣布，华为将与英、德电信公司共同参与匈 5G 建设。匈牙利多元外交应该说走在中东欧地区前列，但其他中东欧国家包括波兰、捷克也都不同程度地加大了“走出去”力度。波兰与中国于 2011 年 12 月建立战略伙伴关系，双边关系发展迅速，2012 年波兰启动“走向中国”项目，2013 年发起“走向非洲”项目，2015 年启动“走向印度”项目。捷克 2015 年发布新的“捷克共和国外交政策概念”，强调发展与南非、巴西特别是中国等新兴国家关系。尽管波兰与美国走近，对中国华为设限，但同时也不愿完全破坏与中国的良好关系。2019 年 7 月 9 日，杜达会见到访的中国国务委员兼外长王毅时，表示欢迎中企赴波投资，波兰将平等对待外国企业，不会采取歧视性措施②。中东欧国家外交政策的变化显示，中东欧国家在立足欧盟的同时，开始更多面向全球。简言之，中东欧大国外交更趋均衡，虽有侧重，但注意留有余地，不再“一边倒”。在中东欧国家看来，多元化外交既能降低对欧美过度依赖，提升在欧盟内及国际上的话语权和影响力，也增加了与欧、美、俄等大国博弈的筹码，增大外交回旋空间和主动性。

与多元化外交理念相应的是，中东欧国家内外政策自主性增强，不因欧美压力而轻易改变。长期以来，欧、美自视为中东欧国家的解放者和救助者，认为中东欧国家应永怀感恩之心③。但毕竟时移世易，欧、美及中东欧国家都已发生极大变化，中东欧国家以前是“听话的小兄弟”，但现

---

① Kovacs Zoltan, “US Secretary of State Mike Pompeo visits Hungary,” http: //index. hu/english/2019/02/11/hungary_ united_ states_ pompeo_ visit_ defense_ cooperation_ russia_ china_ ukraine_ energy/.

② Joanna Plucinska, “Poland open to investment from China: foreign minister,” https: //www. reuters. com/article/us – poland – china/poland – open – to – investment – from – china – foreign – minister – idUSKCN1U31LR.

③ Vaclav Havel, Lech Walesa, . . . , “An Open Letter to the Obama Administration from Central and Eastern Europe,” http: //regards – citoyens. over – blog. com/article – 33916191. html.

在已经长大，自然会以不同的视角看世界。虽然因现实利益需求，中东欧国家仍会特别照顾美、欧情绪，但与此同时捍卫自身利益的意识及意愿更强，也更有能力化解欧美压力。在国内政治上，中东欧国家普遍对走符合本国国情的发展道路更为自信。如匈牙利坚持走自己的路，加强中央权力，提升行动效率，促进社会公平。欧尔班政府自 2010 年上台执政以来，公开宣布要搞“非自由民主”，出台了系列重大政治、社会及经济改革措施，包括通过新宪法，改革选举体制，限制宪法法院权力；将基督教作为匈牙利历史和文明的基础；对以外资占主导的银行和保险业课以重税，对主要为外资所有的大型超市和能源、电信企业等开征临时税，并将增值税率从 20% 提高到 27%，为欧盟内最高；以减税等形式减轻百姓和中小企业负担等。这些政策被欧美指责为反民主、反自由的“专制”①，美国奥巴马政府对匈牙利进行制裁，限制匈牙利相关人员进入美国。但从目前情况看，匈牙利政府虽饱受非议及欧美压力，但社会经济发展较好。2014 年 4 月，由青民盟和基民党组成的匈牙利执政联盟再次赢得议会选举胜利，获 2/3 国会议席。2015 年匈国内生产总值（GDP）同比增长 2.9%，连续 3 年实现增长②，且远超欧盟国家同期平均水平。事实胜于雄辩，匈牙利的成功既增强了匈政府信心，也对中东欧其他国家起到了带动作用。2018 年 4 月 8 日，匈牙利进行新一届议会选举，“青年民主主义者联盟”与执政伙伴“基督教民主人民党”（合称“青民盟联盟”）再次大胜。青民盟联盟自 2010 年以来连续 3 次大胜，获得 2/3 议席，本次大选的投票率达 67.56%，比 2014 年高出 8 个百分点，创 2002 年以来最高纪录。匈牙利总理欧尔班连选连任，再次表明其政策得到了选民认可。2015 年 10 月波兰新政府上台后，不顾欧盟反对，接连推出宪法法院改革、新媒体法及系列社会、经济政策，加强政府权力，促进社会公平。欧盟以波兰反民主为由威胁采取制裁措施；美国奥巴马政府对波兰态度冷淡，美国前总统克林顿

---

① “Are Hungary's reforms a step too far?” January 14, 2012, http://www.bbc.co.uk/news/world-europe-16549259.

② “GDP in Hungary,” https://www.focus-economics.com/country-indicator/hungary/gdp.

称波兰和匈牙利想引入“普京式领导体制”①。波兰虽在经济上依赖欧盟，在安全问题上有求于美，但并未在压力下退缩，仍坚持做自己自认为正确的事情。2019 年 10 月 13 日，波兰举行议会选举，执政党法律与公正党也再次赢得大选胜利。

在欧盟政策方面，中东欧国家也不再扮演被动接受角色。在难民问题上，中东欧国家响亮地发出自己的声音，对欧盟和德国“说不”。2015 年 6 月 23 日，波兰、捷克、匈牙利和斯洛伐克联合发表声明，拒绝接受难民配额。9 月 22 日，欧盟内政部长举行紧急会议，磋商转移安置 12 万名难民问题，并罕见的以表决方式强行通过难民分配方案。捷克、斯洛伐克、罗马尼亚、匈牙利投否决票。2019 年 1 月，以中东欧国家为主体的“凝聚之友联盟”（friends of cohesion alliance）在葡萄牙召开会议，要求欧盟 2021—2027 预算不要削减旨在帮助落后地区发展的凝聚基金，必须维护在 2014—2020 年约 3000 亿欧元的预算水平②。

在对俄政策方面，中东欧国家也展现了较大独立性。捷克、匈牙利、斯洛伐克等国领导人一再呼吁取消对俄制裁。捷克总统泽曼坚持出席俄罗斯 2015 年二战纪念活动。塞尔维亚、北马其顿顶住西方压力，均不参加对俄制裁。

中东欧国家均属中小国家，就单个国家而言，影响力有限，但如果形成集团，以一个声音说话，则能显著增大话语权及地缘政治博弈能力。所以近年来中东欧地区一体化及协作意愿明显上升。维谢格拉德集团（“V4”）（包括波兰、匈牙利、捷克、斯洛伐克）为其代表。这一机制始建于 1991 年，初衷是波兰、捷克斯洛伐克（后解体为捷克和斯洛伐克两个国家）及匈牙利三国为融入西方加强协调。在三国及多数中东欧国家加入欧盟和北约后，这一机制长期处于休眠或半休眠状态。但近年来开始焕发新生，成员国对这一机制的重视程度上升，尽管各国内外政策并不一致

---

① Duncan Robinson and Zosia Wasik, “EU threatens Poland with ‘nuclear option’ over constitutional changes,” *Financial Times*, May 19, 2016.

② HINA, “Friends of Cohesion to Convene in Portugal on 1 February,” January 26, 2020, https://www.total-croatia-news.com/politics/41076-friends-of-cohesion.

有时甚至相反，如匈牙利对俄罗斯友好，波兰则与俄罗斯关系紧张，但这并未妨碍“V4”的运作。实际上，波、匈政府层面非常友好，匈总理欧尔班放言将否决欧盟任何制裁波兰的决议。“V4”在能源安全、地区互联互通、难民、与新兴国家关系等重要领域仍有越来越多的共同语言，如集体反对欧盟难民配额方案，对华政策趋同等。从目前看，“V4”组建了一支统一战斗部队，在欧盟峰会等各层面会议之前开“会前会”，协调彼此立场。“V4”还对外延伸，“V4”与日本在2013年举行了峰会，与韩国在2015年举行了峰会，“V4”还与罗马尼亚、保加利亚、波罗的海三国等加强了合作和协调。除“V4”外，波罗的海三国合作日益紧密，并向北欧延伸，与北欧国家开展能源、安全及经济合作。巴尔干国家也定期或不定期举行峰会，探讨能源、安全等领域合作。当然，中东欧国家之间内外政策、发展程度差异较大，地区一体化面临诸多挑战，但从趋势上看，中东欧国家之间的融合和协作还将持续走向深入。

当然，值得指出的是，中东欧国家所谓外交多元和自主追求只是相对而言，并未偏离西方轨道。由于在经济、政治、安全等诸方面对欧美的极大依赖，中东欧国家不可能做到外交上的完全自主，在很大程度上仍须跟随欧美行事。

美国、俄罗斯、欧盟、中东欧作为中东欧地缘政治博弈的四大主体，各有盘算，彼此利用，又相互猜疑。欧、美、中东欧属于欧洲—大西洋阵营，与俄形成对立，在防范俄罗斯方面有共同语言和利益。但四方博弈亦非简单的三对一。欧、美、中东欧三方及欧盟、中东欧内部远非铁板一块，对俄看法差异较大；俄受孤立，但在欧盟及中东欧内也有代言人，因此，四方博弈态势复杂。

在未来很长时间内，四方激烈博弈态势难改，且有阶段性恶化可能。

其一，美、欧、亚地缘战略目标决定其仍会采取种种手段，特别是利用中东欧国家，遏制俄罗斯发展，阻碍欧俄合作及欧亚地区经济融合。美俄矛盾是四方博弈的主导性矛盾，如果没有美国在中东欧地区推波助澜，中东欧、欧盟与俄关系都将更为简单。所谓“树欲静而风不止”，即便欧盟有改善与俄罗斯关系的意愿，由于美国因素的存在，中东欧国家也很难避免地缘政治斗争。

其二，北约与俄结构性矛盾仍会不时凸显。北、俄是天然的对手，北约的存在一直令俄如骨鲠在喉。在阿富汗教训及乌克兰危机背景下，北约很大程度上已“重返欧洲”，专注本土防御。所谓“本土防御”，实际上是遏制俄罗斯、以俄为假想敌的另一说法而已。如今，北约已在一定程度上加强了在中东欧国家的军事存在。北约既服务于美对俄战略，自身也有东扩的强大惯性，这自然遭到俄坚决反对。而且可以确定的是，北约东扩步伐不会停下。乌克兰、格鲁吉亚加入北约虽然受阻，但未来仍有加入的可能性。对于北约的步步紧逼，俄罗斯必然会做出防卫性反应，如此恶性循环，加剧中东欧地区地缘政治斗争。

其三，部分中东欧国家“惧俄”“仇俄”情结难解。波罗的海三国爱沙尼亚、拉脱维亚、立陶宛曾是苏联的一部分，现均与俄接壤。爱、拉两国国内还有数量众多的俄罗斯族人①，与俄罗斯各种历史、现实问题扯不断、理不清，对俄恐惧、敌视几乎成为本能，虽已成为北约和欧盟成员国，但不安全感仍然根深蒂固，不断要求美国、北约和欧盟提供保护②。波兰是中东欧大国，也是北约和欧盟成员国，并不特别担心还会遭俄入侵，但历史上3次遭俄瓜分，一度在世界政治版图上消失123年，一战后短暂复国，二战爆发后再遭瓜分，后又成为苏联卫星国，对俄担忧和仇恨很难忘怀。波兰是波罗的海国家最为积极的支持者，极力推动北约东扩，联合瑞典共同推动欧盟实施针对乌克兰、格鲁吉亚等6个苏联加盟共和国的“东部伙伴关系”计划，不遗余力地推动乌克兰等国“脱俄入欧”，乌克兰危机爆发后是乌克兰最为热心的支持者，坚决要求北约“重返欧洲”，而这些明显针对俄罗斯的行动自然引发俄罗斯强烈反弹，加剧彼此反感甚至仇视情绪。罗马尼亚虽相对距俄较远，但因为摩尔多瓦问题，对俄也有较强敌视情绪。

---

① Agnia Grigas, “The new generation of Baltic Russian speakers,” http://www.euractiv.com/section/europe-s-east/opinion/the-new-generation-of-baltic-russian-speakers/.

② Sam Jones, “Estonia calls for Patriot shield to deter Russia in Baltic region,” *Financial Times*, May 26, 2016.

其四，东欧国家不乏地缘政治斗争引爆点。乌克兰危机是此轮中东欧地缘政治斗争的催化剂，引发欧、美、俄及中东欧国家新一轮互动和博弈。目前看，乌克兰危机虽已缓和，但并未消失，也不能排除未来恶化的可能。白俄罗斯目前形势稳定，但欧美并未放弃“颜色革命”的努力。2019 年 1 月，美国国务卿蓬佩奥访问了白俄罗斯，承诺保证白俄罗斯的能源供应，这是多年来罕有的现象。这些国家对俄来说不容有失，一旦生变，必将激化四方地缘政治斗争。

尽管如此，也应注意到，四方博弈有其限度，不大可能失控。其一，美国虽全球出击，四处点火，但亚太是其战略重点，不会全力重返欧洲，不愿将俄逼至墙角引发难以控制的后果。其二，欧盟、中东欧国家与俄是近邻，虽有遏俄需要，但旨在让俄“明事理”，而非与俄兵戎相见。寻求与俄务实合作在欧盟及中东欧内仍是主流意见。其三，俄有“欧洲情结”①，近年来因受西方孤立开始向东看，但仍看重与欧盟及德、法等大国关系，并将欧美区别看待，随时可能与欧妥协，缓和与改善双方关系。

总而言之，欧、美、俄、中东欧四方地缘博弈格局业已形成，且未来很长时期内还将持续。中东欧作为博弈一方及博弈场，其愈益多元和自主的对外政策将不可避免地产生地缘政治效应，在大国关系中的重要性也将日益凸显。

---

① “Russia’s Future Lies With Europe and the West,” http：//www. huffingtonpost. com/admiral – jim – stavridis – ret/new – cold – war_ b_ 9252730. html.

第七章 英国脱欧

英国脱欧是欧盟成立及欧洲一体化启动以来前所未有的事件，一个成员国决定离开欧盟，无论这一成员国有多少问题和要负多少责任，对欧盟的心理创伤都是巨大的。2020 年 1 月 31 日英国脱欧当日，法国总统马克龙发表电视讲话称，“英国脱欧令人震惊，是对欧盟的历史性警号”，“欧洲公民比以往任何时候都更需要一个团结的欧洲”，他认为，“英国决定离开是因为欧洲做出的改变不够，并指是给欧洲人上的一堂课”①。英国已经不再是一个欧盟成员国，与美、俄、中等国一样，成为欧盟的一个第三方国家。为什么会这样？这是欧盟过去几年一直无法回避的一个重要问题，未来很长时间内也仍将困扰欧盟。

第一节 脱欧进程

英国实际上从加入欧盟的第一天起就开始准备脱欧了。对英国来说，1973 年加入欧盟的前身欧共体完全是一个不得已的决定，英国经济一团糟，欧共体经济相对而言欣欣向荣，加入欧共体从一开始就是经济上的考

① Jack Elsom, “Emmanuel Macron slams Brexit and says the Leave campaign was based on ‘lies, exaggerations and simplifications’ but admits it is an ‘historic alarm signal’ for EU,” https://www.dailymail.co.uk/news/article-7953251/Emmanuel-Macron-says-Brexit-historic-alarm-signal-heard-EU.html.

虑。自加入欧盟的第一天起，脱欧立马就成了英国一些人心中的头等大事，心心念念只想自己过，不愿跟欧洲大陆国家搞在一起。1974 年英国大选后，工党执政，与当前保守党多数党员主张脱欧不同，当时多数工党党员主张脱欧。反对党保守党和自由党等政党虽然公开支持留欧，但内部支持脱欧的声音也很大。英国申请加入欧盟是个极有争议的决定，而 1973 年英国加入欧盟并未解决这一问题，英国在欧洲问题上仍然是分裂的。所以，为了解决这一问题，英国于 1975 年举行了全民公投。在当年的公投中，主张英国留在欧共体的民众超过 67%，支持脱欧的不足 33%。这看来是一个很清晰的结果，但从后来英欧关系的发展来看，英国的欧洲问题远未得到解决。

2016 年 6 月 23 日，英国就欧洲问题举行了第二次全民公投，这次换成了是保守党主持解决欧洲问题。为什么会有这次公投呢？这也与英国当时的政治环境有关。当时的情况是，英国主张脱离欧盟的独立党声势上扬，对保守党形成较大压力。而且保守党内主张脱欧的声音也更为突出。为安抚党内的疑欧派，避免保守党分裂；也为与主张脱离欧盟的英国独立党（UKIP）争夺选民，维系执政地位；同时希望借机与欧盟展开谈判，重塑英国的欧盟成员国身份，争取欧盟给予英国更多的“特殊待遇”，2013 年 1 月，时任首相卡梅伦在彭博社的演讲中提出，如果保守党赢得 2015 年大选，将在 2017 年底之前举行全民公投以决定英国是否退出欧盟。2010 年到 2015 年，保守党是与自民党联合执政。2013 年卡梅伦发表演讲时，保守党的民意支持率一般，很难赢得下届选举单独执政。2015 年 5 月，保守党在大选中意外获胜，这是卡梅伦当初可能没有想到的，但既然单独执政了，就不得不兑现选前承诺。

卡梅伦政府决定，于 2016 年 6 月 23 日举行关于是否留在欧盟内的全民公投，只有两个选项，维持现状留在欧盟内，还是选择脱离欧盟，至于如何脱离，并未说明，这也埋下了未来几年英国就如何脱欧争吵不断的伏笔。公投当日，3300 多万人参加投票，投票率为 72.2%，51.9% 的选票支持英国退出欧盟，48.1% 的选票支持英国留在欧盟，投票率很高，显示民众对这次公投相当重视，但是结果很相近，基本上是一半对一半，表明在欧洲问题上英国国内分歧很大。但是，伦敦、苏格兰和北爱尔兰三个地区的留欧票数超过 50%（苏格兰的 62.0%，伦敦的 59.9%，北爱尔兰为 55.8%）。脱欧公投也呈现明显的阶层差异，英国最大的家庭调查组织“了解社会”（understanding society）调查表明，赞成脱欧的民众大多为年长者、白人和福利获得者，他们受教育程度相对较低、不经常使用智能手机和互联网、健康状况不佳、生活满意度不高。

公投结果出来后，在公投中主张留在欧盟的卡梅伦首相第一时间宣布辞去首相职务。2016 年 7 月 13 日，特雷莎 · 梅接任首相，成为脱欧首相，以完成脱欧为己任。在 2016 年 10 月初的保守党年会上梅首相宣称，英国将最迟不晚于 2017 年 3 月底启动《里斯本条约》第 50 条款，展开与欧盟的脱欧谈判。这将是自 2009 年《里斯本条约》生效以来，首次有成员国将援引这一条款退出欧盟。所谓的第 50 条退出条款其实非常简单，就是“根据欧洲理事会的指导方针，欧盟将与退出国进行谈判并达成协议，规定相关的退出安排，并考虑到与退出国的未来关系框架”①。2017 年 1 月 17 日，特雷莎 · 梅在演讲中表示，英国政府将在未来的脱欧谈判中遵循四大原则，并提出了 12 项谈判优先关注目标。梅首相声称，未来英国将会在完全脱离欧洲单一市场的基础上，寻求全新的英欧贸易关系。2 月 2 日，英国政府发表题为《联合王国从欧盟的退出以及同欧盟的新伙伴关系》的政策文件（“白皮书”），其中大部分内容是对首相梅 1 月 17 日演讲中提出的脱欧谈判目标和基本原则的细化与补充。

2017 年 3 月 29 日，英国驻欧盟大使向时任欧洲理事会主席图斯克呈交了首相梅的信函，正式启动为期两年的脱欧程序。2017 年 3 月 31 日，欧洲理事会主席图斯克公布了英国脱欧谈判的指导方针。其时，保守党内在如何脱欧问题上分歧较大，梅政府受党内牵制较大。由于保守党有明显民调领先优势，时任首相梅为扩大议会多数优势，决定提前大选，赢得选民更大授权。2017 年 6 月 8 日，英国举行提前大选，梅领导的保守党虽然仍为议会第一大党，但失去议会多数，沦为少数党，不得不依赖北爱民主

---

① Nigel Culkin and Richard Simmons, “Tales of Brexits Past and Present,” Emerald Publishing Limited, 2019. p26.

统一党（DUP）10 个议席的支持以继续执政。6 月 19 日，英欧谈判团队开始正式谈判。谈判的三大议题是公民权益、“分手费”和北爱边界问题。欧盟要求这三个议题必须同时取得“充分进展”才能进入关于过渡期及未来关系的第二阶段谈判。为了尽快进入新阶段谈判，英国政府不得不接受了欧盟的条件。2017 年 12 月 8 日，英欧签署了关于第一阶段谈判结果的《联合报告》。12 月 15 日，欧盟公布第二阶段谈判“指导方针”，要求英国必须完整履行第一阶段谈判的全部承诺，并尽快将其转化为法律；同意与英国商谈所谓“过渡期”问题，并要求在此期间英国将继续完全遵守欧盟现行预算、监管、司法等规章制度，接受欧洲法院的管辖权；英国在过渡期内继续留在关税同盟和单一市场中，遵守单一市场四大“自由流动”原则，遵守欧盟贸易政策、关税政策，但是英国无权提名或选举欧盟机构成员，不能参与欧盟决策。

2018 年 2 月 28 日，欧盟委员会公布了自己的《退出协议》草案，其中的《爱尔兰/北爱尔兰议定书》提议在爱尔兰岛上建立欧盟与英国的“共同监管区”（common regulatory area），这一安排遭到英国首相特雷莎·梅的拒绝。欧盟拿出了自己的方案，但英国政府却迟迟拿不出对应方案。2018 年 7 月 6 日，特雷莎·梅在首相乡间别墅契克斯举行内阁会议，推出了详细的脱欧计划。这份“契克斯方案”的核心安排是提议英国与欧盟在货物贸易（包括农产品）领域建立自由贸易区，英国在此领域与欧盟遵循共同的规范。在关税安排方面，英国提出所谓“便利化关税安排”：英国与欧盟共处于一个“联合关税区”内，在英国境内按照英国的关税标准收税，在欧盟境内按照欧盟的标准征税。

但欧盟以“契克斯方案”将破坏欧盟单一市场为由拒绝接受。2018 年 9 月 19—20 日，欧盟 27 国与英国在奥地利萨尔茨堡举行欧盟领导人非正式峰会，梅政府的“契克斯方案”遭到欧盟断然拒绝，双方不欢而散。之后，英国开始推动“英国全境留在欧盟关税同盟”的方案。2018 年 11 月初，欧盟做出让步，允许英国全境与欧盟维持“临时性”的关税同盟。2018 年 11 月 14 日，英欧达成《退出协议》。11 月 22 日，英欧达成《英欧未来关系政治宣言》。11 月 25 日，欧盟成员国领导人在布鲁塞尔举行的欧盟特别峰会上正式通过这两份政治文件。

脱欧协议需要英国议会与欧盟机构分别表决通过才能生效。2019 年 1 月 15 日，英国议会下院以 432 票反对、202 票支持的投票结果否决了协议草案，特雷莎・梅遭遇了英国首相在议会历史上最大规模的失败。3 月 12 日，英国议会下院再次就脱欧协议进行表决，但协议以 242 票支持、391 票反对的结果未能过关。3 月 13 日，英国议会下院以 312 票支持、308 票反对的投票结果通过一项关于“反对英国在任何情况下‘无协议脱欧’”的修正案。为赢得党内反对派的支持，首相梅 3 月 27 日向保守党议员许诺，如果协议通过她将辞职，不再领导下一阶段的脱欧谈判。随后，先前激烈反对协议的保守党议员约翰逊（前外交大臣）、拉布（前脱欧事务大臣）和里斯—莫格（保守党“欧洲研究小组”主席）等“硬脱欧”派代表在表决中投下赞成票，尽管党内反对的人减少，但《退出协定》仍然再度遭到否决。由于梅政府无法在 2019 年 3 月 29 日前让议会批准协议，而英国议会又要求不能“无协议脱欧”，首相梅不得已于 3 月 20 日向欧盟递交信函，正式提出英国延期脱欧的申请。梅在信中表示，英国寻求将脱欧最终期限由目前的 3 月 29 日推迟至 6 月 30 日。

3 月 21 日，欧盟同意英国的延期脱欧申请，并为脱欧期限提供“二选一”时间表：如果英国能尽快通过协议，英国可以延期至 5 月 22 日脱欧；若英国未能通过协议，则必须在 4 月 12 日前做出新的抉择。欧盟定于 2019 年 5 月 23 日举行欧洲议会选举，因此不同意将英国脱欧期限延至欧洲议会选举之后。3 月 29 日，英国议会以 344 票反对、286 票赞成的结果，第三次否定了脱欧协议草案。4 月 10 日，欧盟同意，英国脱欧期限延长至 10 月 31 日。由于无法完成脱欧，首相梅 5 月 24 日发表讲话宣布将于 6 月 7 日辞去保守党党魁一职，并将担任看守首相直至该党选出新党魁。2019 年 7 月 24 日，鲍里斯・约翰逊接替特雷莎・梅担任英国首相。他担任首相后多次重申英国要按计划于 10 月 31 日完成脱欧。9 月 4 日，英国议会下院表决通过了旨在阻止“无协议脱欧”的《本恩法案》。该法案规定，如果议会无法在 10 月 19 日前通过脱欧协议或不支持“无协议脱欧”，则政府必须再次向欧盟申请延期脱欧至 2020 年 1 月 31 日。

10 月 2 日约翰逊致函时任欧盟委员会主席容克，正式向欧盟递交新的脱欧方案，焦点落在如何处理北爱尔兰边界问题上。新方案移除备受争议的北爱边界“备份安排”（backstop），将整个爱尔兰岛设为一个涵盖所有商品的“监管区”，英国大陆部分退出欧盟关税同盟，但北爱则会继续遵循欧盟单一市场规范。过渡期后北爱将每 4 年自行决定是否继续留在“监管区”。北爱在关税问题上会与爱尔兰产生边界，但在单一市场方面却会跟大不列颠岛变相形成边界。这个方案形成所谓“一国两界”方案。时任欧洲理事会主席图斯克表示，欧盟对讨论持开放态度，但对约翰逊方案的可行性表示怀疑。10 月 10 日，英国首相约翰逊会晤爱尔兰总理瓦拉德卡，会谈后两位领导人发表声明，认为他们“可能找到达成协议的途径”。英欧谈判团队加紧磋商，谈判取得突破。10 月 17 日，欧盟委员会主席容克宣布，欧盟与英国达成协议。10 月 19 日，英国下院以 322 票赞成、306 票反对的结果通过了前保守党议员莱特温提出的一项修正案，修正案要求先通过《退出协议法案》（英国为执行脱欧协议所需的国内立法），然后再表决约翰逊与欧盟达成的新版脱欧协议。根据英国议会 9 月通过的《本恩法案》，约翰逊毫无办法，不得不于 10 月 19 日向欧盟申请延期脱欧至 2020 年 1 月 31 日。约翰逊向欧盟发出两封信：一封没有署名，约翰逊称是英国议会通过的法案要求他申请延期脱欧至 2020 年 1 月 31 日；另一封有署名，约翰逊称延期脱欧将损害英国以及欧盟伙伴的利益，非其本意。10 月 22 日，英国议会下院投票以 329 票对 299 票的结果，“二读”通过了约翰逊版的脱欧协议。但在随后进行的对《退出协议法案》加快立法进程的表决中，约翰逊的三天倒计时时间表被议会以 308 票对 322 票否决，这意味着英国 10 月 31 日脱欧的计划落空。10 月 28 日，时任欧洲理事会主席图斯克表示，欧盟 27 个成员国已同意英国提出的将脱欧期限推迟到 2020 年 1 月 31 日的申请。欧盟方面同意的是一个“弹性延期”，即只要英国议会及欧洲议会通过此前英欧双方达成的脱欧协议，英国可提前结束延期，新的脱欧日期可能是 2019 年 12 月 1 日、2020 年 1 月 1 日或 2020 年 2 月 2 日。欧盟为延期附加了条件：不会与英国重新谈判脱欧协议、英国在延长期内需完整地履行作为欧盟成员国的义务、欧盟其他成员国在延长期内可以在没有英国参与的情况下磋商事务等。

为打破脱欧僵局，约翰逊政府要求议会同意提前大选。2019 年 10 月 29 日，约翰逊政府以立法形式，又一次在议会下院提出 12 月 12 日选举的议案，经过 6 个小时辩论，最终以 437 票支持、20 票反对、191 票弃权通过。该法案经议会上院批准和女王签署后，完成立法程序。英国议会于 11 月 6 日解散，开始为期 5 周的竞选，于 12 月 12 日举行大选，这是英国近 5 年来第三次大选，这也是自 1923 年以来首次冬季大选。12 月 13 日，英国提前选举结果出炉，约翰逊带领的保守党赢得决定性胜利，在全部 650 个议席中占据 365 席，是 1987 年以来保守党最大胜绩，主要反对党工党遭遇自 1935 年以来最大败绩，仅获 203 席，较 2017 年大选减少 59 席。过去 2 年多政府弱势、议会主导脱欧事务的问题不会再现，新一届约翰逊政府将牢牢掌控议会和立法权，因此未来五年英国政局将有较大稳定性。英国在 2020 年 1 月 31 日正式脱欧。

“脱欧协议”是对英欧双方谈判达成的《退出协议》和《英欧未来关系政治宣言》两份政治文件的统称。《退出协议》具有法律约束力。《英欧未来关系政治宣言》则描绘了英欧未来贸易与安全关系，不具有法律效力。

《退出协议》涉及脱欧过渡期、英欧“分手费”、公民权利和北爱边界等。与特雷莎·梅的协议相比，约翰逊与欧盟达成的修订版《退出协议》只对北爱边界安排做出明显改动，其余内容基本没有变化。

一是关于过渡期的安排。过渡期持续到 2020 年 12 月 31 日。在过渡期内，所有的现行规则保持不变。英国仍需要遵守欧盟规则，并缴纳欧盟预算费用，可以享受所有成员国的权利，但不参与欧盟机构，也就是说对欧盟事务没有发言权。过渡期可以延长一次，但最多只能延长两年。如需延期，英国和欧盟双方都必须同意，而且要在 2020 年 7 月 1 日之前做出延期的决定。如果延期，英欧双方要就财务安排做出决定，英国必须向欧盟做出资金上的贡献，但将被视为第三国。

二是关于公民权利的安排。英国脱欧后，在欧盟居住的英国公民和在英国居住的欧盟公民都将保留其居留权和社会保障权利。在过渡期间，欧盟人员自由流动规则将继续适用，英国公民将能够在欧盟国家生活和工作，欧盟公民也将能够在英国生活和工作。任何在同一欧盟国家居留满5年的人士将获准申请永久居留权。

三是关于资金的安排。英国必须履行其对欧盟的财政承诺义务。这方面还没有确切的数字，但主要与英国对2019年和2020年欧盟预算的缴款有关。英国“预算责任办公室”估计，目前大约为330亿英镑（低于最初的390亿英镑）。

四是关于海关的安排。梅的协议中确保北爱尔兰和爱尔兰之间不设实体海关和检查设施等“硬边界”的“备份安排”（backstop）已删除。整个英国将退出欧盟关税同盟。这意味着英国未来可以与其他国家磋商及签署贸易协议。脱欧过渡期结束后4年内，北爱尔兰在法律意义上留在英国关税区，但实际需要遵守欧盟关税规则。货物将在北爱尔兰港口（而非爱尔兰岛内）的“入境点”接受检查。这相当于把海关边界从北爱尔兰与爱尔兰之间挪到了北爱尔兰与英国其他地区之间，即爱尔兰海中。民众网购的商品等“私有财产”如果从英国其他地区运往北爱尔兰地区，无需缴纳关税。经由北爱尔兰地区进入欧盟的商用货物需要缴纳关税。英国政府将替欧盟征收关税。采购商证明货物只留在北爱尔兰而没有流入欧盟后，可以申请税费返还。具体的甄别机制有待确定。

五是关于货物监管的安排。在货物监管方面，北爱尔兰将遵守欧盟单一市场的规则，而不是遵守英国的规则。这消除了在爱尔兰和北爱尔兰边境对货物进行产品标准和安全检查的需要，因为两边都是“全岛监管区”的一部分。英国本土不会遵守欧盟单一市场规则。

六是关于北爱尔兰议会的“同意机制”的安排。英欧就北爱尔兰边界问题互作妥协，英方接受爱尔兰海中边界，换取欧盟授权北爱议会的“同意机制”。“同意机制”指北爱议会有权在脱欧过渡期后4年结束前夕，提前两个月表决是否继续遵守上述贸易安排。如果北爱尔兰议会投票反对这些规定，将启动两年“通知期”，以便欧盟的替代安排到位，两年后这些规定将失去效力。具体表决机制是获得简单多数支持或跨党派支持。跨党派支持指获得北爱“亲英国”“亲爱尔兰”两派政党至少各40%的议员支持，且支持人数达全体议员60%。英国政府表示，如果北爱尔兰议会届时未能复会，它将做出其他安排，以确保能够进行一场投票表决。

七是关于增值税的安排。欧盟增值税法将适用于北爱尔兰，但仅适用于商品，不适用于服务。允许北爱尔兰拥有与英国其他地区的不同增值税率，而欧盟法律通常不允许这样做。例如，如果英国决定将家居燃料增值税降至零，北爱尔兰仍必须将其保持在5%，这是欧盟的最低标准。这也意味着，北爱尔兰对某些商品可能获得与爱尔兰共和国相同的增值税税率，以阻止南北爱尔兰边界两侧存在不公平的贸易优势。

《英欧未来关系政治宣言》宣布，英欧未来关系的核心是自由贸易协议及安全等领域合作的协议。欧盟与英国致力于达成“零关税”“无配额”的自贸协定，而梅版的政治宣言中的“尽可能紧密的货物贸易关系”换成了“以自贸协定为基础的雄心勃勃的货物贸易关系”。双方将努力达成自由贸易协定，2020年6月将召开一次英欧高级别会议，评估实现这一目标的进展情况。英国和欧盟应该在国家补助、竞争、社会和就业标准、环境、气候变化和相关税务事项等领域“继续坚持共同的高标准”。

英国脱欧一波三折，英国议会内的分化是重要原因。首先，保守党在议会不占多数且不团结。2017年大选，保守党在议会650席中只有317席，并未过半，靠北爱尔兰小党“民主统一党”（DUP）的10个议席支持勉强过半，执政地位十分脆弱。而保守党内本身在脱欧问题上就高度分化，以“欧洲改革小组”为首的“硬脱欧”派（约60余人）和以前财长哈蒙德等为代表的“软脱欧派”立场不一。导致梅首相达成的协议多次在议会表决流产。约翰逊上台后，脱欧立场更趋强硬。导致保守党议员反叛，议席进一步流失，完全丧失执政优势。而由于对协议中南、北爱尔兰边界安排持有异议，DUP也一直不支持英政府的协议。其次，最大反对党工党为反对而反对。工党占议会256席，是第二大党，一直欲趁乱赶保守党下台。科尔宾长期是后座议员，担任工党领袖后离首相仅一步之遥，一直希望能乘乱赶保守党下台，因此要求工党议员统一立场，一致反对保守党的任何协议。最后，“亲欧”政党不支持任何脱欧方案。苏格兰民族党（35席）、自民党（11席）等其他议会主要政党为“亲欧”派，不支持任何形式的脱欧协议，而是寄希望于二次公投等逆转脱欧进程。

英国终于脱欧了，这对欧盟来说，既是一个前所未有的变局，也是一个前所未有的羞辱。欧盟虽然难以咽下这口气，但将过错完全推给英国，显然将不利于欧盟认清变局，重新开始。

第二节　为何脱欧

这是个很难用三言两语回答的问题。习近平主席说：“历史是现实的根源，任何一个国家的今天都来自昨天。只有了解一个国家从哪里来，才能弄懂这个国家今天怎么会是这样而不是那样，也才能搞清楚这个国家未来会往哪里去和不会往哪里去。”① 要回答这个问题，首先就得回顾一下英国与欧盟的关系史。二战以来英国与欧洲一体化的关系可以说是骚动不安。1950 年，英国拒绝参与“舒曼计划”关于煤钢联营的谈判，1955 年，英国拒绝参与建立欧洲经济共同体的谈判。为什么呢？一是地理因素。英国处于欧洲的边缘，英吉利海峡把它与欧洲大陆隔开。英国因此一直有双重身份认同，是欧洲国家，但更多认为自己是大西洋国家。二是历史因素。英帝国建立在欧洲之外，与北美、澳洲、南亚等英语国家有很强的文化联系。仍沉浸在“日不落帝国”的荣光中，有强烈的历史优越感，对欧洲大陆长期奉行“维持均势”和“光荣孤立”原则。三是作为二战的战胜国，英国怀旧、自恋，以俯视的眼光看欧洲，并不把自己看作欧洲国家中平等的一员。20 世纪 60 年代英国出于经济原因申请加入欧共体，但两次遭到法国总统戴高乐的否决。事实上，英国国内的反对声也一直很大，认为加入欧共体就意味着英国作为一个独立国家的终结以及 1000 年英国历史的终结。这些事件也定下了 1973 年英国最终加入欧共体后，英欧关系不和谐的总基调。

---

① 《在布鲁日欧洲学院的演讲》（2014 年 4 月 1 日），参见习近平：《论坚持推动构建人类命运共同体》，北京：中央文献出版社，2018 年版，第 97 页。

由于这个原因，英国政党之间以及各政党内部在欧洲问题上的分歧和斗争一直都很激烈，从未停止，也因此无法在欧洲问题上形成共识。两个主要大党工党和保守党内部都是既有亲欧派也有疑欧派，两个主要小党，自民党亲欧，独立党以及之后的脱欧党则以脱欧为唯一目标。特别是独立党，对相对更疑欧的保守党构成较大冲击。

英国无法理解欧洲一体化的政治属性，只把欧盟看作一个大市场和一个高级自贸区，事实上，英国在 20 世纪 60 年代申请加入当时的欧共体时，欧共体主要是一个高级的自贸区，为参与这样一个经济集团而必须让渡主权对英国来说还是可以接受的。但英国从不认同欧洲一体化建立一个“持续紧密的联盟”的理念。英国对于自己是欧盟预算最大净贡献国一直耿耿于怀，20 世纪 80 年代英国首相撒切尔夫人有一句名言就是“拿回我们的钱”①，要求欧盟向英国返还一部分钱，否则就瘫痪欧盟议事。2016 年公投期间，脱欧派的说法之一也是拿回我们的钱，声称英国每周向欧盟缴款 3.5 亿英镑。英国反对任何可能损害英国主权的一体化举措，所以英国没有加入申根区，也没有加入欧元区。1992 年《马斯特里赫特条约》通过后，欧洲一体化开始向政治一体化以及欧元区一体化的方向发展，英国在欧盟内越来越感觉不舒服，对于法德试图加快欧元区改革的举措高度警惕。因为欧元区深化一体化，意味着英国将继续边缘化，无法参与欧元区重要决策，也无法捍卫本国金融利益及在单一大市场内地位。作为一个“骄傲的”大国，英国将发现这种只承担义务但没有发言权的地位难以忍受。英国不大可能走丹麦、瑞典之路，也不大可能选择做一个“大号的挪威或者是瑞士”，即作为非欧盟成员国，可以进入欧盟的单一大市场，但在很大程度上必须接受欧盟的各项规定，而且对欧盟事务毫无发言权。也就是说，一体化的发展路线与英国的利益和身份认同形成越来越大的冲突。基于这一原因，英国迟早会不得不选择脱离欧盟。如果不是 2016 年，也可能是未来哪一年。英国首相约翰逊在英国 2020 年 1 月 31 日正式脱欧后发表的演讲很清楚地指明了这一点，他说，“尽管欧盟拥有种种优势和

---

① “Thatcher and her tussles with Europe,” April 8, 2013, https://www.bbc.com/news/uk-politics-11598879.

令人钦佩的品质，但50多年过去了，它的发展方向已变得不再适合这个国家”，这应该就是英国脱欧的深层次原因，英国的历史、地理、文化和主权国家的理念决定了英国与欧洲一体化和欧盟发展方向的格格不入。

回到现实，现在的问题是，为什么是2016年，为什么民众在那一年做出了脱欧的决定？第一，债务危机的催化作用。2010年初债务危机爆发以来，英国“疑欧”情绪明显抬头，媒体普遍看衰欧元区，与大陆国家多年潜滋暗长的矛盾开始更为突出。英国虽然关注欧元区债务危机，但主要是出于对本国经济的损害，而不是出于对欧元区和欧盟前途命运的关心。对于德、法等欧元区国家出台的系列救助措施，英国明确表示，这是欧元区自己的事情，英国决不会参与救助行动，反而将之视为与欧盟重新谈判双方关系的机会和筹码，欲图利用自己在欧盟修改条约等问题上的否决权，要求欧洲大陆国家满足英国提出的一系列保护英国利益的例外权，甚至收回本国已经让渡给欧盟的权力。在2011年12月9日的欧盟峰会上，德国主导推动条约修改，以加强对成员国的预算监管。但英国首相卡梅伦提出要在条约或协议中增加一个条款，要求特别保护伦敦金融城利益，但遭到德国拒绝。因此，其他26国只能签署一项新的政府间协议，而不是制定新的欧盟法律，因而只能在欧盟法律框架之外行动。英国这一形同“要挟”的做法在欧元区内遭致普遍反对。此外，对于欧洲大陆国家推动的“金融交易税”计划，英国明确表示不参与，英国也不参与欧元区银行业单一监管机制以及银行业联盟建设。在欧盟2014—2020年度中期预算的谈判问题上，英国也持强硬立场，不但要求实质性冻结欧盟预算增长，在英国所谓的预算回款问题上也毫不让步。时任英国首相卡梅伦放言，在欧盟预算谈判问题上将不惜代价捍卫英国利益①。法国对英国一向游离于欧洲大陆，只注重英美特殊关系及英联邦早就心有不满，20世纪60年代，时任法国总统戴高乐曾两次否决英国加入欧洲共同体的申请。英国入盟后，在法国重视并力推的一些政策上，比如强化欧盟共同防务、农业保护、反倾销等

① James Kirkup, “David Cameron suffers stinging defeat over EU budget,” http：//www. telegraph. co. uk/news/politics/9647205/David – Cameron – suffers – stinging – defeat – over – EU – budget. html.

等，英国都坚决反对。因此，对于英国离开欧盟，法国不会特别在意。法国甚至刻意推动欧元区国家举行没有英国参加的例行首脑会议，借以进一步排斥英国。对于英国的欧洲政策，法国自然也不失时机高调指责。2012年5月9日，法国当时新当选的总统奥朗德谴责英国政府“痴迷”于保护伦敦金融城：“我们必须承认，英国在对待金融监管问题上特别胆小，只关心伦敦金融城的利益，对欧元区的命运漠不关心。欧洲不是钱箱，更不是自助餐厅。”① 与此同时，英国在欧盟内的传统盟友芬兰、德国等北欧国家对英国的不满也在增长，并开始认真考虑撇开英国推进欧洲一体化。时任芬兰欧洲事务部部长斯塔铂曾表示，英国自愿将其置于欧盟边缘，正在远离欧盟②。特别值得指出的是，欧洲大陆的关键国家德国对英国的态度正发生重要变化，很多政界人士事实上已做好了英国离开欧盟的准备，认为英国应及早与欧盟关系做个了断③。传统上，英国在很多方面是德国抗衡法国的有力盟友，比如阻止法国和欧盟过度推行贸易保护主义，阻止法国利用欧盟共同外交与防务政策平衡美国影响力等等。但如果让德国在挽救欧元区和欧盟以及留住英国二者之间做出选择，德国也肯定会选择欧元区和欧盟，尽管这意味着德国要承担更大的财政负担。而恰恰对于这一点，英国往往低估德国人的决心。所以债务危机爆发后，英国与欧洲大陆碰撞和冲突增多。一方面，对德、法等大陆国家来说，英国可能让人“受够了”，没有英国的搅局，欧洲一体化的推进可能更为顺利，因而可能更不愿向英国让步，让英国获得更多的例外权以留在欧盟内。比如，针对英国特别保护伦敦金融城利益的要求，德国总理默克尔明确宣称，“无论哪个国家、哪个金融中心、哪种金融产品都将受到监管”④。媒体透露，由于英国对欧盟2014—2020年度中期预算持强硬谈判立场，欧盟其他26国甚

---

① Tim Shipman, “New French President Hollande attacks Britain’s ‘obsession with protecting the City of London’,” May 8, 2012, http: //www. thisismoney. co. uk/money/news/article - 2141186/Hollande - attacks - Britains - obsession - protecting - City. html.

② Honor Mahony, “Hague makes case for minimalist EU,” October 23, 2012.

③ George Parker and Quentin Peel, “UK and Germany: Exasperated allies,” *Financial Times*, November 6, 2012.

④ Marco Evers, “Britain’s Mounting Distrust of Germany,” http: //www. spiegel. de/international/europe/resentments - reawaken - britain - s - mounting - distrust - of - germany - a - 804616. html.

至一度考虑撇开英国以达成协议的可能性。[①] 另一方面，对英国来说，让德国发号施令和布鲁塞尔官僚机构获得更多权力也难以忍受。双方这种彼此角力和争斗促使英国更加远离欧盟。时任英国工作与养老金大臣史密斯（Iain Duncan Smith）2012 年 11 月初公开表示，英国在欧盟之外可以过得更好，并宣称“毫无疑问，英国公众与执政党内对欧洲问题的态度已经发生了重大转变”。[②] 2012 年一项民调显示，当时就有超过一半的英国民众支持脱离欧盟[③]。可以这样认为，欧洲主权债务危机强化了英国对欧盟和欧元区的负面认知，加深了英欧矛盾，强化了英国社会的脱欧决心，这是 2013 年卡梅伦许诺将举行一次全民公投的重要背景。

第二，难民危机的导火索。2016 年公投期间，移民问题是一个重要话题。主要原因是，英国是欧盟内相对开放而且经济较好、失业率较低的一个国家，对于低收入成员国民众具有强大的吸引力。特别是随着欧盟东扩，中东欧国家比如波兰、匈牙利等国民众到英国工作的民众明显增多。据英国国家统计局的数据，截至 2015 年第一季度，生活在英国的欧盟移民总数已超过 300 万人，其中，超过 50% 的移民（约 170 万）来自中东欧国家，是英国近十年来移民增加的主要来源[④]。其中，在居住在英国的欧盟国家公民中，波兰是最大来源国，占 23%，约 83 万人[⑤]。关于这些移民对英国经济和就业的影响分析众多，不同角度得出不同的结论。一般认为，低收入、低教育水平移民进入英国有助于英国总体经济成长，对英国企业降低成本、提高经济竞争力是有利的，但对于英国本土低收入、低劳动技能如修理工群体构成了直接竞争和威胁，因为他们的收入被拉低，这

---

① Editorial, “A high - stakes battle in Brussels,” *Financial Times*, November 19, 2012.

② Kiran Stacey, “UK can thrive outside EU, says minister,” *Financial Times*, November 4, 2012.

③ Gideon Rachman, “Europe would lose if Britain left the union,” *Financial Times*, November 19, 2012.

④ 史炜：《对英国脱欧的必然性分析及对英国未来经济社会走向的展望》，《国际金融》，2016 年第 12 期，第 12 页。

⑤ Carlos Vargas - Silva, Mariña Fernández - Reino, “BRIEFING, EU Migration to and from the UK,” https://migrationobservatory.ox.ac.uk/wp-content/uploads/2019/09/Briefing-EU-Migration-to-and-from-the-UK.pdf.

也是英国社会部分群体强烈反移民、反欧盟，要求脱离欧盟的重要原因。“英国传统劳工社区的很多人都发现自己无法原谅新工党的布莱尔政府，认为新工党没有就东扩后移民增加可能给英国工人阶层带来的后果与其协商。他们不相信新工党政府不知道东扩会带来什么后果，而这一政府自称是代表工人阶级。[①]” 火上浇油的是，2015 年夏天欧洲爆发了难民危机，100 多万来自叙利亚等国的难民涌入欧洲。英国也感受到压力。进入欧洲大陆国家的难民不一定会进入英国，但由于欧盟内部人员的自由流动规则，未来这些难民也可能会更多进入英国，这成为英国脱欧派炒作移民问题的重要议题。2016 年英国脱欧公投期间，鼓吹脱欧的英国独立党的一个海报就是，大量叙利亚人正越过克罗地亚与斯洛文尼亚的边境向西欧进发。英国早已有之的移民问题再加入难民危机的冲击，促使更多的英国人投下了脱欧票。“几十年来，英国一些人从不投票，但 2016 年的公投给了他们一个抗议政治精英的机会”，“很多人坚持认为，他们被生活在繁华的伦敦和东南部的政治精英给遗忘”，公投“是一个给旧体制教训的机会，而且这一教训将让其永生难忘”[②]。

第三，民粹主义的兴起。英国独立党成立于 1993 年，顾名思义，其宗旨是要求英国从欧盟独立，但其长期处于政治边缘。欧债危机和难民危机爆发以来，独立党主打“脱欧”和反移民，声势看涨，威胁主流大党地位。2009 年欧洲议会选举，独立党成为英国第二大党；2014 年欧洲议会选举，独立党成为英国第一大党；2015 年英国大选，独立党获 12.6% 的选票，显示英国社情民意已发生重大变化。2016 年公投期间，保守党允许内阁成员自由表态，现任英国首相、时任伦敦市长约翰逊、司法大臣戈夫等多位内阁成员随即公开表态支持脱欧。约翰逊独具个人魅力，能言善辩，操纵和利用民粹主义捞政治资本。时任首相卡梅伦认为，约翰逊会站在其一边，支持留在欧盟。在 2016 年，欧洲仍未从债务危机、难民危机中缓过劲来，民众对政治体制和贫富分化等种种不公平问题充满愤怒，认同政治

① Victor J. Seidler, “Making sense of Brexit,” Policy Press, University of Bristol, 2018, pp. 27 – 28.

② Victor J. Seidler, “Making sense of Brexit,” Policy Press, University of Bristol, 2018, p. 26.

泛滥。英国人普遍认为欧盟没有前途，是英国的拖累，向往一种不一样的、可能有风险但也可能会更美好的生活。

第四，政党斗争的结果。为平息党内在欧洲问题上的争论，也为与主张脱欧的独立党争夺选票。时任首相卡梅伦在2013年做出了一个致命的承诺，即如果保守党赢得2015年大选，将在2017年底之前举行全民公投以决定英国是否退出欧盟。2015年5月，保守党在大选中意外获胜，卡梅伦兑现选前承诺，在2016年6月举行了他认为不太可能举行、即使举行也肯定会赢的公投。

第三节　影响深远

英国已经于2020年1月31日正式脱欧，进入“后脱欧时代”。英国脱欧是现代国际政治中的一件大事，长期而言，英国脱欧的战略影响可能超过2016年特朗普当选美国总统，因为美国还是那个美国，特朗普之后美国的政策可能会发生一定程度的回摆，但英国脱欧后，英国、欧盟以及英欧关系都将发生重大变化，这些变化将对国际政治带来深远战略影响，甚至可能超出我们当前预期。

一、英国成为大国关系新变量

英国脱欧后，与欧盟关系发生重大改变，这种变化肯定会对英国经济、政治和国际影响力构成冲击。但从另一方面来说，英国脱欧后，很可能会举与欧盟不同的旗，也将走与欧盟不一样的路，英国未来主动的战略及政策选择可能会给英国带来更为深刻的变化和影响。英国虽然实力有限，远不能构成世界一极，但英国毕竟也是一个重要的欧洲国家，所以，脱欧后的英国将是国际关系特别是大国关系中的一个重要变量。

可以确定的是，英国脱欧后，至少短期内将会遭遇较大的负面冲击。

从经济上看，英国加入欧盟47年来，双方已形成“你中有我、我中有你”的命运共同体，联系紧密。欧盟是英国最大贸易伙伴和最大出口市场，2018年，英国向欧盟出口2910亿英镑，占英国出口总量的45%，从欧盟进口3570亿英镑，占英国进口总量的53%。[①] 从金融上看，金融业是英国的支柱产业，2017年为英国经济贡献1190亿英镑，占英国全部经济产出的6.5%。2016/2017财年向英国政府缴纳税收274亿英镑，占英国全部税收的4.8%。金融业直接提供110万个岗位，间接岗位人数更多。金融业也是英国最大的出口业，是全球金融贸易盈余最多的国家，占英国向欧盟及世界出口的10%[②]。但英国金融业高度依赖欧盟市场，比如，英国虽然不是欧元区国家，但是全球最大的欧元交易中心。“金融护照”是英国金融机构在欧盟单一市场内开展业务的保证。这一制度是指欧洲经济区（成员包括欧盟28国、挪威、冰岛和列支敦士登，简称“EEA”）国家的金融机构能在欧盟内自由开展业务；EEA以外地区的金融企业在英国建立分支机构并经审批后也可以在EEA区域内开展业务。如果没有“金融护照”，在欧洲开展金融业务成本将大大增加，部分业务（如欧元计价产品的清算）与就业将慢慢转移到欧元区金融中心。英国脱欧后，虽然英国与欧盟的贸易以及金融关系还将以某种形式持续开展，但毫无疑问，这种关系的紧密度将显著弱于英国作为一个欧盟成员国时的英欧关系。这至少会在中短期内影响英国经济发展，甚至可能造成较大冲击，即便保守党政府对此也不讳言。

从政治上看，英国的完整性会成为一个巨大的问号。英国由四部分组成，英格兰、威尔士、苏格兰与北爱尔兰，前两个地区在脱欧公投时均支持脱欧，后两个地区则支持留欧，也有较强的分离主义思潮。英国脱欧后，分离主义运动肯定会有进一步发展。基于当前的英欧退出协议，事实上北爱尔兰将留在欧盟关税区，与爱尔兰共和国的经济联系会进一步增

---

① “Statistics on UK - EU trade,” Published Friday, November 1, 2019, https: //researchb-riefings. parliament. uk/ResearchBriefing/Summary/CBP - 7851#fullreport.

② Joshua Warner, “How will Brexit impact UK financial services?” https: //www. ig. com/uk/trading - strategies/how - will - brexit - impact - uk - financial - services - - 181114.

强，与英国本土的经济联系会逐渐弱化。从长期看，人口变化及经济相对爱尔兰共和国的滞后将加快北爱尔兰与爱尔兰共和国的统一进程。调查显示，亲爱尔兰的天主教人口已经超过亲英国的新教人数，略超过半数的北爱尔兰民众支持与爱尔兰的统一①。苏格兰民族主义情绪进一步上扬，要求再次举行独立公投。尽管英国首相约翰逊声称不会同意苏格兰再次举行公投，但不排除未来的英国政府可能在苏格兰的压力下同意其再次举行独立公投的可能。而且更重要的是，占主体的英格兰人并不强烈反对苏格兰或北爱尔兰脱离英国，相当一部分英格兰民族主义者认为，如果它们要独立就随它们去。数据显示，大多数保守党人宁愿接受苏格兰和北爱尔兰离开英国的后果，也要坚决脱离欧盟。②

至于英国的国际影响力，短期肯定是受损的，最近三年来，由于英国忙于脱欧，在国际事务中的能见度已明显下降。

不能确定的是，脱欧后的英国能否克服上述短期不利影响，最终成为一个能发挥独特影响力的重要国家。目前看很难有一个清晰的结论，只能做一种推理上的分析。英国是个自由主义的国家，推崇自由贸易，认为欧盟保护性太强，官僚主义严重，繁文缛节太多，希望从欧盟独立，获得经济、贸易以及社会规则方面的自主权，能够自由地与世界上其他国家签署贸易与投资协定，“全球英国”③ 以及“泰晤士河畔的新加坡”是脱欧派的口号。这也是英国政府即使冒着最终可能失去北爱尔兰的风险，也要坚决退出欧盟单一市场和关税联盟的原因。未来英国的政策取向重点可能在三个方面：一是经济开放；二是经济自由化；三是专注自身比较优势。长期以来，英国都是一个经济上生气勃勃的国家，相对欧洲大陆更为开放，其经济、文化及社会的基本面不会因脱离欧盟而有什么根本性变化。英国长期坚持自由贸易，脱欧后将更为开放，这一方面与欧盟的对比将更为突

---

① Tony Barber, “Brexit raises the spectre of the UK's break - up,” *Financial Times*, October 22, 2019.

② James Cook, “ Will Brexit break Britain, and would England care?” July 23, 2019. https: //www. bbc. com/news/uk - scotland - 49053233.

③ “Appendix: Memorandum from the Foreign and Commonwealth Office,” https: //publications. parliament. uk/pa/cm201719/cmselect/cmfaff/780/78008. htm#_ idTextAnchor035.

出。英国并不特别焦虑贸易上的巨额逆差，而是看重自身比较优势，看重从全球进口价廉物美的商品以及吸引外资，英国并没有欧洲大陆的“冠军企业”情结，更关心的是就业而不是品牌的归属。对贸易与投资的开放会形成英国对欧盟的比较优势。因此，从长期看，英国经济活力可能会强于欧洲大陆。

如果英国能处理好自己的经济、社会和政治问题，能在对外关系中奉行务实、灵活立场，也有其国际空间。而且英国仍是联合国安理会常任理事国，其文化、媒体、金融等仍有重要的全球影响力，这些都不会因为脱欧而变化，因此从长期看很难断言英国国际地位会持续下降。

二、欧盟未来不确定性上升

英欧分家，从短期看英国所受影响和损失大，但从中长期看，英国的退出对欧盟的改变和影响将更为深刻。事实上，由于英国自 2016 年公投以来已基本上不参与欧盟事务，这种改变已经在发生。其一，欧盟保护主义更为突出。英国是自由贸易和投资的旗手，是推动欧盟保持开放的重要力量，英国的退出将大大改变欧盟内部对全球化和自由贸易的看法和政策。近年来欧盟出台了诸多限制贸易和投资的政策，比如强化贸易救济措施，加大对外来投资的审查力度等。其二，对经济的政府干预开始增多。英国在经济上主张自由主义，反对政府过多干预。但现在欧盟的政府干预正明显增多。法国和德国 2019 年初力推西门子和阿尔斯通机车业务的合并，打造欧洲冠军企业①。欧盟正酝酿推出干预性更强的产业战略②。其三，防务一体化提速，战略自主建设渐渐形成共识。英国始终认为欧洲的防务要靠北约，欧盟不能另搞一套，因此长期反对欧盟防务一体化。但近年来欧盟在防务一体化方面迈出了实质性步伐，如建立防务基金，推出“永久结构

① Rochelle Toplensky, Victor Mallet, Tobias Buck, “France and Germany rally support for Siemens - Alstom merger,” *Financial Times*, January 22, 2019.

② Council of the European Union, COUNCIL CONCLUSIONS ON AN EU INDUSTRIAL POLICY STRATEGY: A VISION FOR 2030, Brussels, May 27, 2019, https://www.consilium.europa.eu/media/39507/st09706-en19.pdf.

性合作”（PESCO）①，加强防务合作特别是防务工业一体化，扩大联合军事行动指挥中心，建立“欧洲危机预防中心”等。所以，英国在还尚未正式退出欧盟的时候，欧盟已开始由于英国的不作为而发生重要变化。

英国退出欧盟后，欧盟内部力量对比将会发生更为明显的变化。其一，法国和德国的影响力上升，二者在维护欧洲一体化方面有共同利益，协同性上升。但与此同时，英、法、德三大国相互牵制的平衡被打破，比如以往法国可以依靠英国推动德国和欧盟在全球事务上更为积极，包括进行所谓人道主义干预；而德国则往往依赖英国抵制法国过于强烈的欧洲主义（即把欧洲建设引向平衡美国的轨道上），以及抵制法国的经济保护本能。未来法、德两国直接面对彼此，没有第三方的协调和平衡，二者政策分歧也可能更难解决，矛盾也可能会更大。其二，由于法国、德国、意大利、西班牙等主要经济体都属于欧元区，非欧元区板块在英国离开后将更为弱势，欧元区 19 国对欧盟的主导性也将更大，丹麦、瑞典、波兰、匈牙利、捷克等非欧元区国家与欧元区的矛盾也将更为突出。其三，英国对欧盟委员会以及欧洲议会等超国家机构有着本能的猜疑，反对欧盟的集权化趋向。英国退出后，欧盟内政府间主义力量下降，超国家主义力量上扬，欧盟可能在更多领域采用共同体模式（即决策方式采用多数表决而不是一致通过），欧盟内部近年来在外交、税务等领域采用多数表决的呼声持续上升。欧盟内部力量对比的变化有利于欧洲一体化，比如在外交、防务等领域可能取得新的进展。但新产生的矛盾如德法平衡及欧元区与非欧元区国家平衡的改变将增加相关国家之间的猜忌，从而为欧洲一体化发展带来掣肘。

欧盟的国际影响力将随着英国的退出而下降。从经济上看，英国是欧盟内第二大经济体，其 GDP 相当于欧盟 19 个小国的总和，欧盟市场规模将因英国退出缩水 1/6。欧盟号称规范和标准制定的超级大国，是全球贸易协议的重量级谈判对手，但随着市场规模的缩小，其在全球的规则和标

① “Defence cooperation：23 member states sign joint notification on the Permanent Structured Co-operation（PESCO），” http：//www. consilium. europa. eu/en/press/press - releases/2017/11/13/defence - cooperation - 23 - member - states - sign - joint - notification - on - pesco/.

准制定能力自然也会下降。从外交和战略上看，英国与法国一起，是欧盟少有的具有全球视野和全球利益的成员国，随着英国的退出，欧盟对全球事务的关注度、参与度和影响力将逐渐下降。

有一种观点认为，因为英国长期扮演欧洲一体化的反对和搅局者角色，所以英国退出会有利于欧洲一体化的深化发展，而欧洲一体化的深化发展会增强欧盟的凝聚力和实力及在国际上的话语权。这一看法看似有一定道理，比如在防务合作方面，欧盟可能会有较大进展，但其实并不尽然。欧盟的未来在于欧元区的改革和发展。目前欧元区仍然危机四伏，其生存问题并未完全解决。包括德法之间在欧元区的未来发展方向上仍有重大分歧。但这与英国并无关系。欧盟的防务发展有其限度，法国最为热心，但北欧及中东欧多数国家并不积极，包括德国也对其可能影响跨大西洋关系而顾虑重重。2019 年 10 月 21 日，法国总统在接受英国《经济学人》采访时语出惊人称北约“脑死亡”[①]，招致波兰[②]、德国[③]等国批评。所以即使英国退出了，欧盟的防务一体化在内部也仍有强大阻力，英国的退出并不意味着欧洲一体化会更为顺利。

三、英欧关系潜藏风险

按照当前英国与欧盟达成的退出协定，英欧关系有一段过渡期，持续到 2020 年 12 月底。在过渡期内，英国将失去欧盟成员资格，对欧盟事务没有任何决策权，但承担作为一个成员国的所有义务，即所有的现行规则保持不变，英国仍需要遵守欧盟规则，并缴纳欧盟预算费用，过渡期可以延长，但只能延长一年或两年。如需延期，英国和欧盟双方都必须同意。

---

① “Emmanuel Macron warns Europe：NATO is becoming brain - dead,” November 7, 2019. https：//www. economist. com/europe/2019/11/07/emmanuel - macron - warns - europe - nato - is - becoming - brain - dead.

② James Shotter, “Poland’s prime minister brands Macron ‘irresponsible’ on Nato,” *Financial Times*, November 11, 2019.

③ Victor Mallet, Michael Peel and Tobias Buck, “Merkel rejects Macron warning over Nato ‘brain death’,” *Financial Times*, November 8, 2019.

但约翰逊已多次做出承诺，将不会延长过渡期，而且将这一承诺写进了脱欧法案。也就是说，不论英国与欧盟到时是否签署新的贸易协议，英国都于2020年12月底前离开欧盟。英国的目的是尽可能在过渡期内与欧盟就彼此经贸关系达成协议。但英欧双方是否能在过渡期内完成贸易谈判并签署协议还是未知数。为何谈判过程中双方对彼此的态度以及谈判结果会深刻影响未来英欧关系？

从本能上看，欧盟应该并不乐见一个兴旺发达的英国。如果英国在脱离欧盟后发展良好，表现优于欧盟及法、德等多数欧洲国家，那这一结果将证明，脱欧对英国来说是一个正确的选择，这将会对欧盟内其他怀有异心的成员国造成致命的吸引力。比如欧元区之外的丹麦、瑞典等欧盟预算的净贡献国，甚至欧元区内的荷兰等国要求脱欧的呼声都会高涨。特别是如果欧盟不能解决自己的一些结构性问题如欧元区治理改革、移民问题，导致欧盟爆发新的债务危机或难民危机，这将不可避免地催生新的脱欧危机，不仅是丹麦、瑞典等边缘国家，甚至法、德、意等核心国家都可能出现问题，比如极右翼在法国赢得总统选举等，这会导致欧盟的松散化甚至分崩离析。这一结果是欧盟不愿见到的。

在未来的英欧经济关系谈判中，欧盟将尽最大可能确保英国留在欧盟规范的轨道上，压缩英国在规范及标准等方面的独立性。欧盟绝不希望看到家门口有这样一个大型经济体，以低税率、较宽松的社会和环境标准等对欧盟搞“不公平竞争”①。德国总理默克尔已经有这种预期，称英国脱欧后作为第三方将成为欧洲的竞争者②。因此，可以预见，在后续的经贸关系谈判等方面，欧盟会给英国制造难题。欧盟的心理动机是，脱欧是英国自找的，而且还拖累了欧盟，所以退出就要付出代价。但欧盟这一做法可能带来严重后果。

---

① Daniel Boffey and Jon Henley, “Merkel warns of danger to EU of Singapore - style UK on its border,” September 11, 2019, https://www.theguardian.com/world/2019/sep/11/angela - merkel - stresses - danger - of - britain - becoming - singapore - on - thames - no - deal.

② Rym Momtaz, “Merkel sees post - Brexit UK as ‘potential competitor’ to EU,” October 13, 2019. https://www.politico.eu/article/angela - merkel - sees - post - brexit - uk - as - potential - competitor - to - eu - emmanuel - macron/.

关于这一点，有一种说法是，可以看看苏联解体后的俄罗斯[①]。英国与俄罗斯有一定的可比性：两者都处于欧洲的边缘地带，也都担心欧洲联合的力量，所以欧洲两个主要国家都待在欧盟之外并不特别奇怪。苏联解体后，俄罗斯觉得被西方乘虚而入占了便宜，对北约、欧盟东扩挤压其地缘空间一直心怀不满。2014 年乌克兰危机的爆发就是因为俄罗斯反对欧盟与乌克兰签署联系协定。俄罗斯的例子说明，即使一个大国因为解体而实力下降了，但如果怀恨在心，也会对欧盟利益造成重大损害。当前英国国内就有不少观点认为欧盟利用了英国的困境，分割北爱尔兰，鼓励苏格兰独立。如果欧盟利用了英国脱欧后的困境，也可能激发英格兰民族主义，恶化英欧关系。尽管英国与欧盟有共同的价值观，但地缘政治并不只是价值观驱动，情感与战略利益也会起到重要作用。如果未来在英欧贸易谈判中，欧盟对英国要价太高，或者双方无法在过渡期内达成经贸协议，将对英欧经济甚至政治和安全关系构成严重冲击。

总而言之，英国问题将长期困扰欧盟。如果英国脱欧后陷入困境，英国人可能将其归因于欧盟的打压，进而增加双方对彼此的敌对情绪；反之，如果英国脱欧后发展良好，将创造一种不同于欧盟成员国身份的发展模式，进而成为欧盟内其他三心二意成员国的榜样，导致欧盟内部不稳甚至崩溃解体，退化为一个自由贸易区。

四、英美欧三边新竞合

英国和欧盟有共同的价值观，也有相似的地缘政治目标，对全球事务的看法一致性较强，比如在伊朗核问题、气候变化、叙利亚等问题上，英国往往与欧盟而不是美国立场一致。英欧过渡期结束后，尽管英欧双方仍有价值观及利益上的共同性，但利益与外交及安全政策取向上的差异也会增多，其远期地缘政治影响会逐渐显现。英国的“全球英国”口号将逐步变为现实，经济、外交重心会进一步转向亚太，与北美、澳洲及南亚等英

---

① Gideon Rachman, “Britain and Russia are Europe’s odd couple,” *Financial Times*, October 28, 2019.

语国家的经贸、人文联系也将更为紧密。因为地理原因与欧盟联系仍会紧密，但双方的竞争性将日益凸显，特别是在经贸、科技、投资以及金融等领域。与此同时，欧盟在失去英国后，对全球事务的兴趣以及参与能力都将大大下降，更为内向；外交将更为收缩，更多聚焦中东、非洲等近邻地区。

英美向来有所谓特殊关系，英国之所以长期在欧盟内三心二意，并不乐意参与一体化进程，部分原因就是认为自己并不完全属于欧洲，并不完全是一个欧洲国家，而更多是一个跨大西洋国家，退出欧盟后可以进一步发展与美国的特殊关系。英国脱欧后，从短期看，英美关系将更为紧密。英美双方均一再表示，一旦英国脱欧，英美将立即着手签订更紧密的经贸协议。一方面，英国除加强与包括美国在内的英语国家的联系外，别无选择，因而在很多地缘政治问题上将不得不迁就美国；另一方面，至少美国特朗普政府乐见英国脱欧，认为这有利于分化欧盟，弱化欧盟抗衡美国的实力；同时也更有利于美国控制英国。因为英国对美国的需求会远大于美国对英国的需求。这为美国影响英国提供了抓手。但是从中长期看，如果美国对英国更多只是索取，而不是支持和帮助，未来英美关系不一定会更紧密，英国也不会把所有的蛋都放在美国这一个篮子里。关于英美未来的经贸协定，英国国内已经有激烈争论，例如认为美国的氯洗鸡等产品会大量进入英国，还认为美国会削弱英国的国民卫生体系等①。从目前状况看，未来英美未来将更不平衡，美国习惯性的单边主义霸凌政策将对英美关系构成更大压力。此外，任何事情都有正反两面。英国脱欧可能方便了英美之间的经贸联系，但鉴于英国长期在欧盟内扮演美国特洛伊木马的角色，英国退出欧盟后，美国也失去了通过英国影响欧盟的渠道。所以从这方面看，英国对美国的重要性是下降的。

过去几年，欧美关系已经走在下行通道上。英国脱欧后，短期而言，欧美关系不会有太大的变化。但从中长期看，欧美关系将进一步疏离、弱化。从经济上看，一方面，美国奉行单边主义，欧盟自身保护性趋强，未

---

① The Editorial Page，“After Brexit，a U. S. Trade Deal，” https：//www. wsj. com/articles/after - brexit - a - u - s - trade - deal - 11567033654.

来双方达成综合性高水平贸易协定的可能性大大降低。另一方面，欧美经济上的竞争性和对抗性正在上升，新一届欧盟委员会已经表明立场，未来对待美国高科技公司的立场将更为强硬。由于没有英国的协调和反对，欧盟内部将更易做出针对美国高科技公司的决策。此外，欧洲国家中，英美相互贸易与投资最为紧密，英国的退出显然会大大减少欧美之间的贸易与投资额，弱化欧美长期经贸联系。

从战略上看，欧盟推进战略自主建设是一个长期趋势，而欧盟所谓战略自主，其针对对象首要就是美国，即在外交与安全领域获得相对于美国的自主决策和“自由行动的能力”①。在防务方面，欧盟在防务工业一体化方面已经迈出重要步伐，欧盟下一个 7 年预算（2021—2027 年）还将计划安排 130 亿欧元的防务基金，引导欧盟国家防务合作，这是其历史上首次。显然，欧盟在武器上的自给自足将弱化欧美防务联系，也会招致美国的不满，进而损害北约，形成一个恶性循环。在金融和科技方面，欧盟也在建设所谓金融主权及科技主权，这些很明显都是在针对美国，比如，通过强化欧元的国际储备货币地位，降低对美元的依赖等。

从人文上看，在欧洲国家中，英美之间的各领域、各层次的交流无疑是最为紧密的，美国人对英国人也相对更为信任。如果没有英国在欧美之间的协调，欧美双方将更容易相互猜忌，双方之间的分歧和矛盾也将更难化解。这从长期看也是不利于欧美关系发展的一个重要因素。总之，一个没有英国的欧盟，与美国的经济、文化、防务等各领域的关系都会逐渐的弱化、分化。

五、俄罗斯战略空间增大

目前英俄关系很差，英国脱欧后，从短期看，双方关系也很难有大幅改善。但双方对彼此的态度和政策会逐渐发生调整和变化，原因在于，英

① “Ambassadors’ conference – Speech by M. Emmanuel Macron, President of the Republic,” https: //lv. ambafrance. org/Ambassadors – conference – Speech – by – M – Emmanuel – Macron – President – of – the – Republic.

国会发现自己处于和俄罗斯相似的地位，都处于欧洲的边缘，都作为第三方、甚至作为竞争者处理与欧盟的关系，都担心欧盟的联合会对自身利益构成损害，都有发展与某些欧盟成员国的密切关系以试图影响欧盟决策的需要，也就是在某种程度上对欧盟“分而治之”。所以从长期看，英俄双方在对欧问题上会有更多的利益交融及合作空间，甚至不排除双方在某些议题上联合对付欧盟的可能。如果未来美俄关系改善，也将促进英俄关系的发展。

欧俄关系自2014年乌克兰危机以来一直陷入僵局，英国脱欧后，欧盟内的对俄强硬派力量受到较大削弱，波兰及波罗的海等中东欧对俄强硬的国家将面临欧盟调整、改善与俄关系的较大压力。法国总统马克龙基于当前国际形势变化的需要，已经明确提出要加强对俄合作，声称“将俄罗斯推离欧洲是个战略错误”①。随着欧美关系的疏离，欧盟战略重点向其周边收缩，欧俄会有更大的内生性合作需求和空间。

英国脱欧也会改变俄罗斯与西方整体的关系。东西方的对立固化于冷战时期，近年来，西方内部主要是欧美之间发生较大变化，东方国家间关系也在加速调整。也就是说，西方内部有矛盾和斗争，东方国家也不是铁板一块，传统东西方间整体性、系统性对立甚至对抗性关系已发生较大变化。英国脱欧将加剧这一发展趋势。英国退出欧盟后，英、欧由一家人的关系将逐渐演变成至少在经济等领域是竞争对手，西方主要由欧美组成的板块将逐渐演化为美、英、欧三边关系，三者之间关系虽不平衡，但三者利益显然不尽相同，也就是说，西方内部关系将更为复杂，这种关系将逐渐由利益而非价值观主导，这会继续加大西方内部的分化。俄罗斯与西方间意识形态因素虽然仍将发挥重要影响，但利益将占据更重要地位。总体看，英国脱欧将有助于弱化西方概念，有利于减少东西方的整体性和系统性对立，增大俄罗斯与西方合作的兼容性。未来俄罗斯与西方国家间的竞合博弈关系将更为复杂。

---

① “Ambassadors’ conference - Speech by M. Emmanuel Macron, President of the Republic,” https://lv.ambafrance.org/Ambassadors-conference-Speech-by-M-Emmanuel-Macron-President-of-the-Republic.

中编　世界之变

第八章

美国不再可靠

自二战以来，跨大西洋联盟一直是欧洲国家安全、外交乃至经济政策的基石。但特朗普时期，美国在安全、经济等诸领域对欧洲盟国不断进行强刺激，终于开始促进欧洲人反思、反省。跨大西洋关系面临前所未有大变局。

第一节　欧美关系的变化

特朗普已经下台，但其执政的 4 年时间可能已经彻底改变了跨大西洋联盟，给欧盟造成的创伤也可能长期存在。从美国方面看，特朗普政府以自我为中心，对欧洲和跨大西洋联盟的轻忽甚至敌意显而易见。其一，简单粗暴，以单边主义做法频频践踏欧洲重大安全利益。伊朗核协议是欧洲国家多方努力的结果，欧盟视之为最大外交成就之一，既有效解决了中东的核扩散问题，也避免了美伊战争风险。因为利害关系重大，欧洲国家持续加大力度做美工作，希望特朗普政府能留在伊朗核协议内。2018 年 4 月 23—25 日及 4 月 27 日，法国总统马克龙和德国总理默克尔相继访美，就劝阻特朗普退出伊朗核协议做最后的努力。但特朗普并未因欧洲人的恳请而改变，于 2018 年 5 月 8 日宣布美国彻底退出伊核协议，并恢复对伊朗的严厉制裁。特朗普在随后发表的讲话中称：“我们将采取最高级别的经济制裁。任何帮助伊朗谋求核武器的国家也会受到强硬制裁。"[①] 这是对欧洲人发出的明确无误的信号。也就是说，美国将对所有与伊朗进行贸易、购买伊朗石油、交易外汇或在那里投资的国家进行制裁。这自然包括欧洲国家。2020年初，美国在盟友毫不知情的情况下，暗杀了伊朗革命卫队领导人苏莱曼尼，引发中东局势紧张，进一步损害欧洲利益。特朗普的决定对欧洲是极大刺激，因为这再次表明，欧洲的利益并不在特朗普的考虑之内。从目前看，欧洲国家包括英、法、德在内仍希望维护伊朗核协议。伊朗也表示，只要欧洲国家能保证伊朗的正常贸易包括石油出口的权利，伊朗准备留在核协议内。但欧洲国家即使政府有意愿，也很难保证满足伊朗要求。因为欧洲企业与伊朗进行交易将面临极大风险。如果伊朗也退出核协议，继续推进核项目，将引发中东连锁反应，沙特、埃及等国也可能会寻求发展核武器，中东核扩散风险巨大。沙特王储穆罕默德·本·萨勒曼曾表示，如果伊朗研制出核武器，利雅得将跟进[②]。美国也可能对伊朗实施打击，这将引爆中东，制造更大规模难民潮，而这无疑是欧洲另一噩梦。除退出伊朗核协议外，特朗普政府不顾欧盟利益的另一重大举措是，承认耶路撒冷是以色列首都，并将驻以色列大使馆从特拉维夫迁至耶路撒冷，并强硬推出"新中东和平计划"，这一80页的计划打破了过去美国长期以来的说法，承认以色列在西岸被占领土上的定居点合法，承认耶路撒冷是以色列不可分割的首都，简单地说，要求巴勒斯坦出让更多的领土[③]。巴以冲突是中东乱局根源之一，也是穆斯林民众不满甚至敌视以色列及欧洲的总根源。欧洲长期坚持以两国方案解决巴以问题，促进中东和平与稳定。在欧洲多数国家看来，特朗普的做法无疑将彻底毁掉巴以和平共处前景，增加中东冲突风险，冲击欧盟安全利益。欧盟共同外交与安全政策高

---

① "Read the Full Transcript of Trump's Speech on the Iran Nuclear Deal," *The New York Times*, May 28, 2018, https://www.nytimes.com/2018/05/08/us/politics/trump-speech-iran-deal.html.

② Tom O'Connor, "SAUDI ARABIA SAYS IT WILL BUILD NUCLEAR BOMB IF IRAN DOES," http://www.newsweek.com/saudi-arabia-says-it-will-build-nuclear-bomb-if-iran-restarts-program-917949.

③ "EU slams Trump's Middle East peace plan," https://www.dw.com/en/eu-slams-trumps-middle-east-peace-plan/a-52256384.

级代表博雷尔发表称，特朗普政府的新中东和平计划“不符合国际准则”，并“对以色列可能兼并约旦河谷及部分西岸地区格外担忧”[①]。

其二，视欧洲为经济竞争对手而非战略合作伙伴。毋庸讳言，欧美经济竞争和摩擦并不是现在才有。2002 年 3 月，当时的小布什总统出于选举考虑，力挺“钢铁州”，对部分钢材征收 8%—30% 的进口税。此举亦引发欧盟反弹，并上诉至世界贸易组织。美欧围绕波音和空客的补贴问题缠讼数十年，至今未解。从总体看，美欧均能就事论事，就经济谈经济，也基本是在世界贸易组织的框架和规则下行事。但特朗普政府当前在经济上对欧洲显然有明显敌意。特朗普多次指责欧洲国家对美国搞不公平竞争，尤其认为德国“坏”[②]。特朗普以所谓保护国家安全为名，对输美钢铁和铝产品分别征收 25% 和 10% 的关税。欧盟作为美国最大盟友，并未受到特别对待。在两次做出暂时豁免欧盟钢、铝产品的决定后，美国于 2018 年 6 月 1 日开始对欧盟输美钢铝产品征收特别关税。法国财政部长布鲁诺·勒梅尔表示，“（特朗普）政府没有任何理由对欧盟加征关税，钢、铝产品过剩不是我们的责任”，“欧盟决不接受在压力下谈判”。[③] 美国可能再度以“国家安全”为由，对进口汽车加征最高 25% 的关税。如果说欧洲对钢铝产品关税尚能忍受，对汽车征税将是不可承受之重，特别对德国来说更是如此。在欧洲看来，对美国国家安全构成威胁的，绝不可能是欧盟，美国将枪口对准盟友，实在是情何以堪。

其三，蔑视欧洲价值观，冲击同盟基础。欧洲素有价值观外交传统，认为民主、人权、基于规则的国际体系和多边主义、国际机构和自由贸易等等是国际社会和平稳定的保证，是欧洲的最大利益所在。在欧洲国家看来，自 20 世纪 50 年代以来，强大的跨大西洋关系一直是这一体系的最大

---

① “EU slams Trump’s Middle East peace plan,” https://www.dw.com/en/eu-slams-trumps-middle-east-peace-plan/a-52256384.

② Mark Landler, “Blind Spots in Trump’s Trade Tirade Against Germany,” *The New York Times*, May 30, 2017, https://www.nytimes.com/2017/05/30/world/europe/trump-merkel-germany-macron.html.

③ Silvia Amaro, “French minister pushes for exemption from US tariffs,” https://www.cnbc.com/2018/04/28/eu-pushes-back-on-us-tariffs-potential-trade-war-french-minister.html.

保证，而美国的作用不可或缺。尽管美国不时推进单边主义霸权政策，欧洲仍认为美国总体上是良善力量，基本上认可并维护美国在世界的领导地位。但自特朗普上台以来，欧洲所珍视的价值观一一遭其嘲讽甚至抛弃。特朗普政府公然抛出“禁穆令”，限制叙利亚等多个穆斯林国家的民众入境，在欧洲主流政治精英看来是厚颜无耻的种族歧视，严重的政治不正确。特朗普公开指责甚至攻击德国及欧洲的难民政策，威胁退出世界贸易组织，退出气候变化《巴黎协定》，退出伊核协议，毫无顾忌。欧洲认为，美国是“自由世界”的稳定锚，美国的退出必将弱化跨大西洋联盟，而欧洲自身无力领导“自由世界”，这必将导致威权主义国家影响力的扩展及西方主导的国际秩序的坍塌。2020 年 2 月 14—16 日召开的第 56 届慕尼黑安全会议主题是“西方的缺失”①，就反映了欧洲的一种挫败情绪，欧洲认为，传统意义上的“西方”正经历内部分裂和外部冲击，日渐衰落。

其四，乐见欧盟解体。战后欧洲一体化的启动，美国是最大的推动力。美国国内虽然对欧盟及欧洲一体化的发展是否对美国有利有不同看法，但历届美国政府基本上均奉行支持欧洲一体化的政策立场。特朗普对多边机构和国际组织有本能的敌视，认为其存在就是为了限制和约束美国。特朗普认为欧盟作为一个多边组织，也从根本上对美国不利，比如特朗普就指责德国利用欧盟操纵汇率，损害美国利益。因此，特朗普称英国脱欧是“伟大的历史事件”，是“很好的事”②，希望看到其他国家效仿等表态并不是一时冲动，而是他对欧盟长期敌意的本能反应。特朗普还对欧洲国家反欧盟和欧洲一体化的极右翼民粹主义持支持态度。可以说，特朗普完全背离了历届美国总统对欧洲一体化和欧盟的官方立场，对欧盟展现了前所未有的漠视甚至敌视态度。

综上，与以往跨大西洋关系中发生的矛盾集中于某一事件如越战、伊拉克战争、对苏联政策等等不同，当前特朗普政府可谓是在外交、安全、

---

① “Westlessness：Munich Security Report 2020,” https：//moderndiplomacy. eu/2020/02/17/westlessness - munich - security - report - 2020/.

② “Donald Trump in Scotland：‘Brexit a great thing’,” https：//www. bbc. com/news/uk - scotland - glasgow - west - 36606184.

经济、价值观等诸多领域对欧洲发起了全面挑战。

从欧洲方面看，长期以来，跨大西洋联盟几乎是欧洲国家所有外交和安全政策的基石，“大西洋主义”在几乎所有欧洲国家都占据着主导地位。但从目前看，欧洲绝大多数国家政府和民众全面“疑美”，特别是讨厌甚至憎恶特朗普，这是跨大西洋关系中历来罕有的现象。

在欧洲三大国中，法国历来是欧洲主义而非大西洋主义更为突出，尽管法国总统马克龙竭力加强与特朗普的私人关系，试图以此影响特朗普，但目前看是完全失败，无论是在应对气候变化的《巴黎协定》、美国将驻以色列使馆从特拉维夫迁到耶路撒冷还是在伊朗核问题，以及在美国对欧盟钢、铝产品征收关税等诸多重大问题上，马克龙均无法说服特朗普改变主意。其与特朗普的友谊“只是一个幻象”①。在2018年的G7会议后，马克龙对美批判趋于激烈②。英国奉行全面的大西洋主义，当大西洋两岸发生矛盾时，英国更多时候是与美国站在一起反对老欧洲，但目前在安全及经济等几乎所有领域，正在与欧盟较劲的英国都是选择与欧洲而非美国为伍。德国历来既亲美又亲欧。自1949年联邦德国建立以来，跨大西洋关系就是德国内外政策的基石。中左的施罗德政府曾公开谴责小布什政府发动的伊拉克战争，但亦仅限于此，是反对伊拉克战争这一具体事件而非质疑跨大西洋联盟本身。默克尔本人也曾是坚定的大西洋主义者。但从目前看，德国对美认知和政策正发生较大调整。2017年5月28日，德国总理默克尔发表讲话称，“当然，我们依然是美国和英国的朋友，如果可能也可与俄罗斯做成好邻居。但是我们清楚，作为欧洲人，我们应当自己奋斗，为了我们的未来和命运”。默克尔还声称，“我们能完全依赖他人（指

---

① Pauline Bock, “Emmanuel Macron’s make – believe bromance with Trump has finally backfired,” https://www.newstatesman.com/world/north – america/2018/06/emmanuel – macron – donald – trump – bromance – france – us.

② “Merkel labels Trump behaviour ‘a bit depressing’ as G7 agreement lies in tatters,” https://news.sky.com/story/g7 – row – emmanuel – macron – attacks – donald – trumps – fits – of – anger – 11400497.

美国）的时代已经结束”①。默克尔这番讲话被广泛引用，作为德国和欧洲对美国和跨大西洋联盟政策生变的最有力证据。当然，默克尔这番讲话有当时面临选举的国内政治背景，但其对美国和跨大西洋关系的质疑程度却是前所未有，也在很大程度上传达了欧洲心声。如果说政府还在努力维系与美国关系及跨大西洋同盟，欧洲民众对美国特别是特朗普本人的看法则更为负面。德国对美国看法最为负面，为 62%，西班牙是 60%，荷兰是 59%，即使是在与美国有特殊关系的英国，也只有 50% 的民众对美国持正面看法②。

第二节　背景和原因

从表面看，跨大西洋关系的变化及不确定性增加的直接原因是特朗普，但特朗普只是现象而非原因。事实上，无论是美国还是欧洲，以及跨大西洋关系自冷战以来一直在发生变化，有些是短期和暂时的，有些则是结构性的。当前跨大西洋关系的变化虽聚焦于特朗普，实际上是欧美地缘政策差异、经济竞争及内部社会、政治变化等多种因素综合作用的结果。

其一，欧美地缘政治取向差异日趋明显。美国是两洋国家，重心长期在大西洋，但随着中国及亚太地区的整体发展，美国战略重点逐渐转向亚太，奥巴马政府时期最大的外交战略调整就是所谓的“重返亚洲”战略，也即亚太“再平衡”战略③。出于反对奥巴马一切政治遗产的目的，特朗

① Jon Henley, “Angela Merkel: EU cannot completely rely on US and Britain any more,” *The Guardian*, May 28, 2017, https://www.theguardian.com/world/2017/may/28/merkel-says-eu-cannot-completely-rely-on-us-and-britain-any-more-g7-talks.

② “U. S. Image Suffers as Publics Around World Question Trump's Leadership,” http://www.pewglobal.org/2017/06/26/u-s-image-suffers-as-publics-around-world-question-trumps-leadership/.

③ Patrick Goodenough, “In Europe, Kerry Says U. S. ‘Pivot’ to Asia Won't Come at Europe's Expense,” February 27, 2013, http://cnsnews.com/news/article/europe-kerry-says-us-pivot-asia-wont-come-europes-expense.

普政府不再提及亚太“再平衡”战略，欲推进所谓“印太战略”，实质是换汤不换药。

美国注意力转向中国和亚太的同时，对欧洲的关注逐渐减少，特别是跨大西洋关系最重要的纽带即防务联系也在减少。一是美国在欧驻军急剧减少。1989 年，美国在欧驻军是其在东亚驻军的 3 倍，但到 2016 年，美国在日、韩两国驻军已超过美国在整个欧洲的驻军人数①。二是欧洲国家从美国采购的军火也持续减少。从 1989—1999 年，约 30% 的美国军备出口到北约盟友，从 2008—2017 年，这一比例下降到不足 6%②。对欧洲关注的减少必然意味着对欧洲关切和利益敏感性的下降，也就是说，美国在很大程度上不再把欧洲的安全利益视为自身安全利益。

美国视中国为最大的对手和安全威胁，但欧洲并不以为然。2014 年欧洲国家不顾美国的反对纷纷加入亚洲基础设施投资银行表明，其一，由于对美国安全依赖的下降，欧洲在外交上相对而言有更大的自由度；其二，欧洲有自己的利益，并不必然认同美国的安全威胁认知。欧洲的安全利益主要在大周边地区，南边是中东，东边是俄罗斯。中东在二战后很长时间内是美国和欧洲共同的地缘政治重点之一，出于美苏争霸及获取石油、强化美元地位（石油交易的美元结算）、维护以色列安全等目的，美国对中东地区投入极大。冷战结束以来，中东地区对美国战略地位逐渐下降。页岩油和页岩气大量开采后，美国对中东石油依赖度也显著下降。从 2005—2015 年，美国对石油进口的依赖度从 60% 下降到 25%，石油出口增长超过 300%③。中东阿拉伯世界四分五裂，什叶派与逊尼派争斗升级，以色列中东独大，对美需求也在下降。因此，对于中东乱摊子，距离遥远的美国越来越不愿承担责任。与美国主要从战略上关注中东不同，欧洲国家主要

---

① Kristen Bialik, “US active – duty military presence overseas is at its smallest in decades,” Pew Research Center, August 22, 2017. http: //www. pewresearch. org/fact – tank/2017/08/22/u – s – active – duty – military – presence – overseas – is – at – its – smallest – in – decades/.

② “Trend indicator value of US arms exports,” Stockholm International Peace Research Institute “SIPRI arms transfer database”, updated March 12th, 2018.

③ “How much oil does the U. S. export and import?” https: //www. americangeosciences. org/critical – issues/faq/how – much – oil – does – us – export – and – import.

从安全和经济特别是安全方面关注中东。过去几年来，中东地区动荡不止，尤其是叙利亚冲突，制造了大规模难民潮和移民潮。2015 年达到顶点，仅涌入德国的难民就超过 110 万①，形成难民危机，并引发欧洲社会矛盾和政治问题。欧洲反移民、反欧盟的极右翼民粹主义的兴旺发达与此息息相关。在大量中东及其他地区难民及非法移民的冲击下，欧洲传统政治及社会运作面临极大压力，穆斯林移民融合问题、恐怖主义问题及民粹主义问题叠加，互为因果，复杂难解。在此情况下，欧洲迫切需要一个稳定的中东。但在这一问题上，欧洲不但得不到美国的支持，反而承受美国"乱作为"（退出伊朗核协议等）及不作为（拒绝接收难民）的几乎全部后果。

在俄罗斯问题上，欧俄经济联系远远超过美俄经济联系，欧俄贸易额是美俄贸易额约 10 倍，俄是欧第三大贸易伙伴，但只是美第 23 大贸易伙伴②。从 2013 年到 2015 年，美国对俄出口下降 0. 24%，但欧盟对俄出口下降 2. 8%，其中爱沙尼亚下降 12. 7%③。因此，欧洲国家承担了制裁俄罗斯的几乎全部经济后果。而且，在解决欧洲面临的安全问题上，相比传统盟友美国，俄罗斯似乎正成为一个更为理性、也更有合作意愿的安全伙伴，特别是在中东问题上。因此，欧洲国家改善与俄罗斯关系的需求和意愿正在上升。美国对俄罗斯愈来愈强硬的政策一方面是内政考虑，另一方面也是借安全问题试图减弱欧俄能源联系，为最终美国大批量向欧洲出口液化天然气创造条件。正是由于地缘政治取向的不同，欧美共同利益减少，疏离感增强，这一进程实际上在奥巴马政府时期即已开始，只不过当前更为突出。也就是说，尽管跨大西洋联盟由于其巨大惯性仍在持续存在和发展，但已迷失方向，对于这一联盟，欧美双方均不再为维护而维护。

其二，美欧在经济领域的竞争日趋激烈，对立性趋强。在传统制造业

---

① Cynthia Kpoet, "Germany: 1. 1 million refugee arrivals in 2015," https: //www. politico. eu/article/germany - 1 - 1 - million - refugee - arrivals - in - 2015/.

② Office of the United States Trade Representative, "Russia: U. S. - Russia Trade Facts," https: //ustr. gov/map/countriesaz/ru.

③ Moret. E. , Giumelli. F. and Bastiat - Jarosz. D. (2017), "Sanctions on Russia: Impacts and economic costs on the US," Graduate Institute Geneva, March 20, 2017.

领域，欧洲对美国优势较大，美国日益不满。自 2010 年初欧洲主权债务危机爆发以来，在德国带领下，欧盟特别是欧元区国家大力推进紧缩政策，压缩劳动力成本。欧洲央行推出量化宽松等非常规货币政策，拉低欧元汇率，欧元相对美元过去几年大幅贬值。其直接效果是，欧盟特别是欧元区内需萎缩，产品特别是相对于美国产品的竞争力提升，经济增长越来越依赖出口。从 2002—2012 年，欧盟对外贸易一直处于逆差状态，也就是进口多于出口。但从 2012—2016 年，欧盟进口萎缩，出口大幅上涨，转为顺差状态。① 美国是全球最大消费市场，也是欧盟最大出口市场，2017 年，欧盟对美出口占其出口总额 20%②。美国从金融危机中恢复较快，且没有经历欧洲国家严苛的紧缩政策，对相对便宜的欧盟产品吸纳力强，因此，过去几年，欧盟特别是欧元区国家对美出口增长较快，贸易顺差也快速累积。2008 年，欧盟对美贸易顺差 650 亿欧元，2015 年达到创纪录的 1220 亿欧元③。特别是德国，出口占到 GDP 近一半，顺差占 GDP 最高时超过 8%，占欧盟对美贸易顺差近一半。此后欧盟对美贸易顺差持续增长，2019 年欧元区对世界其他地区的出口增长了 2.7%，进口仅增长了 1.5%；欧盟 27 国出口增长 3.5%，进口仅增长 1.3%；欧盟在对美国贸易中仍然展现出巨大优势，美国仍是欧盟的第一大顺差来源国，欧盟对美贸易盈余总额为 1526 亿欧元，同比增长近 150 亿欧元④。这是特朗普政府持续抱怨欧盟特别是德国搞不公平竞争的重要原因。事实上，早在奥巴马政府时期，美国就曾推出购买美国货政策，尽管并不专门针对欧盟，但欧图限制进口欧盟产品则是目的之一。

在极具前景的数字经济领域，美欧控制与反控制的争斗则更为突出，双方对立性也更强。美国在数字经济及高科技领域相对欧洲有绝对的优

---

① “Extra - EU trade in good, Data from March 2018,” http://ec.europa.eu/eurostat/statistics - explained/index.php/Extra - EU_ trade_ in_ goods#Evolution_ of_ extra - EU_ trade.

② “Extra - EU trade in goods, Data from March 2018,” http://ec.europa.eu/eurostat/statistics - explained/index.php/Extra - EU_ trade_ in_ goods.

③ “Extra - EU trade in good, Data from March 2018,” http://ec.europa.eu/eurostat/statistics - explained/index.php/Extra - EU_ trade_ in_ goods#Evolution_ of_ extra - EU_ trade.

④ Eurostat, “December 2019, Euro area international trade in goods surplus €23.1 bn, €23.4 bn surplus for EU27, 30/2020 - 14 February 2020.”

先”的特朗普政府看来，只有美国的利益，没有盟友的利益，且其他所有国家都可能成为对手，包括欧洲盟友，特别是在经贸领域。特朗普政府的民粹性和民族主义注定其会蔑视所有传统意义上的价值体系，包括跨大西洋联盟。从美国当前情况看，民粹主义生存土壤仍然肥沃，未来即使特朗普下台，美国的民粹主义政策极可能延续，只是程度差异而已。应该看到，跨大西洋关系中美国居于绝对的主导地位。因此，美国社会、政治的变化对跨大西洋关系具有决定性影响，无论欧洲人愿意还是不愿意。

从欧洲的情况看，民粹主义虽然尚未大面积登堂入室，但已取得重要进展，包括在意大利、奥地利等国全面或联合执政。民粹主义是相通的，因此，特朗普与欧洲主要民粹主义代表人物也是惺惺相惜。美国驻德大使违反外交礼仪，公开表示支持欧洲的保守派（指极右翼民粹主义）[①]。从表面上看，欧洲更多民粹主义政党的上台可能会有助于欧美领导人间的私人关系，但从长期看，民粹主义的特性将进一步弱化跨大西洋关系的所谓价值观基础，如民主、人权、国际规则及自由贸易等等，从而根本上损害跨大西洋关系。

美国对跨大西洋关系的重视与否很大程度上取决于欧洲盟友是否对美国有用。从目前情况看，欧洲对美国军事上的帮助可能愈来愈小。欧洲国家正快速老化，2015 年全球人口最老的 25 个国家中，欧洲国家占了 22 个[②]。2014 年欧洲劳动人口（15—64 岁）为 3.08 亿，到 2060 年时将下降至 2.65 亿。老年人口依赖率（65 岁以上老人占劳动人口比例）将从 2010 年的 28% 上升至 2060 年时的 58%[③]。德国问题将更为突出，德国当前是欧盟人口最多的国家，但生育率为全球最低之一，根据当前发展趋势，德国

---

① Rick Noack, “U. S. ambassador to Germany Richard Grenell suggests he wants to empower the right,” https://www.washingtonpost.com/news/world/wp/2018/06/04/trumps-envoy-to-germany-wants-to-empower-conservatives-but-he-doesnt-appear-to-mean-merkel/?noredirect=on&utm_term=.a7bdf42a9e38.

② Wan He, Daniel Goodkind, and Paul Kowal, P. (2016), “An Aging World: 2015, International Population Reports,” US Census Bureau, March 2016, pp. 8-10, https://www.researchgate.net/publication/299528572_An_Aging_World_2015.

③ Mark Leonard, Hans Kundnaniapril, “Think Again: European Decline,” http://foreignpolicy.com/2013/04/29/think-again-european-decline/.

人口到2060年时将从当前的8200万下降至6500万人①。一方面国家劳动力减少将导致税收减少；另一方面国家又必须支出更多养老金，用于防务的开支很难提升。因此，尽管特朗普持续抱怨欧洲国家搭便车，但欧洲多数国家包括德国都将有心无力。

欧洲另一个人口问题是，由于难民及非法移民等因素，欧洲穆斯林人口将进一步增加。2016年，穆斯林人口占欧洲经济区（欧盟成员国加挪威等国）加上瑞士人口总数4.9%，预计到2050年时这一比例将上升到7.4%—14%②。而美国近年来移民则主要来自拉美及亚太地区，特朗普政府还有意拒绝穆斯林移民。也就是说，欧美人口结构将发生越来越大的差异。这一人口结构的变化将深刻影响欧美政策趋向，比如欧洲对伊斯兰世界更为敏感，欧洲将有更多的人讨厌甚至憎恶美国；美国更重视拉美及亚太。跨大西洋关系中的人文、血缘纽带将减弱，外交重点也将更为分化。

第三节　跨大西洋关系前景

拜登与民主党对特朗普深恶痛绝，执政后肯定会加速调整对外政策，其中最突出的将是大幅改变与盟友特别是欧洲的交往方式，所以欧美关系改善将势在必行。

其一，双方均有重启跨大西洋关系的强烈意愿。就欧洲来说，过去四年是跨大西洋关系也可以说是西方失去的四年，四年时间虽短，但对美国主导的国际秩序却造成沉重打击。与此同时，非西方世界特别是中国仍然在大踏步前进。所以，法国总统马克龙说“我们也许正在经历西方霸权的

---

① Mike Bird, “Why Germany won’t be in charge of Europe forever,” May 12, 2015, http://uk.businessinsider.com/why-germany-wont-be-in-charge-of-europe-forever-2015-5.

② Pew Research Center, “Europe’s growing Muslim population,” November 29, 2017. http://www.pewforum.org/2017/11/29/europes-growing-muslim-population/.

终结。”[1] 2020 年 2 月 14—16 日召开的第 56 届慕尼黑安全会议主题是“西方的缺失”，也凸显了欧洲人的这种情绪。拜登当选被欧洲视为挽救跨大西洋关系，重振西方士气的重要契机。2020 年 12 月 2 日，欧盟委员会出台了一份名为《欧美应对全球变革新议程》的文件，表明欧洲对加强欧美合作已经迫不及待。从美国方面来说，特朗普的对欧政策一直广受建制派的攻击，认为其忽视盟友，不利于对抗中国。拜登既是大西洋主义者，也认识到单边主义和美国力量的局限性，重视和盟友特别是欧洲的合作，将恢复欧美关系作为重要任务之一，拜登声称“欧盟是不可或缺的首选伙伴”[2]。

其二，欧美三观（世界观、盟友观及价值观）再趋一致。特朗普是一个非典型美国总统，其眼里只有利益和交易，对传统西方价值理念并不在意。特朗普公开宣称“美国优先”，奉行单边主义政策；特朗普还是首个公开敌视欧盟和欧洲一体化的美国总统，称欧盟成立的目的就是为了“占美国便宜”，“欧盟只不过是德国的工具”，欧盟是美国的“敌人”，“对美国很坏，比中国更坏”；“英国脱欧是好事”等等。特朗普与欧盟眼中不听话、走上“专制”“邪路”的波兰、匈牙利等国交好，对强硬脱欧的约翰逊青睐有加，对代表欧洲主流价值观的德国总理默克尔极尽指责等等。但拜登已经表示要回归多边主义，多与盟友协商，他曾反对英国脱欧，对波、匈两国领导人不屑一顾，称两国政府为“极权政体”[3] 等等。因此，预计欧美将有更多的共同语言，而非像特朗普时期那样话不投机半句多。

其三，冲突点减少，国际合作面上升。在贸易方面，美国可能不会再

---

① “Ambassadors’ conference – Speech by M. Emmanuel Macron, President of the Republic,” https: //lv. ambafrance. org/Ambassadors – conference – Speech – by – M – Emmanuel – Macron – President – of – the – Republic.

② Effie G. H. Pedaliu, “The Biden era: What can Europe expect from America’s new President?” November 9th, 2020, https: //blogs. lse. ac. uk/europpblog/2020/11/09/the – biden – era – what – can – europe – expect – from – americas – new – president/https: //ecfr. eu/publication/a – new – transatlantic – bargain – an – action – plan – for – transformation – not – restoration/.

③ Kafkadesk, “Poland and Hungary angered by Joe Biden’s ‘totalitarian regimes’ remark,” October 18, 2020, https: //kafkadesk. org/2020/10/18/poland – and – hungary – angered – by – joe – bidens – totalitarian – regimes – remark/.

以国家安全受威胁为理由，向欧洲商品比如汽车征税，甚至可能取消对欧洲钢、铝产品征收的关税，贸易纷争将更加有章可循。在气候变化、伊朗核问题、世贸组织等国际多边机制问题上，欧洲也能期待美国的合作而非单边主义政策。拜登已经宣称，其执政后的第一件事就是重回巴黎气候协定，并有条件重回伊核协定。预计欧美在G7、G20、联合国等多边机制中的合作将远大于分歧和对立。总之，拜登政府在多边主义以及重视盟友等问题上将会有一个非常明显的转变，欧洲可能再次得到美国的“尊重”而非霸凌。

欧美双方虽均有加强合作、强化盟友关系的较强意愿，但时移世易，欧美内部社会政治及国际地缘经济政治形势均已发生重大变化，简单回到过去已不可能，欧美关系仍将面临重重挑战。

其一，美国社会、政治已经发生深刻变化。美国大选表明，美国社会已经高度分裂，民主、共和两党已经势同水火，特朗普仍得到几乎一半选民的支持，四年后拜登政策被另一个“特朗普”推翻并非不可能。而且民主党在众议院议席减少，对众议院的掌控力已经下降，很可能仍然无法获得对参议院的控制权，也就是说，拜登政府将面临共和党的强力掣肘，在国家治理上很可能一事无成。特朗普的“美国优先”口号已经深入人心，其获得比2016年更多的普选票表明，美国国内经济民族主义、保护主义已经根深蒂固，这是拜登新政府必须面对的现实。实际上，拜登竞选时也允诺要重振美国制造业，迫使联邦机构购买美国产品，对那些试图迁出美国的企业加税等等。所以，拜登可能不会再提“美国优先”口号，但其国内经济及贸易政策与特朗普相比不会有实质性不同，这些也都注定欧美经贸合作难有作为，重启《跨大西洋贸易与投资伙伴关系协议（TTIP)》将是难上加难。拜登已经表明，暂时不会考虑签署新的贸易协定。因此，欧洲虽然对美国新政府充满期待，但仍然将信将疑。

其二，欧洲也在变化，自主性上升。自特朗普执政以来，欧洲对美国的幻想逐渐破灭，对跨大西洋关系从失望到绝望，在现实面前开始痛定思痛。为在变化世界中更为有效捍卫自身利益，欧洲实施了B计划，即寻求在没有美国帮助的情况下如何面对正在急剧变化的世界，采取了系列对冲美国单边主义的措施，其中最重要的是，寻求建设欧洲主权，包括建设防务主权、金融主权、数字或技术主权等等，也就是推进所谓的战略自主，在防务、数字、金融等重要领域降低对美国的依赖。拜登上台后，欧洲是否还会坚定推进战略自主和欧洲主权建设成为欧盟内部讨论的一个焦点话题。拜登当选后，法国总统马克龙就与德国国防部长卡伦鲍尔爆发激烈争执，德国防长卡伦鲍尔称欧洲必须“放弃战略自主的幻想”，依赖美国这一事实无法改变；法国总统声称对这一看法持“根本性反对”立场，主张继续推进欧洲的战略自主建设。值得指出的是，美国对欧洲的要求向来都是从属、帮助，而非欧洲主权或战略自主，应该注意到，不仅特朗普，包括民主党人在内的美国建制派也对欧洲战略自主努力心怀怨恨。可以预料，拜登政府对欧洲的要求不会比特朗普少，而且鉴于拜登的“友善”，相比特朗普欧洲将更难拒绝。而这可能加大欧盟内部矛盾，弱化凝聚力和一体化，也将不可避免引发欧美分歧和矛盾。事实上，从马克龙和卡伦鲍尔的争论看，欧洲内部在欧美关系及欧盟未来发展方向等重大问题上已经产生了较大分歧。可以预见的是，欧洲在特朗普时期启动并加速推进的战略自主努力不会完全停止。正如法国外交部长勒得里昂所说，“四年来世界已经改变”，“事实是，欧洲过去四年已经在安全、防务、战略自主等领域宣示了自己的主权”，“我们已经回不到跨大西洋关系的美好时代”。①

其三，欧美之间的结构性问题仍在，不会因为拜登上台而消失。一是经济竞争，美国对欧盟有1779亿美元的贸易逆差，对这一现状的不满不只是特朗普才有，奥巴马时期也有，拜登受制于国内保护主义压力，也很难对“欧洲利用美国的开放性”不闻不问。波音和空客十余年的争执并未结束，在全球航空市场不景气的情况下，未来二者竞争性也只会更大。实际上，经济民族主义、保护主义正在大西洋两岸同时兴起，作为两个经贸关系十分紧密的大型经济体，二者在某种程度的对抗将不可避免。二是在科技上的控制与反控制，欧洲的数字市场基本上由美国大型高科技公司如谷歌、苹果、亚马逊、脸书等把控，事实上形成在欧洲数字科技领域的垄断

---

① “French FM says ‘good old times transatlantic relations’ over,” https://en.mehrnews.com/news/165558/French-FM-says-good-old-times-transatlantic-relations-over.

地位，比如欧洲绝大多数云计算服务由美国科技公司提供，西方世界92%的数据存储在美国①。对于这一现状，欧洲极不满意。目前，欧盟的数字和技术主权政策还将持续推进，数字税以及正在制定的数字服务法案，矛头都是美国大型科技企业。欧美之间的数据共享协议已经两次遭到欧洲法院推翻，也凸显双方在隐私保护问题上的矛盾和冲突。总体而言，在数字科技问题上，美国一直希望欧洲是一个听话的伙伴而非一个自主的竞争者，拜登也将是如此。三是地缘政治上的差异性。欧盟的地缘政治重点在周边，特别是在中东和非洲地区，穆斯林融合问题、恐怖主义、非法移民和难民问题都是头等大事，但美国对此兴味索然，其兴趣和重心在印太。奥巴马时期就已经很明显，美国不愿出力解决欧洲大陆及其周边地区的安全问题，特朗普实际上延续了奥巴马这一政策，只不过表现更为粗暴而已，几乎可以肯定，拜登政府外交重心也将在印太地区，因此欧美外交可能将越来越不合拍。

从中长期看，欧美在关键领域将更多相背而行。总体看，未来跨大西洋联盟的共同基础将更趋弱化，欧美合作将更多是议题式而非盟友式全面合作，这意味着跨大西洋关系的正常化，即美国不能指望在所在领域都能得到欧盟的完全支持；同样，在美国退出的领域比如中东安全、国际秩序等，欧盟将更多承担责任，发挥更大作用。欧美间既有合作，也有斗争，与其他双边关系将不会有显著的不同，这是跨大西洋关系的长期趋势。当然，跨大西洋关系的正常化进程从冷战结束以来就已开始，目前这一进程并未终结，到完全的正常化可能还需要很长时间。

未来在跨大西洋关系中矛盾和冲突的一面将更为突出，这种矛盾和冲突是对过去紧密的盟友关系的反动。一方面，美国不愿付出，不再认为与欧洲的盟友关系是完全的正资产；正在重新定位美国的国家利益，包括是否必须要以经济付出和军事保护为代价来维系盟友体系。另一方面，欧洲

---

① FRANCES G. BURWELL AND KENNETH PROPP，“The European Union and the Search for Digital Sovereignty：Building ‘Fortress Europe’ or Preparing for a New World?” https：//www. atlantic-council. org/wp – content/uploads/2020/06/The – European – Union – and – the – Search – for – Digital – Sovereignty – Building – Fortress – Europe – or – Preparing – for – a – New – World. pdf.

过去习惯了美国的付出和保护，习惯以美国及跨大西洋联盟为基准定位自身外交政策，所以面对美国的变化感到不适应，需要调整自身定位及对美政策。美欧对彼此及对跨大西洋联盟认知的改变及政策调整将相互影响，互为因果，并可能最终成为自我实现的预言，从根本上损害跨大西洋关系。

但应该注意到，跨大西洋联盟根深蒂固，各种联系盘根错节，当前的矛盾和冲突并不是其全部，跨大西洋关系仍有其特殊性。

其一，欧美联系仍然紧密。在经济上，欧美互为最大贸易伙伴，也互为最大投资伙伴，2017 年，在美国接收的外国直接投资中 54% 来自欧洲国家；而美国在对外直接投资中 64% 流向欧洲国家。[①] 在安全上，北约作为一个机制，有其自身发展惯性；作为一个平台，仍能有效联系欧美双方，克服分歧，寻求共同利益。在血缘上，在未来很长时间内，美国仍是一个以白人为主体的社会，欧美间通婚仍十分普遍。在人文上，由于互免签证，欧美民众互访频繁，美国仍是众多欧洲学生向往之地。

其二，欧美对彼此仍有较大需求，特别是欧洲，对美国仍十分依赖。美国是欧洲最大的出口市场，是欧洲国家最大的顺差来源地，对欧盟经济稳定及增长非常重要。欧洲的终极安全也仍有赖于美国的核保护。正是由于美国的保护，欧洲国家在冷战结束后才能“刀枪入库，马放南山”，削减军费，发展社会事业。欧洲国家虽对美国怨气上升，并欲图加强战略自主性，但这是一个长期目标，而且很难实现，对美国的依赖短期内很难改变。因此，欧洲国家不会放弃跨大西洋联盟，还会尽最大努力维持跨大西洋关系。从美国来看，尽管一超独霸，毕竟相对地位下降，也需要合作伙伴，特别是在战略及安全问题上，欧洲国家可能不能提供实质帮助，但能起到壮声势的独特作用。比如在南海问题上，欧美之间就有紧密的协调和配合。2018 年 6 月初在新加坡举行的香格里拉对话会上，法、英两国宣布

① Daniel S. Hamilton and Joseph P. Quinlan, “THE TRANSATLANTICECONOMY 2018, EXECUTIVE SUMMARY, Annual Survey of Jobs, Trade and Investment betweenthe United States and Europe,” https://transatlanticrelations. org/wp - content/uploads/2018/03/TA2018 _ ExecutiveSummaryPocket. pdf.

将继续实施南海“自由航行”计划，在很大程度上就有配合美国、讨好美国的考虑。

其三，仍有共同的对手。美国视中国为最大的对手甚至敌手，在经济、科技、军事等几乎所有领域采取敌视政策，未来不论美国总统是谁，这一趋势不会改变。欧洲在战略和安全上对中国的顾虑较少，主要从经济和制度竞争角度考虑对华政策。因此，欧美对华认知并不完全一致，但在压制中国发展，逼迫中国改变发展模式方面，欧美有共同的利益诉求。对于美国所谓要求中国加强知识产权保护、取消投资限制等做法，欧盟的态度基本上是乐观其成。近日，欧盟就美国的钢铝关税在世界贸易组织内提起诉讼的同时，也就中国所谓知识产权问题提起诉讼。因此，欧美在中国问题上有不同的一面，但也有很强的合作的一面。在俄罗斯问题上，欧美同样也有很强的合作的一面。美国与俄罗斯经贸联系较少，对俄制裁更多通过欧盟的参与达到效果的最大化。欧洲国家也需要借重美国达到牵制俄罗斯的效果。

总而言之，跨大西洋关系将进入一个纷争和矛盾增多的新阶段，即使新总统拜登上台，也不可能恢复如初，其“正常化”和“去特化”进程将加快发展，西方世界也因之开始解构。但跨大西洋关系特殊性仍在，欧美内部争斗虽多，但在应对中、俄等非西方世界的问题上，双方一致性多于差异性。因此，在未来相当长时间内，跨大西洋联盟还会持续存在，也仍将是国际地缘政治及大国关系中的主导性因素。

第四节　欧盟对美政策走向

二战以来，欧美结成了紧密的盟友关系，美国为欧洲提供安全保护，欧洲国家则心甘情愿追随美国，在全球重大外交及安全问题上唯美国马首是瞻。欧洲甘当美国小弟，一方面是因为觉得有义务和盟友站在一起，另一方面更重要的是，欧洲国家认为，美国的全球外交和安全政策总体上符合欧洲利益，虽然不时有一些政策上的分歧，但欧洲从未根本否定美国在全球的领导地位，也从未动摇对跨大西洋联盟的信念。但随着特朗普政府对“美国优先”政策的推进，一切都变了，美国不再是欧洲人熟悉的那个美国。即使拜登政府想要与欧盟重修旧好，欧盟对美政策也将难以回到过去。

过去几年来，欧盟对美政策在持续进行调整，但调整的方向和程度并不清晰。由于欧盟的特殊性（由 27 个成员国组成，外交与安全政策很大程度上还是成员国的事务，在欧盟层面很难有一个明确的对美政策），这种调整也很难一步到位。尽管如此，欧盟对美政策还是出现了变化趋向。

其中最主要的变化是加强“欧洲主权”或“战略自主”建设，也就是说，欧盟要练好内功，加强自身能力建设，其最终目的就是为了减少对美国的依赖。

2017 年 9 月 26 日，法国总统马克龙在法国索邦大学发表演讲，提出要建设一个“主权的、联合的、民主的欧洲”①，为欧洲未来发展规划了一幅蓝图。其时，这一概念并未能得到德国及其他国家的积极呼应，仅被视为法国又一项令人怀疑的欧洲倡议，目的仍然是将法国利益欧洲化，拓展法国影响力。随后几年，“欧洲主权”成为热词，开始为欧盟机构及德国等成员国广泛接受，并被细分为技术主权（数字主权）、货币主权、防务主权，甚至健康主权、卫生主权等等。德国总理默克尔就曾表示，欧洲要拿回“数字主权”，减少对美国企业的依赖②。自一体化启动以来，主权一词主要为各国民族主义者所运用，目的是捍卫民族国家的主权权利，反对欧洲更为紧密的一体化，英国之所以脱欧，目的就是为了从欧盟拿回英国的主权。马克龙也承认，欧洲主权即意味着欧洲有一个类似“欧洲合众国”的政治实体，但这在可预见的将来都是不可能的。所以马克龙强调，欧洲主权的实质内容就是自治、自主的权利，即抵御外部压力、能够自主

---

① “Initiative for Europe,” Speech by M. Emmanuel Macron, President of the FRENCH Republic, septembre 26, 2017, http://international.blogs.ouest-france.fr/archive/2017/09/29/macron-sorbonne-verbatim-europe-18583.html.

② Guy Chazan, “Angela Merkel urges EU to seize control of data from US tech titans,” *Financial Times*, November 13, 2019.

做出决定的能力，包括自主决定与哪个国家合作①。从这个意义上来看，欧洲主权与战略自主内涵相同，事实上，在欧洲政治领导人语境里，这两个词可以互换使用，只不过法国人更爱用欧洲主权的说法，而欧盟机构和德国领导人更倾向于使用战略自主的说法。马克龙自己也承认，欧洲主权的说法有点过，战略自主是更为中性的说法②。在美国将货币和经济政策武器化，利用美元的霸权地位对欧洲进行长臂管辖，限制欧洲与伊朗正常的贸易关系，阻止在“北溪－2”管道建设的背景下，推进欧洲主权建设，保护欧洲利益和自主决策能力就显得格外重要。总而言之，欧洲主权虽然是一个范围广泛的概念，包罗万象，但目的主要在于减轻对美国的依赖，增强自身实力，达到捍卫自身利益的目的。

欧洲主权或战略自主建设首先就是防务主权或防务自主，也就是欧盟共同防务建设。欧盟委员会在 2018 年推出的 2021—2027 跨年度预算草案中专门划出预算，用于提升欧盟的战略自主性，增强欧盟保护其公民的能力水平，让欧盟成为更为强大的全球角色③。

早在 60 多年前，欧洲就开始了推进防务一体化的努力，但数十年间，欧盟防务一体化一直步履维艰。其原因主要是欧盟内部分歧，特别是英国认为，有北约就行，欧盟不要搞重复建设。当然，美国虽然抱怨欧盟在军事上不投入，但对欧洲防务联合并不热心。在英国脱欧及特朗普上台的背景下，欧盟防务联盟再成热点话题。2017 年 6 月，欧盟成立“军事规划与指挥能力”办公室，负责协调军事与民事行动，被视为“通往欧洲司令部的一小步”。2017 年 11 月 13 日，欧盟 23 个成员国同意在防务领域开展

---

① President Macron “We need to reinvent the forms of international cooperation,” https：//onu. delegfrance. org/President－Macron－We－need－to－reinvent－the－forms－of－international－co-operation.

② President Macron “We need to reinvent the forms of international cooperation,” https：//onu. delegfrance. org/President－Macron－We－need－to－reinvent－the－forms－of－international－co-operation.

③ European Commission－Press release，“EU budget：Stepping up the EU’s role as a security and defence provider，” Strasbourg，June 13，2018，http：//europa. eu/rapid/press－release_ IP－18－4121_ en. htm.

选边美国，也就是说，要走所谓“第三条道路”，即欧洲对外战略既不同于美国，也不同于中国；既与美国携手，又保持独立性；既对华防范，又对华合作。总之，要体现出欧洲在全球的独立地位和影响力，作为角逐的一方而不是作为角逐场而存在。

欧洲的“第三条道路”，从目前看有三个维度：

一是重建大西方，主要是重启跨大西洋关系。欧洲对西方有强烈的归属感，渴望美国的领导力，过去四年，很多欧洲人对美国是“哀其不幸，怒其不争”，对美国和西方的没落充满失败感。2020 年 2 月 14—16 日召开的第 56 届慕尼黑安全会议主题是“西方的缺失”，就表明了欧洲人对重振西方的期盼。与美国保持良好关系既能获得保护，也能提升影响力。因此，对于拜登上台，欧洲充满期待，欧洲希望未来的欧美关系将不再是美国单方面对欧洲的霸凌式施压和要求，而应该是一种更为平等、理性协商的关系。

二是保持与中国的接触与合作，在对华问题上既尽量与美国保持一致，也凸显与美国的差异。欧洲对在与中国经济和制度的竞争中可能落败的焦虑感上升，未来配合美国遏制中国发展的意愿将有所增强。但从另一方面来说，欧洲也不愿严重损害有利可图的中欧关系。2020 年 1—9 月，中国超过美国成为欧盟最大贸易伙伴①，这凸显中国对欧盟经济上的重要性。目前中美两国呈现出不同的发展态势，中国国内凝聚力强，一心一意谋发展，且已基本克服疫情的影响；美国国内陷入分裂状态，且仍将在较长时间内为疫情所困，加上欧洲自身经济形势十分危险，未来几年中国对欧洲在经济上的重要性还将更为突出，欧洲不能不保持与中国的良好关系。

三是建设多边主义联盟。欧盟本身就是一个主权国家的联合体，多边协商是其存在的基础。作为一个主要性质是民事的力量，欧盟更习惯于在一个可预期的国际体系内生存发展，不习惯于大国之间的硬实力碰撞。所

① “China overtakes the US to become EU’s biggest trade partner as Beijing’s economy continues to boom post – Covid while the rest of the world slides into the red,” https：//www. dailymail. co. uk/news/article – 9010913/China – overtakes – EUs – biggest – trade – partner. html.

以欧盟一直强调有效多边主义的重要性，将其视为维护自身利益的根本。特朗普时期，为抵制美国单边主义霸权政策，法、德牵头提出建立“多边主义联盟”的倡议①，将世界上所谓志同道合的中小国家联合起来，共同捍卫国际多边机制和架构，反对单边主义行为。拜登宣称将回归多边主义，这将为欧盟所乐见。未来欧盟可能与美国一道，共同推进国际机构如世界贸易组织、世界卫生组织的改革，加大解决全球性问题如气候变化的力度，也可能建立一个所谓的“民主国家共同体”，凸显多边机构的西方属性。

再次，战略收缩，固本靖边。在大变局之下，站稳脚跟、赢得国际尊重和影响力的唯一办法就是做好自己的事，对于内忧外患的欧洲来说，更是如此。预计未来很长时间内，欧洲的战略重点都将是解决好其经济、社会发展及各成员国之间的融合问题。

一是经济发展。德国总理默克尔早在 2020 年 6 月时就曾表示，“欧盟要生存，经济首先要生存”②。2020 年的新冠肺炎疫情对欧盟经济造成严重冲击，陷入有史以来最严重衰退，预计欧盟经济 2020 年将衰退 7.4%，2021 年增长 4.1%，直到 2022 年欧盟经济才可能恢复到疫情前水平③。为应对疫情欧盟支出了大量资金，造成财政赤字和公共债务急剧增加，2020 年第二季度，欧盟 27 国财政赤字率为 11.4%，欧元区 19 国为 11.6%；欧盟债务占 GDP 比例为 87.8%，欧元区为 95.1%，其中希腊、意大利、葡萄牙和法国分别高达 187.4%、149.4% 、126.1%、114.1%④，未来这一数字还可能持续走高，将在相当长时间内制约欧盟经济发展。总之，未来

---

① “Germany, France to launch multilateralism alliance,” https://www.dw.com/en/germany-france-to-launch-multilateralism-alliance/a-48172961.

② “‘For Europe to survive, its economy needs to survive’: Angela Merkel interview in full,” https://www.theguardian.com/world/2020/jun/26/for-europe-survive-economy-needs-survive-angela-merkel-interview-in-full.

③ Press release, 5 November 202, Autumn 2020 Economic Forecast: “Rebound interrupted as resurgence of pandemic deepens uncertainty,” https://ec.europa.eu/commission/presscorner/detail/en/ip_20_2021.

④ Yunus Girgin, 22.10.2020, “EU: Government debt/GDP ratio rises to 87.8% in Q2,” https://www.aa.com.tr/en/economy/eu-government-debt-gdp-ratio-rises-to-878-in-q2/2015323.

欧盟经济形势将极为严峻，贫富差距的扩大、失业率的攀升可能演化为社会问题，刺激极右、极左民粹主义的发展，最终可能引发一体化危机。所以，维护经济可持续发展是欧盟当前及未来很长时间内的首要任务。欧盟已经推出了规模达7500亿欧元的“复苏基金”，重点扶持成员国发展数字经济和绿色经济。

二是促进内部融合，凝聚共识，推动欧洲一体化持续发展。欧洲的力量在于联合，在于一体化；而过去十余年来欧盟在国际舞台上逐渐边缘化也正是因为欧盟内部团结和一体化出了问题，特别是英国决定脱离欧盟。所以，欧盟决定启动“关于欧盟未来的大会”，这一会议本来准备2020年初启动，因为疫情被迫推迟，但已于2020年12月启动，这是一次跨年度的系列会议，成员国、欧盟机构以及公众都将广泛参与其中，并于2022年形成会议结论，为欧盟及欧洲一体化发展提出对策建议，议题包括民众关心的卫生、环境、社会公平、创新、数字基础设施建设、欧盟民主以及欧盟的国际角色等等。欧盟还准备将英国打造成一个失败的脱欧案例。在欧盟看来，英国脱欧后要么仍然与欧盟紧密绑定在一起，接受欧盟的规则，要么就必须失败，如果一个主权的英国在欧盟之外成功发展，对欧盟而言将是一个致命性的挑战。这也是欧盟在与英国进行的贸易谈判中持强硬立场而且毫不动摇的原因所在。对欧盟来说，对英国强硬必须起到“杀鸡儆猴”的效果，必须以此凝聚剩下的27个成员国。

三是关注周边安全。与美国不同，欧洲的周边安全问题十分突出，而且，由于域外大国如美国、俄罗斯的卷入，欧洲也无力掌控局势。从未来发展来看，欧洲的周边安全问题只会更加突出而不是趋于改善、缓和。随着美国势力和影响力逐渐淡出中东和非洲、甚至东欧，欧洲将不得不承担更多的责任。无论从意愿和能力上来说，欧洲都不可能对周边之外安全进行实质性投入。法国、德国、荷兰等欧盟成员国均推出了所谓的“印太战略”，欧盟也可能在2021年推出自己的“印太战略”，但其主要关注点在于经济机遇。英、法在印太地区推行所谓“自由航行”行动，举行军演，甚至德国也准备参与其中，但这只具象征意义，并无实质影响力，更多只是一种配合美国的印太表演。未来，随着欧洲内部压力的增大以及中东、非洲、东欧等欧洲大周边地区矛盾甚至军事冲突的爆发，欧洲在印太地区的象征性军事行动也将难以维持。

欧洲的“第三条道路”，重在平衡：一是平衡价值观及制度对抗与经济利益及国际合作收益二者之间的关系；二是平衡迎合美国的需要与可能遭受中、俄报复而受损失二者之间的关系；三是平衡拒绝美国要求与可能失去美国保护二者之间的关系。欧洲虽然想要走“第三条道路”，但能不能走通，能走多远有较大的不确定性。一是欧洲内部存在分歧。大多数国家主张仍然依赖美国，对于独立于美国、甚至违反美国意愿行动持保留甚至反对态度。法国是走“第三条道路”的最坚定支持者，但很难说服欧洲其他国家与其一同行动。二是美国对欧洲施加何种压力。如果美国对欧洲极限施压，那么最终欧洲将不得不跟随美国，欧洲将完全失去自主性，也就谈不上“第三条道路”了。三是看欧洲的外交能力。如果欧洲国家采取务实立场，在中、美、俄之间穿针引线，化解分歧、促进合作、降低冲突，则可能促进中、美、欧、俄四大力量之间的良性互动，欧洲的“第三条道路”也能走通。

从目前来看，全球四大主要力量中、美、欧、俄之间未来的互动形态不确定性较大，既潜藏大双边对抗的风险，也暗含求同存异、加强合作、良性互动的机会，而欧洲能否起到平衡者的作用，将是决定中、美、欧、俄互动性质的重要因素之一。

第九章

俄罗斯问题与北约转型

欧俄是近邻，双方关系中最重要的是安全问题，而安全问题的核心就是北约，北约是欧洲安全的中心，也是欧、美、俄互动的关键要素。北约是冷战的产物，遏制苏联和华约集团曾是其首要任务。冷战结束后，美欧推进双东扩政策，即北约与欧盟同时向东方扩大，这直接挤压俄罗斯地缘政治空间，导致欧俄争斗。北约仍将俄罗斯视为防范与遏制的重要目标，当然不再视其为唯一敌手，发展战略开始转型调整。2014 年乌克兰危机爆发以来，西方与俄关系持续紧张，北约对俄遏制力度明显加大，冷战结束以来俄再度成为北约主要关注对象，而随着中国的崛起以及美国将中国视为主要战略竞争对手，北约如何转型以确保其存在的合理性也再次成为一个突出问题，对依赖美国和北约保障其安全的欧洲国家来说更是如此。

第一节　冷战后北约转型轨迹

冷战结束后，由于共同敌人的消失，北约一度处境尴尬，面临寻找新身份和新定位的难题。为适应新形势，也为找到更多存在的合理性与合法性，北约一直在持续推进以“走出去”为主要特征的战略转型。

从威胁认知上看，北约不再视俄罗斯潜在的军事入侵为主要威胁，更多将关注目标转向地区冲突、国际恐怖主义等新威胁。21 世纪 90 年代初，随着华约—苏联解体所带来的国际战略形势变化，特别是随着第一次伊拉克战争爆发和巴尔干危机的蔓延，北约日益视地区冲突为主要安全威胁。2001 年“9·11”事件是北约转型的另一个重要节点，时任美国总统布什开始全力反恐，在美国推动下，2002 年 11 月 21—22 日北约布拉格峰会对北约职能做出重要战略调整，将反恐作为北约的中心任务。2010 年 11 月 19—20 日，北约在葡萄牙首都里斯本举行峰会，通过了北约自冷战结束以来的第三份战略概念（Strategic Concept）《积极接触，现代防务》。在安全环境评估方面，该战略概念延续了以往的认知，再次明确提出，目前欧洲大西洋地区处于和平状态，俄罗斯不再是主要威胁，而对北约当前和未来安全构成最大挑战的是各种“新威胁”，主要包括大规模杀伤性武器包括核武器的扩散、恐怖主义、北约领土之外的不稳定因素和地区冲突、网络攻击、国际贸易通道安全、能源安全，以及来自太空武器的威胁、气候变化、水资源短缺，等等。①

因应威胁认知的变化，北约核心职能开始从本土防御转向更多的对外干预。“走出防区，不然走向消亡”，是当时西方政策制定者关于北约职能转型的普遍说法②。1999 年北约通过的战略概念首次强调，北约要“走出防区”，从“集体防御”转向防区外“积极干预”，并基本确立了北约可以在不经联合国安理会授权的情况下采取军事行动的原则。③ 2001 年，北约进入阿富汗，这是北约根据 1999 年的战略概念首次走出欧洲防区进行的大规模海外军事干预行动，是北约战略转型进程中重要的指标性事件。2010 年，在阿富汗干预行动前景黯淡的背景下，北约新版战略概念仍强调，北约边境之外的危机和冲突可能对北约领土和民众利益构成直接威胁，在危机预防失败时，北约仍将采取军事干预行动。④ 2011 年，北约发动了利比亚战争，继续实践其职能的战略转型。为适应北约职能从本土防御转向对外干预的需要，北约军事能力建设也在进行转型调整，如建立快

① “Active Engagement, Modern Defence,” pp. 3 - 4, http://www.nato.int/cps/en/natolive/official_texts_68580.htm.

② James Kirchick, “The End of Europe,” Yale University Press, 2017, p. 33.

③ 季志业：“评北约新战略”，《现代国际关系》，1999 年第 6 期，第 29—30 页。

④ “Active Engagement, Modern Defence,” p. 9, http://www.nato.int/cps/en/natolive/official_texts_68580.htm.

速反应部队，重点发展对外兵力投放能力，北约欧洲成员国开始逐步放弃传统本土防御作战武器，如坦克等。近年来，北约还积极加强所谓“新能力”建设，其中最主要的是构建覆盖北约所有成员国领土的导弹防御系统，以应对大规模杀伤性武器的扩散；另外，自 2007 年北约成员国爱沙尼亚遭到网络攻击后，提升和协调成员国网络防御能力也提上北约日程。

随着北约开始走出防区，北约从一个地区性的军事组织开始向全球性政治、军事组织转型。一方面，北约逐步向东扩大。在历经冷战后三轮东扩后，北约成员从冷战时期的 16 国增加到目前的 30 国。另一方面，扩大所谓“全球伙伴关系”。北约通过“欧洲—大西洋伙伴关系理事会”（Euro - Atlantic Partnership Council）与欧洲—大西洋地区国家保持机制性联系，并与其中的单个国家建立“和平伙伴关系”（the Partnership for Peace）框架，定期对话，并进行联合军事演习；针对候选成员国设立“成员国行动计划”（Membership Action Plan），帮助其尽快满足入约标准。北约还与地中海南岸国家建立了“地中海对话”机制（the Mediterranean Dialogue）；与海湾国家通过“伊斯坦布尔倡议”（Istanbul Cooperation Initiative）进行对话和合作。近年来，北约还提出了所谓“全球伙伴”（global partners）概念，在一些具体项目上与相关国家开展合作。目前北约这些“全球伙伴”已揽括日本、澳大利亚、新西兰、韩国、巴基斯坦、伊拉克、阿富汗和蒙古等国。这些国家与北约特别是美国有密切的军事交流和合作关系，并大多在事实上参与了北约在阿富汗等地的行动。2011 年 4 月，北约外长会议批准了一项新的伙伴关系政策，以更为灵活地处理与世界上相关国家的对话与合作。2012 年 5 月 21 日，北约芝加哥峰会通过《北约峰会防务能力宣言：朝向 2020 年的北约力量》，明确宣称北约将与世界上其他国家进行更高程度的合作和协调，[①] 峰会特别邀请伙伴国与会，并将扩大伙伴关系网络明确纳入其“巧防务”战略概念，既表明了成员国对北约“全球伙伴关系”计划的肯定，也表明北约对伙伴国的作用有了新的认识，

① “Summit Declaration on Defence Capabilities: Toward NATO Forces 2020,” Press Release (2012) 064, Issued on May 20, 2012, http://www.nato.int/cps/en/natolive/official_texts_87594.htm?mode=pressrelease.

更积极主动地寻求开展与伙伴国的实质性合作，对于这一做法，有学者称之为“灵巧伙伴关系”（smart partnership）建设①。

北约职能、使命的转型与北约对俄罗斯的态度及其战略转型密切相关。在冷战结束以来的大部分时间里，北约与俄罗斯虽然一直明争暗斗，但随着国际局势的变化，北约在遏制俄罗斯的同时也尝试与其和解。特别是“9·11”事件后，俄罗斯借机强化与西方关系，积极支持美国反恐，北约与俄罗斯关系大大改善。2001 年 11 月，俄罗斯总统普京访问北约总部，成为第一位访问西方防务联盟中枢——北约总部的俄罗斯领导人。但北约并未回应俄罗斯期待融入西方的愿望，反而加快东扩步伐。2008 年，北俄关系因格鲁吉亚战争及乌克兰和格鲁吉亚加入北约问题再趋紧张。2009 年奥巴马上台后重启与俄关系，北俄关系很快改善。北约 2010 年版新战略概念更进一步展现了对俄关系“新思维”，认为俄不再是主要安全威胁，北约将“寻求与俄建立真正的战略伙伴关系”②，并在北约东扩和反导两大焦点问题上试图争取俄方理解③。总体而言，尽管在北约东扩以及欧洲反导体系建设等问题上矛盾重重，但在奥巴马政府推行重返亚太战略的背景下，北俄关系在乌克兰危机爆发之前呈总体缓和之势。

第二节　乌克兰危机对北约转型的冲击

从表面看，冷战后北约转型有一条较为清晰的轨迹，但实际上，由于美欧战略不一，欧洲国家内部西欧与中东欧国家的认知也不一致，北约内部意见并不统一，对北约如何转型调整分歧和争议较大。乌克兰危机爆发

---

① Erik Brattberg, “Smart Partnerships for Smart Defense,” http://www. project - syndicate. org/commentary/smart - partnerships - for - smart - defense.

② “Active Engagement, Modern Defence,” p. 10, http://www. nato. int/cps/en/natolive/official_ texts_ 68580. htm.

③ “Active Engagement, Modern Defence,” p. 8, http://www. nato. int/cps/en/natolive/official_ texts_ 68580. htm.

后，北约内部分歧再次浮上台面[1]，在诸多问题上将面临困难选择。

其一，是否应将俄罗斯视为主要安全威胁，是否对俄罗斯实施遏制战略。俄罗斯既是北约内部讨论的永恒话题，也极具争议性。北约内的中东欧国家特别是波兰、波罗的海三国由于历史和地理上的原因，视俄罗斯为主要威胁来源，仍然担心俄罗斯的军事入侵，对这些国家来说，加入北约的最大好处就是获得北约主要是美国的安全保证。北约内的西欧国家则与中东欧国家不同，不将俄罗斯视为主要安全威胁，而是视其为重要经贸对象及解决欧洲安全问题的关键角色，在欧洲安全问题上比较注意考虑俄方感受，因此对美国在欧洲建立反导系统不太热心，对北约接纳乌克兰等前苏联国家持反对态度。2008 年，正是由于德国及法国的反对，美国布什政府将乌克兰和格鲁吉亚两国纳入北约“成员国行动计划”的建议遭到搁置。尽管如此，由于美国是北约力量的主要提供者，北约的安全威胁认知仍主要取决于美国对俄态度与俄美关系。对美国来说，弱俄、遏俄，防止俄东山再起是其一以贯之的目标，北约则是其实现这一目标的有用工具。奥巴马政府时期，美国在打击国际恐怖主义、解决伊朗核问题等国际重大问题上需要俄方的支持与合作。对美国来说，俄罗斯显然不再是主要安全威胁。因此，长期以来，尽管波兰、波罗的海国家抱怨北约没有认真考虑俄罗斯威胁，但北约仍执行了一条与俄罗斯改善关系、加强合作的转型道路。但乌克兰危机爆发以来，西方一些国家开始认为，俄罗斯对北约边境及其成员国构成了直接挑战，时任德国驻北约大使埃德曼（Martin Erdmann）在一份内部报告中称，“很多盟国认为俄罗斯的行动是一个历史转折点，是欧洲—大西洋安全架构一个新时期的开始”[2]。时任北约秘书长拉斯穆森称，俄罗斯使用武力强行改变二战后欧洲版图的举动，违背了 1994 年其

---

① 时任德国驻北约大使埃德曼称，“北大西洋理事会内不同的观点相互碰撞，有时争议非常大”，“北约对乌克兰危机对联盟的战略影响的反思才刚刚开始”。See Melanie Amann，Nikolaus BlomeI，Matthias Gebauer，Ralf Neukirch and Christoph Schult，“NATO's Putin Conundrum：Berlin Considers Its Alliance Options，” http：//www. spiegel. de/international/europe/nato – looking – for – appropriate – response – to – putin – a – 961692. html.

② Melanie Amann，Nikolaus BlomeI，Matthias Gebauer，Ralf Neukirch and Christoph Schult，“NATO's Putin Conundrum：Berlin Considers Its Alliance Options，” http：//www. spiegel. de/international/europe/nato – looking – for – appropriate – response – to – putin – a – 961692. html.

保证乌克兰主权和领土完整所做的承诺，是“冷战结束以来欧洲安全与稳定遭到的最严重威胁”①，俄罗斯不再被视为伙伴，而是需要遏制的敌人②。乌克兰危机也进一步增强和“验证了”中东欧国家对俄罗斯的担心。显然，至少在现阶段，俄罗斯再次成为北约的主要对手，而北约内部对俄罗斯问题的讨论开始升温③，主张遏制俄罗斯的声音得到明显加强。中东欧国家本就视俄罗斯为最大威胁，乌克兰危机爆发后，更主张加大对俄遏制力度，德国、法国等主张缓和与俄关系、对俄保持接触政策的国家受到压力增大，如时任波兰总理图斯克曾意有所指提及出卖捷克的“慕尼黑协定”，声称西方不能再对俄罗斯搞绥靖政策。美国也受到欧洲盟友要求其重返欧洲的更大压力。所以，乌克兰危机是北约与俄罗斯关系史上的重大事件，如何调整对俄关系，是继续实行接触政策，还是彻底改变以往做法，对俄罗斯实施全面遏制政策，或者走第三条道路，这是北约无可回避的最大问题。

从根本上讲，北约的存在是欧洲国家应对俄罗斯安全威胁的需要，如果所有欧洲国家都不认为俄罗斯是安全威胁，那么北约就没有存在的必要，或者将成为一个完全不同的组织。但现实情况是，欧盟国家或多或少、不同程度视俄罗斯为安全威胁。欧盟与俄罗斯的地缘政策博弈也决定，欧俄之间的对抗性会长期存在，甚至阶段性地激烈爆发。欧俄在对待它们“共同的邻居”问题上各有打算，利益无法协调。欧盟东扩后，乌克兰、白俄罗斯及摩尔多瓦这些有潜在不稳定因素的国家一下子成为了欧俄双方的共同邻居。俄罗斯的战略目标是将这些国家逐步一体化到以俄为核

---

① “Why NATO Matters to America,” Speech by NATO Secretary General Anders Fogh Rasmussen, Brookings Institution Washington, D. C., March 19, 2014, http://www.nato.int/cps/en/natolive/opinions_108087.htm.

② Nikolaus Blome, Matthisa Gebauer, Ralf Neukirch, Gordon Repinski, Fidelius Schmid, Christoph Schult and Gerald Traufetter, “Searching for Deterrence: Ukraine Crisis Exposes Gaps Between Berlin and NATO,” http://www.spiegel.de/international/germany/ukraine-crisis-exposes-gaps-between-berlin-and-nato-a-962978.html.

③ Valerie Insinna, “With Ukraine Crisis Worsening, NATO Ponders Future Relationship with Russia,” http://www.nationaldefensemagazine.org/blog/Lists/Posts/Post.aspx?ID=1493.

心的势力范围。普京曾公开表示苏联解体是一个悲剧①，因而想尽可能地捡起前苏联的碎片，建立一个势力范围，如果不可能重建帝国。但随着欧盟持续的东扩，俄罗斯势力范围却无可挽回地迅速缩小，这使得俄罗斯的脆弱感和危机感日益强化，对欧盟的东邻政策更为敏感。欧盟的东邻政策目的是在环欧盟边界地区建立一个“朋友圈”，以促进“欧洲的繁荣与稳定”，乌克兰及白俄罗斯等国是这一政策的重点对象。所以乌克兰问题在欧俄之间一直在持续发酵，2004 年 11 月就曾爆发一次危机，2014 年则更为严重。乌克兰危机既是乌国内亲西方势力与亲俄势力的较量，更是西方与俄罗斯在不同的价值观及战略利益上的碰撞。乌克兰危机加重了欧俄彼此的猜疑，加剧了双方在价值观和安全利益上的对立。一方面，欧盟对俄罗斯加强干预前苏联国家甚至是欧盟成员国内部事务的警惕性提高了。另一方面，俄罗斯对欧盟谋求在前苏联国家扩大影响的担心有所增加，欧盟越来越被俄罗斯看作是一个敌对的力量，尤其是在乌克兰问题上。俄罗斯人大多认为乌克兰无论从哪一方面来说都属于俄罗斯，是文化和历史上的“俄罗斯之母”，“俄对失去乌克兰的痛苦仍然如影随形，就像一个被截肢的病人一样，尽管腿已不再，但依然感到那里隐隐作痛”②。

其二，是否应专注本土防御，减少对外干预。总体看，中东欧国家因为关注俄罗斯威胁，主张强化北约核心职能，即北约第 5 条集体防御条款，不愿北约过多走出防区，分散有限的资源和精力。而美国和英、法等国则倾向于视北约为本国对外干预行动提供合法性及资源的工具，推动北约频频发动对外干预战争，其中干预力度最大、参与国家最多、耗时最长的是阿富汗战争。早在乌克兰危机爆发前，北约内部因为阿富汗问题就已出现较大分歧。北约自 2001 年进入阿富汗以来，付出了惨重代价，数千名联军士兵死亡，耗费巨大，在阿富汗的行动不仅未给当地带来和平与繁荣，相反阿富汗平民经常无辜受到牵连，伤亡不断。阿富汗战争加剧了北约国家在北约转型问题上的分歧，在欧洲国家中，除英国以外，其他国家大多是

---

① “Time to face up to the Russian bear,” *Financial Times*, November 27/28, 2004.

② Arkady Ostrovsky, “Vote's outcome seen as defining moment for Moscow,” *Financial Times*, November 24, 2004.

出于同盟义务或“给美国面子”才参与阿富汗行动的，它们并不真正认为阿富汗对本国安全构成严重威胁。特别是中东欧国家，越来越担心北约淡化集体防御职能。比如，在2011年北约发动利比亚战争期间，波兰等中东欧成员国反应冷淡，基本缺席了在利比亚的行动。2014年底北约完成从阿富汗全面撤军的任务，但教训深刻，可以说，阿富汗战争的失败给北约对外干预战略投下巨大的阴影，北约内部的谨慎派本已占据上风。在这种情况下，乌克兰危机的爆发进一步强化了北约内本土防御派的立场，即北约首先应处理好自己的事情，减少对外干预的频度与烈度，将更多资源用于本土防御。

其三，是否应加强传统军事能力建设。与安全威胁认知相对应，西欧国家冷战后纷纷削减甚至放弃遏制力量，转而建设轻巧型、适合快速对外干预的军事力量。冷战时期，仅西德就有49.5万军队，4100辆豹式坦克以及600架战斗机，但现在德国军队规模缩减到只有18.5万人，而且还将继续削减，战斗机不到原来一半，坦克不是退役就是被卖掉。德国军队建设目标不再主要从保卫本国领土角度考虑，而更多考虑如何更好地参与世界其他地方如科索沃、或中东、非洲等地的维和行动，伞兵、直升机而不是坦克成为优先发展对象。欧洲其他国家也大抵如此。乌克兰危机爆发后，欧洲国家开始担心俄罗斯的意图，而面对俄罗斯强大的军事力量，自己却无能为力。北约内部气氛较以往相比也发生显著变化。北约内部高官已经表示，北约地面及空中部队要提升行动能力，建立更多的弹药库等后勤保障基础设施。有德国人声称“我们应该反思北约不加控制的削减坦克部队的做法是否正确”①。德国国防部也有高级官员表示，如果俄罗斯打算与西方对抗而不是合作，那么北约就应考虑加强“现代化的遏制力”建设。②

① Nikolaus Blome, Matthisa Gebauer, Ralf Neukirch, Gordon Repinski, Fidelius Schmid, Christoph Schult and Gerald Traufetter, “Searching for Deterrence: Ukraine Crisis Exposes Gaps Between Berlin and NATO,” http: //www. spiegel. de/international/germany/ukraine – crisis – exposes – gaps – between – berlin – and – nato – a – 962978. html.

② Nikolaus Blome, Matthisa Gebauer, Ralf Neukirch, Gordon Repinski, Fidelius Schmid, Christoph Schult and Gerald Traufetter, “Searching for Deterrence: Ukraine Crisis Exposes Gaps Between Berlin and NATO,” http: //www. spiegel. de/international/germany/ukraine – crisis – exposes – gaps – between – berlin – and – nato – a – 962978. html.

其四，是否继续向全球性军事和政治组织转型。美国是北约全球化的主要推手，特别是在小布什政府时期，美国极力推动北约转型为“全球民主同盟”，试图以此遏制非西方世界的发展。美国的利益是全球的，尽管美国拥有超强军事实力，并不依赖北约为其提供安全保证。但在自身实力相对下降，中、俄等国快速崛起的情况下，北约仍可为美国提供对外干预的合法性，以反恐、缉毒、打击有组织犯罪、维和等各种名义，在世界各地驻军，拓展美国的军事行动和情报能力以及对驻在国和地区的影响力。欧洲国家虽没有美国那样的全球战略目标，但从总体看，由于恐怖主义、气候变化等全球新威胁的出现，欧洲国家并不反对北约与世界其他国家和地区建立合作关系。然而，欧洲国家特别是中东欧国家更坚持强调北约的凝聚力和团结，不愿北约的全球化冲淡北约的集体防御组织性质，反对北约无限制扩大及与亚太日本、澳大利亚等国建立机制性联系。在 2006 年北约里加峰会上，由于时任法国总统希拉克的坚决反对，美国主张的“全球伙伴关系”计划没有纳入最后宣言。乌克兰危机爆发后，“欧洲的安全与和平不再是理所当然的事情”①，北约关注重点重回欧洲，这是欧洲特别是波兰等中东欧国家希望看到的，欧洲希望借此促使美国重新思考其全球战略特别是亚太“再平衡”战略，将美国和北约拉回欧洲。

第三节　北约将如何转型

显然，乌克兰危机引发了北约内部新一轮讨论，打乱了北约转型进程，北约冷战后以“走出去”为主要特征的转型发展道路将不得不有所调整。

---

① “Why NATO Matters to America,” Speech by NATO Secretary General Anders Fogh Rasmussen, Brookings Institution Washington, D. C. , March 19, 2014, http: //www. nato. int/cps/en/natolive/opinions_ 108087. htm.

其一，北约必须要安抚靠近俄罗斯的中东欧诸国，包括增加在该地区的军力部署，举行更多有针对性的演习等。北约的可信度正在中东欧国家受到考验，英国皇家三军研究所研究人员埃亚尔（Jonathan Eyal）称，“我们花了20年时间告诉东欧人不要偏执，不要活在过去，要将俄罗斯作为一个正常国家看待”，“但现在事实证明他们是对的”，北约要获取他们的信任需要做很多的工作①。德国认为，北约加强在波罗的海等北约边缘国家的军事存在非常重要②。乌克兰危机以来，美国及北约明显增加了在中东欧的军事存在，频繁举行大型国际军事演习。北约进行了一系列军事调整，包括将快速反应部队扩大到3万人。2016年7月8—9日，北约峰会在波兰首都华沙举行，会后发表《华沙峰会公报》，认为俄罗斯挑战全球及跨大西洋安全架构的基本原则，需要对俄“加强威慑与防御”。2017年起，北约在波兰及波罗的海三国以轮驻方式部署4个营的多国部队，总数约4000人，由美、德、英、加分别领导。在2018年7月举行的北约峰会上，北约领导人批准了一项被称为“四个30”的战备倡议，即在2020年前确保北约拥有能在30天或更短时间内部署30个机械化营、30个空军中队和30艘作战舰艇的能力。这一战略倡议旨在进一步增强北约的快速反应和作战能力，目标则直指俄罗斯。而这势必引发俄罗斯的反弹，恶化北约与俄罗斯关系，形成恶性循环。

其二，北约至少短期内将再次强化共同的认同感，即重新面对共同的敌人俄罗斯，欧洲特别是中东欧国家将会更加重视北约及美国在安全上的保证作用。中东欧国家特别是波兰和波罗的海国家则提出了美国和北约在其领土上常驻部队的要求。冷战时期，美国在西欧800多个军事基地驻扎着成千上万的军人，目前这一数字仅有数万人，其中还包括海员空服人员。东部则没有常驻军队。为满足这一要求，自2017年起，北约开始在波兰及波罗的海三国以轮驻方式部署4个营的多国部队，总数约4000人，由

---

① Sam Jones, “Nato: Northern exposure,” *Financial Times*, April 8, 2014.

② Dietmar Hawranek, Christiane Hoffmann, Peter Muller, Ralf Neukirch, Christian Reiermann, Gordon Repinski and Gregor - Peter Cchmitz, “Dancing with the Bear: Merkel Seeks a Hardline on Putin,” http://www.spiegel.de/international/germany/merkel - and - europe - search - for - an - adequate - response - to - putin - a - 960378.html.

美、德、英、加分别领导。从美国方面看，由于俄罗斯的挑战增大，美国放慢了减少在欧驻军的进程，甚至增加在欧军事存在，事实上，美国已开始向中东欧地区增派部队，尽管不是常驻性质，美欧自冷战以来趋于弱化的安全联系以及北约凝聚力得到加强。

其三，直接制裁俄罗斯。北约不大可能与俄罗斯直接发生军事冲突，除增加在中东欧地区军事存在，加大对俄罗斯威慑力度之外，北约能做的有限，只能采取一些象征性的制裁措施，比如暂停与俄罗斯所有实际层面的民事与军事合作。

可见，在乌克兰危机背景下，由于资源有限，加上阿富汗战争后遗症，北约必然会减少对外军事干预行动，实行战略收缩，从而在一定程度上向其传统防御范围回归。

但同时也应注意到，乌克兰危机并未根本改变国际发展大势，因此也不大可能根本改变北约转型趋势，北约目前对俄政策仍只能算是一种策略上的调整，而非战略性转变，至少从目前来看，欧、美、俄三方均不愿看到冷战的再现，因此北俄未来会努力防止双方对抗和冲突失控。

其一，美国的全球战略重心仍将是亚太和中国而不是俄罗斯，不大可能全力回防欧洲。亚太地区是世界上最具活力的地区，经济增长潜力巨大，大国也在这里扎堆，地区形势敏感复杂。美国作为超级大国，为确保其自身利益和影响力，加大对这一地区的投入是形势发展的逻辑结果。奥巴马自称是美国“首个太平洋总统”，其第一任期最大的外交战略调整就是所谓的“重返亚洲”战略，即亚太“再平衡”战略①。美国自推进亚太“再平衡”战略以来，尽管中东地区持续动荡，美国仍小心谨慎，试图从中东脱身，不愿再陷入中东泥潭。奥巴马总统在利比亚问题上甘愿退居幕后，在叙利亚越过其所划红线（即美国声称叙利亚政府使用了化学武器）的情况下仍临阵退缩，不愿出兵干预。同样，奥巴马政府虽然不得不应对乌克兰危机，但仍留有极大余地，包括明确排除军

---

① Patrick Goodenough, “In Europe, Kerry Says U. S. ‘Pivot’ to Asia Won’t Come at Europe’s Expense,” February 27, 2013, http://cnsnews.com/news/article/europe-kerry-says-us-pivot-asia-wont-come-europes-expense.

事选项，对北约中东欧成员国的承诺也较为有限，并一再敦促欧盟承担责任，显示奥巴马政府也不愿完全转变对俄政策，甚至改变对亚太战略。从美国国内关于乌克兰问题的讨论来看，支持对俄采取强硬政策的声音有所上升，[①] 但另外一方面的声音仍然强大，即主张美国的主要挑战仍是亚太和中国，美国应继续推进亚太战略[②]。特朗普政府执政以来，表面上放弃了奥巴马政府的亚太“再平衡”战略，提出了“印太战略”的概念，但实际上换汤不换药，甚至变本加厉，对中国采取全面遏制的战略。2019 年 12 月 3—4 日，北约 70 周年峰会在伦敦举行，首次将“中国崛起”纳入正式议题，完全反映了美国对华战略。在美国看来，俄罗斯目前尽管非常强势，但前景黯淡，亚太地区发展事关美国重大国家安全和经济利益，东移战略是美国霸权地位是否稳固的试金石，因此，美国决不可能从这一地区后撤。与此同时，美国对北约的看法也在发生变化，只有 49% 的美国人对北约有积极看法，而对北约持负面看法的人则从 2010 年的 21% 上升至 2015 年的 31% 。[③] 特朗普曾多次宣扬“北约过时论”，并对北约第五条款表达怀疑态度。

其二，德国、法国、意大利等西欧国家不大可能根本改变与俄接触及合作政策。德、意与俄能源及经贸关系紧密。德国自 20 世纪 70 年代勃兰特总理推行“新东方政策”以来，就一直试图对俄表示理解，并扩大与俄合作领域，德俄关系甚至被称为特殊关系。乌克兰危机爆发后，德国内无论政界还是舆论，并未出现一面倒的反俄声音，相反出现了不少反思西方及欧洲对俄政策的声音，即使是在乌克兰危机最为紧张的时刻，时任德国的社民党籍外长施泰因迈尔就表示，欧盟不应让乌克兰在发展与欧盟更为密切的关系及俄罗斯主张的欧亚联盟之间做选择。[④] 民调还显示，49% 的

---

① Svante E. Cornell，“Checking Putin's Eurasian Ambitions，” *The Wall Street Journal*，April 6，2014.

② Doyle McManu，“Chuck Hagel：The Asia Pivot is Still on，” March 30，2014，http：//articles. latimes. com/2014/mar/30/opinion/la – oe – mcmanus – column – hagel – asia – 20140330.

③ Pew Research Center，“NNTO Publics Blame Russia for Ukraine Crisis，but Reluctant to Provide Military Aid”（Washington，D. C.：Pew Research Center，June 2015）.

④ Andrew Rettma，“US and EU prepare to strike Russian Banks，Energy Firm，” http：//euobserver. com/foreign/123797.

德国人认为德国应采取“在西方和俄罗斯之间不偏不倚”的政治立场，只有45%的人支持“坚定站在西方一边”的立场①。还有观点认为，北约过去东扩的确侵害到俄罗斯利益，超过2/3的德国民众反对经济制裁俄罗斯；55%的德国民众认同普京的乌克兰属于其势力范围的主张，并认为西方应接受俄罗斯兼并克里米亚的事实②。德国总理默克尔尽管态度强硬，指责俄罗斯行为不可接受，但仍保留对话空间，不愿升级对俄制裁措施。法国总统马克龙主张改善与俄罗斯关系，声称欧洲推开俄罗斯是犯了一个战略错误。意大利与俄罗斯能源关系也较为紧密，对乌克兰危机的关注主要从可能影响本国经济利益的角度考虑，对乌克兰问题本身并不太关心，也不愿对俄采取强硬措施。尽管中东欧国家反俄倾向趋强，也给德国等西欧国家带来较大压力，但应指出的是，在国家利益面前，西欧国家会首先考虑自身安全及经济利益，而不会完全按中东欧盟国意愿行事。西欧国家更愿从长远角度软处理与俄关系，仍寄望以接触促改变，而不是硬对抗。2015年一份民调显示，多数欧洲人认为北约不应该去援助一个遭受俄罗斯入侵的盟国，这一比例在法国是53%，意大利是51%，德国是58%③。

其三，俄罗斯会竭力避免与西方全面对抗。克里米亚事件是俄对长期遭西方挤压的必然反应，但克里米亚有自身的独特性，如本来就不属于乌克兰，1954年才被当时的苏联领导人赫鲁晓夫作为礼物送给乌克兰。俄罗斯不大可能在乌克兰展开风险极大的大规模军事行动。一方面，乌克兰东部及南部情况与克里米亚完全不同，俄罗斯族并不占多数地位，对俄忠诚度也远远不及克里米亚俄罗斯族人。并且，与俄在克里米亚有海军基地及驻军不同，俄在乌克兰东部和南部地区并无驻军，俄军直接进入该地区很可能引发军事冲突和流血事件，导致局势升级失控。另一方面，美欧均已

① James Kirchick, "The End of Europe," Yale University Press, 2017, p. 3102.

② Dietmar Hawranek, Christiane Hoffmann, Peter Muller, Ralf Neukirch, Christian Reiermann, Gordon Repinski and Gregor－Peter Cchmitz, "Dancing with the Bear: Merkel Seeks a Hardline on Putin," http://www.spiegel.de/international/germany/merkel－and－europe－search－for－an－adequate－response－to－putin－a－960378.html.

③ James Kirchick, "The End of Europe," Yale University Press, 2017, p. 34.

划下红线，如果俄军直接进入乌克兰，美欧制裁肯定会升级，目前俄经济已经出现困难迹象，资本外逃，卢布贬值，股市缩水，与西方长期的强对抗可能会给俄经济造成严重损害。尽管普京总统目前支持率维持在较高水平，但随着经济的下滑，民众收入和福利水平下降，必然会带来一系列负面的社会问题，甚至可能引发俄罗斯自身的“颜色革命”，这一结局显然是俄罗斯政府不愿看到的。从主观上看，俄罗斯仍视自己为欧洲国家，仍有向西看的较强心结，也较为看重与德国、法国等欧洲国家的传统关系，因而也会尽量寻求与西方及欧洲妥协。

其四，欧洲正寻求防务独立。特朗普政府对北约态度极为轻率，比如声称北约已经过时，要求欧洲国家增加“保护费”，在叙利亚撤军等问题上不与北约盟国通气，自行其事等。法国总统甚至声称北约已经“脑死亡”。在这种情况下，欧洲国家在不得不继续依赖美国的同时，也开始试图发展独立防务。2017 年 11 月 13 日，在欧盟外长理事会期间，23 个成员国的外长和防长签署联合通告，决定启动“永久结构性合作”（PESCO）机制，23 个签署国共同决定开展合作项目，且只需有效多数即可剥夺个别国家参与资格，开除不符合要求的成员，以提高决策效率。2018 年，“欧洲防务基金”启动，2019—2020 年将拨付 5 亿资金，开放各国申请。2018 年 3 月，欧盟理事会正式批准“永久结构性合作”的首批 17 个项目，并于 6 月制定该机制的共同管理规则，11 月推动合作项目进一步扩容至 34 个项目。马克龙 2017 年提出“欧洲干预倡议”获积极响应，2018 年 6 月，9 个欧盟成员国在卢森堡签署意向书，拟筹建联合干预部队，包括丹麦、英国等长期游离于欧洲军事合作之外的国家亦参与其中。11 月，首次部长级工作会议召开，芬兰成为第 10 个参与国，会议还确定了相关各国 2018—2019 年度军事合作主要方针。[①] 2019 年，“欧洲干预倡议”成功扩军，意大利成为该倡议第 11 个成员国，挪威、瑞典随后亦相继加入。[②] 法

---

① 韩冰：“欧洲干预倡议“签署国确定 2018—2019 年度军事合作方针”，人民网，http：//world. people. com. cn/n1/2018/1108/c1002 - 30389923. html.

② 截至 2019 年 9 月 20 日，该倡议共包括法国、德国、英国、丹麦、比利时、西班牙、葡萄牙、爱沙尼亚、荷兰、芬兰、意大利、挪威、瑞典共 13 个成员国。

国、德国与西班牙联合研发第六代战机，“永久结构性合作”批准的合作项目于2019年11月12日扩至47项。

从长期看，北约的重点仍是俄罗斯，国际恐怖主义、中东、中国虽然是北约的讨论议题，但不是凝聚北约及欧美关系的中心问题。一旦俄罗斯不再是北约的中心任务，北约离真正的死亡也就不远了。俄罗斯仍将是北约的生存价值所在，其他问题都将是次要的。未来北约与俄罗斯关系的敌对性不会改变，但也不大可能恶化失控。当然，北约与俄罗斯关系未来发展还有较大不确定性，这很大程度上取决于乌克兰国内形势发展，如果乌克兰东南部形势趋于稳定，局势慢慢走向缓和，北俄关系也将渐趋平静。目前，西方与俄罗斯都在试图影响乌克兰局势发展，以获取更大的地缘利益。特别是俄罗斯，决不甘心让乌克兰倒向西方，冷战时期，北约距莫斯科1800千米，如果乌克兰加入北约，这一距离将减少到不到500千米，俄罗斯军队担心，俄可能永远失去这一缓冲地带，而正是这一缓冲地带的存在，俄罗斯在历史上才能在拿破仑和希特勒的进攻中幸存下来。而在美国看来，只有将乌克兰拉入西方和北约，才会一劳永逸地打掉俄重新恢复帝国的企图。但西方与俄对乌克兰的争夺有可能加剧乌克兰内部分歧和东西方对立，从而恶化乌克兰形势。如果乌克兰东南部局势失控，乌克兰东西部对立加剧引发全面内战，俄罗斯极可能对乌克兰实施军事干预，西方也将不可避免地以某种形式卷入乌克兰内战。如果出现这种情况，西方与俄罗斯关系将急剧恶化。但目前看来，这种可能性较小，因为这显然有违欧、美、俄三方利益。可能性较大的情况是，欧、美、俄在乌克兰问题上达成一定程度的妥协，以避免西方与俄关系恶化失控。但无论如何，冷战结束以来北约外向性、干预性、全球化的转型步伐将大大放慢。

俄罗斯问题短期内能起到重新团结跨大西洋两岸及欧盟各国的作用，北约的作用会得到新的审视和重视。但长期看，北约转型将陷入更大的困惑。一方面，美国由于转向亚太，加上预算削减，希望欧洲更多承担自己的安全责任，甚至希望欧洲和北约与美国一起共同转向亚太。但很显然，欧洲国家特别是西欧国家不大可能大幅增加军备，美国对欧洲失望和不满情绪会持续增长；另一方面，由于美国不愿加大对欧洲安全投入，欧洲特别是中东欧国家失望情绪也将潜滋暗长。与此同时，北约内部分歧会逐渐增大，认同危机会再度突出，北约向何处转、如何转型将更为困难。

第十章

对华认知变化与政策调整

近年来，中欧关系出现一些值得注意的动向，一方面，全球大变局下，世界形势风云变幻，各种风险危机前所未有，中欧合作内生性需求前所未有；另一方面，欧盟对中国的负面看法上升到一个新的高度。中欧关系的机遇与挑战同步增大。中欧关系何去何从，尚有较大不确定性，这在很大程度上将取决于欧盟如何客观认知中国并进行相应的政策调整。

第一节　对华认知变化

欧盟对华认知的变化和调整主要表现在以下三个方面：

首先，在经贸问题上，欧盟不愿再将中国看作是发展中国家，或至少不是典型的发展中国家，而倾向于认为中国是一个强大的、已对欧盟形成较大威胁的工业化国家和竞争对手。比较欧盟不同时期的对华政策文件，可以较为清晰地看出欧盟在经贸问题上对华认知的变化过程。1995 年欧盟出台首份对华政策文件即“中欧关系长期政策”时，欧盟对华贸易逆差已经开始逐年增长，但这份文件并没有把贸易逆差看作是一个问题，而是强调了中国的经济奇迹以及中国作为欧盟产品销售市场的巨大潜力[①]。1998

① See “A long term policy for China - Europe Relations,” Communication of the Commission, COM (1995) 279/final, A. 1, C. 1., http://ec. europa. eu/comm/external _ relations/china/com95_ 279en. pdf.

年欧盟出台“与中国建立全面伙伴关系”的政策文件时，欧盟对华贸易逆差已从1996年的153亿埃居增加到1997年的200亿埃居，而且，据欧盟这份文件的说法，“中国一直是欧盟普惠制的受益者，仅在1997年就占了所有欧盟普惠制受益者进口总额的30%还多”。欧盟虽然也抱怨“中国本身的市场壁垒具有阻滞性影响”，但在对华贸易的基调上仍是积极的，表示要积极“支持中国加入世界贸易组织”，欧盟委员会还针对中国的反倾销法提出了修改意见，废除了对中国的“非市场经济”分类。欧盟也仍承认，“尽管生活水平已有很大的提高，中国仍是一个发展中国家”①。2000年和2001年，欧盟连续两年发表了对“1998文件”执行情况的评估报告，对中国加入世界贸易组织后的欧中贸易关系做了积极的评估，认为将“大大改善欧洲公司向中国出口、同中国进行商务往来和在中国投资的环境”，但同时也开始对中国对欧巨额顺差表现出不满情绪，认为这些顺差部分归因于中国“长期存在的、阻碍了贸易和投资流动的市场准入壁垒”，包括“不能令人满意的知识产权状况”②。

2003年，欧盟再次发表新的对华政策文件“走向成熟的伙伴关系——欧中关系共同的利益和挑战”，经贸问题不是此次文件的重点，但对中国看法已出现微妙变化，认为中国自2001年12月“入世”以来，已成为“全球化最主要的受益者之一”，“作为一个新崛起的国家，应在调和发展中国家和发达国家利益之间发挥重要作用”，并“期待中国在世界经济中扮演建设性和负责任的角色”③，言外之意是中国已经有点“发达了”。

2006年，欧盟出台第6份对华政策文件，而且首次将贸易文件单列发

---

① “Building a Comprehensive Partnership with China,” Brussels, 25.03.1998, COM (1998) 181 - COMMUNICATION FROM THE COMMISSION, C.2.10, http://ec.europa.eu/comm/external_relations/china/com_98/index.htm.

② REPORT FROM THE COMMISSION TO THE COUNCILAND THE EUROPEAN PARLIAMENT, on the Implementation of the Communication “Building a Comprehensive Partnership with China,” COM (2000) 552 final, Brussels, 08.09.2000., http://ec.europa.eu/comm/external_relations/china/com_00_552/com2000_0552en01.pdf.

③ “A maturing partnership - shared interests and challenges in EU - China relations,” COMMISSION POLICY PAPER FOR TRANSMISSION TO THE COUNCIL ANDTHE EUROPEAN PARLIAMENT, Brussels, 10/09/03, COM (2003) 533 fin. http://ec.europa.eu/comm/external_relations/china/com_03_533/com_533_en.pdf.

表，可见经贸已由中欧关系中的稳固基础开始转变为欧盟对华政策中最为突出的问题，在这一问题上的对华看法也出现较大转变。欧盟在其贸易文件中首次明确表示，中国对于欧盟贸易政策而言是“最为重要的一个挑战”，并以较大篇幅详细列举了中国经济发展对欧盟的影响和挑战，包括加大了欧盟在产品升级和结构转型方面的困难、欧盟企业外迁中国、中国迅速提升的研发能力对欧盟的技术挑战以及贸易逆差等。根据欧盟对华贸易文件的说法，造成欧中贸易不平衡的主要原因是欧中之间没有一个互惠的自由、开放和公正的市场，欧盟还指责中国在环境、社会保障、货币政策、自然资源以及知识产权保护、技术转移上的要求、补贴等方面的政策也对欧洲企业构成了不公平竞争①。这表明，欧盟在对华贸易逆差持续扩大，内部某些行业特别是在劳动密集型产业受到较大冲击的情况下，已不满足于中国作为一个发展中国家在加入世界贸易组织时的承诺，而是要求中国更多地向欧盟“开放市场”和“承担责任”，也就是说，欧盟在中国未能如其预期那样成为欧盟一个大市场，而欧盟则相反成为中国最大的海外市场时，在对华心理和认知上出现转变，即不愿再将中国看作是一个发展中国家，而开始更多的将中国看作是挑战，一个实力持续增长的竞争者，并要求中国承担超出作为一个发展中国家在 WTO 框架下所应承担的责任。

2016 年 6 月，欧盟发布了新的对华政策文件，欧盟委员会和欧盟外交事务和安全政策高级别代表向欧洲议会和欧盟理事会提交了一份题为《欧盟对华新战略要素》的联合文件，这是继 2006 年之后，欧盟时隔十年再次发表对华战略文件。这份战略文件与欧盟 2006 年对华政策文件一脉相承，认为“欧盟将不得不面对一些新趋势：中国的‘走出去’政策正在加速。它在鼓励本国企业进行贸易、去海外投资以及寻找资源，这是前所未有的事情”。“中国日益增长的全球影响力和利益，导致其相应地要求扩大

① COMMISSION WORKING DOCUMENT, “Accompanying COM (2006) 631 final: Closer Partners, Growing Responsibilities, A policy paper on EU – China trade and investment: Competition and Partnership,” {COM (2006) 631 final}, http://trade.ec.europa.eu/doclib/docs/2006/october/tradoc_130791.pdf, pp. 8 – 10.

在全球经济治理中的发言权。在国际关系中，中国也更多地参与，例如在发展、气候行动和国际安全的热点地区。在本地区，它正变得更加自信"①。

2019 年 3 月 12 日，欧盟发表最新版对华战略文件《欧盟—中国：战略展望》，这份文件首次明确提出，"中国不能再被视为发展中国家，其正在全球层面扮演关键角色，并引领科学技术发展"，同时认为，中国已成为欧盟"经济上的竞争者"，声称"中国并未给欧洲提供互惠的市场准入及对等的竞争环境，因而中国也逐渐成为欧盟的战略竞争者"，"中国为（国内）领先企业保留国内市场"，而"欧盟企业在进入中国市场时，必须达到一系列冗杂繁琐的要求，譬如必须与当地企业合资经营以及向中国合作方转让技术。金融业市场准入尤其不对等"，要求与中国"构建更均衡互惠的贸易和投资关系"②，措辞之强硬前所未有，这标志着欧盟在经贸问题上对华认知的最重大转变。

其次，在政治和外交领域，欧盟对中国的负面认知逐渐强化。在中欧关系中，自 20 世纪 90 年代中期起，政治性议题包括人权以及西藏等问题，并没有给中欧关系带来太大麻烦，长期以来，经贸一直是欧盟对华关系中的重点，政治处于从属地位。欧盟在这方面的对华战略是，"支持中国的经济和社会改革"，"进一步加强与中国的接触"，并支持"中国向一个基于法治和尊重人权的开放社会转型"③。自 1995 年欧盟制定第一份对华政策文件以来，欧盟这一立场基本没有改变。欧盟的目的是，通过与中国的交往，包括政治和人权对话以及发展援助，可以将欧盟的"自由、民主与法治"观念灌输给中国，促进中国向欧盟价值观靠拢。但近年来，欧盟对中国在经济快速发展的同时未能更快向欧盟价值观"趋同"表现了明显的

---

① JOINT COMMUNICATION TO THE EUROPEAN PARLIAMENT AND THE COUNCIL – Elements for a new EU strategyon China. Brussels, 22. 6. 2016 JOIN (2016) 30 final. http://eeas. europa. eu/archives/docs/china/docs/joint_ communication_ to_ the_ european_ parliament_ and_ the_ council_ –_ elements_ for_ a_ new_ eu_ strategy_ on_ china. pdf.

② "EU – China – A strategic outlook," European Commission contribution to the European Council, March 12, 2019.

③ "The EU's China Policy," http://www. europa. eu. int/comm/external_ relations/china/intro/index. htm.

“失望”情绪。

其一，人权问题。这是中欧关系中的一个老问题，未来也将长期存在。由于欧盟没有表现得像美国那样虚伪，赤裸裸地将人权问题作为对外干涉的工具，而且欧盟很早就认识到，“频繁强硬的声明”只会适得其反，“恰当时机的声明加上正式的私下讨论和实际上的合作”可能更为有用①，因此，自 1997 年以来，欧盟就放弃了在联合国人权委员会提案谴责中国人权的做法，开始了与中国的人权对话。在欧盟 1995 年、1998 年包括 2003 年对华政策文件里，欧盟在人权问题上虽延续了其一贯的居高临下的对华态度，表示要“支持中国向以法治和尊重人权为基础的开放社会转型”，并指责中国“没有达到国际公认的人权标准”，但基本上也承认，中国的人权状况是在改善②。到欧盟 2006 年第 6 份对华政策文件出台时，欧盟却对延续 10 多年的中欧人权对话明确提出了疑问，认为欧盟对“对话的期望已有所上升”，却没有从人权对话中得到满足。欧盟当年底的一份理事会文件则更为直白，称欧盟将“继续严重关切中国的人权问题”，并“极为遗憾中国在一系列领域几无进展”③。2016 年版《欧盟对华新战略要素》宣称，“人权保护将继续成为欧盟与中国接触的核心部分”，指责“中国对国内持不同政见者的专制应对措施破坏了建立法治并把个人权利置于一个更牢固基础之上的努力”④。2019 年版对华战略文件《欧盟—中国：战略展望》对中国在人权和价值观问题上的看法更为负面，虽然“承认中国在改善经济、社会权利方面取得了进步”，但指责中国“在其他方面，中国的人权状况正在恶化，尤其是在新疆，还有在公民权利和政治权利方面，

---

① “A long term policy for China - Europe Relations,” B2.

② See “A maturing partnership - shared interests and challenges in EU - China relations,” p. 8, p. 12.

③ “General Affairs and External Relations,” EXTERNAL RELATIONS, Brussels, 11 - 12 December, 2006, http://www.consilium.europa.eu/ueDocs/cms_Data/docs/pressData/en/gena/92123.pdf, p. 9.

④ JOINT COMMUNICATION TO THE EUROPEAN PARLIAMENT AND THE COUNCIL - Elements for a new EU strategyon China. Brussels, 22. 6. 2016 JOIN (2016) 30 final. http://eeas.europa.eu/archives/docs/china/docs/joint_communication_to_the_european_parliament_and_the_council_-_elements_for_a_new_eu_strategy_on_china.pdf.

持续不断打击维权律师。在中国的欧盟及其他外国公民人权必须受到保护。香港基本法所规定的高度自治权，必须得到尊重”[①]。

其二，在中国的对外政策方面，20 世纪 90 年代初期，中国新一轮改革开放刚刚启动，外交活动和国际影响力还很有限，与欧盟的关系也基本上仅限于双边关系，很少涉及第三方。欧盟主要将中国看作是一个潜在的合作伙伴，在这方面的对华政策是“尽最大可能将中国卷入国际领域”，“支持中国全心全意加入国际社会”[②]。因此，在整个 20 世纪 90 年代，欧盟似乎都是以“欣赏”的态度看待中国参与国际事务，认为“无论是就其地区外交政策而言还是就全球外交政策而言，中国都变得更为坚定、更为负责”。[③] 到 2003 年欧盟出台第 5 份对华政策文件时，欧盟已经注意到，随着经济的增长，中国“在国际事务上日益活跃”，但同时也认为中国的外交政策“更积极也更有建设性”，欧中双方在“多边国际体系的重要性和全球治理规则上”有共同的看法，并首次明确将中国看作是“战略伙伴”[④]。可见，在进入 21 世纪的最初几年里，欧盟仍是以相当积极和正面的态度看待中国的对外政策和活动的。但从 2004 年开始，特别是 2005 年以后，中国外交政策和活动受到欧盟越来越多的抱怨和指责，主要表现在两个方面：一是指责中国的发展援助政策没有达到西方的治理和透明度标准，[⑤] 有欧洲外交官就认为，“中国不守规则，当其他国家停止援助时，中国就简单地填补进来”，“中国的发展政策必须要有大的改变”[⑥]；二是称中国资源和能源导向型的外交政策与欧盟鼓励“良治”的政策也形成冲突，不利于欧盟向全球推广其价值观体系。对此，欧盟 2006 年 10 月出台的第

---

① “EU – China – A strategic outlook,” European Commission contribution to the European Council, March 12, 2019.

② “A long term policy for China – Europe Relations,” B1.

③ “Building a Comprehensive Partnership with China,” http://ec.europa.eu/comm/external_relations/china/com_98/com98_0.htm.

④ “A maturing partnership – shared interests and challenges in EU – China relations,” p. 1, p. 6, p. 8.

⑤ See Hugh Williamson, “G8 calls for increased scrutiny of aid,” *Financial Times*, March 28, 2007.

⑥ Daniel Dombey, “Europe urges China to change African energy policy,” *Financial Times*, October 24, 2006.

6份对华政策文件称，中国传统的“严格遵守不干涉原则”的外交政策“越来越站不住脚”[①]，应做出改变，意即向欧盟标准靠拢。2016年版《欧盟对华新战略要素》出台背景是，欧盟经历了债务危机、难民危机等重重危机，中国在欧盟危机应对及对外政策方面予以了真诚合作，欧盟认识到了与中国合作的重要性，因此在国际事务方面对与中国合作持积极姿态，宣称“欧盟应该鼓励中国积极和建设性地参与维护安全的全球公益活动，在此基础上寻求与中国达成一项更加广泛的共同外交政策议程。欧盟应该鼓励中国始终如一地参与国际冲突的解决进程，履行其作为联合国安理会常任理事国的责任”，但其目的是要求中国向欧盟所谓的“国际行为准则”靠拢，并在南海、东海等问题上指责中国[②]。2019年版对华战略文件《欧盟—中国：战略展望》肯定中国在伊朗核问题、打击海盗等方面的贡献和政策，但对中国批评和指责增多，称“中国在南海问题上的声明，及其拒绝接受依据《联合国海洋法公约》做出的约束性仲裁决议的做法，扰乱了国际法治秩序，进一步加剧紧张局势，而国际海运通道沿线的紧张局势严重冲击欧盟经济利益”，“中国在第三国的商业和投资活动已非常普遍，但这些投资往往忽视社会经济和财政可持续性，可能导致出现巨大的债务陷阱，最终实现战略性资产和资源控制权的转移”[③]。

其三，在中国的政治体制改革方面，欧盟也发现，中国经济的发展和开放并不意味着中国会自动过渡到欧盟过去一直希望的那种西方式民主，这也令欧盟感到失望[④]。2016年版《欧盟对华新战略要素》明确将中国定

---

① 2COMMUNICATION FROM THE COMMISSION TO THE COUNCIL AND THE EUROPEAN PARLIAMENT, “EU - China: Closer partners, growing responsibilities,” {COM (2006) 632 final}, http://ec.europa.eu/comm/external_relations/china/docs/06-10-24_final_com.pdf, p. 3.

② JOINT COMMUNICATION TO THE EUROPEAN PARLIAMENT AND THE COUNCIL - Elements for a new EU strategyon China. Brussels, 22.6.2016 JOIN (2016) 30 final. http://eeas.europa.eu/archives/docs/china/docs/joint_communication_to_the_european_parliament_and_the_council_-_elements_for_a_new_eu_strategy_on_china.pdf.

③ “EU - China - A strategic outlook,” European Commission contribution to the European Council, March 12, 2019.

④ Gudrun Wacker, “More coherence in relations with China,” p. 58.

义为“是一个由国家主导的资本主义模式的一党制国家”①，认为欧盟要面对这一现实，表明欧盟对中国在政治体制方面向西方靠拢已经不抱希望。2019年版对华战略文件则进一步宣称，中国是欧盟“向外推行国家治理新模式的制度竞争对手”②，欧盟不仅对改变中国失去希望，甚至还害怕中国对欧洲政治制度构成冲击，表明欧盟在这一问题已经高度的不自信。

最后，在安全领域，欧盟对华认知出现“美国化”趋势。欧盟主要是一个经济和贸易集团，以贸易和发展援助等软力量推进其外交理念，既无实力也无意愿追求全球霸权。中国与欧盟相距遥远，而且双方并无领土、主权以及历史问题，因此，传统的安全问题在中欧关系中并不如经济和贸易问题那样受到重视，也不像政治和人权问题那样容易引起争议。对涉及中国核心利益的安全问题如台湾问题及东亚地区安全等，欧盟作用有限，而且也不是欧盟对华政策的重点。比如欧盟1995年的首份对华政策文件甚至根本没有提及东亚地区安全和台湾问题，只是简略地提到防扩散及武器出售等问题。因此，由于中欧之间在传统安全问题上没有根本利益上的矛盾和冲突，双方在这方面也一直相安无事。进入21世纪以来，随着欧美在安全问题上对华协调和沟通的加强，欧盟在很多安全问题上出现了向美国靠拢的趋势，比如在台湾问题上，欧盟2006年的对华政策文件以及理事会结论就以较大篇幅来阐述欧盟立场，虽仍表示“坚持一个中国政策”，但在用语上却借用了美国的一些说法，比如要“考虑地区战略平衡”，“支持各方开展对话”，“强烈反对使用武力”等，这都是此前没有过的。关于中国的军力问题，欧盟也借用了美国的用语，称“中国国防开支不透明引起外界越来越多的关注”，中国“应认识到提高透明度的重要性”，欧盟2006年对华政策文件还首次表示，“应提高对中国军事发展的研究分析能力”。

---

① JOINT COMMUNICATION TO THE EUROPEAN PARLIAMENT AND THE COUNCIL – Elements for a new EU strategyon China. Brussels，22. 6. 2016 JOIN（2016）30 final. http：//eeas. europa. eu/archives/docs/china/docs/joint_ communication_ to_ the_ european_ parliament_ and_ the_ council_ –_ elements_ for_ a_ new_ eu_ strategy_ on_ china. pdf.

② “EU – China – A strategic outlook，” European Commission contribution to the European Council，March 12，2019.

再如武器解禁问题，这本是中欧之间的双边问题，欧盟也承诺会继续推动解禁，但欧盟除继续拿人权作为借口外，还新增了“两岸关系”以及所谓的“军费开支透明度”问题作为解禁的新条件①，这里无疑也有明显的美国痕迹。2008 年以来，随着台海形势的缓和，台湾问题不再突出，但东海、南海问题开始凸显，欧盟在这方面基本上是对美国亦步亦趋。2016 年版《欧盟对华新战略要素》称，“欧盟仍然关注东海和南海的局势”，“反对可能改变现状、加剧紧张局势的单边行动。欧盟坚持其立场，那就是中国和其他国家在南海宣示主权时应该遵守国际法。通过该水域的大量国际海上贸易意味着航行和飞越自由对欧盟极其重要。欧盟应鼓励中国对该地区的稳定做出建设性的贡献，尤其是遵守《联合国海洋法公约》及其仲裁程序”②。2019 年版对华战略文件《欧盟—中国：战略展望》宣称，“中国军事实力不断增强，其拥有远大的志向，要在 2050 年前建成装备最为先进的武装力量，鉴于此，欧盟从短期到中期都需关注自身安全问题。包括信息战、大型军事演习等跨部门混合威胁不仅破坏信任，而且挑战欧盟安全”③。在非传统安全领域，欧盟也在向美国“学习”，比如效仿美国对外国直接投资进行审查，欧盟的外国直接投资审查新规已于 2019 年 4 月生效，并于 2020 年 11 月 25 日起完全执行，其目标直指中国。2019 年版对华战略文件《欧盟—中国：战略展望》称，“在欧盟战略部门、关键资产、技术和基础设施中的外资，以及参与欧盟标准制定和关键供应设备的外资可能对欧盟的安全构成威胁”，声称外资审查新规“将有力提升我们对关键资产、技术和基础设施的外国投资的敏感度，并将进一步推动共同鉴别和应对敏感部门并购对安全和公共秩序造成的威胁”④。在 5G 网络等问题

① “EU – China：Closer partners，growing responsibilities，” pp. 10 – 11.

② JOINT COMMUNICATION TO THE EUROPEAN PARLIAMENT AND THE COUNCIL – Elements for a new EU strategyon China. Brussels，22. 6. 2016 JOIN（2016）30 final. http：//eeas. europa. eu/archives/docs/china/docs/joint_ communication_ to_ the_ european_ parliament_ and_ the_ council_ – _ elements_ for_ a_ new_ eu_ strategy_ on_ china. pdf.

③ “EU – China – A strategic outlook，” European Commission contribution to the European Council，March 12，2019.

④ “EU – China – A strategic outlook，” European Commission contribution to the European Council，March 12，2019.

上，欧盟虽然不像美国那样直接，还讲点规则，但实际上立场与美国相近。

第二节　认知变化发生的背景

欧盟对华认知发生较大变化主要是由于中欧双方实力对比和相对地位发生改变的结果，此外，美国因素也是一个很重要的方面。

首先，中欧经济力量对比发生较大变化。经济和贸易是中欧关系的基础，是中欧双方最稳固的联系，但在很长的一段时间里，这种关系是建立在一种相对不对等的基础之上，欧盟作为一个在经济和科技实力方面处于绝对优势的经济和贸易集团，主要将中国看作是一个有巨大潜力的商品销售市场和投资场所，因而欢迎中国的经济改革和发展壮大，并给予中国普惠制待遇和发展援助；中国作为一个发展中国家，在改革开放后相当长的一段时间里，虽然经济增长很快，但总体而言，几乎全部出口产品都处于产业链低端的低附加值领域，而且出口额也不大，欧盟甚至在1983—1987年间一直连续对中国享有贸易顺差。只是在20世纪90年代以后，随着经济实力的积累和规模的扩大，中国经济不论在质还是量上才都开始快速向上爬升，但在进入21世纪前，甚至在2003年以前，欧盟虽然更为重视来自中国的挑战和竞争，并开始强调要“打破中国的贸易壁垒”，但基本上仍主要将中国看作是机遇，并容忍了对中国的贸易逆差。因为中国仍处于产业链的低端，欧盟国家产品相对而言仍具有高附加值的优势。2003年以后，随着中国“入世”效应的逐渐显现，中国经济突飞猛进，年均经济增长率超过10%，中欧贸易量及中国对欧顺差均持续大幅增长，2006年欧盟对华逆差就达到1282亿欧元[①]。不仅如此，中国对欧出口产品的结构也在发生变化，除传统劳动密集型的

① Ralph Atkins, “China exports more to the EU than the US for the first time,” *Financial Times*, March 23, 2007.

低附加值产品外，中国的出口商品正在沿着“价值曲线”快速上升，比如近年来中国对欧出口增长最快的领域是机电设备和电子产品。正如德国总理默克尔所说，“我们正在目睹世界发生的巨大变化，1990 年德国统一那年，中国占世界经济产出的 1.7%，德国占 6.8%，今天，德国占 4.5%，中国占 16.3%。30 年来，中国的份额从 1.7% 增长到 16.3%，中国经济总量在 2007 年就超过了德国”①。2020 年，中国 GDP 还可能超过欧盟，与美国 GDP 也将更为接近。民调显示，多数欧洲国家民众认为，中国而非美国是世界上的领先经济体②。当然，这并非事实，但反映了欧洲社会的一种焦虑情绪。中国的成功超出了西方的预料，因为按照西方的逻辑，一个不民主（西方语境下的民主）、不实行自由市场经济（西方语境下的自由市场经济）的国家无法取得经济和科技发展的成功，德国总理默克尔说，“对于从冷战中走来的人而言，他们自然也面临一个难以置信的挑战：一个更接近于共产主义制度而非民主制度的政治体系突然崛起了，这样的一个国家突然在经济上如此成功。冷战的经历告诉我们，独裁、共产主义、社会主义政权，不管怎么称呼它吧，无论迟早都不会在经济上取得成功”③。但是中国成功了，显然，中国的发展颠覆了西方传统观念，也带来了一个欧洲和西方无法解释的根本性挑战。

与此同时，欧盟主要国家自进入 21 世纪后，经济却陷入较大困难，如 2005 年德国 GDP 增长率为 0.8%，法国为 1.5%，意大利为 0.2%，不但低于 2004 年增长速度，而且低于欧盟平均水平，而失业率却超过了欧盟平

① “Transcript：‘Europe is no longer at the centre of world events’,” *Financial Times*, January 16, 2020.

② RICHARD WIKE, JANELL FETTEROLF AND MARA MORDECAI, “U. S. Image Plummets Internationally as Most Say Country Has Handled Coronavirus Badly,” September 15, 2020, https://www.pewresearch.org/global/2020/09/15/us-image-plummets-internationally-as-most-say-country-has-handled-coronavirus-badly/.

③ “Rede von Bundeskanzlerin Merkel bei der Verleihung des Henry A. Kissinger Preises am 21. January 2020 in Berlin, Dienstag,” January 21, 2020 in Berlin, https://www.bundesregierung.de/breg-de/suche/rede-von-bundeskanzlerin-merkel-bei-der-verleihung-des-henry-a-kissinger-preises-am-21-januar-2020-in-berlin-1714694.

均水平[①]，2006年欧盟经济有所起色，但并无根本性好转。2010年欧盟爆发主权债务危机，法国等国经济迄今仍未能恢复过来。2020年，欧盟再次遭遇新冠肺炎疫情的冲击，预计欧盟经济2020年将衰退7.4%，2021年增长4.1%，直到2022年欧盟经济才可能恢复到疫情前水平[②]。为应对疫情，欧盟支出了天量资金，造成财政赤字和公共债务急剧增加，2020年第二季度，欧盟27国财政赤字率为11.4%，欧元区19国为11.6%；欧盟债务占GDP比例为87.8%，欧元区为95.1%，其中希腊、意大利、葡萄牙和法国分别高达187.4%、149.4%、126.1%、114.1%[③]，未来这一数字还可能持续走高，将在相当长时间内制约欧盟经济发展。

在这种情况下，欧盟对中国的批评、指责开始增多。尽管欧盟内部在如何认识中国经济崛起方面意见并不一致，但总体来看，欧盟对中国竞争的疑虑普遍增强，即便在所谓自由贸易国家如德国也是如此。就事实而言，中国仍是一个人均收入较低的发展中国家，欧盟则是一个富裕繁荣的社会，理应更多地从机遇的角度看待中国的发展。而且，欧盟也从中欧贸易中获得了巨大的好处，比如，欧盟对华出口在2000年到2005年间增长了一倍多，比欧洲对其他地区的出口增速快很多。在服务业领域，欧盟对华出口在1994年到2004年10年间增加了6倍，特别是欧盟传统的优势行业，如金融、建筑、分销和教育服务。从中国进口的具有价格优势的产品为欧盟企业降低了生产要素成本和制成品的价格，据世界经合组织（OECD）估计，2001年到2005年间，中国商品的价格使欧元区通货膨胀率减少了0.2%。对于最具争议的欧盟对华贸易逆差问题，欧盟自己也承认，“孤立地看待欧中贸易逆差具有误导性。在过去10年中，亚洲在欧盟

---

① http://epp.eurostat.cec.eu.int/portal/page?_pageid=1996，39140985&_dad=portal&_schema=PORTAL&screen=detailref&language=en&product=STRIND_ECOBAC&root=STRIND_ECOBAC/ecobac/eb012.

② Press release，5 November 2020，Autumn 2020 Economic Forecast：“Rebound interrupted as resurgence of pandemic deepens uncertainty，” https://ec.europa.eu/commission/presscorner/detail/en/ip_20_2021.

③ Yunus Girgin，22.10.2020，“EU：Government debt/GDP ratio rises to 87.8% in Q2，” https://www.aa.com.tr/en/economy/eu-government-debt-gdp-ratio-rises-to-878-in-q2/2015323.

进口所占比重稳定地保持在 20%—25% 的水平。欧盟对华贸易逆差在一定程度上掩盖了一个事实，即中国对欧盟的出口部分地取代了亚洲其他国家对欧盟的出口”①。可见，中欧贸易互惠互利和双赢的本质并没有改变，欧盟在经济上对中国的看法和认知之所以发生改变，根本就在于欧盟还没有适应全球化和中、印等新兴大国的快速发展和竞争力的提升这一事实。关于这一点，很多欧洲人自己也认识到，“除非发生大的灾难，否则没有什么能阻止中、印以及其他国家的发展”，欧洲要做的不是害怕，而应是“拥抱未来”②。1995 年，欧元区 GDP 是中国的 10 倍，2005 年是中国的 5 倍，2008 年是中国的 3 倍。自 2010 年初欧洲主权债务危机发生以来，欧洲与中国的经济发展对比愈益明显，到 2019 年时，中国的国内生产总值已经相当于整个欧元区的生产总值③，相当于英、法、德、意四国的国内生产总值的总和。中国和欧盟 10 多年间一进一退，非常明显。所以欧盟的吃亏心理非常突出。英国退出加上新冠肺炎疫情后的经济不可避免的大萎缩（预计欧元区经济 2020 年衰退 10%）④，中国国内生产总值可能很快就将超越欧盟整体。

其次，中欧政治实力和外交影响力等软实力对比也有较大改变。中国的政治和经济发展模式与欧洲不同，却展现了旺盛的生命力，不仅经济持续高速增长，政治和社会也稳定发展，中国的成功显然不是因为实施了西方式的“自由”和“民主”制度，而是因为政策符合中国国情，符合当前的全球化发展趋势。国外有学者据此还提出了所谓“北京共识”⑤ 的说法。中国强调世界的多样性，尊重各国根据本国国情所选择的发展模式，实行

---

① “A policy paper on EU - China trade and investment: Competition and Partnership,” pp. 5 - 6.

② Martin Wolf, “why liberalism is the right future for a declining Europe,” *Financial Times*, March 14, 2007.

③ “Giles Coghlan China’s economy rises to surpass the eurozone’s economy,” November 2019, https://www.forexlive.com/news/!/chinas-economy-rises-to-surpass-the-eurozones-economy-20191128.

④ “European finance ministers ponder coronabonds,” https://www.economist.com/europe/2020/04/09/european-finance-ministers-ponder-coronabonds.

⑤ Joshua Cooper Ramo, “The Beijing Consensus,” The Foreign Policy Centre, 2004, http://fpc.org.uk/fsblob/244.pdf.

不干涉他国内部事务的外交方针，并无意愿输出本国政治和经济制度。比如在非洲政策方面，中国承诺给非洲国家援助而不附加任何政治条件的做法就得到了非洲国家政府和民众的广泛认可和好评。[①] 反观欧洲，英国脱欧的刺激，极右翼民粹主义的兴起，政治上的碎片化，以及一体化的寸步难行，加深了欧盟对所谓"欧盟生活方式"及自己政治、经济体制的焦虑感。在欧盟一些人士看来，中国的发展模式由于其巨大的成功效应，已经成为一些发展中国家的参照物或效仿对象，这自然对欧盟在全球推广其价值观形成了竞争关系[②]。特别是非洲，非洲大多数国家曾是欧洲的殖民地，传统上被视为欧洲的后花园，中非关系的快速良好发展以及中欧在非影响力的此消彼长自然让欧盟倍感压力。但欧洲很多人士也承认，中非关系的发展给非洲的确带来了好处，中国的很多做法如帮助非洲国家修建基础设施如修路、建学校和建医院等是欧盟居高临下的、说教式的、官僚主义的援助政策所做不到的[③]。欧盟之所以在中国人权和民主等都已取得显著进步的情况下仍加大批评中国人权状况的力度，并指责中国"不干涉他国内部事务的外交方针"，在很大程度上是由于欧盟不愿承认中国的发展模式以及外交方针的成功。中国独特的社会主义发展道路及对外政策的成功，在欧洲看来，却是对自己价值观和发展模式的挑战。比如"一带一路"倡议，从根本上符合欧盟的经济利益，也与欧盟的周边政策及全球战略契合，但受到一些无端的猜疑。在 2018 年 2 月 17 日召开的慕尼黑安全会议上，时任德国外长加布里尔宣称，中国不断向外输出价值观，试图在西方制度之外创建一个"平行体系"，完全不同于西方"基于自由民主价值观的模式"，西方国家应该团结应对[④]。另外，还有一个很重要的背景是，欧洲一体化近年来遭遇较大挫折。众所周知，欧盟的力量在于它是一个由

---

① 《国际媒体和专家学者积极评价中非合作论坛北京峰会》，《人民日报》，2006 年 11 月 9 日。

② See Uwe Wissenbach, "Africa's attractions," *World Today*, April 2007, p. 8.

③ See Uwe Wissenbach, "Africa's attractions," *World Today*, April 2007, pp. 8 –9.

④ "Speech by Foreign Minister Sigmar Gabriel at the Munich Security Conference," February 17, 2018, https://www.auswaertiges - amt.dc/en/Newsroom/rede - muenchner - sicherheitskonferenz/1602662.

27个成员国组成的统一体，只有形成合力，欧盟才具有足够的国际影响力，因此，欧盟的实力和国际影响力有赖于欧洲一体化的不断深化。欧盟在冷战结束后快速扩大，但由于没有机制改革上的相应行动，欧盟的实力不仅没有因成员国的增多而增加，反而因决策能力下降和内部矛盾增多而有所降低，而且欧盟主要国家经济长期低迷，社会问题突出，政府忙于国内事务，无力推动实质性外交。此外，作为一个“政治矮子”和“经济巨人”，只有贸易和援助才算得上是欧盟真正的外交政策，但在欧盟一些国家贸易保护主义高涨，卫生检疫和原产地等非关税壁垒森严，在贸易和援助政策中还“夹带”人权和发展模式等条件，欧盟的援助又相对集中在土耳其等少数几个国家的情况下，非洲等发展中国家并没有从欧盟得到多少实惠。这都进一步削弱了欧盟以此自豪的所谓软实力和外交影响力。在这种情况下，面对中国的发展和自身的相对衰落，欧盟一时还难以适应①。

最后，美国对欧盟的影响。美国对欧洲的影响力是绝对的，但长期以来，由于中欧特别是中国相对弱小，美国对欧洲的对华政策并不特别关注。但随着中国的发展崛起，以及欧洲冷战后离心力的增大，美国对中欧关系的关注开始增多。2005年以后，随着布什第二任期的开始，以及德国默克尔政府的上台，欧美关系开始逐渐摆脱伊拉克战争的影响，欧美从官方到学者等各个层面的对话和沟通明显增多，双边政策协调也开始加强，“在一系列的全球问题上，美国人和欧洲人正走到一起”②。中国崛起并不是欧美对话和政策协调的唯一议题，但却是一个很重要的方面，如欧盟解除对华武器禁令问题在欧美之间引发的争议就直接刺激了主要针对中国的“欧美东亚战略对话”这一机制的形成，2005年5月，美国与欧盟在布鲁塞尔举行了首次东亚战略对话会议，之后便基本形成了每年两次的对话机

① Philip Stephens, “All that needs to be said about Europe's nest half - century,” *Financial Times*, March 9, 2007.

② Philip H. Gordon, “Engaging China will ease trans - Atlantic tensions,” *The New York Times* , February 12, 2007.

制。其他还有如德国马歇尔基金会在2006年创办的布鲁塞尔论坛[①]等机制，都是欧美官员和学者讨论全球性议题包括中国议题的重要场合。有美国学者甚至认为，“遏制俄罗斯可能不再是维持（跨大西洋）伙伴关系的黏合剂，但应该是约束中国的共同愿望”[②]。

当然，对欧盟而言，“接触和保持伙伴关系”是其对华基本态度[③]，这与美国对华两面下注的“遏制加接触”政策还是有较大区别的，但不可否认的是，欧美政策协调的结果似乎是欧盟更多地受到了美国的影响，欧盟2006年第6份对华政策文件在一定程度上就是这种影响的反应，以致不仅在中国学者中出现了欧盟部分对华政策“美国化”的说法，欧洲媒体也明确提到了这一现象[④]。奥巴马政府时期，美国改变了对欧洲一味施压的做法，改采怀柔政策，希望借助欧盟力量共同应对中国崛起。2012年6月，欧盟理事会发布《欧盟外交与安全政策东亚指针》，这是2007年欧盟同类文件的更新版，宣示了欧盟在南中国海等东亚系列安全问题上的原则立场，立场与美国相似。2012年7月12日，借东盟地区论坛召开之际，欧盟外交与安全政策高级代表阿什顿与时任美国国务卿希拉里发表《关于亚太地区的共同声明》，宣称欧美将就亚太安全问题进行协调[⑤]。有欧盟智库

---

① 布鲁塞尔论坛是一个高级别年度沟通与交流会议，旨在改变“现在还没有一个专门针对大西洋两岸关系论坛”的现状，克服布什第一任期内欧美沟通的不畅，强化大西洋两岸未来在一系列核心议题上的协调与合作，以“适应不断变化的全球现实和新威胁”。论坛地址位于欧盟委员会总部所在地、比利时首都布鲁塞尔，每年举办一次。论坛由美国的德国马歇尔基金会主办，其合作伙伴有德国的贝塔斯曼基金会、戴姆莱/克莱斯勒公司基金会、比利时联邦政府、比利时布鲁塞尔首都地区的政府等。布鲁塞尔论坛的首次会议于2006年4月28—30日在布鲁塞尔举行，出席人员共250余人，主要参加者均为大西洋两岸在相关政策制定上的有力人士，包括政府首脑、欧盟机构和欧盟成员国的高级官员，美国内阁官员，参议员及众议员，智库专家学者及大公司领导等，关于中国的议题“中国：从武器禁运到人民币”是闭门会议，只有部分人员参加。

② Philip H. Gordon, “Engaging China will ease trans - Atlantic tensions,” *The New York Times*, February 12, 2007.

③ “EU - China: Closer partners, growing responsibilities,” p. 2.

④ See Bertrand Benoit, “Merkel eyes free trade zone to help the west rival China,” *Financial Times*, September 16/17, 2006.

⑤ “Joint EU - US statement on the Asia - Pacific region” (A 328/12), Phnom Penh, July 12, 2012, http://www.consilium.europa.eu/uedocs/cms_data/docs/pressdata/EN/foraff/131709.pdf.

学者认为，欧盟针对亚太安全的这一系列行动与美国的施压有直接关系①。在这系列行动之前，阿什顿领导的欧盟对外行动署就接到了美国国务院的邀请，后者要求欧盟与美国就亚太问题设立共同的议程。2012 年欧盟智库欧洲安全研究所的一份调查报告显示，欧美双方的外交政策专家在亚太地区人权、法制、核裁军及防扩散，以及军事建设的透明度等方面，利益高度重合。② 因此，在朝鲜核问题、南中国海问题、缅甸民主化，以及所谓中国的军事透明化、促进中国市场的持续开放等问题上，欧盟与美国立场并无不同，从某种程度上讲，美国的亚太战略是在做欧盟有心而无力做的一些事情，自然会得到欧盟的支持。从安全上看，欧盟认为，朝鲜核问题、台海问题、特别是南中国海问题，加上一些地区局部冲突，都可能影响东亚安全和稳定，给欧盟利益带来影响，因而都是欧盟关切的问题③。从经济上看，东亚地区（包括中国大陆，中国台湾、香港和澳门，日本，韩国和东南亚国家）经济总量占了全球 GDP 的 21%，占欧盟商品和服务贸易总额的 28%，而且这一比例还在继续增长，单就中国而言，中欧贸易与跨大西洋贸易额已不相上下④。因此，在强化与亚太特别是东亚地区的经济合作方面，欧美目标也基本相同。对于亚太的区域经济一体化，欧盟也与美国一样，密切关注，并持续推动与亚太国家的自贸区协议。对于中国经济发展势头，欧美也有相似的担心，认为随着中国市场容量的扩大以及中国产品持续向高附加值产品转型，欧美经济优势将很快丧失。因此，对于防范中国的竞争力冲击，欧美也是基本一致。欧盟宣称，“美国对日本、韩国、台湾及一些东南亚国家和地区的安全保证，以及美国在该地区

---

① “America and Europe's Pacific Partnership,” http：//www. iss. europa. eu/fr/publications/detail - page/article/america - and - europes - pacific - partnership/.

② Patryk Pawlak & Eleni Ekmektsioglou, “ Transatlantic strategies in the Asia Pacific,” Findings of a survey conducted among EU and US foreign policy experts, June 12, 2012, http：//www. iss. europa. eu/publications/detail/article/transatlantic - strategies - in - the - asia - pacific/.

③ COUNCIL OFTHE EUROPEAN UNION, “GUIDELINES ON THE EU'S FOREIGN AND SECURITY POLICY IN EAST ASIA,” Brussels, June 15, 2012, p. 5, http：//eeas. europa. eu/asia/docs/guidelines_ eu_ foreign_ sec_ pol_ east_ asia_ en. pdf.

④ COUNCIL OFTHE EUROPEAN UNION, “GUIDELINES ON THE EU'S FOREIGN AND SECURITY POLICY IN EAST ASIA,” Brussels, June 15, 2012, p. 3, http：//eeas. europa. eu/asia/docs/guidelines_ eu_ foreign_ sec_ pol_ east_ asia_ en. pdf.

驻军的存在”，使美国成为“东亚地区安全有力的提供者”。不仅如此，欧盟还公开表达了对美国亚太战略的支持立场，声称“鉴于跨大西洋关系的重要性，在涉及东亚外交和安全问题的事务上，欧盟有强烈兴趣与美国形成伙伴关系，加强合作”①。

自2017年特朗普政府上台以来，对欧洲实施高压政策，欧美关系出现疏离趋势；同时明确将中国视为最大战略对手。欧洲虽然避免在中美之间选边站，但仍然尽量迎合美国，特别是在投资保护、5G、南海等问题上。欧盟之所以易于接受美国的一些对华看法，除与美国调整对欧政策，以及欧盟自身也需要借助与美国的合作来应对全球性问题包括中、印、俄等国家崛起有关外，还有一个重要背景是，在欧盟主要国家遭遇严重的经济和社会问题、一体化停滞不前的情况下，欧盟的“小伙伴综合症”② 更为明显，更容易受到美国的影响。

中美博弈态势难改，拜登政府上台后，未来欧洲将更多站队、甚至完全站队美国，与美国一起，联合西方国家共同应对中国。所以未来中国国际环境可能更为不利。

一是经济和科技上的封锁。欧洲对华经济政策正在美国化，比如限制与中国的高科技合作；阻止中国资本在欧盟国家的并购；排斥中国华为5G；对一定程度、一定范围内的脱钩接受度上升，打造所谓“闭环”产业链③，鼓励企业回迁；对中欧之间的学术往来疑虑上升，也开始设置障碍，等等。欧美之间在数字科技、绿色经济等关键领域虽然也有分歧，但在阻止中国科技进步方面有共同诉求，预计未来欧美在相关领域的规则、标准制定等方面的合作会更加密切，而中欧经贸特别是科技领域的务实合作将会面临更多的障碍。

---

① COUNCIL OFTHE EUROPEAN UNION，“GUIDELINES ON THE EU'S FOREIGN AND SECURITY POLICY IN EAST ASIA，” Brussels，June 15，2012，p. 8，http：//eeas. europa. eu/asia/docs/guidelines_ eu_ foreign_ sec_ pol_ east_ asia_ en. pdf.

② Albrecht Rothacher，*Uniting Europe – journey between gloom and glory*，Imperial College Press，2005，p. 198.

③ “German industrial strategy：big firms for big challenges?” May 3，2019，https：//www. global – counsel. com/insights/report/german – industrial – strategy – big – firms – big – challenges.（上网时间：2020 年 12 月 30 日）

二是国际上的排斥。拜登提出要在 2021 年召开一次所谓“全球民主峰会”，以解决全球的腐败问题、捍卫人权、阻击所谓专制主义的发展、打击干涉选举行为等等，而欧洲也做出了积极回应，声称要支持、配合美国办好这次峰会。欧美在将 G7 转变为 D10（纳入澳大利亚、印度及韩国，变成所谓“民主 10 国”）这一问题上也可能形成共同立场。预计价值观问题在中欧之间将更为突出。拜登上台后，欧美价值观合流，在 G20、世界贸易组织、世界卫生组织以及联合国等多边机制内将加大拉帮结派，炒作涉华议题，诋毁中国国际形象。

三是增加中国处理周边问题的难度。美国的意图是在中国周边找问题、下绊子，不遗余力地挑拨离间。欧洲在亚太有日益增长的经济利益，加上需要迎合美国，也会配合美国行动。法国和德国都相继出台了“印太战略”，预计欧盟也可能在 2021 年推出自己的“印太战略”，既显示自己在这一地区的存在感，也更是为了呼应美国。总之，“树欲静而风不止”，中国的周边事态将更为复杂，不确定性大大上升。

第三节　欧盟对华政策趋向

在对华认知逐渐发生变化的情况下，欧盟对华政策也发生了较为明显的变化和调整，其中最主要的是在经贸议题和全球性议题方面。

首先，在对华经贸政策方面，欧盟更保守，更具防卫性和保护性。一是以所谓的“互惠论”为借口，要求中国进一步开放市场特别是服务业和金融业，更多地进口欧盟国家的产品，并自我限制对欧盟的出口，以减少欧盟对华贸易赤字。近年来，欧盟在这方面对中国施压的力度明显加强，称欧洲企业“在进入中国市场时仍面临重重障碍，因此，外界认为欧中贸易关系并非真正互惠的风险将加剧，如果这些问题不能解决，欧盟内部拒绝进一步向中国竞争开放大门的政治压力将会增加。这种情况在美国已经出现，并有目共睹”[①]。

二是以多种手段强化经济上的保护措施，如在技术转让方面更为保守，要求中国停止针对国外企业包括欧盟企业的所谓“强制性技术转让政策”；“坚定地利用反倾销手段”以及“WTO 争端解决机制”，以应对“中国的不公平竞争”[②] 等。2017 年 12 月 20 日，欧盟发布长达 465 页的对华经济评估报告[③]，称中国经济存在“严重市场扭曲”。欧盟指责中国巩固和增强国有经济部门，系统性干预经济发展，造成产能过剩；指责中国政府通过产业政策、法律法规、投资审查流程等等，限制私企及外企投资特定产业。欧盟还称，由于国家控制和渗透，中国的土地、能源、资本、原料、劳动力等生产要素价格扭曲，存在大量隐性补贴，对欧盟构成不正当竞争。在这一负面情绪主导下，欧盟不愿履行中国加入世贸组织“议定书”第 15 条义务，不承认中国市场经济地位。欧盟希望延续过去的所谓“替代国”做法，为了避免被指责不遵守国际规则，转提“市场扭曲”概念，并出台新的贸易救济法规，称一国政府对市场影响力过大、国有企业比例较高、本土公司易获优惠补贴、金融机构独立性较差，就可能“严重扭曲”市场价格，欧盟将参考“国际市场价格”计算反倾销幅度[④]。所谓“市场扭曲”，主观性、随意性强，实质上就是保护主义。欧盟国家还以“公平贸易”为由，要求欧盟委员会执行更为强硬的贸易政策。除贸易保护外，欧盟投资保护主义更为严重。德国等国多次以国家安全为由，阻挠或叫停中企赴欧投资。2017 年，由于德国经

---

① “A policy paper on EU – China trade and investment: Competition and Partnership,” p. 15.

② “A policy paper on EU – China trade and investment: Competition and Partnership,” pp. 9 – 10.

③ “COMMISSION STAFF WORKING DOCUMENT, ON SIGNIFICANT DISTORTIONS IN THE ECONOMY OF THE PEOPLE'SREPUBLIC OF CHINA FOR THE PURPOSES OF TRADE DEFENCEINVESTIGATIONS,” Brussels, 20. 12. 2017SWD (2017) 483 final/2, http: //trade. ec. europa. eu/doclib/docs/2017/december/tradoc_ 156474. pdf.

④ “REGULATION (EU) 2017/2321 OF THE EUROPEAN PARLIAMENT AND OF THE COUNCILof 12 December 2017amending Regulation (EU) 2016/1036 on protection against dumped imports from countries not members of the European Union and Regulation (EU) 2016/1037 on protection against subsidised imports from countries not members of the European Union, 19. 12. 2017,” *Official Journal of the European Union*, *L* 338/1, http: //eur – lex. europa. eu/legal – content/EN/TXT/? uri = CELEX: 32017R2321.

济部的阻挠，福建宏芯基金对德国芯片制造商爱思强并购案失败。德国专门修改《对外经济法》，允许政府严格审查外资并购，尤其要着力审查“受工业政策指导，享受国家补贴，并有国企参股的企业”[①]。欧盟还主要针对中国出台投资保护政策，以保护欧盟所谓“战略产业”。后新冠肺炎疫情时期，欧盟本已严重的保护主义可能有进一步的发展。即使是在紧张的抗击疫情时期，欧盟委员会及德国等国官员已经开始发出警告，要防止外国企业利用欧洲困境乘虚而入进行收购。[②] 欧盟及德国、法国、西班牙等成员国均在疫情期间提出要加强投资审查机制举措。欧盟委员会贸易委员霍根称，加强补贴审查是对投资审查机制的有益补充，可促进欧盟更有效应对外国投资问题，巩固欧盟在经济领域的“战略自主”。在这一背景下，2020 年 6 月 17 日，欧盟委员会发表了《外国补贴对公平竞争影响白皮书》。欧盟委员会认为，外国补贴包括三种情况：外国政府直接对该国在欧企业进行补贴；对该国企业在欧分支或其收购的欧企提供补贴；外国企业获本国政府补贴后，在欧盟市场进行收购或参与欧政府采购招标。《白皮书》称，外国补贴在投资和政府采购两方面扭曲欧洲单一市场。在投资领域，获外国补贴的企业将获得廉价而充足的并购资金，使其报价更具竞争力，扭曲欧投资环境。在政府采购领域，欧盟外企业在补贴支持下给出更低项目报价，不仅令无补贴企业处于竞争劣势，更使外国政府可借机控制欧盟“关键基础设施”。《白皮书》建议，欧盟应对“三年内接受 20 万欧元以上外国补贴的企业”进行调查和监管，与成员国监管部门共同评估其给欧经济及就业带来的不利影响，纠正其在收购和参与政府采购项目中的“扭曲行为”，要求企业做出“弥补措施”和相关承诺，并有权以“补贴问题”叫停对欧企收购。根据欧盟委员会规划，《白皮书》将于 2020 年 9 月完成公众咨询流程，并于 2021 年提出修改竞争政策的正式立法建议。《白皮书》出台显示欧盟已准备对中国开启“全方位经济竞

---

① Beiten Burkhardt, “Germany tightens its rules on foreign corporation acquisitions and proposes an EU regulation,” https：//www. lexology. com/library/detail. aspx？ g = 82609c3b – dc1f – 4898 – 859f – aaf9d8b4c519.

② Alan Beattie, “EU sharpens its weapons to see off the looters and pillagers,” *Financial Times*, April 10, 2020.

争”，从各方面丰富政策“工具箱”。未来，中国对欧盟贸易和投资都可能会因为“政府补贴”问题遭遇更多壁垒。英国《金融时报》评论称，《白皮书》是欧盟对中国“开放国内市场进展缓慢”的回应，也是为欧企在中国赢得“对等互惠”的重要一步。

三是试图让中国等发展中国家接受欧盟所谓的社会、环保以及劳动条件等标准，如默克尔曾鼓吹“全球规则框架，即最低的社会、环境与伦理标准，以防止先进但独裁、低工资经济体对西方在这些领域的侵蚀”①，欧盟这一做法的目的是提高中国等发展中国家产品的成本，降低其竞争力，实际上是一种变相的贸易保护措施。

其次，在能源安全、气候变化、环境保护、可持续发展等全球性议题上，欧盟强化了所谓“责任论”的提法，要求中国承担更多责任。比如能源安全和气候变化问题，这是欧盟当前最为关注的问题之一，欧盟自己也提出了一个雄心勃勃的计划。2019 年 12 月 11 日，欧盟委员会发布了《欧洲绿色协议》，旨在通过将气候和环境挑战转化为政策领域的机遇，让欧洲在 2050 年之前成为第一个实现“碳中和”的大洲。根据《协议》内容，欧盟在 2030 年必须把碳排放量降低至 1990 年的 50%。欧盟预计于 2021 年开始，向特定产业中污染程度高的外国企业征收“跨境碳排放税”；计划投入 1000 亿欧元，帮助成员国进行能源转型。欧盟委员会主席冯德莱恩把《绿色协议》称为欧盟新的发展策略，并表示这是“登上月球”的一刻。冯德莱恩宣称，《绿色协议》作为新的增长战略，回报将超过投入。它展示了如何通过改变人们的生活、工作、生产和消费方式，使人们生活更健康，使企业增强创新能力。为了保护欧洲的自然遗产以及生物多样性，欧洲将率先迅速展开行动。同时，欧洲希望通过向世界其他地区展示如何实现可持续发展和保证竞争力，呼吁其他国家一起行动。为了让“使欧洲到 2050 年成为世界上第一个‘气候中立’的大洲”这一政治意愿转化为法律，欧盟委员会表示，将在 100 天内出台第一部《欧洲气候法》。此外，欧盟委员会将在 2020 年 3 月启动一项“气候公约”，扩大公民参与度，让

---

① Bertrand Benoit, “Merkel eyes free trade zone to help the west rival China,” *Financial Times*, September 16 - 17, 2006.

他们在设计新行动、促进信息分享、开展基层活动等方面发挥作用。欧盟的目的：一是为了应对民众对气候变暖和能源安全的担心，为欧洲一体化寻找新的动力源；二是为了扩大政治和外交影响力，提升欧盟趋于下滑的软实力。但更为重要的是，一方面，欧盟想以新能源技术引领“全球新一轮的工业革命”[①]，确保对中国等新兴国家的技术优势，获取新产品销售及技术转让的巨大商机；另一方面，欧盟也希望能以气候和环保标准及义务压制其他一些国家的经济增长势头。欧盟声称，“欧盟不能单独达到能源和气候变化的目标”[②]，所以要“确保中国融入全球能源市场和多边治理机制及机构，鼓励中国成为积极、负责任的能源伙伴”，共同打击“非法伐木”[③] 和应对气候变化，改善环境等，并要求中国不要将气候变化问题置于经济增长之后，指责“中国正在许多国家建设燃煤发电厂，这将破坏《巴黎协定》规定的全球减排目标”[④]。在能源安全方面，欧盟还准备加强对中亚地区的能源外交，与非洲建立全面的能源伙伴关系，[⑤] 以加强欧盟在这两个重要地区的影响力。在可持续发展方面，欧盟要求中欧在非洲问题上加强对话和协调，目的也是希望中国接受欧盟对非政策中的“良治”[⑥]条件。

最后，欧盟还有意识加强与亚洲区域内日本、韩国、印度等国的关系，达到平衡与中国关系的目的。事实上，欧盟近年来进入亚太动作明显加快，特别是在经济领域。欧盟虽然不是一个统一的国际行为体，在外交、防务等问题上还难以用一个声音说话，但拥有全球最大的单一市场，而且根据2009 年生效的《里斯本条约》，成员国已基本上将贸易和投资领

---

① “AN ENERGY POLICY FOR EUROPE, COMMUNICATION FROM THE COMMISSION TO THE EUROPEAN COUNCILAND THE EUROPEAN PARLIAMENT, COM（2007）1 final,” Brussels, 10. 1. 2007, http://ec. europa. eu/energy/energy_ policy/doc/01_ energy_ policy_ for_ europe_ en. pdf, p. 21.

② AN ENERGY POLICY FOR EUROPE, p. 18.

③ “EU – China: Closer Partners, Growing Responsibilities,” pp. 5 – 6.

④ “EU – China – A strategic outlook,” European Commission contribution to the European Council, March 12, 2019.

⑤ AN ENERGY POLICY FOR EUROPE, p. 19.

⑥ Daniel Dombey, “Wen to face pressure over policy on Africa during EU visit,” *Financial Times*, September 10 – 11, 2006.

域的主权完全让渡给欧盟，欧盟在这一领域可以用一个声音对外说话。因此，欧盟完全可以说是一个不逊于美国的经济巨人，在国际贸易和投资领域拥有极大影响力。近来，欧盟充分利用这一优势，逐步展开在亚太的贸易布局，特别是自贸区建设进展明显。2011 年 7 月，欧盟与韩国的自贸协定正式生效，这是欧盟与亚洲国家签署的首个自贸协定；2012 年 12 月，欧盟与新加坡完成了自贸协定的谈判。2015 年，欧盟完成了与越南的谈判；欧盟最终目标是与东盟作为一个整体签署自贸协定。欧盟与印度的自贸协定谈判已近尾声。欧盟 2013 年 4 月启动了与日本的自贸协定谈判，并于 2017 年 7 月完成谈判。欧盟在亚太的贸易布局虽然在很大程度上是出于自身利益的需要，也是为未来与其他大国包括美国在这一地区的经济竞争做准备。但从客观效果上看，还是极大地配合了美国的亚太战略，对中国进行了所谓的平衡和遏制。为抗衡中国的“一带一路”倡议，欧盟还特别注意加强与日本等国的关系。2018 年 9 月 27 日，欧盟委员会在布鲁塞尔启动首届“欧洲联通论坛”，聚焦欧亚互联互通，除主办方欧盟外，日本是另一主角。时任欧盟委员会主席容克与日本首相安倍共同主持开幕式并做主题发言。双方正式签署了“欧日可持续联通与优质基础设施伙伴关系”协定，确定日本将参与欧盟的“欧亚联通项目”，涵盖包括数字、交通、能源和人文交流等互联互通的所有方面，并强调协议旨在促进全球贸易和投资的透明化，确保合作中“债务的可持续性，以及经济、财政、金融、社会和环境的高标准”等等，明显有针对中国“一带一路”倡议的意味。

欧盟国家领导人访问亚太国家的频率明显增加。2012 年 4 月，欧盟派出史上最庞大代表团，参加了第 19 届东盟—欧盟部长级会议，7 月，前欧盟共同外交与安全政策高级代表阿什顿在连续两年缺席后首次参加了东盟地区论坛，并与东盟正式签署了《东南亚友好合作条约》。2012 年 4 月，时任英国首相卡梅伦访问日本，与日本在联合研发武器装备等方面取得较大共识，包括联合研发、生产武器装备，研究制定政府间协议，对防卫装备品向第三国转移及目的外使用进行严格管理，建立防卫大臣定期会晤机制，加强联合研究和情报合作，建立两国外相“战略对话”机制，举行联合演习、训练及展开两军交流等。2013 年 2 月，时任法国总统奥朗德及时任英国首相卡梅伦分别率庞大政商代表团访问了印度，其目的一方面是拉拢印度，平衡与中国关系，另一方面寻求签署经贸大单。欧盟国家虽然普遍面临外交预算紧张的问题，但在亚太地区投入并未减少，甚至还有所扩张。如英国 2012 年时就决定，到 2015 年，将在亚洲新设立 8 个英国外交使领馆，包括重启在 1985 年关闭的英国驻老挝大使馆，扩大现有驻亚外交团队规模，将向中国、印度分别增派 60 名和 30 名工作人员，加大人才培养力度，到 2015 年将外交部能说中文的员工增加 40%。[①] 2017 年 8 月 30 日—9 月 1 日，英国首相特雷莎·梅访问日本，双方发表《日英共同愿景声明》《关于安全保障合作的日英联合宣言》《关于繁荣合作的日英联合宣言》《关于朝鲜的联合声明》等四份文件，进一步密切双方经贸关系，强化安全合作。2017 年 3 月 26—29 日，时任法国总统奥朗德访问新加坡、马来西亚和印尼三国，这是法国总统对 13 年来对新加坡、14 年来对马来西亚、以及 31 年来对印尼的首次访问，旨在加强双边关系，与充满活力的东南亚国家加强联系。2018 年 3 月 9—12 日，法国总统马克龙访问印度，双方发表联合声明，签署 14 项合作协议。包括军事后勤合作协议，发布《印法在印度洋地区合作的共同战略愿景》，共同维护印度洋海上安全与航行自由，法国将继续向印度提供战机、潜艇的相关技术装备，发布《印法空间合作联合愿景》，法国赛峰集团向印香料航空出售民航发动机，并在印南部投资设厂等。2019 年 6 月 26 日，法国总统马克龙正式访日并出席 G20 峰会。马克龙是此次 G20 峰会中唯一受邀正式访日的国家元首，两国发布新的合作路线图，双方认为印太“三支柱”是航行自由与海洋安保、环保、高质量基建。合作项目包括法属太平洋岛屿参加太平洋岛国论坛、外援机构合作、海洋治理与科技合作、共享海洋监控信息等。双方就 WTO 改革、维护航行自由、电子商务征税、气候变化、高质量基建标准等问题达成多项共同原则。双方还将升级情报保护协定；开展扫雷等装备技术合作；继续联合军演。双方还将围绕金融技术、数字经济、可再生能源、核

① “Britain in Asia,” The Second IISS Fullerton Lecture, by Foreign Secretary William Hague, April 26, 2012, http://www.fco.gov.uk/en/news/latest-news/?view=Speech&id=758382282.

电技术等领域开展产业合作，人工智能、机器人、医疗、太空等领域开展科技合作等。欧盟国家加强与亚太其他国家的关系虽然并不完全针对中国，但因为与美国亚太战略思路、步调一致，还是起到了平衡中国并为美国亚太战略壮大声势的效果。

在安全及地缘政治问题上，部分出于配合和支持美国立场和政策，部分出于对亚太安全形势可能恶化的担心，欧盟也开始更多关注和参与亚太安全事务，特别是南海问题。2016 年 6 月，时任法国国防部长勒德里昂在香格里拉对话会上表示，基于国际法和国际规则的航行与飞越自由至关重要，在南海的航行自由不仅涉及地区安全与稳定，还关乎全球海洋权利的维护，若南海的海洋权利未得到捍卫，未来在北冰洋、地中海海域的权利也会受到威胁。2017 年，法国至少有 5 艘军舰在南海航行。2018 年 5 月底，法国西北风级两栖攻击舰“迪克斯米德”号和护卫舰“舒尔库夫”号驶入南海。2017 年 7 月，时任英国外交大臣约翰逊在悉尼演讲时表示，英国“脱欧”后要在亚洲扮演更重要的角色，包括在该地区部署新航母，“它们的首要任务之一就是在这个地区执行航行自由行动”。2018 年 1 月和 4 月，英国先后派遣皇家海军护卫舰“萨瑟兰”号和两栖攻击舰“海神之子”号（旗舰）进驻亚太，为 2013 年以来英国海军舰艇首次在亚太地区行动。2018 年 6 月 3 日，时任英国国防大臣威廉姆森在香格里拉对话会上表示，英国 2018 年将向亚太地区派出 3 艘军舰，向该地区发出“航行自由极端重要”的“最强烈信号”。2018 年 12 月，威廉姆森又宣称，英国准备在南海建立军事基地。2019 年初，英国先是与美国在南海举行联合军演，后又扬言派航母进入太平洋地区。2019 年 8 月 29 日，英、法、德三国共同发布关于当前南海局势的联合声明，时值南海局势升温：中国与越南在南海对峙，菲律宾总统杜特尔特访华再提 2016 年南海仲裁案；澳大利亚总理莫里森 8 月 23 日访问越南时指责中国在南海“胁迫邻国”，美国军舰 8 月 28 日在南海推进“航行自由行动”等等。英、法、德三国以《联合国海洋法公约》缔约国身份统一立场，声称《公约》“作为全面法律框架，应普遍适用于海洋活动和国家、地区及全球层面的海洋合作”，三国还特意再提 2016 年南海仲裁案，意图对中方施压。

第四节　中欧关系前景

中欧关系的未来发展在很大程度上取决于欧盟对华政策调整的方向与力度。从目前来看，尽管方向上是负面的，但力度尚还温和，欧盟也表示，仍将继续“坚定不移地与中国发展成熟的全面战略伙伴关系”①。《欧盟—中国2020战略议程：推动合作》宣称，“欧中致力于发展全面战略伙伴关系”②。有三个原因决定了中欧关系不会过于偏离正常轨道。

其一，中欧关系已远远超出双边范畴，多边性全球议题如贸易秩序、气候变化、环境保护、能源安全、防扩散、可持续发展以及反对恐怖主义等在中欧关系中日渐突出，双方在这些问题上有越来越多的共同利益，形成了日益相互依赖的关系，欧盟与中国都必须借助彼此的力量，才能维持对其经济发展有利的稳定的国际环境。因此，中欧必须密切合作，以应对全球化带来的挑战，同时利用好其带来的机遇。没有中欧合作，涉及双方利益的全球性及各自发展中的一些问题都将难以解决。欧盟关注的议题如非洲发展、气候变化、中东稳定、难民及全球可持续发展等，也均是中国利益所在，中欧事实上也已经有良好的合作。在后脱欧及后美国和后疫情时期，中欧合作也有更大的紧迫性。欧盟要实现自己的政策目标和发展目标，必须要有一个稳定、可预期的国际环境，这方面，中欧有共同的诉求。中国需要一个理性的合作伙伴，欧盟同样也需要一个理性的合作伙伴。美国无论是在经济、气候变化还是在中东和平等诸多涉及欧盟重大利益的问题上，都业已成为麻烦制造者。在很多情况下，欧盟与美国都是无话可对，因为美国在意的只是自身利益，不管盟友，遑论全球稳定与和

---

① “External Relations,” Brussels, December 11 – 12, 2006, http://www.consilium.europa.eu/ueDocs/cms_ Data/docs/pressData/ en/gena/92123.pdf, p. 6.

② “EU – China – A strategic outlook,” European Commission contribution to the European Council, March 12, 2019.

平。所以，在维护全球多边主义秩序方面，中欧双方均有了更大的内生性合作动力。

其二，在经济方面，只要贸易摩擦控制在一定范围和程度内，随着双边贸易和投资的增长，中欧关系中的经贸基础将更为稳固。在一定程度上甚至可以这样说，欧盟的未来在中国，中国也同样如此。中国经贸合作虽有竞争，但本质上互惠互利，欧盟也认知到，中国的发展将给欧盟产品和服务带来更大的市场，欧盟不可能舍弃。按照新功能主义者哈斯（Ernst Haas）的说法①，国家间的合作从经济领域起步后，可逐步扩展到其他领域，如欧洲一体化就是从煤钢联营扩展到了当前的欧盟。同样，中欧之间密切的经济联系和交流也会逐步巩固和提升中欧的合作层级和领域。在英国脱欧背景下，中欧经贸关系也面临一些新的有利条件。欧盟经济前景黯淡，这是欧盟危机感较重的一个重要原因。中欧经济联系紧密，仍有较强的互补性。中国市场对欧盟出口及投资均日益重要。加强与中国的经济合作，拓展中国市场仍是欧盟对华经贸政策的主要目标。从这方面看，欧盟可以说完全不同于美国，美国追求的是对华脱钩和全球经济霸权，欧盟虽然也看到竞争性，但更多还是将中国市场视为机遇，不是脱钩，而是要加强合作。另外，英国在脱欧后，与欧盟在经济上的竞争性将不可避免，所谓兄弟登山，各自努力。英、欧在与第三国如中国的经贸合作方面当然也会形成竞争，欧盟并不乐见中英经济关系走在中欧经济关系前面，所以，未来欧盟在加大对华经贸合作方面也会有更大的紧迫性。2020 年 12 月 30 日，在经过了 7 年 35 轮的艰难谈判后，中欧双方就“中欧全面投资协定”完成谈判，充分说明了欧盟对于中国市场的重视程度。

其三，中欧关系已日益机制化，对话与合作网络也日益扩展，比如，在政治对话方面，中欧从 1998 年开始形成了年度首脑会晤机制，还有副总理级的中欧战略对话机制，中国外长与欧盟驻华使团团长的会议，政治司与地区发展司的会晤。2020 年 9 月，中欧还将首次举行“27 +1”全家福

---

① Ernst B. Haas, *The Uniting of Europe*: *Political*, *Social and Economic Forces*, 1950 – 1957, StanfordUniversity Press, 1958; Ernst B. Haas, “International Integration: The European and the Universal Process,” *International Organization*, Vol. 15, No. 4 (1961), pp. 366 – 392.

峰会。在专家层面，也有经常性的对话和交流机制。此外，中欧还签署或建立了至少20个部门方面的协定或对话机制，包括科技合作协定、旅游协定、信息社会对话（工作小组）、贸易政策对话、关于就业与社会政策的对话等①。中欧之间除形成了中国与欧盟层面的各个层级和部门的定期、不定期的磋商机制和合作外，中国与欧盟各个成员国的交流与合作机制也日益完善。总之，中国与欧盟所构建的这样一个绵密的交流与合作网络，已成为中欧关系中的另一稳固基础，将是中欧关系未来良性发展的重要保障。

中欧关系中的一些问题，比如经济问题、意识形态问题等并非战略性根本矛盾。与美国不同，中欧均无霸权企图，双方之间也无重大利益冲突，可以说是一对天然的合作伙伴，特别是在当今大变局下更是如此。中国外交崇“和”、讲“诚”、重“义”，主张以新型国际关系，推动构建人类命运共同体，一贯支持欧洲一体化，支持欧盟战略自主建设。随着中欧关系的日渐深入，相信欧盟对中国会有更多、更深刻的了解。

当然，也不能忽视中欧关系当前问题和分歧的严重性。欧盟声称，“越来越多的欧洲人感到中国所带来的机遇与挑战正逐渐失衡”，② 所以要调整对华政策，也就是说，要对中国更为强硬。这是一种认知上的严重偏差和错误的政策取向，不符合中欧关系的实际情况。就欧盟而言，应更为客观地评估中国的经济实力和发展水平、在人权和民主建设方面的进展，以及对全球发展的贡献，如果欧盟不考虑中国仍处于“发展中”状态这一事实，而只是一味地批评指责中国的能源、资源或社会政策，或要求中国承担不符合实际的责任，都将不利于中欧关系的稳定发展。对于中国而言，可更为有效地加强对欧公共外交，帮助欧盟国家和民众更好地理解中国，减少误解；创新与欧盟的经贸合作方式，让双方都能从合作中得到更多的实惠，事实上中国已经在做这方面的工作。2018 年 12 月 18 日，中国

---

① “What are Sectoral Dialogues and what drives them?” http：//ec. europa. eu/comm/external_relations/china/intro/sect. htm.

② “EU – China – A strategic outlook，” European Commission contribution to the European Council，March 12，2019.

政府发表了第三份对欧盟政策文件（以下简称文件）①，这是中国政府继2003年和2014年之后，再次发表对欧盟政策文件。这份文件的出台可谓恰逢其时。第一，2018年是中国与欧盟建立全面战略伙伴关系15周年和中国—欧盟领导人会晤机制建立20周年，有必要回顾过去的成功经验，规划未来的中欧关系发展。第二，自2014年以来，欧盟发生重大变化，英国脱欧、民粹主义兴起，欧盟未来发展前景引起极大关注，“欧洲衰落”论再起。欧盟对世界主要国家包括中国对欧盟的看法更为关注。第三，自2014年以来，世界形势也发生重大变化。强权政治、单边主义盛行，国际多边主义秩序陷入危机，严重损害中国和欧盟发展利益。文件传达了几个重要信息：一是新形势下中国对欧盟更为重视，支持欧洲一体化和欧盟联合。文件认为，“虽然近年欧盟发展受到英国脱欧等事件影响，但欧盟没有改变一体化方向，继续致力于推进改革、应对挑战，在地区和国际事务中发挥重要作用”。欧盟仍然是“国际格局中一支重要战略性力量”。二是要求欧盟重视中国利益和关切。文件要求欧盟“以实际行动恪守一个中国原则”，“尊重中国核心利益和关切”，“减少和消除投资障碍和歧视性壁垒”，“应早解除对华军售禁令”。三是强调中欧应加大合作力度。中欧关系面临新的形势和进一步发展的重要机遇，“中国政府希望深化和拓展同欧盟的全面合作，推动中欧关系取得更大发展，共同做世界和平的建设者、全球发展的贡献者、国际秩序的维护者”。

2020年初，新冠肺炎疫情突如其来，也冲击到中欧关系。其一，2020年是中欧关系大年，欧盟新一届领导人计划将首次访华，出席中欧峰会；2020年4月中，中国—中东欧国家第九次峰会计划在北京举行，这也将是“17+1”框架下的首次峰会；中国国家主席习近平下半年还将访问德国，出席莱比锡中国欧盟领导人特别峰会；当然，还有多场中欧高层互访活动。总之，在全球大变局快速演变的背景下，中欧关系中出现了一些新变量，双方均对中欧关系予以高度重视，希望借一系列的双边及多边重大活动，更为清晰地界定彼此关系，并以完成中欧投资协定谈判、确立气候变

① 《中国对欧盟政策文件（全文）》，《人民日报》，2018年12月18日。

化合作重点等，规划未来几年的中欧合作议程。但疫情完全打乱了中欧关系议程，抗击疫情成为中欧关系中的首要、也是当前唯一要务。从目前看，中欧2020年至少上半年的既定议程无法实现，下半年情况也不容乐观。

其二，经济关系基础遭弱化。欧盟自2004年以来一直是中国最大贸易伙伴，而中国则是欧盟第二大贸易伙伴。英国脱欧后，欧盟单一市场缩小，但仍是中国最重要的贸易伙伴之一。经济关系是中欧关系的基础，也是中欧关系中的主要内容。疫情后，欧盟将不可避免经历一段困难时期，特别是消费需求可能有较大幅度下降，对中国产品的吸纳能力也将下降。我国外贸环境也将更为恶化。欧盟在我国贸易伙伴中的位次也可能下滑。后疫情时期，欧盟本已严重的保护主义可能有进一步的发展。疫情前，欧盟已经是实施反倾销措施最多的经济体之一，其反倾销对象既包括发达国家，也包括近年来经济快速发展的新兴工业化国家。2014年11月至2018年12月，欧盟委员会一共采取了95项贸易保护措施。2018年底时，欧盟仍在生效的贸易保护措施包括93项反倾销以及12项反补贴措施，其中68%的措施是针对中国①。即使是德国这样传统上支持自由贸易的国家，对华贸易和投资保护的声音也在上升。欧盟保护主义上升不利于中欧经贸合作，将增加中欧之间的经贸摩擦，对双方经济在疫情后的恢复发展带来损害。另外，更重要的是，与此前所有危机不同，疫情迫使世界上多数国家处于某种封闭状态，工厂停工、商店关门，是一种立竿见影的反全球化。中欧产业联系紧密，但疫情迫使双方产业链条中断，即使是短时和暂时的，也会给双方造成严重的心理上的冲击，即未来要尽量确保产业链条的本地化，以加强本国的安全感。事实上，疫情前，欧洲就出现了这种思想，即加强产业链的独立和自主性。疫情期间，欧洲大量防疫物资需要从国外特别是从中国采购，这也进一步强化了欧洲的脆弱感。法国总统马克龙声称，危机后法国将寻求将医疗及其他制造业从世界其他地方回迁到法

① "Report on EU trade defence – effective protection against unfair trade," http://trade.ec.europa.eu/doclib/press/index.cfm?id=2000.

国和欧洲，以此重建“法国主权与欧洲主权”①。德国总理默克尔也表达了类似的想法。因此，后疫情时期，欧洲可能会寻求与中国产业链某种程度的脱钩。总之，疫情虽然是暂时的，但对中欧经济关系的损害可能是长期的。

其三，政治关系变数增大。疫情前，欧盟就已遭遇多重打击，最近的一次是 2020 年 1 月 31 日英国正式脱离欧盟。疫情更对欧洲经济、治理体系和治理能力、民众和社会心理等等构成全方位冲击。后疫情时期的欧盟将更为弱化、更不自信，与仍处上升期的中国发展态势对比将更为鲜明。在这种情况下，欧盟对中国的所谓经济竞争、科技竞争特别是制度竞争将更为敏感多疑。疫情期间，中国本着人类命运共同体理念，也本着投桃报李的原则，力所能及地向欧洲国家提供了大量援助，但就是这一单纯的抗疫合作也被部分欧洲人解读为别有用心。欧盟外交与安全政策高级代表博雷利 2020 年 3 月 23 日发表文章，暗指中国对欧洲的援助有地缘政治动机，旨在通过“慷慨政治”获得影响力②。后疫情时期，中国对欧政策可能会动辄得咎，与成员国的合作将更多被指责为“分而治之”。中欧在国际事务上的合作也可能会受到影响。

但应当指出的是，无论是在当前抗疫时期还是后疫情时期，中欧都需要更为紧密地加强合作，这不仅符合中欧双方利益，也是维护世界和平和稳定发展的需要。事实上，疫情期间，中欧合作富有成效。中国 2020 年 1 月底 2 月初疫情大规模暴发时，欧盟和多个欧洲国家对中国抗疫表达了坚定支持的态度，并捐助了大量抗疫物资，对此中国人民铭记在心。3 月初以来，欧洲疫情暴发后，中国感同身受，并迅速做出了力所能及的援助，多个医学专家组奔赴欧洲国家助力抗疫，中方还与多个欧洲国家举行了视频会议，毫无保留地与欧方分享救治、抗疫经验。双方的通力合作既有利于彼此抗击疫情，也拉近了双方关系。虽然欧洲内部对中国的援助杂音不

---

① “We need to make more masks in France – President,” https：//www. connexionfrance. com/French – news/Covid – 19 – We – need – to – make – more – masks – in – France – says – President – Macron.

② Josep Borrell，“The Coronavirus pandemic and the new world it is creating,” https：//www. avrupa. info. tr/en/eeas – news/coronavirus – pandemic – and – new – world – it – creating – 10198.

断，但这并非主流。应该说，疫情期间中欧互帮互助为后疫情时期双方合作打下了一个很好的基础。

疫情暴发前，世界就已处于一个不确定性和不稳定性前所未有的时期。美国自私自利，推进“美国优先”单边主义霸权政策，是导致世界经济加速下行、国际贸易秩序面临崩溃、全球金融体系风险突出、中东危机一触即发的重要因素，中欧双方都深受其害，这也是双方确立2020年中欧议程的重要背景。疫情期间，美国的“美国优先”单边主义政策更是暴露无遗，比如，在不知会欧洲盟友的情况下突然宣布对欧洲“封航”，令欧洲国家措手不及；半路截留德国所订口罩等等。七国集团视频会议，美国不思抗疫合作，一心只想甩锅转嫁危机。后疫情时期，世界可能更加凶险。其一，由于各国普遍陷入经济困境，如果在全球层面缺乏协调，更多国家将诉诸经济民族主义、保护主义行动，但以邻为壑不会让自己更好，反而可能让世界经济陷入全面衰退的泥潭。其二，热点地区的更多冲突甚至战争可能性上升。其三，美国遭疫情重击，可能引发金融危机，加剧社会矛盾和政党恶斗，在这种情况下，由于美元及军事上的霸权地位，美国政府有冲动也有能力向全球转嫁危机。因此，后疫情时期更需要中欧合作。

欧洲是最大的发达国家联合体，中国是最大的发展中国家，中欧GDP之和占全球份额近1/3，双方合力能发挥较大的全球影响力。近年来，中欧双方在国际贸易秩序、反对滥用货币霸权实施长臂管辖、应对气候变化、维护多边主义国际秩序等领域具有广泛共识。后疫情时期，世界各国包括中欧在内都会不同程度遭遇较大经济和社会困难，中欧更需要加强合作，只有通过合作，中欧才能更好地克服经济困难，迎来疫情后经济更快的恢复性发展；也才能在全世界发挥合作共赢的榜样作用，引领全球团结、协作共渡难关，而不是走向封闭、保守。正如中国国家主席习近平与欧洲领导人通话时所说，中欧需要“加强宏观经济政策协调，稳市场，保增长，保民生，确保全球供应链开放、稳定、安全”①，这符合中欧各自利

① “习近平同德国总理默克尔通电话”，新华网，2020－03－25，http：//www.xinhuanet.com/politics/2020－03/25/c_ 1125767854.htm。

益，也有利于世界和平稳定。

疫情暴露了全球治理特别是卫生治理方面的缺陷，正如习近平主席所说，“病毒不分国界、不分种族，全人类只有共同努力，才能战而胜之”①。中欧双方需要相互理解、增进互信，加强在卫生领域的合作，特别是支持联合国和世界卫生组织发挥应有作用。疫情期间，中欧互帮互助，共同抗疫；后疫情时期，中欧也有责任共同推动加强国际多边主义机制建设，完善全球治理，推动国际合作。

中国与欧盟分处亚欧大陆的东西两端，双方不存在根本上的利害冲突。在国际秩序和国际治理的改革方面，中欧都有维护地区稳定和世界和平的良好意愿，也愿意承担责任，在气候变暖、能源安全、发展议程等全球性问题上，中欧也有越来越多的共同语言。过去几年来，中欧关系总体发展良好，双方高层交往不断，各领域各层次合作广泛、深入。毫无疑问，中欧需要加强合作，这符合各自利益，也有利于维护世界和平和可持续发展。但从目前发展形势看，中欧关系远未达到理应达到的水平。

当前，中欧关系已进入一个成熟之前的过渡期，欧盟必须调整好心态，适应中国的快速发展，中国也应理解欧盟的关切，从中长期看，中欧关系竞争性虽有所增强，未来仍将会以合作为主。未来双方更需要能有效地管控分歧，相互理解，避免短期、局部的分歧影响双方长远合作大局。未来无论是在彼此市场开放、科技合作，共同应对气候变化、维护全球贸易和金融秩序，还是促进非洲发展、对接欧盟的亚欧互联互通战略与中国的“一带一路”倡议等方面，都需要中欧双方认真地共同规划、共同推进。

新冠肺炎疫情给中欧关系带来了新挑战和新的合作机遇，中欧加强合作的必要性和紧迫性前所未有。中国对欧洲一体化的支持是一贯的、真诚的，如果欧洲能对中国多一些该有的信任、少一些无端的猜疑，中欧合作空间会更加广阔，更多的造福彼此，惠及世界。

---

① “习近平同英国首相约翰逊通电话”，新华网，2020 年 3 月 24 日，http：//www. xinhuanet. com/politics/leaders/2020 - 03/24/c_ 1125757114. htm。

第十一章

大国博弈中欧盟之角色

当前，全球发展不确定性日益增大，世界政治、经济中的巨大变化正在发生，一个还不清晰、隐约可见的新格局正在形成。美、俄、欧、中是世界上四大主要力量，它们的互动关系将在很大程度上决定着世界的未来。欧盟由于其独特地位，在美、俄、欧、中四方互动中的角色亦很独特。

第一节　大国互动新态势

世界地缘政治竞争正在猛烈回归，主要国家都在尽力追求自身经济、政治和军事实力的最大化，即使是号称进入“后现代”社会的欧盟也不例外。美、俄、欧、中等大国互动性更为突出，彼此关系更为复杂。

其一，西方与非西方特别是欧美与中俄之间由于意识形态等方面的因素仍存在明显的分野，欧美视自身价值观为普世价值观，以有色眼睛看待中俄，这一点目前并未改变，但与冷战时期西方与苏东集团两大阵营的对抗相比，当前欧美与中俄之间的阵营性明显更为弱化。这主要是由于西方阵营内部开始发生分化所致。美欧对全球重大外交与安全事务的看法和政策一致性很大，差异性也日渐凸显，特朗普时期，欧美在气候变化、国际贸易体系、伊核等问题上处于完全的对立面。特朗普曾公开声称“欧盟是一个敌人”①，欧洲领导人也曾多次公开表态称美国是威胁。法国总统马克龙甚至建议欧洲要建立“一支真正的欧洲军”以“保护自己免受中、俄甚至是美国的侵略”②，这是战后欧美关系史上从未有过的现象。

欧美有所谓的共同价值观，这是跨大西洋联盟的基础，但双方关系中的价值观色彩正趋于淡化，利益导向更为明显。美国2017年版《国家安全战略》要求盟友“展现意愿”“贡献能力”，以应对“共同的威胁”③，盟友被视为维护美国霸权的工具而非美国须竭尽所能要维护和捍卫的对象，“有用性”而非价值观成为衡量一个国家是否能作为美国盟友的标准，交易性明显。欧美对彼此认知及政策正在发生重要变化，双方对中俄认知和政策有一致的地方，但也出现显著差异。美国对华全面围堵、遏制，欧盟注重协商、合作；美国对俄以孤立、制裁为主，欧盟强调对话、合作。

从中俄关系看，毋庸讳言，双方对国际事务有很多相同或相似的看法，合作紧密，战略利益吻合度高，这与冷战时期的中苏关系形成鲜明对比。因此西方特别是美国将中俄归属一个阵营。但应指出的是，中俄均为主权独立国家，既非盟友关系，也无主从关系，是“不结盟、不对抗、不针对第三方的新型国家关系”④，与美欧盟友及主从关系性质完全不同。由于西方内部的分化及欧美矛盾的上升，美、俄、欧、中四方关系更不能简化为美欧对中俄大双边关系，而是形成愈益明显的四方联动关系。任何一组双边关系的变化都会引发另外两方的高度关注。

其二，特朗普时期，美、俄、欧、中四方互动中的一个新现象是，美国处于与中、欧、俄三方都对立的孤立状态已成为新常态，这表明，美国

---

① Ellen Cranley, “Trump calls the European Union, Russia, and China ‘foes’ of the US,” July 15, 2018, https://www.businessinsider.co.za/trump-foes-list-european-union-russia-china-2018-7.

② Henry Samuel, “Macron wants ‘Euro army’ to combat China, Russia and US,” November 7, 2018, https://www.smh.com.au/world/europe/macron-wants-euro-army-to-combat-china-russia-and-us-20181107-p50ef7.html.

③ “National Security Strategy of the United States of America,” December 2017, p. 26, https://www.whitehouse.gov/wp-content/uploads/2017/12/NSS-Final-12-18-2017-0905.pdf.

④ 《共创中俄关系更加美好的明天》（2016年6月25日），参见习近平：《论坚持推动构建人类命运共同体》，北京：中央文献出版社，2018年版，第352页。

的霸权主义和单边主义受到另外三方愈来愈大的反抗。美、俄、欧、中四边关系中，两方对一方，第四方或观望或保持形式上的中立，是常见的互动模式。比如在乌克兰问题上，欧美保持较大一致，联合制裁、施压俄罗斯；中国倾向理解俄罗斯立场，但总体保持中立。在“北溪-2”问题上，欧俄立场总体一致，反对美国的干预及制裁威胁，中方立场超脱。欧美在南海问题上联手对中方施压，俄罗斯则相对超脱。

在重大国际问题上三方合力反对第四方的案例则仅见于中、欧、俄共同针对美方言行，而中、美、欧对俄或欧、美、俄对华或中、美、俄对欧的案例罕见。比如在气候变化、伊朗核问题、巴以问题及《中导条约》、贸易等诸多问题上，美国都遭到另外三方的合力反对，这是以前从未有过的现象①。比如，在 2018 年 9 月联合国大会期间，英、法、德、欧及中、俄代表会商如何应对美国的“长臂管辖”，欧盟推出旨在绕开美国的“特别目的工具”，并得到中、俄支持②。显然，美国滥用其霸权地位，推行单边政策，不仅对中、俄，对其最大盟友欧盟也造成利益上的严重损害。欧盟作为美国的盟友，也不得不联手美国眼中最大的对手中国和俄罗斯，以牵制美国霸权，捍卫自身利益。

其三，美、俄、欧、中关系中的对抗性上升，合作性有所下降，地缘政治色彩更为突出。美国综合国力虽在相对下降，但仍处于“一超”霸权地位，拥有强大的经济、政治及科技实力，是美、俄、欧、中四方关系中的主要矛盾和引领性力量。随着“美国优先”单边主义政策的推进，主要国家间关系对抗性上升，给国际关系注入强烈的地缘政治色彩。美国 2017 年版《国家安全战略》将奥巴马时期主要关注全球结构性问题及合作解决问题转向传统意义上的大国竞争和零和逻辑，称“中、俄挑战美国的权

---

① Andrew Rettman, “World upside down as EU and Russia unite against US,” EUobserver, September 26, 2018.

② Patrick Wintour, “EU, China and Russia in move to sidestep US sanctions on Iran,” September 26, 2018. https://www.theguardian.com/world/2018/sep/26/eu-china-and-russia-in-move-to-sidestep-us-sanctions-on-iran.

力、影响和利益，试图侵蚀美国安全和繁荣”①，明确将中、俄列为敌手。特朗普政府的地缘政治竞争概念虽然更为突出，但实际上其来有之，特别是在大国关系方面，有一定连续性。奥巴马政府时期制定的 2015 年版《国家安全战略》也强调了与中国的竞争性②。2015 年和 2017 年两版《国家安全战略》都提出要加强美国军事能力，以应对所谓“中国挑战”。

俄罗斯近年来未制定新的国家安全战略，最新版也就是 2015 年《国家安全战略》发表在乌克兰危机之后，“竞争”是主基调，指责美欧在欧洲及俄近邻地区制造不稳定，北约对俄罗斯国家安全“构成威胁”③。

欧盟不是一个主权国家，不是传统意义上的大国，其军事投射能力也极为有限，成员国保有外交及国防上的主权。但欧盟仍有集体大战略，作为对其成员国战略的补充及引导。2016 年欧盟发布的新版《欧洲外交和安全政策全球战略》——《共同愿景，共同行动：一个更强大的欧洲》发表在特朗普当选美国总统之前，因而还未预料到欧美关系及世界形势的急速变化。尽管如此，相比 2003 年版《欧洲安全战略》，2016 年版基调更为灰暗，称“欧盟处于一个内忧外患的时代，我们的联盟受到威胁”④，因而更为现实主义，更关注大国竞争，虽未指名道姓但显然认为俄罗斯是欧盟的威胁，称“俄罗斯违反国际法和乌克兰的动荡不安，外加在更广泛的黑海地区长期冲突，都在挑战欧洲安全秩序的核心”，将与俄关系定义为“关键的战略挑战”⑤，并明确提出要发展军事能力，称“在这个脆弱的世界，

---

① “National Security Strategy of the United States of America,” December 2017, p. 2. https://www. whitehouse. gov/wp – content/uploads/2017/12/NSS – Final – 12 – 18 – 2017 – 0905. pdf.

② “NATIONAL SECURITY STRATEGY,” FEBRUARY 2015, p. 22. https://obamawhitehouse. archives. gov/sites/default/files/docs/2015_ national_ security_ strategy_ 2. pdf.

③ “Russian National Security Strategy, December 2015 – Full – text Translation, Article 15,” http://www. ieee. es/Galerias/fichero/OtrasPublicaciones/Internacional/2016/Russian – National – Security – Strategy – 31Dec2015. pdf.

④ “Shared Vision, Common Action: A Stronger Europe,” A Global Strategy for the European Union’s Foreign And Security Policy, June 2016, p. 7, https://eeas. europa. eu/archives/docs/top_ stories/pdf/eugs_ review_ web. pdf.

⑤ “Shared Vision, Common Action: A Stronger Europe,” A Global Strategy for the European Union’s Foreign And Security Policy, June 2016, p. 33, https://eeas. europa. eu/archives/docs/top_ stories/pdf/eugs_ review_ web. pdf.

仅有软实力是不够的：我们必须加强在安全和防务上的可信度”[①]，这与2003年版相比是个非常明显的转变。

中国近年来对国家安全战略的重视显著提高，包括2014年1月成立国家安全委员会，提出“总体国家安全观”[②]，并在2015年1月制定首份国家安全战略——《国家安全战略纲要》。中国国家安全战略强调世界各国的相互依赖性，主张“摒弃冷战思维和强权政治，走对话而不对抗、结伴而不结盟的国与国交往新路”，“推动建设相互尊重、公平正义、合作共赢的新型国际关系”[③]，倡建人类命运共同体，是美、俄、欧、中四方中唯一未将任何其他三方列为“威胁”或敌人的一方。

威胁认知和敌友观的变化带来美、俄、欧、中互动新趋向，美国视中国为最大敌人，首先要联合欧盟，甚至考虑拉拢俄罗斯，而欧、俄则需根据新发展制定新的对华政策。欧盟视俄罗斯为威胁，则更为关注中俄合作。俄罗斯视美国及欧盟为威胁，这一因素必然会是其制定对华政策的主要考虑之一。中国既要联合俄罗斯、团结欧盟，也要稳定与美国关系，无论制定对美还是对欧、对俄政策，都须更多考虑另外两方立场。

第二节　欧盟之角色特点

美、俄、欧、中四方中，欧盟地位最为独特，一方面力量相对较弱，另一方面正因为如此，其他三方均视其相对“良善”，也均欲拉拢，而欧盟无论加入哪一方或两方，也都会产生重要影响。

---

① “Shared Vision, Common Action: A Stronger Europe,” A Global Strategy for the European Union's Foreign And Security Policy, June 2016, p. 44, https://eeas. europa. eu/archives/docs/top_stories/pdf/eugs_ review_ web. pdf.

② 《坚持总体国家安全观，走中国特色国家安全道路》（2014年4月15日），参见《习近平谈治国理政》，北京：外文出版社，2017年版，第200页。

③ 习近平：《决胜全面建成小康社会，夺取新时代中国特色社会主义伟大胜利——在中国共产党第十九次全国代表大会上的报告（2017年10月18日）》，北京：人民出版社，2017年版，第59、58页。

第一，与中、美、俄相比，欧盟地位明显尴尬，相对弱势。中、美、俄都是主权国家，有军事硬实力，有自己的战略文化，政令统一，决策相对简单。欧盟是一个由27个成员国组成的主权国家联合体，其权力大小取决于成员国让渡主权的程度。在对外贸易领域，成员国将贸易主权完全让渡给欧盟，所以欧盟在贸易领域最像是一个主权国家，权力最大，在国际上的地位和影响力也最大。“共同贸易政策”也成为欧盟唯一真正的“共同”政策。欧盟委员会代表所有成员国进行对外贸易的谈判，是一个与美国几乎对等的谈判对手。但在外交与安全领域，欧盟虽然拥有“共同外交与安全政策”，但实质上并不共同，因为其决策需要所有27个成员国一致同意，而一项外交政策议题特别是重大敏感议题，往往很难得到所有成员国的一致同意。这也是欧盟担心被分而治之，担心会“像中东或拉美一样”成为大国“另一个战场”[①] 的重要原因。

事实上，主要国家包括美国也都利用了欧盟这一弱点，寻求最大限度发挥对欧盟影响力。美国利用英国及中东欧一些亲美国家破坏欧盟的独立防务政策，就是一个公开的秘密。时任法国总统戴高乐之所以两次否决英国加入欧共体的申请，就是因为担心英国会成为美国在欧共体内的特洛伊木马[②]。特朗普2017年7月在赴德参加G20峰会前之所以特意造访欧盟眼中的专制化国家波兰，并发表重要演讲，目的也是想分化欧洲，敲打德国。俄罗斯一直努力发展与德国的“特殊关系”，给“友俄”国家如意大利、匈牙利能源价格优惠等利益上的好处。中国视欧盟为“国际格局中一支重要战略性力量”[③]，希望看到并支持欧洲的统一和强大，“始终支持欧洲一体化进程，始终支持一个团结、稳定、繁荣的欧盟在国际事务中发挥更大作用”[④]，因为一个统一强大的欧盟总体更符合中国利益。尽管如此，

---

① Benjamin Haddad & Alina Polyakova，“Europe in the New Era of Great Power Competition，” https：//www. hudson. org/research/14455 – europe – in – the – new – era – of – great – power – competition.

② Derek W. Urwin，“The Community of Europe：A History of European Integration since 1945，” Longman，London and New York，1991. p. 125.

③ 《中国对欧盟政策文件》（2018年12月），http：//world. people. com. cn/n1/2018/1219/c1002 – 30474932. html.

④ 《在布鲁日欧洲学院的演讲》（2014年4月1日），参见习近平：《论坚持推动构建人类命运共同体》，北京：中央文献出版社，2018年版，第103页。

中国与欧盟成员国完全正常的交往与合作，特别是中国与中东欧 16 国的“16 +1”合作机制也遭到欧盟“分而治之”的猜疑和指责[①]。

另外，更重要的是，欧盟没有硬实力，即没有自己的军队，有的只是各个成员国自己的军队，相对弱小，无法形成合力和规模效应，在本土防御问题上完全依赖美国。欧盟更多只是一支民事力量，无法与传统大国形成抗衡。换言之，欧盟有其先天劣势，这也决定了欧盟在美、俄、欧、中互动中其独特的理念和行为方式。

第二，由于欧盟主要是一支民事力量，加上其成员国均为中小国家，中、美、俄三方均不视其为主要威胁。欧美是盟友关系，有极强的经济、人文联系，相同或相似的价值观基础。尽管特朗普曾声称“欧盟是敌人”，“德国很坏”[②]，但主要限于经济层面，是利益之争。美国政府显然不认为欧盟是军事、安全威胁，或战略竞争对手，甚至欧盟的安全总体还得依赖北约和美国的保护。

俄罗斯反对欧盟特别是北约东扩，警惕欧盟的价值观输出以及在前苏联地区鼓励和推进“颜色革命”。从这一角度看，欧盟在价值观、软实力等方面对俄罗斯构成一定威胁。但俄罗斯认为这一威胁是可控的、有限的。特别是 2008 年全球金融危机及 2010 年欧洲爆发主权债务危机以来，欧盟频频遭遇重大挫折和困难，民粹主义兴起，主流政党和政治精英形象和影响力下滑，欧洲价值观和一体化模式的影响力也江河日下。相反，俄罗斯走出最困难时期，民族自信心上升。欧洲的“颜色革命”政策对俄威胁也随之下降。另一方面，俄罗斯最大优势是其军事实力，特别是其核力量，而欧盟在军事上是一盘散沙，核力量更是远远不及俄，因此只存在欧

---

① Anton Spisak，“EU uneasy over China's efforts to woo central and eastern European states，” *Financial Times*，May 8，2017；“Merkel warns against China's influence in Balkans，” http：//www. scmp. com/news/china/diplomacy – defence/article/2134196/merkel – warns – against – chinas – influence – balkans. ；“OBOR row：Now，German Chancellor Merkel raises doubts on China's investments in Europe，” http：//www. wionews. com/world/obor – row – now – german – chancellor – merkel – raises – doubts – on – chinas – investments – in – europe – 33651.

② Mark Landler，“Blind Spots in Trump's Trade Tirade Against Germany，” *The New York Times*，May 30，2017，https：//www. nytimes. com/2017/05/30/world/europe/trump – merkel – germany – macron. html.

盟惧怕俄罗斯军事入侵的风险而不是相反。俄罗斯的矛头永远指向美国而不是欧盟。

四方中的另一方中国与欧盟相距遥远，无领土纷争，无重大战略利益冲突，因此，欧盟从未出现在中国的外部威胁清单里。因此，在美、俄、欧、中四方中，唯有欧盟一方同时不被其他三方视为主要安全威胁。美国显然被俄罗斯视为是主要威胁，也愈来愈多被中国和欧盟认为是国家利益上的巨大挑战。俄罗斯同时被欧美视为主要威胁。中国则被美国视为主要威胁。因此，从这一方面来说，欧盟在美、俄、欧、中四方互动中处于相对有利的地位。

第三，由于地位独特，欧盟也因此成为中、美、俄三方均欲借重、拉拢的对象。客观而言，欧盟相比传统大国行动能力特别是军事行动能力较弱，但实力仍然强大，尤其是在经贸领域。欧盟拥有全球最大的单一市场，在公平竞争、对外贸易和投资领域高度集权，巨大的市场和规则制定能力是欧盟手中的王牌。欧盟在环境保护、气候变化等领域占有“道义制高点”，欧盟的多边主义等全球治理理念也拥有道义上的优势。因此，欧盟仍有很大的国际影响力，有欧盟的支持即在一定程度上意味着合法性的增加。

就主观认知而言，如上所述，中、美、俄三方均视欧盟为相对“无害”的“中立”一方，因此均对其推进以合作为主而非竞争甚至对抗的政策。特朗普政府虽然推进忽视欧洲甚至敌视欧洲一体化的政策，但仍未忘欧盟可能是有用的盟友。美国2017年版《国家安全战略》充满“美国优先”地缘政治言辞，但仍表示要借重盟友力量。特朗普2018年7月25日与欧盟委员会主席容克达成贸易问题的联合声明，重要考虑之一也是希望联合欧盟，共同对付中国。在欧美关系总体气氛紧张的情况下，美国也并未放弃做欧盟工作的努力。美国国务卿蓬佩奥在布鲁塞尔发表演说，要求欧盟改变对美国看法，并与美国一起改造世界银行等多边机构，建立一个

“新的自由世界秩序”，对抗中国①。俄罗斯在分化欧美联盟之间一直不遗余力，利用各种机会缓和、拉近与欧盟关系。在欧盟最为关心的中东问题如叙利亚、伊朗等问题上，俄罗斯充分利用自身在中东的独特地位和影响力，向欧洲展示合作解决中东问题的意愿和能力，显示俄是一支建设性而非破坏性的力量，与特朗普中东政策如退出伊核协议、承认耶路撒冷为以色列首都并将驻以使馆迁至该地、从叙利亚撤军等损害欧洲安全利益的行为形成对比。在能源问题上，俄罗斯积极推进“北溪－2”管道建设，加深与欧盟的利益捆绑。中国一直视欧盟为多极世界的重要一极，多边主义国际秩序的重要维护者，对与欧盟合作一直高度重视，特别是高层访问不断，习近平主席自 2014 年以来，每年都会访问欧洲。由于中国的努力，中欧合作近年来也在持续推进。总体而言，中、美、俄三方均与欧盟保持了良好的沟通与务实合作，各方也都倾向借欧盟来提升对第三方、第四方的地位和影响力。

第三节　欧盟政策取向

在当前“大国竞争对抗性日强的世界”②，欧盟作为一个由中小国家组成的联合体，危机感和紧迫感前所未有，担心不能有效捍卫自身利益，甚至成为大国争斗的牺牲品。面对日益严峻的新形势和挑战，欧盟大国外交及全球政策也出现调整趋向。

其一，自强自主，增加与诸大国的对话筹码，也就是进行所谓“战略自主性”建设。自 2017 年美国特朗普政府上台以来，欧盟内部加强“战

① Chris Baynes, “Trump building a ‘new liberal world order’, says secretary of state Mike Pompeo,” December 4, 2018, https://www.independent.co.uk/news/world/americas/us-politics/trump-mike-pompeo-speech-brussels-nato-new-liberal-world-order-diplomacy-a8666506.html.

② Kristin Huang, “Russia-China military cooperation ‘could worry Europe’,” September 14, 2018, https://www.scmp.com/news/china/military/article/2164189/russia-china-military-cooperation-could-worry-europe.

略自主”[1]、建设“主权欧洲”[2] 的呼声高涨。最主要背景是美国外交政策的调整与变化。特朗普政府的“美国优先”政策实质上是战略收缩，即以狭隘的国家利益为出发点，将与他国的相互依赖视为约束，将盟友开始视为包袱而非完全正面的战略资产。在这种情况下，欧盟经济、安全及战略利益受到特朗普政府的无视甚至践踏，颠覆了欧洲国家二战以来的美国观及同盟观。欧洲国家认识到，“能完全依赖他人（指美国）的时代已经结束”[3]，因而感到有必要减少对美国的依赖，一方面可以在关键时刻对美国说不，构成制衡；另一方面则可增强自己独立面对世界的能力，特别是与中、俄等大国对话。英国脱欧后，欧盟综合实力将大大下降，内部分歧也可能因此增多，也促进欧盟自省，增强内部凝聚力。当然，从目前来看，欧盟的所谓“战略自主”举措还都是小步骤，有的还停留在言辞阶段，还有待落实，但重要的是，这表明了欧盟的一种态度，也就是说，欧盟开始认真思考如何应对“后跨大西洋联盟”的时代，这些措施的逐步落实可能会带来重大的长期影响。

其二，形成欧洲自己的地缘战略。欧盟迄今并无明确的地缘战略，但东南欧、北非、中东等周边地区一直是欧盟的重点关注对象。2015 年难民危机爆发后，欧盟更为重视其地缘安全，因而对周边地区的安全形势更为敏感。巴黎和欧盟国家频频发生的恐怖爆炸事件进一步引起了欧洲人对来自周边穆斯林国家移民的关注，其地缘战略也开始逐步清晰化，即主要是通过经济和政治杠杆，促进周边国家的经济发展和政治民主化。这分为三个层次：一是扩大。对于那些有希望加入欧盟的欧洲国家来说，扩大是欧

---

① 欧盟 2016 年版全球战略首次正式提出这一概念。“Shared Vision, Common Action: A Stronger Europe,” A Global Strategy for the European Union’s Foreign And Security Policy, June 2016, p. 4, https://eeas.europa.eu/archives/docs/top_stories/pdf/eugs_review_web.pdf.

② 欧盟委员会主席容克 2018 年度“盟情咨文”的题目就是《欧洲主权时刻》，参见 Jean - Claude Juncker, President of the European Commission, “THE HOUR OF EUROPEAN SOVEREIGNTY,” September 12, 2018, STATE OF THE UNION 2018. https://ec.europa.eu/commission/news/state - union - 2018 - hour - european - sovereignty - 2018 - sep - 12_en.

③ Jon Henley, “Angela Merkel: EU cannot completely rely on US and Britain any more,” *The Guardian*, May 28, 2017, https://www.theguardian.com/world/2017/may/28/merkel - says - eu - cannot - completely - rely - on - us - and - britain - any - more - g7 - talks.

盟最有效的外交政策工具，通过给予一些国家欧盟候选国地位，促进这些国家的政治和经济改革，一方面可以稳定这些国家的形势，另一方面也为欧盟营造了一个稳定的周边环境。欧盟的扩大进程虽然大大放慢，但并没有停止。但必须指出的是，欧盟的上一轮大规模扩大已经招致欧盟多国民众的不满，未来可能的扩大也主要是从政治和安全上考虑的，必须征得欧盟多数民众的同意。因此欧盟未来在扩大方面可能会更加谨慎，入盟进程也可能更为漫长。二是避免欧盟“后院”起火，北非和地中海沿岸国家大多是欧盟成员国的前殖民地，可以说是欧盟的“后院”，但这些国家与欧盟的贫富差距并没有缩小，[①] 非法移民大量涌入欧盟国家，造成移入国很大的社会问题。但这些国家又不可能入盟，因此，欧盟希望充实完善“欧盟—地中海伙伴关系政策”，并最终同这些国家建立自由贸易区，逐渐使该地区走上稳定和富裕之路。三是改进“欧洲邻居政策”。由于乌克兰及格鲁吉亚等国在可预见的将来不会有入盟的希望，欧盟希望在“东部伙伴关系”计划框架内，强化与这些国家的合作，尽量使其享有一种准成员国的地位。在这三个层次之外的更外围的地方如在中亚是推动治理改革和合作；在中东则积极推动伊朗核问题的解决；在非洲则加大援助和干预力度等。

欧盟积极强化其地缘战略无疑会扩展欧盟在这些地区的影响力，这与其他战略力量会发生一定碰撞，如欧盟的地缘战略虽然在很大程度上符合美国的利益，但欧盟的政策也对美国造成了一定的牵制，甚至形成冲突。欧盟客观上不断向俄罗斯边界扩展，挤压了俄战略空间，比如乌克兰危机就是俄罗斯对欧盟不断东进政策的反制，并最终导致双方的相互制裁和关系僵化。俄罗斯不再只把欧盟视为一个能抗衡美国的伙伴，而越来越把它看作是一个争夺地区影响力的战略竞争者。另外，欧盟内部也有不少抱怨，称中国通过“17 +1”机制扩大与西巴尔干国家的合作，削弱了欧盟对这些国家的影响[②]。

---

① “Advancing Barcelona,” *Financial Times*, November 28, 2005.

② Dusan Stojanovic, “China’s spreading influence in Eastern Europe worries West,” April 11, 2019 https://apnews.com/d121bfc580f04e73b886cc8c5a155f7e.

当然，欧盟地缘战略的实施需要有强大的预算基础及各成员国共同的意愿，当前，欧盟各国财政赤字超标严重，预算不足，未来几年内也无大幅改善的可能；一些成员国在扩大及近邻政策特别是对俄政策上看法也不尽一致。这都会在一定程度上削弱欧盟的行动能力。更为严重的是，如果欧盟不能确保自身的凝聚力，放任当前的“无为而治”，一方面不排除欧盟内部出现不稳定的情况，另一方面也会引发其周边地区的不稳定。而这又会导致欧洲地缘政治出现新的变数。

其三，尽量保持相对独立性，扮演大国关系的协调者和平衡者角色。跨大西洋联盟、北约是欧盟和欧洲国家外交、安全政策的基础和支柱，保持与美国的良好关系也有利于欧盟发挥对中国和俄罗斯更大的影响力。比如，在传统安全问题上，欧盟需要借助美国和北约遏制俄罗斯，欧洲人仍普遍认为，正是因为北约的存在，才保证了欧俄之间的总体和平。在经济和国际秩序问题上，欧盟也有意借重美国力量保持对华压力。因此，欧洲虽然不满特朗普政府，但仍试图拉住美国。一是回应美国要求，提升国防开支，当然，欧洲提升国防开支并不完全是为满足美国要求。二是尽可能成为美国一个“有用的盟友”，比如在亚太配合美国行动，为美国遏华政策壮声势。因此，欧盟有较强意愿与美国协调行动。

但与此同时，欧盟在可能会有损自身利益的情况下，也更不惧与美国拉开距离。一方面，欧盟认为，美国正愈来愈背离跨大西洋联盟共同的价值观，已不是欧盟的志同道合者，“美国优先”不仅有损全球秩序，也严重损害欧盟利益，欧盟认为有责任制衡美国的单边主义霸权政策。德国外长马斯声称，“当美国越过红线，我们欧洲人就要反制”①。另一方面，欧盟的地缘政治价值在于其属于西方但不同于美国的特点，与美国政策不尽相同本身就是欧盟国际影响力的一大来源。如果欧盟对美国言听计从，亦步亦趋，就自然失去了对其他国家的吸引力。此外，欧盟仍有大国雄心，有自己的利益所在。欧盟的安全重点在其周边，包括东欧、中东、非洲甚

---

① JAMES BICKERTON,“EU VS TRUMP: Germany calls for new European financial system EXCLUDING the US,” August 22, 2018, https: //www. express. co. uk/news/world/1006640/European – Union – financial – system – Germany – Donald – Trump – Iran – sanctions.

至南亚、中亚等地，而美国的利益是维护其想要绝对领先于其他国家的霸权地位。在经贸和金融领域，欧美之间竞争性更强。

也正因为如此，欧盟对俄、对华政策显现出与美国“和而不同”的政策取向。当然，欧盟对俄政策与美有共同的地方，比如反对俄罗斯干预乌克兰，认为俄非法“侵占”克里米亚，破坏欧洲安全秩序①，都对俄实施了严厉的经济和金融制裁；反对并防范俄所谓传播假新闻、对西方实施混合战；在某种程度上均视俄为主要威胁并采取遏制政策等。但欧盟由于地理及经济特别是能源上的原因，不愿将俄罗斯逼到墙角，对俄罗斯更为务实，政策时刻注意留有余地。即使2014年爆发乌克兰危机，欧盟仍未中断与俄罗斯政治对话。尽管美国一再施压，并威胁制裁②，德国及欧盟并未放弃与俄进行“北溪-2”天然气管道建设。因此，未来欧盟在拉住美国的同时，也会与美国保持适当的距离。在美俄之间，欧盟实际上起到了一个缓冲作用，即制约美国更为激进的对俄政策，同时给俄罗斯缓和与西方关系的希望，不将俄罗斯彻底变成敌人。

关于对华政策，欧盟与美国一样，寻求改变中国的经济运作模式，特别是国有企业改革，希望中国与欧美一样“对等”开放市场。但欧盟的诉求主要在经济而非维持永久霸权。所以欧盟并不愿选边站，与美国联手遏制中国③。相反，中欧因为应对美国的霸权政策而有了更多的共同语言和对话、合作空间，特别是共同捍卫多边主义和基于规则的全球秩序。2018年12月17日，世界贸易组织对美国进行第14次贸易政策审议会议，中国和欧盟代表都猛烈批评了美国贸易保护主义。

其四，大国外交以利益导向为主，价值观为辅，大国合作菜单化、议

---

① MARGOT WALLSTRÖM, MARINA KALJURAND, LINAS LINKEVIČIUS, EDGARS RINKĒVIČS, TIMO SOINI AND KRISTIAN JENSEN, “Europe to Russia: We won't forget Crimea,” https://www.politico.eu/article/europe-to-russia-we-wont-forget-crimea/.

② Tony Cartalucci, “Blocking Nord Stream 2: To Fight ‘Russian Dictatorship,’ US Dictates to Europe,” December 20, 2018, https://www.globalresearch.ca/blocking-nord-stream-2-to-fight-russian-dictatorship-us-dictates-to-europe/5663454.

③ Robin Niblett, “Dodge the US-China Standoff in 2019,” December 21, 2018, https://www.chathamhouse.org/expert/comment/how-europe-will-try-dodge-us-china-standoff-2019.

题化。欧盟外交仍有很强的意识形态色彩，中、俄也一直是欧盟眼中的异类，这一点未来不大可能改变。但欧盟价值观外交与以往相比正在发生较大变化，即进攻性减少，不再大张旗鼓推进“和平演变”政策，也不再将改变中、俄政治体制作为长期战略目标；与此同时防御性上升，即担心欧盟成员国受中、俄政治体制吸引，因而强调坚持自己的价值观，提升“其民主制度的适应性”[①]。

欧盟淡化价值观外交的背景一是欧盟自身的变化。近年来，欧盟发展出现较大问题，民粹主义兴起，社会激进化，政治劣质化，其软实力和国际影响力随之下降，欧盟所谓价值观已不具榜样和说服力。二是美国的变化，美国看轻价值观，追求强权和霸权，一方面损害西方形象，另一方面更为凸显欧盟所谓价值观外交的孤立无援。

欧盟推进价值观外交的意愿和能力都在下降的同时，也开始趋于现实主义。与美国有合作、有竞争甚至对抗，与中、俄有竞争、对抗，但同时也有合作。比如，在施压中国开放市场“对等、互惠”方面，欧盟与美国合作；在威慑俄罗斯方面，欧盟与美国合作；但与此同时，欧盟也愿意与中、俄合作，共同维护伊朗核协议；与中国合作，共同维护多边主义国际秩序等，也就是说，欧盟与美、俄、中关系正在去意识形态化、实利化。

其五，维护大国关系及国际多边机制的总体稳定。冷战结束以来，欧盟一直推动建设一个相互依赖的世界及一个“基于规则”的国际多边秩序。这是由欧洲一体化及欧盟的性质决定的（由中小国家组成，成员国地位平等，基于条约，让渡主权，相互依赖），作为一支主要是民事的力量，欧盟对国际多边机制的有效性有近乎本能的维护，对大国争斗也有本能的担忧。

全球主要力量的竞争如果失控，必然会危及欧盟自身利益。这是欧盟极力反对美国退出《中导条约》的原因所在，因为美俄军事竞争加剧，最受伤的可能就是欧洲国家。瑞典前首相比尔特称，如果美国搞军

---

① “Shared Vision, Common Action: A Stronger Europe,” A Global Strategy for the European Union’s Foreign And Security Policy, June 2016, p. 15, https://eeas. europa. eu/archives/docs/top_stories/pdf/cugs_ review_ web. pdf.

备竞赛，“俄罗斯能迅速部署大量武器”，“欧洲将受到更大的核威胁”；德国外长马斯也声称，美国退出《中导条约》“对我们和欧洲构成很大的问题”，因为欧洲而不是美国将处于俄罗斯的导弹射程内①。同样，中美贸易摩擦加剧也会使欧盟遭到重大经济损失。因为利害关系重大，欧盟既与美国进行世界贸易组织改革的对话，也与中国建立了合作机制，目的之一就是调和中美分歧，维护世界贸易组织及一个稳定、可预期的全球贸易秩序。

① Zeke Miller and Michael Balsamo, “Moscow says U. S. nuke treaty pullout would be very dangerous step,” https: //www. chicagotribune. com/news/nationworld/ct – us – russia – arms – control – treaty – 20181021 – story. html.

第十二章 中东变局

由于历史、地缘、经济特别是安全上的原因，中东地区一直是欧盟着力经营的南部“后院”。2011 年初以来，欧洲南部“后院”发生剧变，地区形势更为复杂。

第一节 欧盟在中东地区的主要关切与政策目标

中东地区对于欧盟具有特殊的重要意义。从历史上看，该地区很多国家曾是英、法、意等欧洲国家的殖民地，这些国家在独立后仍与英、法等前宗主国保持着密切的经贸、文化和政治联系，欧洲前宗主国也对这些前殖民地长期保有“特殊”情感，并始终认为自己在这一地区有着特殊利益。但另一方面，欧洲的殖民统治给这一地区造成了很多历史遗留问题，如为划分势力范围，武断划定边界和实施移民，造成了族群冲突和边界纠纷。特别是英国 1917 年推出的《贝尔福宣言》，允许欧洲犹太人大批移民到其托管地巴勒斯坦并建立以色列国家，造成了巴以长期冲突和中东地区动乱不断。因此，对解决中东问题，欧洲国家也自认为负有道义上的责任。从地理上看，中东地区特别是环地中海南岸地区紧邻欧盟，属于欧盟的大周边范畴。这一地区的不稳定以及恐怖主义和移民等问题都直接影响到欧盟特别是法、意、西等南欧国家的安全。在经济方面，中东地区盛产石油和天然气，欧盟对该地区的能源依赖较大。

正是由于这些原因，欧盟对这一地区给予了特别的重视。即使在美苏争霸、欧盟难以着力的冷战时期，欧盟也积极寻求发展与这一地区国家的关系，希望将这一地区拉向西方阵营，并获得贸易和经济利益，满足本地区经济发展对劳工的需求①。在这一时期，欧盟的前身欧共体与中东国家签署了一系列联系协定。20 世纪 70 年代，随着中东地区冲突恶化以及国际石油供应安全问题凸显，这一地区对欧盟重要性进一步增强。为此，欧盟出台了“全球地中海政策”，这是欧盟首次试图正式确立对这一地区的战略。20 世纪 80 年代，希腊、西班牙和葡萄牙三个南欧国家加入欧盟，这三国对中东地区兴趣更强，利益更大。欧（盟）阿（拉伯）对话也是在这一时期启动的。冷战后，随着欧盟共同外交与安全政策的出台和日趋成熟，欧盟与这一地区国家的关系更为机制化，欧盟在这一地区的关切和利益也在增大。

安全问题是欧盟在中东地区的首要关切，因此，确保该地区实现和平与稳定成为欧盟的首要政策目标。中东地区特别是环地中海国家在独立后，普遍面临发展经济及建立有效国家机构的严峻挑战。除摩洛哥等少数国家外，多数国家建立了某种形式的国家资本主义，公共部门在国民经济中占绝对主导地位，并在经济全球化浪潮中得到政府保护。这种体制导致这些国家的政府机构和公共部门不断膨胀，私营部门萎缩，经济开放程度低，腐败盛行，政府效能低下，经济社会发展缓慢。此外，除埃及和突尼斯等国在 20 世纪 70 年代开始选择性地有限开放本国经济外，大多中东国家的结构改革进展缓慢，对外国直接投资吸引力持续下降。发展相对滞后，再加上不断增长的人口压力，中东国家政局日趋不稳定。与此同时，该地区伊斯兰反对派运动声势日益浩大，大大小小、形形色色的伊斯兰主义政党和组织不断涌现，其中包括少数暴力极端主义组织。伊斯兰势力的发展壮大更令欧盟感到不安，在 20 世纪 90 年代海湾危机期间，欧盟甚至一度极为担心这一地区的反西方伊斯兰运动会波及欧洲国家的穆斯林群体。

---

① 在 20 世纪五六十年代，法国经济发展强劲，劳动力短缺，因此从前殖民地北非国家引进了大量劳工。

在欧洲看来，整个环地中海南部地区既是一个经济社会发展需要帮助的地区，也是一个暴力和冲突频仍的地区。[①] 事实上，自 1995 年以来，“安全”特别是“稳定”的字眼在欧盟的中东政策中就占据了中心位置。1995 年欧盟启动的“巴塞罗那进程”包括了三方面的目标，其中关于政治目标的标题是《政治与安全伙伴关系：建立一个共同的和平与稳定空间》[②]，这一标题本身就说明欧盟对该地区不稳定和冲突现状的担忧。“9·11”恐怖袭击事件后，西方特别是美国大力推动中东地区民主化进程，但“和平”与“安全”仍然是欧盟对中东地区政策的首要目标。2003 年欧盟—地中海国家外长会议的主席结论很鲜明地表达了欧盟对其南部邻居的这一关切。主席结论认为，整个北非和中东地区都处于“混乱”之中，“暴力、破坏、民众遭受痛苦、人权侵犯及流血事件在这一地区持续广泛存在，并在过去几周里达到惊人的程度”，解决地中海地区暴力、恐怖主义和冲突问题的日程日益紧迫。[③] 同年，欧盟出台了首份《欧洲安全战略》，其中也明确指出了环地中海地区“仍在持续经历经济停滞、社会骚乱及冲突”，[④] 欧盟应使用“巴塞罗那进程”的政策工具来解决这些问题，以“确保欧盟利益不受损害”。[⑤] 在 2004 年 3 月西班牙马德里遭到北非地区极端主义分子恐怖袭击后，欧盟更加担心中东地区恐怖主义对欧洲的威胁。2004 年欧盟出台了“邻居政策”，其中相当大的部分针对中东地区，提出要采取综合性政策手段，帮助这一地区的经济和社会发展，以解除欧盟的安全威胁。这些政策手段中包括欧盟长期以来一贯使用的经济援助。目前，欧盟对中东地区的经济援助是全球最多的。自 1995 年以来，欧盟每年向以色列周边的四个阿拉伯国家（即埃及、约旦、叙利亚、巴勒斯坦）

---

① See M. Pace, *The Politics of Regional Identity*: *Meddling with the Mediterranean*, Abingdon, Oxfordshire: Routledge, 2006.

② “Barcelona Declaration,” 1995, http: //ec. europa. eu/external – relations/euromed/bd. htm.

③ Commission of the European Communities, “Mid – Term Euro – Mediterranean Conference (Crete, 26 – 27 May 2003): Presidency Conclusions,” 9890/03 (Presses 151), May 28, 2003.

④ Council of the European Union, “A Secure Europe in a Better World: European Security Strategy,” Brussels, December 2003.

⑤ Council of the European Union, “A Secure Europe in a Better World: European Security Strategy,” Brussels, December 2003.

提供间接援助 6.3 亿欧元，这使欧盟对从事和平进程的阿拉伯国家提供的总经济援助额（包括赠予和贷款）达到了每年 8.1 亿欧元。[①] 在欧盟2007—2013 年“邻居政策”框架下的 120 亿欧元对外援助中，近 2/3 资金将流向南部邻居。[②]

推广自身价值观是欧盟在中东地区的另一重要关切，欧盟的政策目标是推动该地区的政治改革，在该地区实现欧式民主。需要指出的是，在欧盟对中东地区的认知和政策中，民主并不是第一位的考虑因素，而是排在安全因素之后，它从属于欧盟的安全关切和稳定目标。冷战时期，欧盟在与中东国家的正式关系中从未公开提及民主问题，这一时期的双边机制安排如欧阿对话，以及欧盟与这一地区国家间的联系协定，也都没有提出政治改革的要求。因为在美苏争霸背景下，中东国家是双方争夺的重点，战略及安全因素压倒一切。冷战结束后，欧盟大举东扩，为中东欧转型国家入盟制定了一整套民主化标准（“哥本哈根标准”）。同时，随着欧盟共同外交与安全政策的实施，欧盟在对外关系中开始更加强调民主自由问题。欧盟 1995 年启动的“巴塞罗那进程”首次对中东国家提出了明确的国内政治改革要求。当然，欧盟内部对于这一政策变化并非没有分歧：南欧国家特别是意大利、西班牙等国更重视中东国家的政权稳定而不是人权民主等意识形态问题，因而不愿对这些国家施加过多政治压力；而北欧国家意识形态色彩较重，强调要在中东地区推广自由民主。双方立场折中的结果是，给中东国家提供更多的援助，同时在“巴塞罗那进程”倡议中加入政治改革要求。[③] 欧盟要求加入政治改革内容的理由是，中东地区只有实现民主化，才能确保该地区的稳定及欧盟的安全利益。可见，民主化要求只是确保欧盟自身安全和利益的工具，而不是欧盟的理想。正因为如此，欧

---

① European Commission, “The EU & The Middle East Peace Process: The Union’s Position and Role,” http://europa/eu/int/comm/externalrelations/mepp/index.htm.

② Andrew Willis, “Africa shock to cause ‘sea change’ in EU foreign policy,” *Euobserver*, February 24, 2011.

③ R. Youngs, “The European Union and Democracy Promotion in the Mediterranean: A New or Disingenuous Strategy?” in R. Gillespie and R. Youngs eds., “The European Union and Democracy Promotion: The Case for North Africa,” London: Frank Cass, 2002, p. 44.

盟在安全需求上升、需要中东国家合作时，如为了遏制非法移民大量涌入、打击恐怖组织等，就会降低民主自由的调门。特别是在2011年中东剧变前几年，欧盟对北非中东地区重点更为聚焦移民和反恐问题，民主化、人权及法治等问题边缘化，倾向于与这一地区的独裁统治者合作，促进地区稳定，保障欧盟安全。实际上，在美国极力推动中东民主化进程时，欧盟为了打击恐怖主义和压制政治伊斯兰主义，反而进一步加强了与这一地区国家的安全合作，特别是情报合作。因此，总体看，"民主要求"在欧盟对中东的关切和政策目标中并不占据重要位置，更多的是一种形式和宣示，并没有切实行动。2008年欧盟在法国主导下成立地中海联盟就是一个很好的例证。时任法国总统萨科齐最初的设想是将该联盟打造成类似欧盟的一个高度一体化联盟，包括政治领域的趋同和一体化，但2008年7月最终成立的联盟只提出了双方在能源、环境、基础设施建设方面进行有限的技术性合作，而没有提到任何针对南地中海国家政治改革的要求。

此外，能源和经济利益也是欧盟在中东地区的一个主要关切。欧盟极力要维护该地区和平稳定的一大动机就是为了确保欧盟的能源安全，扩展欧盟的经济利益。有关数据表明，海湾国家（巴林、伊朗、伊拉克、科威特、卡塔尔、沙特和阿联酋）的石油储藏量占全球的57%，中东地区石油产量占全球的31%，中东地区天然气储藏量占全球的45%。[①] 北非国家利比亚、埃及和阿尔及利亚等国也盛产石油和天然气。北非地区的石油储藏量占世界的4.8%，天然气储藏量占世界的4.4%。[②] 欧盟对中东地区的石油和天然气依赖都很大，其45%的石油进口源自中东，30%的天然气进口来自阿尔及利亚，[③] 利比亚则是欧盟第三大石油供应国。如果说一些东北欧国家几乎完全依赖俄罗斯能源供应，那么一些南欧国家则几乎完全依赖

① Paul Belkin, "The European Union's Energy Security Challenges," January 30, 2008, http://www.fas.org/sgp/crs/row/RL33636.pdf.

② "BP Statistical Review of World Energy 2009," http://www.bp.com/liveassets/bp_internet/globalbp/globalbp_uk_english/reports_and_publications/statistical_energy_review_2008/STAGING/local_assets/2009_downloads/statistical_review_of_world_energy_full_report_2009.pdf.

③ "Geopolitics of EU energy supply," January 10, 2007, http://www.euractiv.com/en/energy/geopolitics-eu-energy-supply/article-142665.

阿尔及利亚的天然气供应。正因为如此，能源因素在欧盟中东政策中占有非常重要的地位，特别是法、意、西等临地中海国家，它们与北非国家的能源合作极其密切。在经济利益上，中东地区则是欧盟近年出口和投资的一个新增长点，也是欧盟推广其行业标准和产品规范等欧盟标准的重要地区（这关乎欧盟未来的全球竞争力），还是欧盟军火销售的最大海外市场。

第二节　中东变局对欧盟的冲击和影响

2011 年初以来，中东地区形势瞬息万变，其影响也开始向外部地区蔓延。由于地理上接近，欧盟首当其冲地遭到中东变局的巨大冲击。

首先，最大的冲击在安全方面。长期以来，欧盟一直着力经营南地中海地区，启动了“巴塞罗那进程”及其“加强版”地中海联盟，试图将中东地区改造成一个和平稳定的“后院”。但目前该地区持续快速演进的变局表明，不仅欧盟的这一政策目标几近落空，而且欧盟的安全形势骤然严峻起来。当前对欧盟构成直接且现实的威胁是大量非法移民的持续涌入。先是突尼斯，自 2011 年 1 月突尼斯发生动荡以来，大量突尼斯人开始移往欧洲。据欧盟边境控制署统计，2011 年 2 月 13 日时已有 116 批次共 5526 名非法移民偷渡至意大利兰佩杜萨岛。[①] 到 3 月底时，偷渡到该岛的突尼斯人已增加至 1. 85 万人。而岛上本土居民只有 4500 余人。尽管意大利政府持续将该岛非法移民转往意大利其他安置中心，但岛上非法移民人数仍始终超过本土居民人数。[②] 然后是利比亚，意大利政府与利比亚政府曾于 2009 年达成一项协议，由意大利向利比亚政府提供援助，利比亚负责巡查本国边防，阻止本国及其他非洲国家民众经由利比亚进入欧洲，并接收意大利方面遣送的非法移民。协议签署后，到达兰佩杜萨岛的移民数量降低

---

① “Italy Dispatches Frontex to Deal with Tunisian Refugees in Lampedusa,” http：//theglobalherald. com/italy – dispatches – frontex – to – deal – with – tunisian – refugees – in – lampedusa/11216/.

② Valentina Pop，“First Libyan refugees arrive in Lampedusa,” *Euobserver*，March 28，2011.

了98%，从2009年的3.7万人减少到2010年的400人。[①] 但卡扎菲政府垮台后，这一后果的严重性持续显现。因为利比亚不仅是非法移民大国，更是其他非洲国家包括撒哈拉以南非洲国家非法移民进入欧洲的主要通道。时任意大利外长弗拉蒂尼称，如果利比亚政府垮台，将有20万到30万利比亚人逃往欧洲。[②] 而按照欧盟边境控制署的估计，移民数量可能多达50万—150万人，意大利、马耳他和希腊等国将成为“重灾区”。[③] 2011年利比亚战争期间，利比亚难民主要涌向了突尼斯和埃及等邻国，但也开始更多进入南欧国家，包括经由利比亚进入意大利等国的厄立特里亚、埃塞俄比亚及索马里人。非法移民的涌入会给欧洲国家造成多重安全困扰，不仅加重了当地治安压力、增大了社会冲突几率，而且更为严重的是提升了欧洲伊斯兰极端主义恐怖威胁。这些正是欧盟最为担心的事情。自卡扎菲政权垮台以来，利比亚政府无法控制国家，民兵组织和黑帮横行。欧盟向利比亚提供了资金和人员培训，以帮助其建立自己的海岸警卫队，在本国水域进行海上救援，并将难民送回利比亚港口。2017年，欧盟开始训练利比亚海岸警卫队的人员，并投入巨资为利比亚海岸警卫队装备船只。欧盟委员会专门用于利比亚难民管控项目的总预算达3.38亿欧元，实际上是将难民管控“外包”给了利比亚。目前，利比亚国内再陷纷争，欧盟特别是意大利倍感焦虑，担心再度爆发难民潮。最严重的是叙利亚的国内动乱和难民，在2015年引发欧洲难民危机。目前，随着叙利亚战事再启，大量难民逃往土耳其。土耳其认为，欧洲国家未尽到帮助应对移民问题的义务，让土耳其单独面对伊德利卜省新一波难民危机。为了施压欧盟，2020年2月27日，土耳其宣布，将不再阻止难民进入欧洲，大批难民和移民视之为进入欧洲的机遇，因此连夜从土耳其向希腊边境方向涌

---

① Stanley Pignal and Giulia Segreti, “Italians fear African migration surge,” *Financial Times*, February 21, 2011.

② “Italy fears Libya migrant exodus,” http://www.news24.com/World/News/Italy-fears-Libya-migrant-exodus-20110223.

③ Karl Stagno-Navarra, “Malta contesting ‘nearest port of call’ in Frontex guidelines,” http://www.maltatoday.com.mt/news/national/malta-contesting-%E2%80%98nearest-port-of-call%E2%80%99-in-frontex-guidelines.

去，这条“东地中海线路”是难民进入欧洲的主要通道。大量难民在希腊与土耳其边境地区积聚，随时可能引爆欧盟新一轮难民危机。此外，欧盟在融合境内穆斯林群体问题上政策并不成功，移民与主流社会隔阂不断增大，欧洲国家排外情绪日益上升。英、法、德等国领导人近期纷纷公开表示，本国的多元文化政策已经失败，对移民的限制将更为严格。因此，大规模穆斯林移民涌入还会给欧洲社会带来严峻挑战。

除非法移民问题外，欧盟还将在较长时期内面对其南部近邻局势动荡、前景不明的难题。从目前看，中东地区动荡局势短期内难有改观，因为导致该地区不稳定的结构性问题，如青年人失业率过高、经济基础特别是工业基础薄弱、政府机制不健全、伊斯兰激进主义等，短期内不可能得到解决。特别是利比亚的问题可能更为严重，“后卡扎菲”时代的利比亚也有可能因部落内战、群雄并起成为北非地区的“索马里”。无论如何，利比亚都将成为欧盟而不是美国的巨大问题和包袱。欧盟最担心的前景，如民众主义、激进主义泛滥，新政权无力控制本国恐怖主义活动等，都有可能成为现实。过去几十年来，欧盟通过军事和经济援助以及与这些国家执政者保持紧密联系，确保了中东国家与西方国家共同“反恐”，压制了该地区的反西方伊斯兰势力，获得了当地丰富的石油资源。但中东的形势变化打乱了欧盟既往的政策安排：欧盟将很难像过去一样影响中东国家政府，欧盟的安全关切也不再可能像以往那样得到中东国家政府的“配合”。欧洲的反恐形势将更为严峻。

其次，欧盟的战略安全环境也不容乐观。主要体现在三方面：一是巴以和平进程受到冲击。巴以和平问题是欧盟的根本利益所在，也一直是欧盟优先外交重点之一。在欧盟看来，巴以长期冲突是中东地区不安全和不稳定因素，也是滋生“基地”等恐怖组织的重要根源。欧盟在巴以和平问题上与美国立场并不完全一致，欧盟相对照顾巴勒斯坦的关切，是巴勒斯坦最大的援助国，每年援助资金达 10 亿欧元之多①，并通过经济援助和优惠贸易鼓励埃及等国支持巴以和谈的努力，同时对以色列施加一定压力。

---

① “European external action service,” Middle East Peace Process, June 15, 2016.

在2011年2月中旬的联合国安理会上，英、法、德、葡四个欧洲国家均投票支持巴勒斯坦提出的一项谴责以色列非法修建定居点的决议，而美国投了否决票。2017年自特朗普政府上台以来，承认耶路撒冷是以色列首都，并将驻以使馆迁至此地；认为以色列在巴勒斯坦领土上的定居点合法等做法也遭到欧盟反对。在美国特朗普政府的纵容下，以色列基本上可以为所欲为，一再破坏“两国方案”。2020年1月28日，美国公布所谓“新中东和平计划”称，耶路撒冷是以色列“不可分割的首都”，巴勒斯坦人关于将东耶路撒冷作为巴勒斯坦国未来首都的梦想将成泡影。该计划规定，巴勒斯坦人将可以拥有自己的国家，但不包括位于约旦河西岸地区的具有重要战略及经济意义的约旦谷地。巴勒斯坦人随即拒绝了特朗普的这一计划，并断绝与美国和以色列关系。欧盟批评了特朗普的计划，并宣布将进行评估。2020年2月初，欧盟新任外交与安全政策高级代表博雷利在访问伊朗后进一步表示，美国“新中东和平计划”违反“国际间达成的共识”，必须以1967年以巴战争前的双方边界为基础，实现双方之间的领土“对等”交换，领土、边界和耶路撒冷的最终地位问题必须经由以巴双方的直接谈判解决，并对以方关于可能收并约旦谷地和约旦河西岸其他地区的声明“深为忧虑”，并强调欧盟将抵制以方的一意孤行。二是中东地区力量对比发生不利于欧盟的变化。中东发生较大动荡国家基本上都属于亲欧国家，如突尼斯、埃及以及2003年以来的西方新宠利比亚、约旦、巴林、也门等国，利比亚已经成为失败国家，突尼斯问题开始突出，也门战斗难停；而叙利亚政府正在重新统一全国，真主党在黎巴嫩影响力增大，伊朗则在伊拉克影响力上升。欧洲在中东影响力正江河日下。三是伊朗问题再度突出。美国退出伊核协议，伊朗也在逐渐突破伊核协议的限制，欧盟被迫提出磋商请求，可能导致对伊朗的重新制裁。中东核扩散及战争风险前所未有。

再次，欧盟能源安全问题再次凸显。2011年2月22日，意大利出于安全考虑，被迫关闭了绿溪天然气管道。这条连接利比亚和意大利的管道每天所输送的天然气占了意大利日均天然气进口总量的13%。尽管意大利还可从其他方面如阿尔及利亚和俄罗斯获得气源，但关闭绿溪管道对欧盟天然气市场仍产生了较大冲击。在原油方面，欧盟对利比亚石油依赖严重，意大利、奥地利及爱尔兰 2010 年石油进口的 20% 来自利比亚，法国和希腊的依赖度也有近 15%[①]。这一地区其他国家如阿尔及利亚如果出现较大动荡，也会威胁到欧盟的能源供应安全。尤其是近年来，欧盟为降低对俄罗斯的能源依赖，大力推进能源来源多样化战略，中东地区成为欧盟该战略的经营重点之一。中东变局无疑将打乱欧盟既定的战略部署，使欧盟在与俄罗斯的能源博弈中处于更为不利的地位。

最后，欧盟共同外交与安全政策前景遭质疑。从目前情况来看，欧盟显然并没有经受住中东变局的考验。欧盟“用一个声音说话”的外交雄心在重大外交与安全挑战面前再次沦为空谈。一方面，欧盟机构在应对中东变局特别是利比亚、叙利亚、伊朗问题上作用有限，基本处于被边缘化的地位；另一方面更重要的是，在 2011 年利比亚问题上，成员国特别是主要大国德、法、英由于各自国内政治的考虑等目的各自为战，决策上并没有考虑其他成员国立场或欧盟已经达成的共同立场。法国 2011 年 3 月 10 日在欧盟内率先承认利比亚反对派为利比亚合法政府，但显然并没有在事前与欧盟机构及其他成员国磋商。时任德国外长韦斯特韦勒公开抱怨法国没有事先告知，并指责萨科齐承认利比亚反对派是“一时冲动”，称这只是法国立场，“既非德国也非欧盟立场”[②]。在军事打击利比亚问题上，欧盟成员国也不同调，德国 2011 年 3 月 17 日在联合国安理会就设立利比亚禁飞区问题进行表决时，历史上首次站在美、英、法等所有西方国家的对立面，与“金砖四国”一起投了弃权票。意大利虽参与了对利军事行动，但主要限于提供军事基地及巡逻，称决不会向利比亚扔炸弹[③]。波兰、塞浦路斯、马耳他、保加利亚等国则明确表示不会参与对利比亚的军事行动。保加利亚总理表态则更为直接，称西方此次军事行动的目的是为了攫取利

① Andrew Rettman, “EU registers first energy shock from Libya unrest,” *Euobserver*, February 23, 2011.

② Andrew Rettman, “France alienates fellow EU countries on Libya,” *Euobserver*, March 10, 2011.

③ Valentina Pop, “Italy presses for Nato command of Libya war,” *Euobserver*, March 22, 2011.

比亚石油①。从这个意义上说，利比亚军事行动与其说是展现了欧洲的军事能力，不如说是再次宣告了欧盟共同外交与安全政策的失败。意大利因为在利比亚有重大的能源和安全利益，对法国的利比亚政策一直耿耿于怀。2018 年 9 月 3 日，时任意大利国防部长还公开批评法国和其他国家于 2011 年在利比亚的军事干涉，称“很显然，无法否认的是利比亚目前之所以处于这种局面，是因为有些人在 2011 年优先偏向自身利益而不是利比亚人和欧洲的利益”，在这方面“法国是有责任的”。也正是因为在利比亚问题上的巨大分歧，有欧盟外交官表示，欧盟建立共同防务政策的幻想已宣告结束②。“后卡扎菲”时代，利比亚继续一盘散沙，欧洲国家影响力进一步下降，法国和意大利公开对立，俄罗斯与土耳其则扮演更重要角色，欧盟在很大程度上只能作壁上观。

此外，中东变局也冲击到了近年一直陷于主权债务危机困境的欧盟经济。中东地区还是欧盟重要的商品销售和投资场所，该地区的动荡也会影响到欧盟的出口，特别是军火出口。

第三节　欧盟对中东政策调整趋向

欧盟已深刻认识到，必须要以新的思维和行事方式，重启欧盟与已发生根本性变化的中东地区关系。综合分析欧盟及其主要成员国所提的各种建议和计划可以预见，欧盟未来对中东地区的主要关切和政策目标，如实现地区安全与稳定、加强地区民主建设、确保欧盟在当地的能源和经济利益等，不会发生重大变化，但欧盟关切的优先顺序及政策重点将会有较大调整，同时在政策手段和方式上也会与以往有较大改变。

首先，改进与中东国家的接触模式。但是如何改进，欧盟也经历了一

---

① Valentina Pop, “Italy presses for Nato command of Libya war,” *Euobserver*, March 22, 2011.

② Alvise Armellini, “Diplomats mourn ‘death’ of EU defence policy over Libya,” March 24, 2011.

段时间的适应与调整。长期以来，欧盟国家实际上是采取了认同和维持中东地区政治现状的政策，并未将其“接触与援助”政策与该地区民主建设等政治改革严格挂钩。欧洲国家领导人一直依靠中东地区的强权人物，如突尼斯的本·阿里、埃及的穆巴拉克、利比亚的卡扎菲等，来维护本国的安全及在当地的利益。比如在安全方面，欧盟因担心中东地区的政治伊斯兰主义及反西方势力崛起，往往默认甚至支持当地政府对反对派特别是“穆斯林兄弟会”等伊斯兰政党的打压行为；而埃及则曾因支持巴以和谈而得到欧盟的特别关照；意大利此前正是借助与突尼斯的本·阿里和利比亚的卡扎菲达成的协议，才大幅度减少了来自非洲的非法移民人数。同样，在维护能源和经贸利益方面，法国在突尼斯有巨额投资的几家大公司都与本·阿里的个人商业集团有密切联系，法国政治人物和突尼斯政界来往甚密；在摩洛哥，法国阿尔斯通公司在竞争非常激烈的情况下与当地政府就建造高速铁路达成协议，此事引起了很大质疑；[①] 意大利前总理贝卢斯科尼和利比亚强人卡扎菲的个人亲密关系也是众所周知，意大利不仅依靠利比亚阻止非洲非法移民，还在利比亚有可观的石油和经济利益，包括武器出口。然而，这些强权人物在中东变局中纷纷下台使欧洲国家领导人意识到，欧盟未来要想维护在这一地区的传统地位和影响力，必须找到新的路径和新的合作对象，特别是要考虑建立与当地国家各主要政治力量和政治人物的广泛联系，打造新型合作关系。

在 2011 年中东剧变后的最初几年，欧盟领导人虽担心影响自身安全，但仍对中东革命抱着热情支持的态度，尤其支持这一地区的民主化。尽管还未形成系统、清晰的应对中东新形势的政策，但欧盟层面及英、法、德、意等主要成员国都提出了一些针对性的政策主张。2011 年 2 月 27 日，时任法国总统萨科齐发表电视讲话称，法国与阿拉伯国家关系进入“新时期”，呼吁欧洲理事会召开会议，就利比亚形势出台统一的应对政策。萨科齐还提出，欧洲各国应马上采取措施帮助地中海南岸国家青少年教育事

---

① Anna Khakee, “Democratic values and cosy relationships in North Africa,” February 21, 2011, http://www.euractiv.com/en/east-mediterranean/democratic-values-cosy-relationships-north-africa-analysis-502350.

业，促进北非国家经济增长。① 2011 年 2 月 28 日，时任德国外长韦斯特维勒呼吁欧盟应与北非国家建立新型的北南关系。② 2011 年 3 月 8 日，欧盟委员会与欧盟共同外交与安全政策高级代表向欧洲议会和欧盟理事会联合提交了针对南地中海国家的政策建议文件，提出“我们相信这是欧盟与其南部伙伴关系迈出重大一步的时刻。毫无疑问，这一新的关系应植根于我们对共同价值观的承诺。最近几周发生的人们对政治参与、尊严、自由和就业机会的要求只有通过尽快的、和富有雄心的改革才能实现”。欧盟准备通过与南地中海国家建立“民主与共享繁荣的伙伴关系，帮助那些有能力也有意愿的国家进行这样的改革。对民主、人权、社会公正、良治和法治的承诺应得到遵守”③。未来，民主转型与机制建设、公民社会发展以及可持续和包容性的经济社会发展将是“民主与共享繁荣的伙伴关系”的三大基础④。3 月 11 日，欧盟召开中东形势及利比亚问题特别峰会，以一致同意的方式批准了欧盟委员会对地中海国家新政策文件。2011 年，在西亚、北非局势发生动荡后，欧盟对出台于 2004 年的“邻居政策”进行了评估，提出了所谓的“以更多换更多”的原则，也就是说，中东伙伴国更多的改革将换来欧盟更多的资金援助和其他支持。也就是说，欧盟承认此前对中东地区的政策是失败的，因此需要一种新的方式，这种方式就是对中东地区的民主抗议行动进行支持。

由此看来，欧盟未来对中东地区的工作重点一方面将是积极参与这一地区的转型，强力输出欧洲政治经济发展模式和价值观，引导该地区民主转型进程朝有利于维持欧盟利益的方向发展；另一方面将改变欧盟以往过于依赖当地政府和强权人物的外交方式，代之以“全面交往”、面向各阶

---

① “France calls for special EU summit on Libya,” http：//www. euractiv. com/en/global – europe/france – calls – special – eu – summit – libya – news – 502573.

② Leigh Phillips，“Europe ‘should have backed democrats not dictators’，commissioner says,” *Euobserver*，March 1，2011.

③ “A Partnership for Democracy and Shared Prosperity with the Southern Mediterranean,” Brussels，8. 3. 2011，COM（2011）200 final，http：//ec. europa. eu/commission_ 2010 – 2014/president/news/speeches – statements/pdf/20110308_ en. pdf.

④ “A Partnership for Democracy and Shared Prosperity with the Southern Mediterranean,” Brussels，8. 3. 2011，COM（2011）200 final，p. 3.

层，尤其是通过推动中东国家公民社会发展来培植亲欧力量。此外，在操作层面，欧盟“民主与共享繁荣的伙伴关系”政策文件提出了“基于激励”和“更多的区别对待”的新方式①，即对那些在宪政改革、司法改革及公正公开的选举方面做得好的国家，欧盟将给予更多的资金援助和贸易优惠，并可能给予进一步放宽签证控制等“激励”。欧盟 2011 年版“邻居政策”也提出，将运用资金、市场和流动性（即让中东民众更容易进入欧盟），对中东地区国家进行选择性支持，即那些愿意改革和民主化的国家将得到欧盟更多的援助。这意味着，欧盟未来在实施对中东国家的“接触与援助”政策时将更重视对象国的“条件”。

但欧盟对中东地区的民主化热情很快消退，其一，中东各国并未因欧盟鼓励而有更大、更快的改革，很多改革只是为平息抗议的权宜之计；其二，民主化的标杆国家突尼斯遭遇较大经济、社会和政治困难；其三，在埃及等国，伊斯兰政党乘势靠选票上台；其四，中东地区混乱情况加剧欧盟对移民和恐怖主义问题的担忧。

2015 年 11 月，欧盟再次评估“邻居政策”，以更好地适应新形势。欧盟“邻居政策”的主要政策工具是“欧盟邻居工具”，2014—2020 年安排资金 150 亿欧元。2016 年 6 月 28 日，离英国公投脱欧不到一周，欧盟发表新的战略文件《共同愿景，共同行动：一个更强大的欧盟》，用以指导欧盟对外战略。欧盟声称，将奉行“有原则的实用主义”，平衡理想与现实的矛盾和冲突，“邻国政策”目标着重以自身吸引力促邻国转型，以“量体裁衣”形式加强合作，并有针对性地解决移民中转国与来源国面临的问题，同时加强多边外交②。也就是说，欧盟以战略现实主义取代了规范性理想主义，同时放弃了民主化等价值观外交。这一战略的背景是，欧盟周边已经形成一个“不稳定弧”，同时英国脱欧，特朗普的非常规政策，加上难民危机等等，欧盟认识到了自身能力的局限性，即无法以自身价值

① “A Partnership for Democracy and Shared Prosperity with the Southern Mediterranean,” Brussels, 8. 3. 2011, COM（2011）200 final, p. 5.

② “Shared Vision, Common Action: A Stronger Europe,” A Global Strategy for the European Union's Foreign And Security Policy, June 2016, p. 7, https://eeas. europa. eu/archives/docs/top_ stories/pdf/eugs_ review_ web. pdf.

观改造周边。

其次，稳定局势，避免出现更大的动荡甚至军事冲突引发新的难民潮。据统计，欧洲国家穆斯林人口 2010 年已达 4410 万，约占欧洲人口总数的 6%；预计 2030 年将增加到 5800 万，约占欧洲人口总数的 8%。其中法国 2010 年穆斯林人口 470 余万，约占法国人口总数的 7.5%；预计 2030 年将达到 680 万人，约占法国人口总数的 10.3%。[①] 正因为如此，在中东稳定问题上，欧盟比美国更有紧迫感。欧盟在 2016 年还与第三方主要是中东、非洲国家建立了关于非法移民和难民的对话与合作机制。2019 年 1 月 19 日，德国在首都柏林召开利比亚问题峰会，除利比亚冲突双方外，包括中、美、俄、德等在内的大国以及联合国、欧盟、阿盟等国际组织与会，参与国家多、规格高。此次峰会旨在结束外部对利比亚的干预，推动冲突双方实现停火，恢复利比亚人主导的政治进程，并禁止其他国家向利比亚供应武器。德国召开此次峰会的背景是，欧洲担心随着冲突国际化程度的提高，利比亚将成为“第二个叙利亚”，给欧洲带来移民危机以及恐怖主义威胁，德国和欧洲希望在利比亚实现和平，促进北非和西非实现稳定”。

最后，欧盟将更关注当地的社会经济发展，以图从根本上消除欧盟的安全隐患（非法移民持续大量涌入、极端主义和恐怖主义泛滥等）。在欧盟看来，中东变局的最重要根源是当地社会经济发展落后。欧盟“民主与共享繁荣的伙伴关系”政策文件指出，“南地中海国家发生的动荡与该地区经济贫弱密切相关”，它表现为“财产分配严重不均、经济社会改革不够、缺少工作机会等”。[②] 英国前副首相克莱格也认为，“如果没有任何经济上的机会，北非国家民众就不会待在那里不动，总会通过这样或那样的方式进入欧洲”。[③] 通过对当前局势的分析和反思，欧盟开始认识到它过去对该地区在这方面的关注和投入明显不够，因此有必要进行政策调整。欧

---

① “The Future of the Global Muslim Population, Projections for 2010 - 2030,” January 27, 2011, http://pewforum.org/future-of-the-global-muslim-population-regional-europe.aspx.

② “A Partnership for Democracy and Shared Prosperity with the Southern Mediterranean,” Brussels, 8.3.2011, COM (2011) 200 final, p. 7.

③ Stephen Castle, “Europe Weighs Financial Rewards for Arab World,” March 7, 2011, http://www.nytimes.com/2011/03/08/world/europe/08iht-union08.html?_r=1.

盟委员会在其“民主与共享繁荣的伙伴关系”政策文件也明确提出，将加大力度支持中东国家的中小企业发展，进一步向中东国家开放欧盟的农产品市场和渔产品市场，加强地中海北南经济整合力度，建立欧盟—南地中海共同能源市场等，并建议欧盟理事会批准欧洲投资银行在未来三年内向中东地区投入60亿欧元资金。① 未来，中东地区的人口压力将对这一地区及欧盟构成持续的挑战：一是这一地区人口增长很快；二是年轻人比例高；三是失业率居高不下，特别是青年失业率更高达25%。经济机会的缺乏将使得这一地区的年轻人更多成为社会的负担而不是财富，暴力、抗议、非法移民将成为常态，而这正是欧盟不愿看到的。

可以肯定的是，由于中东地区已发生彻底改变，欧盟对该地区战略和政策也必然会相应做出重大调整，且调整方向和思路已较为清晰。当然，也需要指出的是，欧盟政策调整及其实施将受到诸多因素的制约，不大可能会一蹴而就：一是欧盟内部意见不统一。由于历史、地理和情感方面的原因，欧盟南部国家如法国、意大利、西班牙等国历来主张欧盟南下，要求欧盟将更多的精力和财力投向南部邻国即中东地区；而中东欧国家以及北欧国家倾向于向东看。在中东发生变局后，欧盟南部国家呼吁欧盟援助投入“南移”，减少对东部邻国的投入，但波兰却称发展与东部邻国的关系同样重要。目前，受中东变局冲击最大的是意大利、法国等国，英、德两国所受冲击相对较小，中东欧及北欧国家则更小，在这种情况下，欧盟强化中东政策难度较大，至少要比预想大打折扣。二是欧盟目前是“心有余而力不足”，雄心与实际能力有较大差距。在财力上，欧盟近两年深陷主权债务危机困境，各成员国普遍紧缩财政以降低赤字，并大幅削减了对外援助预算。欧盟预算也遭削减。欧盟及其成员国能用于援助中东国家的资金非常有限。在关键的巴以和谈问题上，欧盟影响力也有限，仍需仰赖美国的推动。② 此外，欧盟中东政策短期内仍难以摆脱以往的“惯性”，一

---

① “A Partnership for Democracy and Shared Prosperity with the Southern Mediterranean,” Brussels, 8.3.2011, COM (2011) 200 final, pp. 7 – 10.

② 时任英国外交大臣黑格2011年3月8日在谈及巴以和平问题时承认，“只有美国有影响力，也只有美国能让以色列接受和平协议”。James Blitz, “UK steps up pressure for Mideast peace,” *Financial Times*, March 9, 2011.

些成员国出于维护本国在当地的经济利益以及阻止非法移民大量涌入和反恐等现实需要考虑，会继续依赖当地执政当局“配合”欧盟的利益关切，会继续依赖政治人物的个人关系获取巨额合同，包括军火订单等，从而淡化对相关国家的政治民主改革要求。

欧盟在中东地区有重大关切和利益，随着中东形势更为复杂，未来欧盟对中东将更为重视。

第十三章

拿土耳其怎么办

欧盟对土耳其从未放心，不愿接纳，但又极为关注，不时拉拢。1987年，土耳其向欧盟提出入盟申请，但直到1999年，欧盟才给予土耳其欧盟候选国地位。时隔6年后，2005年10月，欧盟才启动与土耳其的入盟谈判。但到目前为止，15年快过去了，同时启动入盟谈判的克罗地亚已经于2013年加入欧盟，但欧土谈判仍如蜗牛般进展缓慢，土耳其入盟也仍然遥遥无期。对欧盟来说，土耳其过去是、现在是、未来在很长时间内也仍将是一个不愿面对但又无法绕开的重大问题。

第一节　欧盟对土耳其政策的演进轨迹

从很多方面来说，土耳其可以算作是一个欧洲国家。土耳其是北约成员国，参加欧洲歌唱大赛，参加欧洲冠军联赛以及欧洲足协杯。从地理上看，毫无疑问土耳其有一部分处在欧洲，横跨两大洲的伊斯坦布尔是土耳其最大城市，欧洲的四大文明摇篮之一。其前身是君士坦丁堡，由罗马皇帝君士坦丁所建，东罗马帝国以及后来的拜占庭帝国的首都。从历史上看，土耳其及其前身奥斯曼帝国与欧洲联系紧密，与其他主要欧洲国家一样，土耳其在欧洲历史上扮演了重要角色，土耳其史是欧洲历史的重要组成部分，包括布达佩斯在内的很多欧洲城市都曾属于奥斯曼帝国。但土耳其在很多方面又不很欧洲，比如绝大部分领土在亚洲，信奉伊斯兰教，历史上更是政变不断。奥斯曼帝国时期，土耳其人曾在欧洲攻城略地，也令欧洲人和天主教人恐惧。

所以，在欧盟的对外政策中，土耳其是一个有独特地位的重要国家。欧盟对土政策的总体目标是发展与土耳其的经济关系，鼓励土耳其国内政治的民主化，并使其服务于西方与欧盟的安全和战略利益。但长期以来，欧盟并不希望土耳其成为其正式成员国。面对土耳其强烈的入盟要求，欧盟一方面表示不排斥最终接纳土耳其，并以欧盟成员国身份作为对土耳其施压的筹码，加速土耳其的“西化”与“欧洲化”；另一方面，又以种种政治和经济标准为由，制约土耳其的入盟努力。因而欧盟对土政策从一开始就呈现出一定的矛盾性，特别是在冷战结束后，这种矛盾性更为突出。

二战后，西欧国家出于对抗苏联威胁的需要，对土耳其主要采取拉拢政策。除向土耳其提供经济和军事援助外，也基本上不反对土耳其的“欧洲取向”①。在西欧国家的认可下，土耳其加入了新成立的一系列与欧洲有关的组织：1948 年加入经济合作与发展组织（OECD），1949 年加入欧洲委员会，1952 年也如愿加入北约。更为重要的是，欧盟（当时还是欧洲经济共同体）还于 1963 年 9 月 12 日与土耳其签署了接受其为欧盟联系成员国的《安卡拉条约》，条约规定，在经过 17 年的过渡期后，可以考虑让土耳其正式入盟。

从这时起一直到 20 世纪 80 年代，欧、土关系基本顺利。在联系协定的框架下，一方面，土耳其较好地按欧盟的要求履行了协议；另一方面，当时的欧盟只是一个经济组织，政治取向还不十分明显，在其对外交往中也没有特别强调民主、人权等政治标准。事实上，欧盟那时根本还不具备执行集体外交政策的手段、意愿和能力。还有一个原因是当时正值冷战的最高峰，欧盟的关注点主要是土耳其的战略价值及双方之间的经济交往，而不是土耳其国内的军人专政或民主问题。随着 70 年代末欧盟政治合作机制的启动，欧盟已不满足于自己在国际舞台中经济角色的定位，开始在对

---

① 自 19 世纪以来，土耳其一直在向西方靠拢，现代土耳其共和国的恒定外交重点也是加入欧盟，以完成其“西化”与“欧洲化”的最后一步。参见 Yucel Bozdaglioglu, *Turkish Foreign Policy and Turkish Identity: A Constructivist Approach*, London, Routledge, 2003, pp. 68 – 69.

外交往中强调政治因素，包括将提升民主作为其外交政策的目标之一。因而土耳其国内的“非民主”和“非西方”性质日益引起欧盟的关注，并成为双方的主要摩擦点。特别是1980年土耳其再次发生了军事政变，“使土耳其融入欧洲的努力进一步复杂化”①。作为对土耳其军事政变的反应，欧盟暂缓实施对土耳其进一步的财政援助计划，并对土耳其国内的人权状况表示关切。1982年，欧洲议会还通过决议，暂停执行欧盟与土耳其的联系协定，直到土耳其恢复国内民主。欧盟对土耳其国内政策的反应与西欧国家传统上对土耳其的偏见有关，对此，土耳其一直指责欧盟“试图继续执行19世纪基督教欧洲对穆斯林土耳其所实行的歧视政策”②，当然，欧盟也并不愿意过于刺激土耳其，仍然希望与土耳其维持良好关系。

在欧盟的压力下，土耳其军事当局很快就于1983年举行了大选，土耳其也进行了一些政治改革，如给予土耳其公民向欧洲委员会请愿的权利，释放了约3万名政治犯，土耳其议会也停止核准死刑等等。土耳其的这些努力导致了欧、土双边关系的正常化，欧洲议会也通过决议恢复了与土耳其的联系协议。欧、土关系的缓和及欧盟对土耳其改革的肯定使土耳其认为，提出入盟申请的时机已经到来。于是在1987年4月14日，土耳其正式提出了加入欧盟的申请。

土耳其正式提出入盟申请是土耳其对欧洲身份的追求及欧盟对此表示默认的必然结果，但随着欧洲一体化在80年代后政治趋向日益明显，集体文化与政治认同也开始形成，因而欧盟对土耳其的态度也更趋谨慎。一方面，由于土耳其在政治民主及人权等诸多方面的确还未能满足欧盟的要求，因而欧盟在内部还存在很大分歧的情况下的确没有接纳土耳其的意愿和计划。而且由于欧盟对土耳其存在排斥心理，因而与中东欧国家相比，欧盟尽管指责土耳其在经济、政治等指标上达不到欧盟标准，但并没有采取积极的手段帮助土耳其达到这些标准，反而在事实上执行了对土耳其更

---

① Atila Eralp, “Turkey and the European Community in the Changing Post - War International System,” In *Turkey and Europe*, edited by Canan Balkir and Alan M. Williams. London and New York: Pinter Publishers Ldt. , 1993. p. 31.

② Meltem Muftuler, “Turkey's Relations with a Changing Europe,” Manchester and New York: Manchester University Press, 1997, p. 61.

为严格的标准。另一方面，欧盟从来都未曾否认过土耳其的欧洲身份，而且欧、土联系协定也规定土耳其未来可以成为欧盟成员国。因而欧盟也实在无法改口断然拒绝土耳其的入盟要求。

1989 年 12 月，欧盟委员会在其对土耳其入盟申请的评估意见中称，按照 1986 年的《单一欧洲法令》的要求，他们必须在 1992 年底完成内部市场的建设计划，因而欧盟在 1993 年以前不会考虑土耳其入盟。这份评估意见还提到了土耳其的经济发展水平、库尔德人、希腊与土耳其在爱琴海主权等问题上的争执、塞浦路斯问题等等。更重要的是，欧盟委员会还认为，土耳其国内在民主、法治、人权等方面与欧洲的标准还相差太远①。不过，欧盟在否决土耳其候选国地位的同时，也做出了一定的妥协，即建议可以与土耳其在 1995 年前建立一个关税同盟②。因此，在 1995 年 3 月，欧盟与土耳其签署了《关税同盟条约》，尽管这一安排不能令土耳其满意，但也符合土耳其与欧盟尽量加强联系的总体目标。

1997 年 12 月，欧盟卢森堡峰会讨论了欧盟的扩大问题，土耳其再次被排除在候选国的名单之外。但在 1999 年 12 月的欧盟赫尔辛基峰会上，欧盟对土政策发生重大转变。在这次峰会上，土耳其受邀参加，并被给予候选国资格，从而打开了欧、土关系的僵局，在一定程度上克服了欧盟是否将土耳其视为一个欧洲国家的模糊立场。土耳其也参加了“入盟伙伴关系”计划，这表明欧盟愿意像对待其他候选国一样，给土耳其提供同样的财政与技术援助，为其入盟做好准备。尽管欧盟决定接纳土耳其为入盟候选国，但同时也表示土耳其只有在解决国内人权、民主问题、塞浦路斯问题以及与希腊领土争端等方面取得进展后才会开始入盟谈判。2001 年，欧盟虽然批准了“土入盟的伙伴文件的框架法规”和“入盟伙伴文件”，但接下来在 2002 年 10 月发表入盟候选国年度报告时却又称土耳其在政治、经济上与欧盟标准仍有差距，根据这一报告，欧盟首脑会议在 2002 年 12

---

① See EC Commission, “Opinion in Turkey’s Request for Accession to the Community,” SEC (89) 2290 final, Brussels, Dec. 18, 1989, and Sevilay Elgun Kahraman, “Rethinking Turkey - Eruopean Relations,” *Turkish Studies*, Vol. 1, No. 1 (Spring 2000), pp. 1 - 20.

② See Burce Kuniholm, “Turkey and the West,” *Foreign Affairs*, Spring 1991, pp. 41 - 42.

月再次决定，暂不与土耳其开启入盟谈判；但同时也留下余地，决定将于2004年12月对土耳其政治、经济、人权状况等再次进行评估，然后决定是否开始入盟谈判。

2004年10月6日，欧盟委员会内部在仍然存在较大争议的情况下，公布了对土耳其的入盟评估意见书，基本上对土耳其国内的政治与经济改革持正面态度，并建议欧盟可以启动与土耳其的入盟谈判。同年12月16—17日举行的欧盟首脑会议上，欧盟各国在经过与土耳其的激烈谈判后，也终于同意，在土耳其就塞浦路斯问题做出一定妥协后，可以在2005年10月3日启动与土耳其的入盟谈判。欧盟同时强调，尽管最终的目标是让土耳其入盟，但并不能完全保证这一目的的实现①。时任法国总理拉法兰称，“今天的土耳其从政治、经济和社会来说都离欧洲还很远”②。按欧盟惯例，与所有候选国的入盟谈判都是开放式的，但欧盟从一开始就明确声称，如果土耳其国内出现严重的、持续的违反人权或欧洲价值观的情况，就将随时停止与土耳其的入盟谈判。自启动入盟谈判以来，欧土谈判就一直磕磕绊绊。

自2010年5月起，土耳其与欧盟谈判就因为土耳其和欧盟内部问题陷入僵局。2012年7月，塞浦路斯担任欧盟轮值主席国，对土耳其提出强硬要求，土耳其极为不满，主动冻结入盟谈判。2013年6月，欧盟决定重启与土耳其的对话，但随后土耳其国内发生大规模抗议示威活动，欧盟不满土耳其镇压行动，又决定推迟原定的会谈。2015年，欧盟爆发难民危机，对土耳其需求增大，欧土关系好转。2016年3月，欧盟与土耳其达成难民协议，欧盟4年内向土耳其发放60亿欧元援助款项，用于资助卫生、教育等难民相关项目，土耳其则负责管理其境内的叙利亚等国难民，避免其进入欧洲，目前这一项目已接近尾声。与此同时，欧盟在2016年6月就预算环节展开了与土耳其的入盟谈判，欧盟还承诺加快土耳其人进入欧洲的签

① Nicholas Watt and David Gow and Helena Smith, “Blair holds key as EU opens door to Turkey,” The Guardian, December 17, 2004.

② Katrin Bennhold, “In France, a searching EU debate over Turks,” International Herald Tribune, October 15, 2004.

证便利化。2016 年 7 月土耳其发生未遂政变，土耳其政府宣布全国进入紧急状态，一直持续到 2018 年 7 月，欧盟对土耳其大加批评，声称土耳其不尊重基本权利和法治。2017 年，土耳其举行修宪公投，将政治体制由议会制改为总统制，总统埃尔多安继续大权独揽，欧盟认为土耳其在走向独裁。2018 年以来，塞浦路斯与土耳其关系持续恶化，原因是土耳其在塞浦路斯水域进行天然气开发作业。土耳其认为自己有权利在这一水域开发，但塞浦路斯认为土耳其侵犯其权益，并引发希腊与土耳其争端。欧盟认为土耳其违反了国际法。2019 年 3 月，欧洲议会通过决议，要求暂停土耳其入盟谈判。2019 年 11 月 11 日，欧盟决定对土耳其实施制裁，并持续 1 年至 2020 年 11 月 12 日，届时欧盟将再次讨论土耳其问题。欧盟决定制裁土耳其并不仅仅是因为土耳其侵犯了塞浦路斯的领海和专属经济区，还与土耳其其他国际行动有关，比如土耳其与俄罗斯的战略结盟（土耳其购买了俄罗斯的 S－400 防空系统），2019 年 10 月在叙利亚东北部展开军事行动，威胁不再阻止叙利亚难民进入欧洲，与美国、德国、法国等其他北约成员国的关系恶化等有关。2020 年初以来，随着叙利亚形势恶化，大量难民聚集在土耳其边境，土耳其不但放任境内难民闯欧，甚至组织难民前往土、希边境，给欧盟施压，要求欧盟给予土耳其更多的帮助，引发欧土关系再次紧张。

从欧盟 50 多年来对土耳其政策的演进轨迹来看，欧盟虽然不质疑土耳其申请欧盟成员国身份的合法性，并试图执行一项帮助这个国家政治和经济现代化的政策①，但事实上一直无法对土耳其能否最终入盟给出一个明确的答案。换句话说，欧盟几十年来对土耳其采取了一种事实上的“遏制政策”，即在不明确拒绝土耳其入盟的同时，不断提高入盟门槛，尽量拖延其入盟时间。在欧盟的这一政策中，有两个因素起到了非常关键的作用，即安全与认同问题。

① “Bulletin of the EC,” 1989, Point 2. 2. 37.

第二节　接纳土耳其的地缘与安全考虑

在欧盟对土耳其的“遏制政策”中，地缘与安全上的考虑是欧盟无法拒绝土耳其入盟申请的根本原因，不论是冷战期间，冷战后的过渡期，还是在“文明冲突”至为激烈的今天，这一考虑都贯穿了欧盟对土耳其政策的始终。

在冷战期间，土耳其在西方的位置是由于它针对苏联的地理位置所决定的，事实上，也正是苏联的威胁才提供了将土耳其包含在西方联盟之内的机会。土耳其占据着“世界上最重要的地理战略要地”①，作为北约的南部支柱，土耳其不仅是阻止苏联向南欧扩张的重要屏障，也是连接欧洲与中东的桥梁，因而是欧洲安全上极为重要的一笔财产。这种重要性使欧盟必须认真对待土耳其融入欧洲的要求，“因为对他们来说，土耳其是他们在反击来自东方的战略威胁中一个不可或缺的盟友”②。正是出于这一考虑，欧盟在 20 世纪 60 年代接受了土耳其联系成员国的申请。欧盟委员会在一份评估 1987 年土耳其入盟申请的报告中也承认，土耳其的北约成员国身份是土耳其的一张王牌③。一些主要的成员国包括英、法、德、意等国也同意委员会的这一评估。时任英国外交大臣豪尔称，“土耳其是一个重要的北约盟友，欧洲大家庭理应有它的一个位置”④。

冷战结束后，随着苏联威胁的消失，土耳其在冷战期间拥有的地缘战

---

① “Which Turkey?” *The Economist*, March 19th, 2005, p. 5.

② Heinz Kramer, “Turkey and the European Union: A multi – Dimensional Relationship with Hazy Perspectives,” in *Turkey Between East and West*, ed. Vljtech Mastny and R. Craig Nation (Boulder: Westview Press, 1996): 203 – 232, p. 204.

③ European Commission, “Background Report,” ISEC/B987, Brussels, 1987.

④ Arikan, Harun, “Turkey and the EU, An awkward candidate for EU membership?” Antony Rowe Ltd, Chippenham, Wiltshire, 2003. p. 186.

略上的重要性大大降低，土耳其也似乎失去了利用其安全战略上的重要性来推动欧盟接受其加入的筹码。而欧盟在 20 世纪 90 年代的大部分时间里也的确都是把土耳其放在一边。对欧盟来说，它似乎可以不必再宠爱这个它并不从心底里喜欢的野孩子，而把关注的重点放在如何吸收中东欧国家上。

但实际上，冷战后欧盟的安全环境呈现新的特点。冷战的结束并没有减少土耳其对欧盟安全的重要性。土耳其在欧洲安全中发挥的作用除军事上的因素外，更重要的还包括新的政治、社会、环境及与宗教、民族主义相联系的各种安全问题及地区军事冲突。这些大的地缘政治与安全上的考虑对最初的欧盟决策并没有太大的影响，但随着欧盟对其近邻地区的事务更加敏感，特别是在 1999 年科索沃危机的刺激下，欧盟越来越认识到在其近邻地区推广稳定的重要性，即欧洲必须着手考虑解决更大范围内的地缘安全问题。1999 年的欧盟赫尔辛基峰会在给予土耳其候选国地位的同时，也决定加强欧盟的共同安全与防务政策，创建一支 50000 到 60000 人的部队以帮助欧盟应对国际危机，这进一步表明，在欧盟的议事日程中，地缘政治及安全的考虑已经重新开始占据着重要的位置，在这一方面，土耳其因素是无法忽视的。

由于旧政权解体后少数民族问题的重现以及边界争端、民族主义和种族问题上的紧张，欧盟东部及南部出现大量新的不稳定因素。宗教极端主义特别是伊斯兰激进主义的传播使巴尔干、高加索、中亚地区及中东地区的国家处于一种不稳定的状态之中，对这一地区及欧盟的安全构成了极大的威胁。这些发生在欧盟边缘的问题具有很大的扩散性，因此在很多方面都影响到欧洲的总体安全与稳定。例如，欧盟各国大都高度依赖这一地区的石油及其他能源上的供应，中东及中亚地区的不稳定和任何冲突都可能减少这一地区的商业活动，影响全球石油价格，对欧盟经济造成压力。而且，这一地区任何形式的冲突及经济困难都可能导致较大规模的难民、非法移民、有组织犯罪及偷渡事件的发生，进而导致一些欧盟成员国内社会关系的紧张。由于土耳其在地理位置上紧邻这些政治上敏感和问题很多的地区，因此，对欧盟来说，土耳其可以扮演这样一个角色，即作为中亚和中东国家的一个稳定因素与经济、社会及政治上的榜样。而作为一个地理位置如此重要的国家，土耳其也有能力在欧洲边缘起到榜样的作用。

土耳其不仅与这些地区的国家特别是与中亚五国拥有相似的语言、文化、历史及政治联系，它同时与西方有更为紧密的联系，它既是北约的成员国、欧洲安全与合作组织的成员，也是欧盟与西欧联盟的联系成员国。土既是西方组织也是东方组织如“伊斯兰大会”及“经济合作组织”的成员身份将使它在中东、中亚及巴尔干的冲突中发挥独特的调停作用。事实上，土耳其已经努力使自己成为这一地区稳定的代言人，例如，它曾试图调解亚美尼亚与阿塞拜疆的冲突，提议建立了一个共有11个国家参加的“黑海经济合作组织”；土耳其还与中亚、巴尔干及中东国家签订了一些双边与多边协议，而且从1992年开始，土耳其与突厥语国家每年举行一次首脑会议，签订了一系列的经济、安全与文化合作协议①。因此，在中亚和中东国家，土耳其可扮演一个促进民主、法治及市场经济的代言人。作为一个世俗的、民主的、穆斯林的、但又与西方保持着密切联系的国家，土耳其模式也在一定程度上被这一地区的大多数国家所接受，例如时任哈萨克斯坦总统就曾声称其“唯一的榜样就是土耳其”②。对土耳其成为中亚苏联共和国榜样的概念，欧盟与美国都很有兴趣，因为这些国家采纳土耳其模式对欧洲安全是非常重要的。极端民族主义和伊斯兰激进主义是这一地区间冲突的主要因素，采取土耳其模式可以有效抑制、打击这些势力。

为树立好土耳其榜样，欧盟也必须确保土耳其模式本身的成功，减少或消除土耳其国内潜在的安全隐患。长期以来，土耳其国内一直存在世俗主义与政治上的伊斯兰主义两种意识形态的冲突，库尔德人的分离主义，其多元主义宪政民主也极为脆弱。特别是政治上的伊斯兰主义的兴起对土

① Sezer, Duygu Bazar, “Turkey in the New Security Environmetn in the Balkan and Black Sea Region,” in V. M. Mastny and R. C. Nation (eds), *Turkey Between West and East*, Westview Press, Boulder, 1996. p. 85.

② Arikan, Harun, “Turkey and the EU, An awkward candidate for EU membership?” Antony Rowe Ltd, Chippenham, Wiltshire, 2003. p. 195.

耳其国内安全构成了一个主要的意识形态上的威胁，并造成土耳其社会内亲西方及伊斯兰力量二者之间的严重冲突，这是土耳其国内世俗主义及稳定民主的一大挑战。土耳其国内的政治伊斯兰主义不仅反对世俗主义及西方式政体，也反对与西方国家及组织建立紧密的联系。而土耳其政治上的不稳定及社会冲突事实上已经对欧洲安全造成一定威胁。例如，土耳其军队和库尔德分离主义的冲突及这一地区的严重的经济问题造成了欧盟国家成千上万的政治及经济难民；另外，库尔德工人党在欧洲国家内针对土耳其目标实施了一系列的恐怖袭击，尤其令欧洲关注。此外，欧盟内有组织犯罪、毒品走私、偷渡及其他犯罪问题频发也与土耳其国内经济情况不好有很大关系。因此，土耳其社会、经济、政治稳定与欧洲的安全紧密地联系在一起。如果土耳其在扩大进程中被边缘化，既催生土耳其国内日益增长的反欧情绪，也会助长伊斯兰极端主义及民族主义情绪，这对欧盟与土耳其来说都没有任何好处，随着欧洲与中东、欧亚地区在安全问题上的传统分别已经日益模糊不清，如果邻近地区不稳定，很难说欧洲是安全的。鉴于土耳其在这些问题上的重要性，排除土耳其不仅不会减轻欧盟的安全风险，而且还会对欧洲的安全体系带来极大的负面效应。

因此，1999 年赫尔辛基会议之后，土耳其受到了欧盟更多的关注，而这种关注在“9·11”恐怖事件后的“反恐战”中得到了进一步的加强。2015 年难民危机后，土耳其的地缘政治作用进一步突出。也就是说，在欧盟的对土耳其政策中，安全及地缘战略上的考虑占据了更为突出的地位，欧盟已从对土耳其入盟要求的被动回应慢慢转变为从其战略安全的角度认真考虑土耳其入盟的可能性。

其一，欧盟一直不愿给伊斯兰世界留下“文明冲突论”① 的口实。“9·11”恐怖事件后，西方与伊斯兰世界之间的“文明冲突论”甚嚣尘上，欧盟一直予以否认。但欧盟目前是一个“基督教俱乐部”是客观事实，拒绝土耳其入盟将给人以伊斯兰不容于基督教且二者之间存在文明冲

① 塞缪尔·亨廷顿对这一概念进行了最系统的阐释，参见［美］塞缪尔·亨廷顿所著《文明的冲突与世界秩序的重建》，北京：新华出版社，2002 年版，第 153—160 页。在这一著作里，土耳其就被认为是一个典型的“无所适从的国家”。

突的印象，这是欧盟极力想要避免的。德国前外长菲舍尔就声称，“我当初也是这样一个人，即51%的倾向接受土耳其入盟，但49%仍充满疑虑。但在‘9·11’后，我的立场发生了根本性的改变，事情变得更为清楚，欧洲一体化也应有一个战略性的考虑”。时任德国内政部长奥托·席里也重复了类似的观点，他说，接受土耳其入盟是向“世界表明，穆斯林和西方也可以在启蒙主义价值观及联合国人权宪章的基础上生活在一起”①。

其二，继续促进土耳其的“欧洲化”和“民主化”符合欧盟的地缘安全利益。几十年来，欧盟之所以能对土耳其施加巨大的影响力，是因为其并没有拒绝土耳其的入盟要求。特别是近年来欧盟将土列为入盟候选国后，土耳其为达到入盟标准，已在政治体制及立法等方面进行了多方面改革，如释放政治犯，废除死刑，扩大少数民族的自治权力等。但在宗教自由、人权、法治诸方面离欧盟的要求仍相差甚远。保留土耳其的入盟希望可以促使土耳其继续进行符合欧洲标准的政治及经济改革，从而保持甚至增强欧盟对土耳其的影响力。如果明确拒绝土耳其入盟则可能削弱土耳其国内亲欧的改革派力量，助长反欧及极端宗教势力，造成土耳其国内政治的不稳定，“也许土耳其也会像伊朗一样成为一个伊斯兰主义国家”②。所以德国前总理施罗德称：“如果我们成功地一体化一个伊斯兰国家，这将极大地增强我们的安全。”③ 从另一方面来说，由于土耳其在地缘上处于欧洲与中东和中亚的接合部，欧盟通过改造和西化土耳其树立起一个伊斯兰世界的民主样板，可以间接对中东以及中亚各国施加影响，有利于欧盟这个“软帝国”维护其周边地区的安全利益。

尽管如此，在经过了50多年的等待后，土耳其至今却仍然徘徊在欧盟的大门之外，这表明，土耳其虽然在欧盟的地缘安全方面具有重要价值，但并不足以让欧盟接纳土耳其。那么其原因到底在哪里呢？

---

① “How terrorism trumped federalism,” *The Economist*, October 2nd, 2004.

② “How terrorism trumped federalism,” *The Economist*, October 2nd, 2004.

③ “The unwelcome guests,” *The economist*, December 11, 2004.

第三节　欧土认同冲突

如果说欧盟的地缘与安全考虑是土耳其入盟的最有利因素，那么由于土耳其的“异类性”而导致的欧土之间的认同冲突则是欧盟迄今为止仍然不愿接纳土耳其入盟的最不利因素，这也是欧盟几十年来努力“遏制”土耳其入盟的根本原因。因为土耳其可能成为成员国这个议题，“已经直入欧盟认同危机的核心”[①]。

欧盟拒绝土耳其入盟的表面理由有很多。一是土耳其人口过多。土耳其人口超过8000万，而且是欧洲增长最快的国家。到土耳其入盟那天时，其人口将比欧盟内其他任何国家都要多[②]，因为欧盟部长理事会内的表决权力主要是由各国人口的多少来决定的，因此土耳其未来将在欧盟的决策程序中拥有极大的影响力。这使许多成员国感到害怕，特别是那些已经感到在欧盟内被边缘化的小国。此外，欧洲人也担心大量土耳其人涌入欧盟会抢去他们的工作机会。二是土耳其在地理上不属于欧洲。土耳其领土横跨欧亚，但只有不到3%的领土属于欧洲[③]，绝大部分都处于亚洲。因而大部分欧洲人都认为土耳其在地理上不符合加入欧盟的条件。如果土耳其能够入盟，那欧盟还有什么理由拒绝像格鲁吉亚、亚美尼亚这样的国家呢？三是土耳其经济落后。比如，在欧盟2004年决定与土耳其开展入盟谈判时，土耳其的经济总量只有欧盟的2%，而其人均GDP则只及欧盟平均水平的28.5%，这将给欧盟纳税人造成沉重的负担。据欧盟委员会估计，为准备土耳其2025年加入欧盟，欧盟将花费200亿至340亿美元。土耳其入

---

① 罗杰·布特尔著，侯英豪译：《欧盟大麻烦——英国脱欧与欧盟前景》（中文增订版），好优文化出版有限公司，2019年4月版，第82页。

② Vincent Boland, “Turkey is becoming a re – relegious society and trying to join a post – relegious Eruope,” *Financial Times*, October 5, 2004.

③ “Turkey in Europe: More than a promise?” p. 10, http: //www. independentcommissiononturkey. org/pdfs/english. pdf.

盟后，整个国家都有资格接受欧盟最高水平的地区援助。土耳其 33% 的劳动人口在农业领域工作，而欧盟只有不到 5% 的劳动人口是在农业领域。按当时价格来看，用于支持土耳其农业的资金到 2025 年时将达到 82 亿欧元①。这对欧盟纳税人来说也是一个沉重的负担。

但在关于土耳其入盟问题的讨论中，这些实际的、经济的及地缘上的考虑都还是一个相对次要的问题。争论最大的是欧盟与土耳其在文化或宗教上的差异性。

我们知道，土耳其是奥斯曼帝国的直接继承人，几个世纪以来，奥斯曼的苏丹一直是基督教欧洲的最大敌人，他们统治中东及东南欧达 400 年之久，是唯一一个拥有“圣地（指麦加及麦地那）捍卫者”头衔的伊斯兰超级大国。尽管现在的土耳其是一个世俗国家，但其居民中有 95% 的人自称信仰伊斯兰教②，而欧盟现在的成员国却主要都是源于基督教。虽然欧洲社会正日益多元化，而且已经有 1000 万—1200 万穆斯林生活在欧盟，其中多数已经是欧盟的公民。不过，土耳其的入盟前景还提出了一个欧洲认同（Identity）的复杂问题。很少有政治家愿意去谈这个问题，因为他们没有一个现成的答案。从当前欧盟内部关于土耳其入盟的讨论及反应来看，所谓的欧土认同冲突实际上是包含两个层面的涵义：一是文化或宗教认同；二是基于文化或宗教认同基础之上的所谓政治认同问题。

首先是文化认同上的冲突。我们知道，欧洲文明发源于古代希腊、罗马，中世纪以来，随着罗马帝国承认基督教为国教，欧洲文明又披上了一层宗教的外衣。公元 9—11 世纪，在基督教会传教士进入曾经被排斥在希腊罗马之外的东欧地区后，欧洲便几乎与基督教世界重叠。随着宗教一体化，欧洲统一的思想也随之出现。中世纪的“欧洲人”以基督教为核心建立起一个文化与精神的统一体，这种“基督共和”的理想便成为欧洲一体

---

① George Parker and Daniel Dombey, “Accession of such a large, poor country would transform union,” *Financial Times*, October 7, 2004.

② “Netherlands Scientific Council for Government Policy,” The European Union, Turkey and Islam, Amsterdam University Press, Amsterdam, 2004, p. 89.

化思想的最早源头。在文艺复兴和启蒙时期，欧洲文明又产生了以科学、民主、民族主义等理念为核心的现代性，并被传播到世界各地。在和世界其他地区文明的比较中，欧洲文明中“那种根深蒂固的古代文化和犹太基督教的背景”使他们“在同异族文化的接触后，既显示出他们之间的差异性，又表现出了欧洲文明的普遍性和同一性”①。所以许多学者都毫不犹豫地将欧洲的共同文化和历史传统看作是所谓的欧洲认同②。

而这些共同文化与历史传统毫无疑问都与土耳其无关，“文艺复兴”“启蒙运动”以及“基督教”这些名词对土耳其来说都是陌生的。因此许多欧洲人认为，“从文化与历史的视角来说，土耳其人不是真正的欧洲人，因此土耳其也不是欧洲的一个组成部分”③。其实，这种看法可以一直追溯到中世纪，1453 年奥斯曼帝国征服君士坦丁堡（今伊斯坦布尔）的时候也正是在欧洲认同形成的时期，土耳其人的入侵促使欧洲人觉醒，也促进了欧洲人的团结和联合。此后，土耳其人与奥斯曼帝国便被赋予了异类的角色，也就是说是“非欧洲的”。在启蒙时期，土耳其更成为了欧洲的一面镜子——在与土耳其人的长期争斗中对土耳其人的观察，帮助欧洲人建立了他们自认为独特的东西。

对于普遍存在“基督教欧洲”认同的欧洲人来说，信奉伊斯兰教的土耳其的确给他们造成极大的困扰。在绝大多数欧洲人心里，因为土耳其人是穆斯林，他们的价值观、态度与行为方式都将使其不易为欧洲所吸收。也就是说，即使土耳其是欧洲的一个关键的组成部分，它在文化上的认同也不同于欧盟内的其他国家。土耳其也“绝不可能成为一个西方式民主国家，因为它缺乏历史上的先决条件”④。

---

① ［意］玛丽娅·格拉齐娅·梅吉奥妮：《欧洲统一　贤哲之梦，欧洲统一思想史》，北京：世界知识出版社，2004 年版，第 7 页。

② Heikki Mikkeli，“Europe As An Idea And An Identity，” London：Macmillan PressLtd，1998，Chapter 10（“the Historical Principles of European Identity”），pp. 195 – 211.

③ Heinz Kramer，“Turkey and the European Union：A Multi – Dimensional Relationship with Hazy Perspectives，” in *Turkey Between East and West*，ed. Vljtech Mastny and R. Craig Nation（Boulder：Westview Press，1996）：203 – 232，p. 226.

④ Anne – Marie le Gloannec，“Turkey holds a mirror to Europe's failings，” *Financial Times*，June 9，2004.

因此，在欧盟的扩大过程中，只有在提及土耳其时，文化才成为一个有问题的因素。部分欧洲民众认为，如果接收了这样一个大的穆斯林国家，欧盟将会遇到极大的问题。具有讽刺意味的是，当土耳其于1963年与欧共体签署联系协议时，其目的是为了得到欧洲对其欧洲身份的承认，但土耳其在向欧洲接近的同时却暴露了其与欧洲文化不相容的一面，大量的土耳其工人流向欧洲特别是德国，他们在寄居国建立了一个又一个独立的社区，特别是其在各个城市所从事的宗教活动更是增强了欧洲人对土耳其文化是否与欧洲文化相容的担心。如果说20世纪70年代欧、土关系中的主要问题是经济上的，那政治与文化上的问题则在80年代和90年代，21世纪占据了更突出的位置。

在最激烈反对土耳其入盟的法国、奥地利及荷兰等国都有相当数量的穆斯林人口，在反对移民的口号下，极右的以及人民主义的党派非常有影响。在法国，民调显示，75%的法国人反对土耳其入盟①。法国人不仅害怕土耳其工人的拥入，更害怕伊斯兰声音的强大。法国已经有欧洲最大的穆斯林人口，但这些人口很难融入法国的主流社会。如果法国同化这样一部分穆斯林人口有困难，一些人就会问，欧盟又如何处理好土耳其这样一个庞大的穆斯林国家？

其次是政治认同上的冲突。这种政治认同上的冲突是基于文化或宗教认同而产生的，也就是说，在那些最容易产生文化认同冲突的欧盟国家中，也最容易产生政治认同上的冲突。

我们知道，战后西欧一体化虽从经济领域起步，却从一开始就具有明显的政治意味，以联邦主义者为主体的欧洲一体化的创始者“所展望的是最终将欧洲建成一个政治联盟，联盟内各国拥有相似的文化、思想及机制”。② 因此，在这些人看来，欧洲除地理、文化要素外还具有政治上的涵义。而欧洲这种独特的文化及政治意味是紧密联系在一起的，不容任何玷污，因为没有同质的文化就意味着没有同质的政治。有学者就认为，欧盟

---

① “How terrorism trumped federalism,” *The Economist*, October 2nd, 2004.

② 参看胡瑾等著：《欧洲早期一体化思想与实践研究》，济南：山东人民出版社，2000年版，第75—107页。

这一“政治计划”的目的是提升各国“文化上的共同性”[①]。实际上，在欧盟内部，欧盟领导人也经常强调文化上的相容性及文化一体化，欧盟委员会前主席德洛尔就称：“保持区域性文化上的一致性对欧洲扮演一个全球性角色的能力是非常关键的”，“欧盟的团结应该建立在文化工程的基础之上”[②]。因为基督教是各成员国之间最重要的纽带，所以这一声明可以被解释成欧盟的成员国资格仅仅只对具有犹太—基督教认同的国家开放。欧洲基督教—民主党的一些重量级人士如德国前总理科尔等还深受亨廷顿“文明冲突论”的影响，倾向于将欧洲定义为一个文化共同体[③]，从这一个逻辑出发，土耳其也就自然不属于欧洲。

从文化上的视角来说，欧盟基于经济考虑而拒绝土耳其的入盟申请看起来不太令人信服，特别是他们要急于吸收东欧一些更为贫穷的国家加入欧盟后更没有说服力。事实上，虽然土耳其工人在欧洲的自由流动可能会给欧盟老成员国造成一些困扰，但土耳其经济对欧洲一体化并不构成太大的问题。真正的原因在于欧盟内那些将欧洲定义在文化基础之上的一体化主义者或者说是联邦主义者相对于那些将欧洲定义为松散的经济自由贸易区的人占了上风。因此，对土耳其入盟反对最激烈的是法国、德国、荷兰、奥地利等倾向于支持欧洲更为一体化的国家，而英国、北欧国家及绝大部分新成员国支持或者至少不激烈反对土耳其入盟也就不奇怪了。

支持欧洲进行更紧密联合的欧洲人认为，“一个有土耳其的欧洲将不可能是一个更加一体化的欧洲”[④]。就如一位欧洲政治家所评论的那样，“欧洲只有维持白人与基督教的主体性才能更好地团结在一起”[⑤]。法国前总统吉斯卡尔·德斯坦是欧盟宪法草案的主持者，他认为接收土耳其入盟有使欧盟成为“联合国的地区版本的”风险，欧盟将变成一个闲谈俱乐

---

① Michael Wesley, “The Politics of Exclusion: Australia, Turkey and Definitions of Regionalism,” *Pacific Review* 10 (1997): 523 –555, p. 536.

② Michael Wesley, “The Politics of Exclusion: Australia, Turkey and Definitions of Regionalism,” *Pacific Review* 10 (1997): 523 –555, p. 535.

③ “Netherlands Scientific Council for Government Policy,” The European Union, Turkey and Islam, Amsterdam University Press, Amsterdam, 2004, p. 89.

④ “The unwelcome guests,” *The economist*, December 11, 2004.

⑤ James Nathan, “Turkey on Edge,” International Rclations 13 (August 1997): 15 –25, p. 19.

部。“它将没有认同感、没有共同的意志，也将不能扮演任何角色，世界将在没有欧洲的情况下演进。”① 还有些人怀疑英国和美国极力推动土耳其入盟就是想欧盟成为一个什么都不是的自由贸易区②，因为英国传统上持有这种看法，即驯服联邦主义者的最好办法是使欧盟尽可能的大，也就是扩大但不深化。土耳其入盟将彻底粉碎建立一个更强大的准联邦的政治认同③。

法国是反对土耳其入盟最激烈的欧盟国家之一，除上文所谈到的原因外，还有一个重要原因是法国人担心欧洲正在改变的性质。一个日益紧密的联盟是德法两国的共同构想，但现在欧盟有变成一个更松散的实体的危险，离政治欧洲的目标也愈来愈远；而土耳其入盟则可能是压垮欧盟的最后一根稻草。在德国，前施罗德社会党和绿党政府支持土耳其入盟的立场遭到了基督教联盟党的极力反对，他们主张可以建立与土耳其的“特殊伙伴关系”但不能让土耳其入盟。并称，即使土耳其已经做好加入欧盟的准备，欧盟从政治和文化上来说也无法接受④。

因此，可以这样认为，欧洲在土耳其入盟问题上的最大担心一是文化特别是宗教上的认同冲突，有人甚至担心欧盟的“伊斯兰化”⑤；二是政治认同上的冲突，即欧洲一体化何去何从的问题。也就是说，今天的欧洲在土耳其问题上面临的挑战不仅是如何定义欧洲的认同及“什么是欧洲”“欧洲到底在哪里终结”的问题⑥；也是一个决定欧盟在21世纪扮演何种全球角色的问题。而当这些问题与欧盟面临的战略威胁紧密联系在一起时，便使欧洲陷入了一个两难的境地。

---

① Anne – Marie le Gloannec, “Turkey holds a mirror to Europe's failings,” *Financial Times*, June 9, 2004.

② “How terrorism trumped federalism,” *The Economist*, October 2nd, 2004.

③ George Parker, “Brussels to welcome Turkey reluctantly into the fold,” *Financial Times*, December 17, 2004.

④ Anne – Marie le Gloannec, “Turkey holds a mirror to Europe's failings,” *Financial Times*, June 9, 2004.

⑤ Quentin Peel, “A union to be reckoned with,” *Financial Times*, September 30, 2004.

⑥ Katrin Bennhold, “In France, a searching EU debate over Turks,” International Herald Tribune, October 15, 2004.

第四节　土耳其的入盟前景

从上文欧盟对土耳其政策的演进轨迹及决定这种轨迹的安全与认同问题这两个主要因素的分析可以看出，欧盟对土耳其政策中存在着难以调和的矛盾性，这种矛盾不是一时的，而是长期性的。未来土耳其能否入盟也取决于这一矛盾的发展演变。要解决这对矛盾则要看未来两个方面的发展情况：一是欧、土之间的认同冲突是否弱化；二是欧盟是否能由其地缘与安全上的考虑而产生一种真正的吸收土耳其入盟的战略性政策。

第一，欧盟能否克服认同冲突。从上文的分析可知，认同问题是一个复杂的、根本性问题。从文化上的层面来说，欧盟与土耳其的文化认同冲突似乎是无法调和的。但从长远来看，欧盟仍然存在克服文化认同冲突的可能性，其主要原因在于，尽管欧盟国家基本上都信仰基督教，但其在欧洲已处于没落阶段，欧洲已经日益世俗化。例如，在欧盟首部宪法的制定过程中，尽管教廷施加了很大的压力，要求宪法明确将基督教列为欧洲的共同文化遗产，却遭到绝大多数欧盟成员国的拒绝。欧盟一些成员国不愿土耳其入盟与其说是基督教欧洲不容异教入侵，不如说是出于对伊斯兰教的恐惧。如果伊斯兰教的土耳其能在未来证明自己是一个政治上稳定、民主，经济上的市场化日益成熟的国家，欧盟民众对土耳其的恐惧感也必将大大减少，从而有助于克服欧盟与土耳其二者之间的文化认同冲突。从这个意义上来说，土耳其未来能否入盟在很大程度上取决于土耳其国内政治与经济的发展水平。当然，部分欧洲国家对文化欧洲的认同感还是很强烈的，中短期内难以克服，欧盟内部仍存在强大的反对土耳其入盟的声音，特别是在法国、荷兰、奥地利等国。但土耳其入盟并非毫无希望，也许 10 年或 20 年过后，欧盟民众能接受一个完全欧洲化的土耳其。法国的一份民调显示，如果土耳其能在今后 10 年内完成改革，法国人也可能会改变反对土耳其入盟的态度[①]。

政治认同是一个更为复杂的问题，2005 年法国和荷兰这两个重要的欧盟创始国相继以绝对的优势否决欧盟宪法不仅在事实上宣告了欧盟宪法这一“精英工程”的终结，同时也传递出一个明确的信息，即欧盟一些重要国家在东扩的刺激下，对政治欧洲的认同已出现严重问题。欧盟的深化与扩大已形成一对很难化解的结构性矛盾，这是欧盟各国的政治精英们此前所不愿承认的。法、荷两国民众对欧盟的失望与不满绝不是孤立的，它反映了西欧大陆的富裕国家对欧洲未来发展方向一种普遍的疑虑。欧盟东扩后，同质性减少，差异性增大，因而新与老、大与小、穷国与富国之间的矛盾更为突出，造成欧盟各国民众的“欧洲认同感”（主要是指政治上的）明显弱化。在几十年的一体化进程中，西欧国家民众本已对欧洲形成了较强的认同感，渴望出现一个强大的、更为一体化的欧洲。但长期的经济不景气特别是失业问题使民众对自身与本国利益更为敏感，国家与民族意识抬头，对欧盟的东扩政策产生了强烈的疑虑，对未来自身利益是否能得到保障感到焦虑。另一方面，新成员国由于脱离苏联控制的时间不长，经历欧洲一体化的时间较短，相比西欧国家而言，其主权与国家意识更强，在经济与外交政策上敢于对大陆西欧国家说“不”。由于双方均从本国利益考虑问题，难以在泛欧问题上形成妥协，因而矛盾难以调和。可以说，法荷两国对欧盟宪法的否决实质上就是欧盟扩大与深化，也就是联邦化与松散化或自由贸易区化这一对矛盾的总爆发，也必将引起各国对欧盟未来发展方向的重新思考。在欧盟各国缺乏一致的、明确的发展方向的情况下，一种很可能的结果是：欧盟整体更趋于松散化；部分国家可能在某些领域先行一步，建立更多类似欧元区这样的一体化集团，而那些在所有集团中都参与了的国家则可能最终形成一个学者们已讨论多年的欧盟“硬核心”（hard core），这一核心的内外政策都将高度一体化，英国、北欧国家和大部分新成员国都将处于欧盟这一组织的外围。如果未来欧盟朝这样的形势发展，那就有利于土耳其加入欧盟。因为让土耳其加入欧盟的外围不会对

---

① Larry Siedentop, “Europe must listen to more than Turkey’s elite,” *Financial Times*, December 15, 2004.

这些核心国家造成激烈的政治认同冲突。

第二，欧盟能否形成帮助土耳其入盟的明确战略。我们从前面的分析可以看出，对于土耳其的入盟要求，欧盟有很大的抵触心理，不愿接受。此前对土耳其入盟努力的“遏制”政策谈不上是一种明确的战略，而更多的是一种被动的反应。但随着国际形势的发展，欧盟近年来对外的关注程度也明显提高。作为对欧盟的地缘政治与安全利益至关重要的土耳其，自然也是欧盟必须要处理好的外交重点之一。如果欧盟未来更为积极地支持土耳其国内的政治与经济改革，促进土耳其加速向欧盟标准看齐，形成欧、土之间的良性互动，就可以保证土耳其不致偏离“欧洲化”的方向。当然，这一战略能否清晰化和长期化还要看欧盟内部的整合水平、土耳其与欧盟的一体化程度及国际形势的发展等因素的制约。但目前的事实是，欧盟和土耳其正在渐行渐远，欧盟无力也不愿向土耳其开放，更谈不上制定一个帮助土耳其尽快入盟的战略。另一方面，土耳其国内政治经济正在向欧盟认定的独裁方向发展。双方对彼此都充满了失望甚至愤恨。尽管欧盟不大可能取消与土耳其的入盟谈判，但土耳其将受到欧盟更多的挑剔。除政治条件外，土耳其经济上的发展状况也将在很大程度上决定欧盟与土耳其谈判时间的长短。

尽管欧盟接纳土耳其入盟的战略受阻，但土耳其仍是欧盟关注的重点国家之一，欧盟在解决其内部问题后，将不可避免地继续“向外看”，特别是其近邻地区如中东北非。总之，土耳其最终可能入盟，但这需要相当长的时间。一方面，土耳其必须加速改革，尽快“达标”；另一方面，也要看欧盟内部一体化的发展水平和发展方向。当前的欧盟正处于一个关键的十字路口，将经历一次长时间的调整期。处于这样一种状况的欧盟显然是无力接纳土耳其的。欧盟出于政治上的理由，在还没有做好充分准备的情况下接收中东欧 10 国已经给自己造成苦果，因而不大可能在土耳其问题上犯同样的错误。从中短期来看，土耳其是不大可能入盟的。但从长期来看，一个多速欧洲或者是整体松散化的欧洲都将不可避免地降低欧盟民众对欧洲的认同，从而在客观上减少欧、土之间的认同冲突，有利于土耳其加入欧盟。

下编　分合之辩

第十四章 债务危机对欧盟的长期影响

2010 年初爆发的欧洲主权债务危机持续多年，一度引发欧元区解体危机，目前，危机已经成为过去，但其给欧洲一体化和欧盟带来的影响还在持续发酵，并将深刻影响欧盟发展前景。

第一节 负面影响

从经济上看，最大的问题是“日本化”风险，即长期的低通胀甚至通货紧缩，长期的低利率甚至负利率，以及长期的经济低迷，低增长甚至无增长。紧缩是欧盟债务危机期间的关键词，在欧盟以及所谓“三驾马车”（即欧盟委员会、国际货币基金组织和欧洲中央银行）的反复要求下，加上债务危机的扩大蔓延，欧洲国家相继出台了大规模财政改革措施，形成了全欧范围内的财政紧缩风潮，包括大幅削减养老金及失业和医疗等多种补贴、提高退休年龄等。紧缩政策的目的是削减财政赤字和公共债务，但从目前情况看，效果有限。尽管国债收益率持续走低，但重债国债务却仍在持续增加。2019 年第一季度时，欧元区债务占 GDP 比例为 85.9%，但希腊债务占 GDP 比例高达 181.9%，意大利为 134%，葡萄牙为 123%，比利时为 105. 1%，西班牙和法国也接近 100%[①]，减债几乎成为一项不可能完成的任务。2020 年新冠肺炎疫情的暴发进一步恶化了欧盟国家公共财政，未来 10 年甚至 20 年都将难以完全扭转。相反，在全欧范围内同步进行的紧缩政策对欧盟经济发展的抑制作用日渐显现，欧盟整体消费走低，投资不振，经济持续低迷。紧缩还带来高失业率，2014 年 6 月欧元区失业率高达 11. 5%，青年人失业率更高，其中西班牙青年失业率达 53. 5%。[②] 目前欧元区失业率虽持续下降，但仍在较高水平，特别是在南欧重债国。2019 年 11 月，欧元区失业率为 7. 5%，青年失业率为 15. 6%，希腊仍高达 16. 8%（2019 年 9 月数字），西班牙高达 14. 1[③]。新冠肺炎疫情暴发后，欧洲的失业问题也将更为严峻，对意大利、西班牙等南欧国家来说更是雪上加霜。在这种情况下，民众经济不安全感增强，既无意愿也无能力消费。企业为维持生计，只能降低价格出售产品，导致通胀率持续走低。欧元区的核心通胀率自 2009 年 1 月首次跌破 2% 后，便一路下行，欧洲央行 2014 年 6 月被迫进一步实施宽松货币政策，将欧元的主导利率从 0. 25% 降至 0. 15%，隔夜存款利率从 0 降至 -0. 1%，同时决定将推出总额为 4000 亿欧元、有针对性的长期再融资计划。[④] 特别是存款负利率政策可谓开历史先河之举，在全球主要央行中也是首创。但效果并不理想，2014 年 8 月，欧元区通胀率从 7 月的 0. 4% 进一步降至 0. 3%[⑤]，大大偏离了欧洲央行设定的 2% 的目标值。2015 年初，欧洲央行推出欧版“量化宽松”货币

① Eurostat, “First quarter of 2019 compared with fourth quarter of 2018, Government debt up to 85. 9% of GDP in euro area Up to 80. 7% of GDP in EU2,” https://ec. europa. eu/eurostat/documents/2995521/9984123/2 - 19072019 - AP - EN. pdf/437bbb45 - 7db5 - 4841 - b104 - 296a0dfc2f1c.

② “Euro Area Unemployment Rate at 11. 5% EU 28 at 10. 2,” http://epp. eurostat. ec. europa. eu/cache/ITY_ PUBLIC/3 - 31072014 - BP/EN/3 - 31072014 - BP - EN. PDF.

③ Eurostat, “Euro area unemployment at 7. 5%, EU28 at 6. 3%,” 4/2020 - 9 January 2020.

④ “5 June 2014 - Monetary Policy Decisions,” http://www. ecb. europa. eu/press/pr/date/2014/html/pr140605. en. html.

⑤ Jason Douglas and Emese Bartha, “Euro - Zone Inflation Cools Further in August,” *The Wall Street Journal*, August 29, 2014, http://online. wsj. com/articles/euro - zone - inflation - cools - further - in - august - 1409305720; “Euro Area Annual Inflation Down to 0. 4% EU Down to 0. 6%,” 126/2014 - 14 August 2014, http://epp. eurostat. ec. europa. eu/cache/ITY_ PUBLIC/2 - 14082014 - BP/EN/2 - 14082014 - BP - EN. PDF.

政策，以应对通货紧缩风险，一直持续近4年，至2018年底退出。但随着2019年欧洲经济下行压力增大，欧洲央行于2019年9月12日宣布将存款利率降低10个基点至－0.5%，并从11月起恢复“量化宽松”，规模为每月200亿欧元。但其效果如何仍有待观察。低通胀的直接后果是，希腊等重债国更难实现减债目标，令债务违约和债务危机的风险隐现。按照欧元区“财政契约”，这些国家必须逐步降低国债比率。这就要求经济增长率必须更高，预算更为紧缩，或二者同时做到。名义国内生产总值增长既有赖于经济的实际增长，也有赖于通胀率。如果核心通胀率极低甚至是负数，就会使重债国减债及结构调整尤为困难，同时也将进一步加剧重债国财政困难，压缩政府投资空间。因为尽管国债收益率持续下降，但仍大大高于通胀率，仅利息支出就不断膨胀，占了财政预算的很大一部分，甚至大大高出国防和外交预算。另一方面，由于预期价格稳定甚至会继续下降，消费者变得更不愿消费，企业利润因此将受到进一步挤压。银行在贷款方面转向采取更为保守的措施，这也削弱了企业的投资意愿和能力，进而使经济增长更加困难，从而陷入恶性循环。目前，持续的低通胀甚至可能的通货紧缩问题已经成为欧盟特别是欧元区一个重要问题，关于欧盟是否会步日本后尘，“失去十年”的讨论也逐渐升温。①

欧盟经济的变化必然反映到民众心理和社会思潮层面。债务危机期间，欧盟各国形形色色的极端主义政党和组织纷纷涌现，特别是极右势力发展壮大。与欧洲传统的极右政党以反犹主义及反穆斯林为主打牌不同，新涌现的欧洲极端势力更多以反紧缩、反欧元甚至反欧盟的面目出现。例如，德国的“德国的选择党”即主张德国退出欧元区，法国的“国民联盟”也主张法国脱离欧元区，收回法国的货币和经济主权。目前，债务危机虽然已经过去，但民众生活并未改善，欧元区经济总量在2014年时仍未能达到2008年金融危机前水平。② 因此，民众仍有怨气，对政府、对主流

---

① Matt Clinch, Deflation Wars? “Economists Fear Japan - style Lost Decade,” http://www.cnbc.com/id/101340902#.

② Izabella Kaminska, “Why the Eurozone Output Gap could be a Chasm,” *Financial Times*, February 4, 2014.

政党不满。在西欧国家，多数民众认为民主体制运转失灵。可见，越来越多的欧洲人对现行政治制度和政治人物充满不信任情绪。而这些则都为极端势力的继续发展提供了温床。2019 年 5 月 23—26 日，欧洲议会举行五年一度的换届选举，此次全欧范围内的选举与其说是一次展现欧盟民主合法性的机会，不如说是给极端势力提供了最好的竞技场和展示舞台。英、法、德等多个国家奉行“反欧”“疑欧”立场的极右、极左或反体制的民粹政党异军突起，获得前所未有的高票。英国脱欧党成为英国第一大党，远远超过工党、保守党这两个传统大党；法国极右的“国民联盟”成为法国第一大政党，力压法国总统马克龙创立的前进党；德国、意大利、西班牙等国极右政党也进入欧洲议会。传统主流政党地位下滑，人民党党团和社会党党团总席次历史上首次未过半数议席。诚然，欧洲议会选举有其特殊性，民众很大程度上将其视为抗议本国政府和主流政党的机会，但其毕竟还是反映了欧洲政治生态的恶化。

在这种情况下，欧盟及欧洲一体化面临的困境更加突出：

其一，德、法力量对比失衡，政策主张更难调和。德法关系对欧盟及欧洲一体化发展至关重要，两国是欧盟第一大和第二大经济体，实力相当，德国经济实力更强，但有历史包袱，法国拥有联合国安理会常任理事会席位，政治和外交影响力大；德国与北欧国家经济政策理念较为一致，法国与南欧国家在经济领域看法相似。因此，德法两国如果能达成一致，其共同的主张基本上能成为欧盟政策，德法合作被称为“欧盟发动机”。但债务危机迅速改变了德法实力大体平衡的状态，德国在债务危机中毫发无损，反而获益颇多，成为欧盟事实上的领导者，因其经济表现和实力，德国的政策主张如重视财政纪律，控制财赤和债务等成为欧盟政策；法国经济则持续低迷，在欧盟内话语权和影响力下降，虽不情愿但仍被迫接受了紧缩政策。2017 年马克龙当选总统以来，法国经济出现好转趋向，马克龙本人也较为强势。德国经济则在世界贸易秩序受冲击的情况下经济出现下滑。但两国的经济实力对比并未发生根本性改变，德国经济实力特别是财政实力仍远远强于法国。在德法两国经济实力差距拉大的情况下，双方对彼此的猜疑也开始潜滋暗长。德国对法国深化欧元区一体化的做法心怀疑忌，认为是想让财政富裕国家为南欧债务国买单。法国则不满德国推行紧缩政策，以及在欧元区预算等问题上的拖拖拉拉。法国总统马克龙主张欧洲中央银行采取“量宽政策”，压低欧元汇率，建立欧元区预算和共同存款担保机制，所有这些政策主张都与德国立场形成冲突。这种政策区别在两国极端势力的政策主张中也可见一斑。德、法均存在主张退出欧元区的极端势力，但二者出发点不同。德国的“德国的选择党”担心德国会受法国等国拖累，法国的“国民联盟”则认为德国主导的欧元区限制了法国的政策空间。德、法分别是欧盟特别是欧元区内南北两个区域性力量的代表，双方的猜疑和互不信任自然给欧盟决策带来了更多的困难。①

其二，成员国民族主义复兴，欧洲认同感下降。欧盟内极端势力特别是极右势力的崛起，从根本上讲是成员国民族主义的上升。欧洲一体化的目的之一就是尽量弱化各国民族主义，强化欧洲认同，以确保欧洲的长久和平，避免一战、二战式悲剧的重演。在几十年的一体化进程中，欧盟各国民众本已对欧洲形成了较强的认同感，渴望出现一个强大的、更为一体化的欧洲。但债务危机在某种程度上逆转了这一进程。债务危机期间，重债国特别是接受救助的国家如希腊、葡萄牙等国失去了本国财政自主权，民众被迫接受紧缩政策。债权国民众则认为本国不应用纳税人的钱援助债务国。各国的民族主义情绪就在这种相互、反复的刺激中不断上升，欧洲认同感则持续下降。

其三，欧盟内部分化，凝聚力下降。英国脱欧有千般理由，万般原因，债务危机是重要因素之一。英国看衰欧盟发展前景，担心被欧盟连累。实际上，与英国有类似想法的国家并不在少数。德国是欧盟经济的领头羊，但更强调本国利益而不是欧盟利益，更多担心重债国成为负担而不是采取更为宽松的财政政策以带动重债国经济增长；尽管欧元区经济有再陷衰退危险，而德国财政空间较大，但仍不愿扩大财政政策，招致其他国家的不满甚至怨恨。意大利成为新的“问题国家”，经济停滞，

① Philip Stephens, “The Biggest Danger for the Euro Is the Lack of Trust,” *Financial Times*, July 10, 2014.

改革艰难，国内主要政党之间及政党内部争斗不断，政府支持率低下，极右政党“联盟党”支持率甚至超出主流政党。从地域上看，南欧国家多属重债国，失业率居高不下，民众生活水平下滑，近期经济虽略有起色，但总体仍处弱势地位；北部国家经济相对稳健，尤其失业率较低，在欧盟经济财政政策的制定上话语权较大，南北双方在经济政策需求上经常背道而驰。在西欧经济情况不好的情况下，西欧与中东欧国家的利益分歧也在增大。中东欧的波兰等国虽然加入欧盟已有十余年，但仍受西欧排斥，法国等国要限制东欧国家民众进入本国工作，以打击所谓“蹭福利”现象，引发波兰等中东欧国家反弹。在这种情况下，欧盟显得更为散乱、虚弱。

第二节　积极影响

上文分析可见，欧盟债务危机虽已结束，但余毒仍大，且在很长时间内都将难以消散。但任何事情都有两面性，目前看来，债务危机也给欧盟带来了系列具有深远影响的积极变化。

第一，欧盟特别是欧元区机制体制得到完善。欧元是欧盟经济一体化的成果，但更是一个政治产物，因而从纯粹经济学的意义上讲存在设计上的巨大漏洞和缺陷，这也是美、日债务更高却没有爆发主权债务危机，而欧元区平均债务水平相对较低却爆发主权债务危机的根本原因。长期以来，欧盟和欧元区国家对欧元区的机制缺陷心知肚明，但在主权债务危机爆发之前，却一直按兵不动，无所作为。欧盟不是不想作为，而是因为要统一各国意见难度太大而无法作为。在持续蔓延深化的主权债务危机压力下，为避免欧元区解体，欧盟做了以前难以想象的三件大事：一是订立“财政契约”①，严格欧元区内的财政纪律。在 2011 年 12

---

① TREATY ON STABILITY，COORDINATION AND GOVERNANCE IN THE ECONOMIC AND MONETARY UNION，http：//european－council. europa. eu/media/639235/st00tscg26_ en12. pdf.

月 8－9 日的欧盟峰会上，欧盟除英国以外的 26 个成员国同意起草一部新条约。新条约的主要内容是：（1）各成员国必须将“黄金法则”纳入本国宪法或使其成为具有同等地位的法律，明确规定本国结构性赤字不超过国内生产总值的 0.5%，确保国内预算平衡；（2）财政赤字超过国内生产总值 3% 的成员国将自动受到处罚，除非欧元区成员国以有效多数表决的方式同意不予惩罚；（3）欧洲法院有权就成员国是否遵守本国制定的“黄金法则”做出裁决。这一条约适用于所有欧元区国家，虽然只是一个欧盟法律之外的政府间条约，但比此前形同虚设的《欧盟稳定与增长公约》显然有更加尖利的牙齿。根据“财政契约”，欧盟成员国有义务逐步减少财政赤字和公共债务，稳健财政将成为欧盟特别是欧元区的主导性财政政策，扩张性及借贷性财政政策将受到极大限制。更重要的是，预算不仅仅是成员国自己的事情，还是整个欧盟的事情，将受到欧盟委员会更多的监督，以避免某一成员国不负责任的财政政策牵累到整个欧元区利益。事实上，根据“财政契约”，欧盟委员会已开始审核成员国政府的年度预算案。二是建立银行业联盟，以切断银行业危机与主权债务危机的恶性循环。希腊、爱尔兰、葡萄牙、西班牙等国相继发生主权债务危机，原因虽不尽相同，但都可归结到银行与政府过于紧密的关系。希腊、葡萄牙、意大利经济结构失衡，公共开支庞大，长期实行高赤字政策，政府过度举债。由于银行业持有大量本国国债和地方债，主权信用发生危机势必拖累银行业，导致银行资产缩水、投资损失、信用风险上升。爱尔兰和西班牙主要是因为房地产泡沫破裂，导致国内银行业产生大量坏账，政府为避免银行破产及信贷活动剧烈收缩，被迫对银行实施大规模救助，这反过来又拖累国家财政，导致主权信用下降，出现危机。因此，银行与主权国家的联系是欧债危机难以解决的关键因素，银行业危机与主权债务危机形成恶性循环。在这种情况下，建立欧元区银行统一监管机制及最终建立银行业联盟的设想浮上台面。经过近三年的酝酿和谈判，2014 年 4 月 15 日，欧洲议会通过三项关于建立银行业联盟的法案，搭建起银行业联盟的框架，试图从制度上切断银行业负债与主权债务之间的联系和恶性循环。当然，这一银行业联盟并未完全建立，特别是共同存款担保机制尚未到位。但不论如何，欧元区银行有了单一的监管机构和清偿基金，这也是一个重要进步。三是建立了欧洲的“货币基金组织”，即欧洲稳定机制（ESM）[①]。欧洲稳定机制建立于2012年9月27日，拥有5000亿欧元的放贷能力，可以向欧元区国家提供援助贷款；也可以为银行的资本结构调整提供特别援助，受援国不必做担保，以此来打破银行危机和主权债务危机的恶性循环；还可以直接从一个国家购买新的债券，或者购买已经在二级市场流通的债券，以降低受援国国债收益率。可以说，欧洲稳定机制为援助陷入债务困境的欧元区国家提供了永久性的制度支持和保证。目前，欧元区正在讨论改革欧洲稳定机制，准备赋予其更大职能，发挥更大作用。

第二，改革意识增强。欧洲是全球福利制度最完善、最慷慨的地区，欧盟人口虽占全球7%，区内总产值（GDP）占全球25%，但占了全球50%的社会支出。[②] 显然，欧洲的福利制度及生活方式是不可持续的，部分欧盟成员国更是如此。但欧洲的福利制度和生活方式已形成巨大惯性，加上选举政治的因素，很难改变。所以在主权债务危机爆发之前，欧洲国家的社会、经济及行政体制改革异常艰难，谁改革谁下台。但债务危机的烈度和迅猛强烈冲击到欧盟原有模式，不改革就难生存。如希腊、爱尔兰等国，为了避免国家破产甚至被迫脱离欧元区的风险，在接受欧盟救助的同时，开始持续的财政紧缩及结构性改革。尽管多次出现政治动荡局面，但主流政党最终还是掌控了局势，并且不论中左还是中右政党，包括民粹主义政党，无论谁上台都注重革新，希腊等国一度更是中左和中右的主流政党联合执政并推行改革。在债务危机的压力下，政治人物出于形势逼人先是被动改革，但后来，改革逐渐成为一种主动的政策选择。而且改革开始形成正效应，即谁改革谁得利；改革越深入，经济回报越大。德国因为在债务危机爆发之前就进行了深入的结构性改革，得以在债务危机期间表

---

① “The European Stability Mechanism,” https://www.ecb.europa.eu/pub/pdf/other/art2_mb201107en_pp71-84en.pdf?949be656fa5e93425de7b4bffded7c75.

② Jean Pisani-Ferry, “Cut the Spending, Spare the Poor,” https://www.project-syndicate.org/commentary/jean-pisani-ferry-says-that-many-european-governments-can-cut-spending-without-fueling-inequality.

现突出。西班牙、葡萄牙因为结构性改革走在意大利和法国前面，近年来经济也相应有更好表现。最近几年西班牙经济增长率都是领跑欧元区①。2017 年以来，法国也加大了改革力度。当然，普通民众并不愿接受生活水平的下降及竞争压力和工作强度加大的现实，因而罢工、示威游行成为欧洲国家的“新常态”，如法国的“黄背心”运动，自 2019 年 12 月 5 日以来，法国连续发生长达 1 个多月的大罢工，抗议马克龙政府退休制度改革，尽管如此，法国政府仍在推进改革。这是因为，马克龙政府深刻认识到，尽管阻力巨大，但不得不往前走，因为不改革相当于慢性自杀，死路一条。

第三，形成了欧元区核心。二战后，欧洲国家选择了一体化的发展道路，为避免区别对待、形成新的隔阂，欧盟一直强调团结、同步前行。虽然事实上存在所谓“双速”或“多速”发展状态，而且越来越突出②，比如有些成员国加入了欧元区，有些没有加入欧元区但加入了申根区，有些国家则几乎参与了欧盟所有一体化项目，但总体看，欧盟的单一架构并未被打破，如欧盟委员会代表所有成员国，欧洲议会仍是所有成员国的机构，单一大市场内所有成员国都是平等的，非欧元区成员国并未受到区别对待。但在债务危机期间，欧盟团结第一的原则和精神渐被打破。为了捍卫欧元，避免欧元区解体命运，欧盟特别是欧元区国家出台了众多法律，建立了诸多机构，欧盟的资源、政策更多地向欧元区倾斜，欧元区国家则更为紧密地联结在一起，俨然成为“盟中之盟”。比如，欧元区不顾英国的否决坚持签署并批准了独立于欧盟条约之外的“财政契约”；设立了欧元区“货币基金组织”，即欧洲稳定机制，这是没有欧盟机构参与的欧元区机制，事实上成为欧元区的“秘书处”，最终甚至有可能发展成为欧元区的“欧委会”。为协调欧元区经济政策，欧元区国家将债务危机期间临时组织的欧元区国家首脑会议机制化，欧元区“经济政府”初具雏形。欧

---

① David Havrlant, “Spain Outlook: A Tentative Return to Growth,” https://www.economy.com/dismal/article_ free.asp? cid = 249638&tid = 098264A2 – DEA7 – 4A66 – 85CA – B70E998693B8.

② Dirk Leuffen, “Berthold Rittberger and Frank Schimmel Fennig,” *Differentiated Integration, Explaining Variation in the European Union*, Palgrave Macmillan, 2013, pp. 26 – 27.

元区国家还建立了银行联盟，设立了欧元区银行单一监管机构，组建欧元区银行共同的清偿机制及共同存款担保机制。债务危机爆发之前，欧元区及非欧元国家力量大体平衡，欧元区包括德、法等18个国家，非欧元区国家则包括英国、瑞典、丹麦等富裕的北欧国家以及部分中东欧国家。但债务危机开始逐渐打破欧元区与非欧元区国家的力量平衡，并加快了非欧元区国家的分化。债务危机期间，拉脱维亚提出了申请并于2014年1月加入欧元区，立陶宛于2015年加入欧元区。欧盟力量重心也开始更多向欧元区倾斜。一方面，欧元区事务基本上主导了欧盟事务，欧盟日程及欧盟委员会等超国家机构和资源很大程度上主要服务于欧元区的危机应对；另一方面，欧元区作为一个整体，其决策很可能影响欧盟单一大市场以及诸多欧盟内外政策，留在欧元区之外即意味着决策权的丧失及影响力的下降，非欧元区国家被排斥、被边缘化的焦虑感增强。[①] 在这种情况下，大多数非欧元区国家选择和欧元区一起行动，如非欧元区国家都签署了“财政契约”。所以债务危机不但促进了欧元区的一体化，还固化了欧元区在欧盟内的核心地位，甚至还增强了对其他非欧元区国家的吸引力。当然从目前形势看，这种吸引力主要还不是因为欧元区能带来经济实惠，而是更多担心在欧盟内被边缘化。但不论如何，欧元区的一体化将产生带动整个欧盟加快一体化的效果。另外，也应注意到，欧洲一体化的任何深化发展都会导致限制成员国权力、扩大欧盟超国家机构权力的结果。目前，成员国特别是大国主导了欧盟决策，但超国家机构权力也在不知不觉中扩大，如欧盟“财政契约”就赋予了欧盟委员会较大的监督成员国预算的权力，欧洲央行因为欧元区建立银行业联盟也获得了额外的权力。可以说，债务危机的一个意想不到的效果是某种程度上加强了欧盟的“中央集权”。

---

① Hans Kundnani, “The Difficult Case for British Membership in the EU,” http://www.gmfus.org/wp-content/blogs.dir/1/files_mf/1367441325Kundnani_UKMembership_Apr13.pdf.

第三节　综合、客观评判欧盟发展前景

综上所述，由于影响欧盟发展的因素复杂，从不同的视角可能得出不同的结论。从消极方面看，欧盟面临各种困难和挑战，至少短期内还难以摆脱债务危机的阴影，这是“欧盟衰落论”得以盛行的原因；从积极方面看，巨大的危机也蕴藏着巨大的机遇，处于变革中的欧盟也有脱胎换骨的可能，这是欧洲乐观主义者的机遇论。但无论从欧洲一体化的历史看还是目前欧盟面临的现实看，过于强调消极或积极因素都将产生偏颇甚至误导性结论。判断欧盟发展前景，必须综合考虑多方因素。可以肯定的是，未来欧盟发展不会一帆风顺。

从经济上看，欧盟特别是欧元区短期内将难以摆脱低迷状态。多数成员国由于债务负担沉重，加上“财政契约”的约束，动用财政政策手段刺激经济增长的空间极为有限。紧缩虽有所放松，但仍将是欧盟未来几年的主导性财政政策。如时任法国总理瓦尔斯虽然不承认法国实施的是紧缩性财政政策，但也明言，法国财赤和债务负担太重，政府必须减少支出。[①] 在财政手段有限的情况下，法、意等国希望欧洲央行效法美、英、日央行实施“量宽政策”，但宽松货币政策只能治标不能治本。而且由于德国对直接购买主权债券仍有较大顾虑，加上欧元区有19种而不是像美、日那样只有一种主权债券，欧洲央行很难出台有实质性影响的大规模“量宽政策”。当然，法国、意大利等国都在推进结构性改革；欧盟也在极力培育经济新增长点，如发展数字经济、绿色经济、“再工业化”，并加大研发投资力度，但即使有成效，未来几年内也难以显现。还应指出的是，由于美国大肆推进“美国优先”政策，全球经济发展的不确定性持续增大，美欧间甚至有爆发大规模贸易战的风险，欧盟将面临更为严峻的外部经济环

① “Valls Denies Pay, Benefit Freeze are Austerity Package,” http://www.english.rfi.fr/france/20140417-valls-denies-pay-benefit-freeze-are-austerity-package.

境，这对于全球自由贸易依赖较大的欧盟特别是德国等出口型经济体来说，将是一个更为严重的问题。

从社会思潮和政治运作看，欧洲极端势力未来几年内仍将是欧洲政治舞台上不可忽视的现象。在欧盟的新一届议会里，大量“疑欧”“反欧”分子的进入将压缩传统政党之间的妥协和运筹空间，鉴于欧洲议会拥有和欧盟理事会同等的立法权，欧盟未来的立法工作将更为困难。更严重的是，成员国将被迫分出更多精力，关注本国民粹势力动向，政府为阻止其进一步抬头，不排除转而采纳其部分“疑欧”“反欧”主张，增加一体化困扰。另外，德法两国政策诉求不一，南北欧之间的猜疑，加上英国问题的牵扰，欧盟层面的一体化推进将更为困难。

尽管如此，也不能得出欧盟将一路走衰、日益松散甚至最终将分崩离析的结论。欧盟不大可能走回头路，而且可以肯定的是，欧洲一体化还会继续深化和扩大。欧洲一体化和建立欧盟是欧洲国家在发展道路上最重大的战略选择，各国特别是大陆国家对欧盟、欧元赋予了特别的情感和政治涵义。在南欧重债国，西班牙和葡萄牙尽管也都经历了紧缩带来的阵痛，但都没有出现“反欧”“疑欧”的极右政党，希腊民众承受了最大的紧缩后果，但绝大多数民众仍主张留在欧元区。2019 年欧洲议会选举中，虽有大量“反欧”“疑欧”分子进入议会，但同时也应看到，即使面临经济困难局面，绝大多数民众仍选择支持主流政党，不论在成员国还是欧盟层面，主流政党均能掌控大局。

因此，对于欧洲一体化、对于欧元，仅从经济学上解释远远不够。欧盟主权债务危机始于欧盟的政治决定，即创立了先天不足的统一货币欧元，但值得指出的是，债务危机的结束同样也是由于欧盟的政治决定，即出于政治上的意愿确保欧元区的完整性，“一个也不能少”，在债务危机的最严重阶段，很多观察家都认为，希腊脱离欧元区对自己和欧盟都是好事，[①] 但最终

---

① Panagiotis Sotiris，“Greece：Exit From the Eurozone，” http：//www. globalresearch. ca/greece - exit - from - the - eurozone/5336656；“Time to Admit Defeat：Greece Can No Longer Delay Euro Zone Exit，” http：//www. spiegel. de/international/europe/why - greece - needs - to - leave - the - euro - zone - a - 832968. html.

希腊还是留在了欧元区。为挽救欧元，欧元区国家设立了种种前所未有的新机制，其目标只有一个，最大可能协调欧元区国家的财政和经济政策，最终建立某种形式的财政联盟。特别是银行业联盟的建立，是在财政一体化道路上迈出的重要一步，因为银行业联盟的逻辑发展就是财政联盟和经济政府。此前，欧元区虽然有统一的货币政策，但由于欧元区银行业体系沿国界分裂，欧元区各国银行存贷款利率在债务危机期间出现明显分化，统一的货币政策在分化的金融市场中难以有效实施。欧元区统一银行监管，能够实现超越国家的利益追求，有效预防和监测银行业风险，防范银行业风险的系统性蔓延，保证欧元区单一货币政策的顺利实施。从目前看，欧盟银行业联盟虽尚在形成之中，但其精神实质是一体化、共同承担责任和风险，实际上是建立了某种形式的财政转移支付机制，经济实力强的国家如德国将承担更多救助义务，较弱国家则必须接受更多的外部监管。欧盟特别是欧元区国家已经紧密联系在一起，尽管德法之间，南北欧之间在经济、财政政策等问题上分歧较大，但从根本上讲都属于技术性问题，在维护欧盟根基、确保欧元区和欧盟成功、可持续发展的方向上并无原则分歧，这也是德国同意援助、重债国愿意接受苛刻的紧缩和结构性改革条件的原因所在。当然，技术性分歧会延缓欧盟在重大经济和财政政策上达成一致的时间，甚至会阶段性阻碍欧洲一体化的深入发展，但不会逆转欧盟向前发展的大趋势。事实上，从欧元区逐渐成为欧盟的核心来看，欧盟各国很明显选择了“抱团取暖”，而不是“大难来时各自飞”。可以说欧洲各国对欧洲建设的政治情感是欧盟持续发展的内生性动因。

从欧盟发展面临的外部环境看，新兴大国崛起已成不可阻挡之势，国际力量重心正快速偏离欧洲。欧洲国家多属小国，即使是德、法两个传统欧洲大国，在快速演变的世界中分量也只会愈来愈小。离开了欧盟这个大家庭，“单个欧洲国家无论在规则制定还是在各种全球性议题的谈判中，都将更难有效捍卫自身利益”①。没有了统一货币欧元，没有单一大市场和

---

① Jean - Claude Piris, *The Future of Europe*: *Toward a Two - Speed EU*? Cambridge University Press, 2012. p. 11.

共同对外贸易政策等欧盟共同政策，欧洲国家的声音会更小，甚至可能沦为“群雄逐鹿”的竞技场。2014 年以来，随着乌克兰危机的深入发展，欧盟抱团意识进一步增强，特别是波兰、波罗的海国家对属于欧盟“大家庭”有了更深入的体会，事实上，政治因素是拉脱维亚和立陶宛选择加入欧元区的最主要原因，其目的主要是在与俄罗斯的对抗中寻求“大家庭”的温暖和保护。因此，未来欧盟发展速度可能会较慢，决策效率也难以提高，但仍将一步步向前演进。

在经济领域，债务危机期间由于压力巨大，欧盟特别是欧元区在经济领域的一体化取得了重要进展。未来随着外部压力的减少，成员国尽快出台相关法律、政策的紧迫感也大大降低，有较为充足的时间协调立场、讨价还价，加上欧元统一债券、财政联盟和经济政府都是硬骨头，欧元区经济一体化的步伐可能放慢。未来经济一体化重点将是落实和完善银行业联盟建设，因为目前只有一个大的法律框架，如何具体化，如何更具可操作性，还需要欧盟进一步协调各方立场，逐步落实。随着银行业联盟的落实和完善，欧元区在欧盟的核心作用将更为凸显。从欧盟整体而言，单一大市场的开发将是重点，服务业占整个欧盟经济的比例较高，但相比货物贸易更为封闭，制约了欧盟经济的发展。新一届欧盟委员会将推进积极的产业战略，打造欧洲冠军企业，加快欧盟服务业市场一体化步伐，特别是数字经济、人工智能的开发、整合问题。此外，在乌克兰危机和特朗普政府的冲击下，建立欧盟防务市场的任务更为紧迫，防务工业一体化步伐可能加快发展。

在外交与防务领域，鉴于特朗普政府和英国脱欧带来的压力，欧盟的合作意识有所增强。从制裁俄罗斯来看，尽管成员国利益不一，政治主张不同，但自 2014 年以来，欧盟逐步升级并维持了对俄罗斯的制裁措施，欧盟表现出克服内部分歧的能力，实现对俄“用一个声音说话”的目标。欧盟共同外交与安全政策虽然在可预见的将来不可能像欧盟的对外贸易政策或欧元区的货币政策那样高度“共同体化”，即超国家机构欧盟委员会和欧洲央行而非成员国扮演更重要角色，拥有更大决策权，但一直享有民众较高的支持度①。也就是说，以集体力量与外部世界打交道在欧盟内存在较高共识。在成员国方面，法、德长期以来一直将欧盟看作是其投放国力的外交工具，中东欧一些国家则将欧盟看作是对抗俄罗斯影响的武器等。欧洲现在实际上处于所谓“不稳定国家和地区”的包围之中，如中东、非洲、阿富汗等，乌克兰危机及东欧诸多潜在的所谓“冻结”冲突地带等，这给欧洲带来很大的安全问题，如非法移民、恐怖活动、人口和毒品走私、武器扩散等。在解决这些问题上，欧盟各国有共同利益，需要集体行动，也需要中、美、俄等大国的合作与配合，这都是决定欧盟外交未来将趋于积极的重要因素。另外，欧盟扩大一直是欧盟周边外交的最有力工具，其进程虽将放慢，但不会终结。2013 年 7 月，克罗地亚成为欧盟第 28 个成员国，西巴尔干国家、甚至土耳其与欧盟的入盟谈判仍在持续。欧盟 2014 年还与乌克兰签署了“稳定与联系协定”，这一协定将使乌克兰不可逆转地向欧盟模式和标准靠拢。重重危机虽大大弱化了欧盟，但并没有弱化其对周边地区的吸引力。

欧洲国家有深厚的文化、科技及工业底蕴，有独特的环保、全球治理理念，有强大的制造业、出口大国德国，有在航空、航天及核电等领域独树一帜的法国，更重要的是，欧洲国家拥有欧盟。可以说，欧洲国家的全球影响力在于欧盟的存在，而欧盟的全球地位和影响力在于其不断的深化和扩大。欧盟仍将是全球力量格局中的重要一极。

---

① Dirk Peters, “A Divided Union? Public Opinion and the EU's Common Foreign, Security and Defence Policy,” http://www.academia.edu/3060284/A_ Divided_ Union_ Public_ Opinion_ and_ the_ EUs_ Common_ Foreign_ Security_ and_ Defence_ Policy.

第十五章
“后脱欧时代”路在何方

2020 年 1 月 31 日，英国正式脱离欧盟。欧盟从此进入一个没有英国这样一个欧洲大国的“后脱欧时代”。作为一个融合程度最深的主权国家联合体，欧盟前途命运一直受到广泛关注。过去十多年来，欧盟遭遇多重危机冲击，一度濒临解体边缘，英国脱欧更开启欧洲一体化倒退模式。从目前看，欧盟发展出现一些积极因素，但与此同时，仍有各种深层次问题，欧盟究竟将走向何方仍是一个大大的问号。

第一节　欧盟的几个结构性问题

欧盟的几个结构性问题由来已久，如欧盟最终向何处去，如何融合穆斯林群体，民众对政府和欧盟机构没有信心，对未来感到焦虑等，这些问题近年来更为突出，解决起来非常困难。

第一，欧洲一体化的方向问题。欧盟一个奇怪的特征是，它在显著发展的同时从来都没能解决自己的性质问题。因此，欧盟内部也一直存在着联邦主义者（超国家主义者）与主权主义者（政府间主义者）的争论，有些国家和民众支持将欧盟建成一个政治联盟，而另外一些国家则将欧盟主要看作是一个大的自由贸易区。因此，欧盟每项条约的签署及每项重大政策的出台，都是欧盟内部这两种观点的妥协，而每个国家也都从自己不同的视角来对欧盟的发展做出不同的解读。这也是欧盟所谓的一种“建设性模糊”[①]（constructive ambiguity）的发展方式。例如，长期以来一直困扰欧盟的“民主赤字”问题之所以得不到解决就是因为欧盟内部存在着这种方向之争，欧洲一体化的创始者设立了欧洲议会，目的是要让欧盟朝联邦主义方向演进，最终建立一个直接向欧盟民众负责的欧洲政府。但在主权主义者看来，欧盟是一个主权国家的联合体，成员国议会就代表了人民，因此，欧盟根本就不存在“民主赤字”问题，欧洲议会从一开始就不该建立，更不用说要扩大它的权力了。

欧盟向何处走，这是欧盟内部无法解决的一个重大问题，每逢出现危机和较大问题，欧盟内部都会展开一次大讨论。比如，2005 年欧盟宪法危机期间。欧洲各国就对如何应对全球化及欧洲一体化何去何从进行了激烈的讨论，总理、部长亲自出马，或投书报刊，或接受媒体访谈，阐述本国立场[②]。总体来看，一是经济与社会发展模式之争，主要是以法国为代表的“社会欧洲”与以英国为代表的“自由主义欧洲”的冲突，德国的《世界报》称这是一场“意识形态战争”[③]。时任英国首相布莱尔认为，“在快速全球化的时代，只有开放、自由、有竞争力的经济才会生存”[④]；但时任法国总理德维尔潘则指出，“更多的保护”和“更大的工作安全”是欧洲人的普遍要求，“欧洲的建设不能仅靠市场力量的推动”；[⑤] 二是“政治欧洲”与“贸易欧洲”的冲突，法国等国希望能借欧盟整体之力占据未来多极世界的一极，与美、中、俄等国平起平坐。因此，从这一角度出发，法国对英国等国积极支持欧盟扩大持怀疑态度，反对欧盟进一步扩大，要求进行一次关于欧洲边界的大讨论[⑥]，同样，奥地利也认为“有必

---

① See Nicolas de Boisgrollier, “The European Disunion,” *Survival*, Vol. 47 No. 3 Autumn 2005.

② 时任法国总统希拉克、总理德维尔潘及多名内阁部长就曾先后发表多篇文章，阐明法国观点，参见英国《金融时报》2005 年 6 月 29 日、9 月 23 日、10 月 26 日、10 月 27 日有关文章。

③ Stryker Mcguire, “The ‘ANGLO - SOCLAL MODEL’,” *Newsweek*, September 5, 2005, pp. 30 - 33.

④ “Tony Blair’s conference speech 2005,” Guardian, September 27, 2005.

⑤ Dominique de Villepin, “speech to the French National Assembly,” Paris, June 8, 2005, http://www.premier-ministre.gouv.fr/en/information/latest_news_97/declaration_of_general_policy_53247.html.

⑥ Daniel Dombey, “Expansion chief to tell EU to press on,” *Financial Times*, December 12, 2005.

要进行一场全面的关于欧盟未来边界的讨论"[①]。英国等国则对政治欧洲兴趣不大，对这些国家来说，单一欧洲市场的建设就足够了。2005 年及随后几年的争论是欧盟内部就未来发展方向进行的最激烈也是最深入的讨论，但最后并无统一认识，而是继续和稀泥，走一步看一步。欧盟主权债务危机期间、难民危机之后以及英国公投脱欧后，欧盟内部也展开过大讨论，讨论内容并没有超出 2005 年那次大讨论的广度和深度，而且并没有产生明确的结论，即使英国的退出也并没有使欧盟内部的争论简单化。马克龙政府被认为是最为亲欧的一届法国政府，但在扩大问题上却处于少数甚至非常孤立的地位，正是马克龙的固执反对，欧盟无法与北马其顿和阿尔巴尼亚开展入盟谈判。法国认为，扩大进程应该设立更为严格的条件，而且是可逆的，在扩大之前欧盟应该就如何扩大出台方案，而不应该忙于扩大。法国的观点不表明法国不亲欧，而且也有其合理性。有欧洲学者指出，"欧洲的实验是在一个谬论的基础上兴盛起来的，即当一个工程还没有完成的时候，马上又启动另一个。对此做出解释的比喻是，一个骑自行车的人如果停下来就会跌倒。但对任何骑车的人来说，这种比喻的愚蠢都是显而易见的。单一市场启动了，在它完成之前，单一货币也启动了。在这些都未实现之前，欧盟扩大了。在每一个阶段，复杂性都被推到了一边。"[②]鉴于欧盟当前问题成堆，的确不宜再次扩大，所以从这个意义上说，法国的做法未尝不是亡羊补牢。但大多数国家认为，"法国是在玩火，将危及地区稳定"[③]，就这一问题看，也很难说欧盟其他国家就是不亲欧的。

争论本身就表明了欧盟在经过多次扩大后各国在一体化发展方向上看法的多元和复杂性。欧盟在经济、社会和政治发展的方向问题上处于较为严重的分裂状态，比利时前首相伏思达就曾抱怨说，"欧盟成员国不再构成愿意与欧洲朝同一方向发展的均质集团。欧洲工程的政治目标被一些成

---

① George Parker and Haig Simonian, "EU urged to alter funding system or risk 'killing itself'," *Financial Times*, December 22, 2005.

② 梅格纳德·德赛：《政治的愚蠢：白雪公主和 17 个小矮人》，参见［英］大卫·马什等著，许钊颖译：《欧洲的未来》，北京：中国经济出版社，2014 年 7 月版，第 4 页。

③ Michael Peel and Valerie Hopkins, "France objects to North Macedonia and Albania EU accession talks," *Financial Times*, October 15, 2019.

员国否定。另外一些成员国则认为欧盟只是经济合作协定或者——更恶劣的是——把它当作摇钱树”①。即使欧盟就各种问题和危机暂时达成协议，那也只是消除了引起欧盟内部摩擦的一个源头，并不能恢复欧盟已经失去的目的感和方向感。欧盟已处于一体化的十字路口，面临进退两难的困境。比利时前首相伏思达说，“要不我们将欧洲降格为纯粹的自由贸易区，要不我们就再次致力于实现欧洲公民的梦想并选择一个政治意义上的新欧洲”②。实际上，在欧洲一体化的未来发展方向上并不是这样一个二选一的问题，情况要更为复杂。

第二，吸收与同化移民的问题。经济问题容易引发社会问题，如贫富悬殊、失业、社会治安恶化等等。欧洲近年来发生的恐怖主义及民粹主义的上升表明，在经济持续多年不景气的情况下，欧洲至少是部分“老欧洲”国家已经进入社会矛盾多发时期。其中最严重的则是移民和主流社会的矛盾问题③。2010 年，欧盟 27 国加上英国、挪威和瑞士共有穆斯林人口 1950 万，约占欧洲总人口的 3.8%；到 2016 年中时，穆斯林人口增长到 2580 万，约占总人口的 4.9%。即使欧洲未来能做到穆斯林零移民，到 2050 年时，欧洲穆斯林人口占欧洲总人口比例仍将从 4.9% 增长到 7.4%，这是因为穆斯林人口年轻（比欧洲白人平均年轻 13 岁），而且出生率高。如果维持往年穆斯林人口向欧洲的正常移民速度，到 2050 年时，欧洲穆斯林人口占比将达到 11.2%。但如果类似 2015 年那样的难民危机一再重演，穆斯林人口占比会更高。有的国家如德国，穆斯林人口占比到 2050 年时可能从 2016 年的 6% 上升到 20%；瑞典可能更高，到 31%④。与此同时，欧洲白人的出生率越来越低，而且老化迅速。根据欧盟和联合国的统计数字，如果没有持续的移民，到 2050 年时，德国的人口将从 8300 万降到 6300 万，意大利将从 5700 万降到 4400 万。在同一时期，围绕欧洲的北非

---

① 伏思达：《欧罗巴合众国——新欧洲的宣言》，德国《法兰克福汇报》2005 年 12 月 2 日。

② 伏思达：《欧罗巴合众国——新欧洲的宣言》，德国《法兰克福汇报》2005 年 12 月 2 日。

③ Roula Khalaf and Martin Arnold, “A revolt of youth without religious motivation,” *Financial Times*, November 9, 2005.

④ “Europe's Growing Muslim Population,” https://www.pewforum.org/2017/11/29/europes-growing-muslim-population/.

和中东国家人口数量将会翻番。欧洲的人口赤字需要移民。欧洲要解决未来的劳动力问题：一是通过扩大；二是引进移民。但现在欧洲面临这样一个两难境地，一方面需要移民，另一方面又没有很好的在经济、社会方面同化、融合移民，特别是移民后代，加上非法移民的大量存在，造成了很大的社会问题，社会不稳定因素增多，不仅如此，一些穆斯林移民对社会的不满也可能为恐怖集团所利用，从而造成更多的“土生”恐怖分子。同时，在反移民的口号下，多个成员国内极左和极右势力快速发展，而传统的主流政党力量则受到削弱。比如，现在欧洲很多国家都出现了反移民的政党，有的还进入了政府。这不利于这些国家社会的稳定。这样的后果一是这些国家如法、德、意大利等国政策将更为“内向化”，不利于欧洲一体化的发展；二是在欧盟扩大方面将更为保留，在移民政策上将更为强硬，而这又可能反过来进一步加剧国内移民人口与白人的对立，造成更大的社会不稳定。

第三，精英政治与民意缺失的问题。欧洲一体化的最高目标是建立一个统一的欧洲，但欧盟毫无节制的扩大却使欧盟患上“消化不良”症。从最初的 6 国共同体发展到欧盟 15 国共用了 20 多年时间，而从 15 国跨越到 25 国的欧盟则只用了 10 年时间。欧盟最初扩大时，各成员国基本上都属于富裕国家，在经济上的差异较小，而 2004 年的扩大则使这种差距突然增大，欧盟老成员国民众真正感受到就业难和移民的威胁。尽管欧盟扩大使西欧国家工作机会的流失效应并不显著[①]，但西欧人的不安全感却大大增加，因此，欧盟东扩后，新与老，大与小、穷国与富国之间的矛盾更为突出，造成欧盟各国民众的“欧洲认同感”明显弱化，对欧洲一体化失去信心。在几十年的一体化进程中，西欧国家民众本已对欧洲形成了较强的认同感，渴望出现一个强大的、更为一体化的欧洲。但长期的经济不景气特别是失业问题使民众对自身与本国利益更为敏感，因而国家与民族意识抬

---

① Katinka Barysch, “East versus West? The European economic and social model after enlargement,” European Policy Center, October 26, 2005.

头[1]，一方面，他们对欧盟近年来的表现非常不满，对欧洲一体化是否能保障他们的利益感到不确定，因而更宁愿民族国家来保障他们的利益，对欧盟深化内部市场改革如开放服务业持怀疑和否定态度；另一方面，他们对欧盟的扩大政策产生了强烈的疑虑，不仅认为扩大会损害本国经济，也因为不知欧盟的地理和文化边界在哪里而产生了茫然情绪，也看不到任何政治欧洲的可能性，所以对欧洲的认同也在弱化。民众对欧洲的认同感是建构一个政治和文化欧洲的最重要的基础，在政治精英已经无法完全主导一体化的今天，民众欧洲认同感的弱化无疑将成为制约欧盟未来发展的最根本因素。

第二节　当前欧盟发展面临的有利因素

其一，法德危机意识和合作意识增强。二战以来德法关系的发展实际上已与欧洲一体化密不可分，两国都已在极大程度上将其国家发展战略融入到了欧洲一体化的深化发展之中。法德两国对欧洲联合的感情是英国这样的国家所不能理解的，无论是法国还是德国都意识到，它们虽然是欧洲大国，但在世界范围内只是“中等国家”，而欧洲国家通过欧盟联合起来才能成为多极化世界中的“一极”。两国希望在国际事务中发挥重要影响的雄心也只有通过欧盟的作用才能得到体现。而在今后相当长的时间内，法德无论哪一方，都不具备单独主导欧洲事务的能力。法国自不必说，即便德国在统一后实力大增，它也只将自己定位为一个“中等强国”[2]，并认为“一体化在提升德国国际影响力方面有很大潜力”。[3] 因此，两国都有较大意愿携手共同推动欧洲一体化进程，以实现自己国家利益的最大化。

---

① George Parker, John Thornhil, “Fighting for their slice of Europe: self – interest now guides states as integration founders,” *Financial Times*, October 5, 2005.

② “Interview with Gerhard Schroder,” Die Zeit, 10, 10/03/2002.

③ S. Bulmer and W. E. Paterson, “Germany in the European Union: Gentle Giant or emergent Leader?” *International Affairs*, 72 (1), 1996, p. 9.

一部欧洲一体化史，很大程度上是法德两国的合作史，作为欧盟创始国和两个实力最强的国家，法国和德国是欧盟的核心力量，尽管两国在关于欧洲建设的诸多问题上看法并不完全一致，有时甚至尖锐对立，但两国在维护欧盟国际影响力和推动欧洲一体化发展方面立场一致，两国也的确起到了推动欧盟发展的“发动机”作用，被称为“法德轴心”。二战后，德法同时代领导人如阿登纳与戴高乐、德斯坦与施密特、科尔与密特朗都曾因紧密合作而使欧洲一体化迈出重大步伐。当然，仅凭法德合作并不足以推动一体化发展，但没有法德的相互理解和配合，欧洲一体化肯定寸步难行。因此，当“法德轴心”运转良好时，欧洲一体化就走得相对较快，反之就是停滞不前。

自 2008 年以来，在主权债务危机等多重危机的冲击下，法德两国力量对比及对彼此心态均发生了较大变化，法国经济疲软，屡遭大规模恐怖袭击，自信心及实力持续下滑；德国经济则欣欣向荣，成为欧盟事实上的带头人。德国对法国在削减赤字和债务等问题上的拖延迟疑甚至倒退心有不满，担心法国会拖累到整个欧元区和欧盟。法国则不满德国在欧元区及移民问题上的强势和自行其是。总之，法德因为利益分歧及在应对债务危机及难民危机等问题上的政策差异，猜忌增多，合作有限。德国迫切需要一个改革的法国、发展的法国和自信的法国作为在欧盟内的合作伙伴，但无论是萨科齐还是奥朗德政府，都未能给德国提供这一选择。

2017 年 5 月，马克龙当选法国总统提供了这一契机。与其他总统候选人特别是极右的玛丽娜·勒庞和极左的梅朗雄不同，马克龙竞选期间大打“改革牌”和“亲欧牌”，并在第二轮投票中以绝对优势击败极右翼的国民阵线候选人玛丽娜·勒庞，当选法国新一任总统，也就是说，马克龙获得了法国选民的授权以推进改革和欧洲建设。为增强法国信誉，马克龙在国内大力推进结构性改革，比如松绑劳动力市场，减少公共支出，鼓励劳动和就业，推进退休体制改革等等。在欧洲建设上，马克龙坚定支持欧洲一体化，提议设立欧元区预算和欧元区财长职位，统一税收、社保政策，建设防务联盟。马克龙既对法国的未来充满自信，在与德国合作上也采取务实态度，马克龙认为，要更好维护法国在欧盟内的利益，就必须与德携手。2017 年 5 月 15 日，马克龙就任总统后第二天即访问德国。德法就两国同盟、深化欧元区建设、结构改革、建设“防务同盟”等问题达成了原则性共识，欲共同制定欧盟中长期发展路线图，“默克龙”组合初现雏形①。2017 年 9 月，在德国议会大选前夕，马克龙特意在巴黎索邦大学发表演讲，提出法国对欧盟政策主张，并向德国喊话，明确提出要发挥“法德引擎”作用，推动欧盟改革，加强欧盟财政、防务、税收等领域的一体化制度建设②。

德国乐见法国国内改革成功，也乐见法国在欧洲建设上发挥领导作用。尽管并不完全认同马克龙的欧洲主张，但仍给予了至少言辞上的积极回应。2017 年 9 月德国大选后，组阁陷入僵局，迟迟未能组成新政府，德法两国无法就欧洲问题进行实质性探讨。2018 年 3 月 14 日，德国再组大联合政府，欧洲问题是两党执政重点之一，特别是社民党，对欧洲改革态度更为积极。3 月 16 日，默克尔与新任财政部长肖尔茨一起访问法国，与法国就欧元区改革、贸易及防务等问题进行讨论。

从目前情况看，德法合作不尽如人意，马克龙似乎是“剃头挑子一头热”，其欧洲建设的宏伟理想并没有得到德国的热情回应。主要原因在于，德国国内政治气氛已经发生了较大变化，即德国从一个绝对亲欧的国家已经变成一个普通的欧洲国家，也就是说不再那么亲欧。德国政界特别是法律界精英“疑欧”甚至反欧倾向明显增强，这特别表现在德国联邦宪法法院关于《里斯本条约》的裁决上。关于《里斯本条约》的批准进程，一个容易被人忽视的事实是，德国是欧盟成员国中最晚批准该条约的少数几个国家之一，仅早于捷克、波兰和爱尔兰。原因是，德国部分联邦议员，特别是来自默克尔的基督教民主联盟的姊妹党基督教社会联盟的议员，联名向德国联邦宪法法院提起诉讼，认为《里斯本条约》向欧盟让渡了过多权

---

① Paul Carrel, “Merkron: Macron is visiting Berlin to reinvigorate France’s EU commitment,” *Reuters*, May. 15, 2017, http://www.businessinsider.com/r - merkron - frances - macron - seeks - close - ties - with - germany - to - shore - up - eu - 2017 - 5.

② “Sorbonne speech of Emmanuel Macron - Full text / English version,” septembre 26, 2017, http://international.blogs.ouest - france.fr/archive/2017/09/29/macron - sorbonne - verbatim - europe - 18583.html.

力，违反了德国基本法，要求释宪。正是由于这一漫长的释宪过程，才拖延了德国的批约程序。2009 年 6 月 30 日，位于卡尔斯鲁厄的联邦宪法院做出判决，虽然认为《里斯本条约》没有违反德国宪法（基本法），但认为欧盟“过于联邦化”[①]，并为德国批准该条约附加了一个重要的前提条件，即德国议会需通过新的法律，强化德国联邦议院和联邦参议院对欧洲一体化进程的参与权，在任何情况下，如果欧盟要扩大权力，均须由两院批准[②]。由此，联邦宪法院利用其判决，重新界定了德国参与欧洲一体化进程的政治与法律界限，并将联邦议院和联邦参议院为欧洲政治一体化所承担的责任简化为监控欧洲实际政治决策，将议会参与欧洲政治的重点设定为规范一体化重要步骤。未来，欧洲一体化程度越高，网络交织越是紧密，德国基本法在联邦宪法院的判决权衡中所占份量就越重。这一判决表明，欧盟在一体化深化进程中每前进一步，联邦宪法院均会审查其是否逾越了民族国家主权的界限。可以说，联邦宪法院在德国的欧洲政策方面，对行政和立法两部门传统上的权力分工进行了重新分配，即扩大了议会的参与权，缩紧了德国联邦政府的行动空间。

德国民间“疑欧”倾向前所未有。德国联邦宪法院的裁决反映了德国社会潜藏很深的某种“疑欧”主义，希腊主权债务危机的爆发和蔓延则使这种“疑欧”主义更为突出。也正是这种“疑欧”主义，催生了德国首个真正意义上的极右政党“选择党”，其成立初衷就是推动德国脱离欧元区。正是在这一气氛下，德国政府不再顾忌其他成员国感受，在一系列重大政策问题上开始单干，比如，2015 年对叙利亚难民开放。德国前外长菲舍尔认为，德国对欧政策正朝法国和英国欧洲政策的方向转化，也就是说德国政策更趋法国化和英国化，即欧盟建设本身不是目的，而是维护和提升本

---

① See Peter Becker and Andreas Maurer, “German Brakes on Integration,” *SWP Comments*, August 15, 2009.

② 《里斯本条约》规定，欧洲理事会可以不经过条约修改，以一致同意的方式，扩展欧盟除在国防领域之外所有领域的权力。但德国联邦宪法院裁决认为，刑事法、警务、军队、税收、社会事务、教育、媒体、宗教等均属于“关键”领域，禁止德国联邦政府向欧盟转移这些领域的权力。

国利益的工具[①]。另外还有一个重要原因是，2018 年组建的德国大联合政府是一个不得已勉强维持的联合政府，内部矛盾突出。而且默克尔已经公开宣布不再寻求连任，也就是说已经处于“跛脚”状态。这也是默克尔政府无力对马克龙做出有力回应的一个重要制约因素。

德法未来如何合作引领欧盟发展还有很多不确定性，但至少从目前看，各方特别是欧盟机构对“默克龙”组合寄予了很大希望。特别是英国脱欧后，传统欧盟“三驾马车”仅剩“两驾”，如果欧洲一体化还想要继续发展，德法两国无论如何也得合作。当然，英国退出欧盟并不意味着德法两国原有分歧的消失，但至少两国有更清醒的认识，那就是尽可能寻求两国立场的一致，推动欧洲一体化继续前行。

其二，欧元区的核心作用将更为突出。目前欧元区包括德、法等 19 个国家，非欧元区国家则包括瑞典、丹麦等富裕的北欧国家以及部分中东欧国家。英国作为非欧元区国家退出欧盟后，欧元区与非欧元区两者关系大体严重失衡。债务危机爆发以来，欧元区事务基本上主导了欧盟事务，欧盟日程及欧盟委员会等超国家机构和资源很大程度上主要服务于欧元区的危机应对。另一方面，由于欧元区一体化加快发展，非欧元区国家被排斥、被边缘化的焦虑感增强。因为欧元区作为一个整体，其决策很可能影响欧盟单一大市场以及诸多欧盟内外政策，留在欧元区之外即意味着决策权的丧失及影响力的下降。在这种情况下，大多数非欧元区国家选择了和欧元区一起行动，如非欧元区国家都签署了“财政契约”，并且也在积极参与欧元区建立银行业单一监管机制的谈判。英国长期是非欧元区国家的代言人，代表这些国家在欧盟内捍卫非欧元区国家利益。英国退出后，欧元区将基本等同于欧盟，至少在货币、财政领域，欧盟的同质性增强。

其三，从外部环境看，欧盟所有成员国均不同程度感受到了“抱团”压力。一是特朗普带来的刺激效应。欧美关系过去几年来因为国家利益和战略取向的分化加大，关系趋于疏离，比如美国对中东和非洲兴趣下降，欧洲则因为难民问题、恐怖主义、穆斯林融合等问题反而更受关注。特朗

---

① Joschka Fischer, “Germany’s drift from Europe,” *the Guardian*, June 1, 2009.

民族主义，实现共同发展和普遍繁荣。民粹主义政党强调本国利益优先，强调一时得失，而不考虑长远利益，其多年来的反复、煽动性宣传已对各国社会造成潜移默化的重要影响，导致“疑欧”主义和“反欧”主义普遍发展，严重动摇欧洲一体化的民意基础。意大利本是欧盟内最为亲欧的国家之一，但随着“疑欧”“反欧”的民粹主义政党“五星运动”和“北方联盟”的崛起，对欧盟的支持率已大幅下滑，“成为欧洲大陆最为疑欧的国家”①。其二，压缩妥协和合作空间。欧盟政策出台，往往需要27个成员国相互妥协让步，否则各划红线，欧盟将寸步难行。当前欧盟各国民粹主义政党参政议政能力前所未有，传统精英主导的欧洲一体化发展模式受到严重挑战，各国在民粹主义羁绊下，很难在欧盟政策上妥协退让，导致欧盟各项重大改革议而不决。如德国虽2018年再次组成大联合政府，但联盟党和社民党在议会内席位大幅下降；默克尔本人地位亦遭削弱，在党内和国内挑战增大，对重大事务不再一言九鼎。这也是默克尔和德国政府很难对马克龙的欧盟改革主张做出明确、积极回应的重要原因。其三，毒化欧盟氛围，加深相互猜忌甚至敌意。波兰、匈牙利等中东欧国家民粹主义政党大打反移民、反伊斯兰牌，坚决拒绝德国等国力推的难民分摊方案，加深东西欧对立。希腊、意大利等南欧重债国民粹主义政党大打反紧缩、反欧元牌，强化北方债权国对南欧国家不守欧盟规矩的偏见和疑虑。

欧盟内部的贫富分化、发展不平衡以及穆斯林融合问题、难民问题、非法移民问题、恐怖主义等等都是民粹主义赖以生存的沃土，这些问题很难解决，将长期存在，并阶段性恶化发展，这也注定民粹主义将长期制约欧盟发展。

第二，英国脱欧加剧欧盟未来发展方向之争。欧盟究竟将走向何方，欧盟各国并无共识。欧盟内一直存在着所谓“政治欧洲”与“贸易欧洲”及“自由欧洲”与“保护欧洲”的分歧和争议。法国等国希望能借欧盟整体之力占据未来多极世界的一极，与美、中、俄等国平起平坐；

---

① Ross Logan, “EU on the BRINK? Italy the most eurosceptic nation on continent, poll reveals,” https://www.express.co.uk/news/world/868669/italy-eu-poll-most-eurosceptic-antonio-tajani-brexit-parlemeter-2017.

也希望欧盟不论是在经济还是地缘政治方面，都能给予成员国更多的保护，因而赋予欧盟更多政治上的内涵。英国和北欧国家更多将欧盟看作一个紧密的自由贸易区，希望欧盟更为开放，而不是保守封闭。从某种程度看，英国脱欧难以避免，因为自欧洲债务危机以来，欧盟和欧元区的发展更突出政治意味而不是英国所追求的“经济的”和“开放的”欧洲。

2020 年 1 月英国正式脱欧，作为“经济欧洲”和“自由欧洲”的最大代表，英国已经离开欧盟。但这并不意味着欧洲发展方向之争的终结，相反使这一问题更为凸显。各国虽然对欧盟的归属感上升，但对如何推动欧盟发展，反而更加混乱，因为各国从英国脱欧得出了不同的结论。以法国为代表的“深化派”认为，英国过去是欧盟一体化深化发展的最大阻力，应该乘机加快一体化发展进程，尤其要加快欧元区改革进程，使之成为欧盟的核心。以波兰等国为代表的“主权派”认为，正是因为欧盟过于集权，过多干预成员国内部事务，所以导致英国脱欧，欧盟应该更多将权力返还给成员国，而不是相反①。

2017 年 3 月 1 日，欧盟委员会发布“欧洲未来白皮书”，为英国脱欧后、2025 年之前的欧盟规划出 5 种发展路径②：第一种是维持现状，只进行一些必要的技术性改革，服务于应对现实问题，如继续加强单一市场建设，促进数字产业、交通、能源设施投资，同时强化欧元区。第二种是退回至单一市场。欧盟集中精力深化单一市场建设，不及其他。第三种是“多速欧洲”模式，申根区和欧元区是该模式的具体实践，未来可以在国防、内部安全、税收和社会领域继续推进。第四种是在特定领域加强合作，比如在创新、贸易、安全、移民、边境管理和防务议题上深化一体

---

① Tony Barber, “Deeper European integration is desirable but difficult,” *Financial Times* November 14, 2017. ; “Polish president says ‘multi – speed’ EU will lead to break – up of bloc,” https: //www. reuters. com/article/us – poland – eu – duda/polish – president – says – multi – speed – eu – will – lead – to – break – up – of – bloc – idUSKCN1BG2AJ.

② “White paper on the future of Europe, Reflections and scenarios for the EU27 by 2025,” *European Commission COM* (2017) 2025 *of* 1 *March* 2017, https: //ec. europa. eu/commission/sites/beta – political/files/white_ paper_ on_ the_ future_ of_ europe_ en. pdf.

化，但在地区发展、公共卫生、不涉及单一市场建设的就业与社会政策上，欧盟将不再扮演角色；在消费者保护、环境卫生领域，欧盟将把权力返还成员国。第五种是加速一体化，各国将资源、权力和决策统一交于欧盟层面，促进各政策领域全面合作，向联邦化实质性迈进。

欧盟委员会的这份白皮书反映了当前欧盟面临的现实困境，即各国莫衷一是，呈现明显的分裂状态。波兰等国对法国极力推动的欧元区改革及"多速欧洲"构想心怀不满，担心被边缘化。因为包括波兰、捷克和匈牙利在内的多数中东欧国家都不是欧元区国家。即使是在欧元区内部，各国分歧也较大。在财政政策上较为保守、被称为"新汉萨同盟"的 8 个国家（荷兰、芬兰、波罗的海国家、爱尔兰等国）发表联合文件，划出欧元区改革红线，强调成员国的预算责任，明确反对法国总统马克龙关于设立欧元区预算和欧元区财政部长等改革建议①。德、法此前在欧元区改革问题上存在较大分歧，德国主张严格财政纪律，法国主张风险共担。尽管德国不愿明确反对马克龙的改革主张，但显然态度更为谨慎。据称，德国总理默克尔对"新汉萨同盟"的联合文件私下很高兴②。德国总理默克尔所在的联盟党 2018 年 4 月以来出台系列政策文件，对马克龙欧元区改革方案持明显敌视态度，并力阻默克尔向马克龙让步。

第三，领导力缺失。欧盟是 27 个成员国组成的主权国家联合体，力量分散是常态，诸大国如德、法及欧盟机构是欧洲一体化的主要推动力量，特别是在很长时间内，德法合作扮演了"轴心"和"火车头"的作用。但从目前看，所有主要力量均不同程度受到了削弱，难以在道义等诸方面发挥模范带头作用。德国是最大经济体，也是最有可能担负起领导责任的成员国。但近年来，德国地位和影响力已遭到严重挑战。德国坚持财政纪律，强制要求欧元区所有成员国执行紧缩财政政策，多次声称，"我们不

---

① Tom Parfitt, "Merkel and Macron BACKLASH: EU countries slap down major Eurozone reform plans," https://www.express.co.uk/news/world/929072/European – Union – France – Germany – eurozone – reforms – euro – Ireland – Sweden – Denmark.

② Mehreen Khan, "The Franco – German project is no longer enough for the EU," March 9, 2018, *Financial Times*.

想也不能为所有人付账”，“德国不会成为欧盟的出纳”①。欧元区南部国家如意大利、希腊等国对此深为不满。难民危机期间，德国打开国门欢迎叙利亚难民，并推动欧盟出台难民分摊计划，招致中东欧国家不满。德国与中东欧国家尖锐对立。2018 年 4 月 9 日，匈牙利大选结果出炉，主打反移民牌的欧尔班第三次赢得连任。中东欧与德国等西欧国家及欧盟的矛盾还将更为突出。法国经济近年来开始恢复增长，但由于债务危机、恐怖主义，已大伤元气。马克龙虽然大力推动国内改革，但能否成功并不确定。且马克龙力主“保护的欧洲”和“多速的欧洲”，很难成为欧盟其他成员国效仿的榜样。德法虽有心再发力，重启“发动机”，但显然已难以服众。荷兰首相吕特称，“欧洲不是德法的欧洲”②。英国是中东欧国家及北欧国家在欧盟内的代言人，多年来，这些小国依赖英国为其在欧盟内发声，无论是在欧盟防务、贸易政策还是在欧元区问题上，英国都起到了对德法的平衡作用。但随着英国退出欧盟，中东欧国家及北欧国家失去了主心骨，对德法试图主导欧洲一体化的努力也有了更多的猜疑。而且，德法两国自身就有很多分歧和矛盾，并不完全团结一致。欧盟委员会曾是欧盟小国利益的捍卫者，但随着欧盟委员会的日益政治化，开始更多代表大国利益，如在财政纪律上对小国严格要求，对法、意等大国网开一面；干预成员国内部事务，启动对波兰违反法制的调查程序等。也就是说，欧盟委员会的中立、公正形象受到损害，自然难以获得成员国的完全信任，特别是传统上较为支持欧盟超国家机构的荷兰、中东欧等小国，对欧盟机构特别是欧盟委员会试图集权的努力更为排斥。

第四，活力和进取性下降。长期以来，英国虽然是欧盟内一个三心二意的成员国，对欧盟和欧洲一体化缺乏认同和感情，但就是这样一个国家，却给欧盟打上了深刻的英国烙印。原因很简单，英国是一个大国，有清晰的价值判断，也有丰富的外交技巧，作为一个成员国能在欧盟发挥影

---

① Anne – Sylvaine Chassany, Guy Chazan and Mehreen Khan, “France hails progress on plans to strengthen eurozone,” *Financial Times*, March 18, 2018.

② Mehreen Khan, “Dutch take on Macron with ‘red lines’ over eurozone integration,” *Financial Times*, March 3, 2018.

响力，达到自己想要达到的目标，同时尽量否决自己不认同的欧盟发展计划。20 世纪 80 年代后期欧盟开始的单一大市场建设，很大程度上就是英国推动的结果。2004 年欧盟大规模东扩，也是英国极力推动的结果。当时欧盟三大国中，法国反对大规模东扩，德国支持东扩，如果没有英国的积极游说和参与，欧盟当年的大规模东扩不可能实现。还有欧盟的贸易政策，过去一直相对积极开放，这与英国人也不无关系。英国长期支持自由贸易，支持欧盟与第三国谈判签署自由贸易协定，如果没有英国的积极努力，欧盟的贸易政策将更为保守。英国退出欧盟后，欧盟的国际视野可能会逐渐缩窄，开放性也将逐渐下降。

第四节　欧盟未来演变趋向

从综合看，当前欧盟不再面临迫切的生存危机，但内外环境却更为复杂，两股力量即合与分的力量激烈博弈，合即向前走，继续深化一体化的力量上升，但与此同时，以民粹主义为代表的分的力量也在持续发展。因此，欧盟发展前景有较大的不确定性。

有一点可以确定的是，欧盟及各成员国前途命运、国际地位和影响力很大程度上有赖于一体化，不会轻言放弃，将竭力维系一体化成果。其一，欧盟成员国之间虽然分歧重重，猜疑和矛盾增大，但仍有团结在一起的较强政治意愿，不愿看到欧盟解体。其二，无论是移民、还是欧元区以及英国退欧问题，均未构成致命威胁，尚在可控范围内，欧盟仍有足够资源和能力应对。其三，退出欧盟或欧元区的风险实在太大，英国退欧谈判之艰难可见一斑。其四，欧盟仍有极大附加值，包括额外的外交影响力、巨大的市场、出行的便利等等，对中东欧等国来说还有巨额的资金援助。因此，欧盟还会努力前行，持续发展和完善欧盟，提升欧盟附加值及成员国吸引力，特别是解决一些民众关心、攸关欧盟未来的现实问题，未来欧盟在欧元区和内部市场建设、安全及防务等领域的务实合作可能得到加强。

欧盟未来演变受经济发展、外部压力、政治家意愿、民众的认同以及一体化的历史和机制惯性等多重因素的影响。从总体来看，欧盟未来的演变发展有三种可能的方向：

第一种可能的方向是，超国家机制的建设方面原地踏步，或者小幅修改，但在某些政策领域的政府间合作可能得到加强。目前，欧盟内部利益主体更为多元，冲突增多。一些国家民族意识抬头，一体化意识弱化，各国为维护国家利益都不愿在欧洲议题上妥协，重大经济、社会政策难以协调，这种情况在中短期内不大可能有好的转变。在目前的情况下，维持现状可能是欧盟唯一的选择。原因在于，欧盟重要国家和机构近期在欧盟政策上都难有作为，法国总统马克龙雄心勃勃，欲带领欧洲走向更为一体化的发展道路，奈何国内改革不易，甚至有翻船可能，在欧盟内无得力的同路人，可谓有心无力；德国大联合政府忙于内部事务及可能的政策纷争，自顾不暇，默克尔总理政治光环渐趋黯淡，在欧盟内号召力减弱；英国已经脱欧；意大利联合政府随时有垮台可能，而且经济问题积重难返，与欧盟矛盾不断。西班牙政局不稳，波兰作为中东欧最大的国家，与欧盟关系持续恶化。欧盟委员会虽然有雄心，但更多只是一个执行机构，在推动欧盟深化发展方面也有心无力，至于其他国家，就更不用说了。因此，今后几年，欧盟在一体化的深化方面极有可能碌碌无为。但欧盟层面的无为并不意味着欧盟各成员国不会进行经济上的改革，出于国内以及全球化的压力，欧盟国家即使不能在短期内进行经济结构上的大改革，也会进行一定调整，例如，马克龙总统虽然在国内遭遇极大阻力，仍在持续推进改革进程。尽管 56% 的民众反对，以及抗议示威不断，在马克龙政府主导下，2020 年 3 月初，法国议会通过了养老金改革法案，这是近年来法国历届政府改革中力度最大的一次[①]。各国都可能根据本国实际情况，在社会保护及市场竞争之间做出某种调和。

---

① “French Parliament clears path for controversial pension reform,” https://www.aljazeera.com/news/2020/03/french-parliament-clears-path-controversial-pension-reform-200304094155451.html.

尽管如此，欧盟深化乏力并不意味着欧盟会解体，相反，欧盟未来的重点合作领域将转向欧元区建设以及欧盟三个支柱中除经济之外的另外两个支柱，即共同外交与安全政策、司法与内务合作。

欧元区是欧盟核心。单一货币和共同的货币政策既促进了一体化，但也带来更多的问题和难题，比如南北国家发展更为分化，相互猜疑，缺乏财政转移手段，易受外部冲击和影响等。2010 年初主权债务危机的爆发即是欧元区内种种问题和矛盾长期累积的必然结果。为应对债务危机，也为避免未来类似危机，欧盟和欧元区采取了系列举措，比如强化财政纪律，订立“财政契约”；建立救助机制“欧洲稳定机制”；建设银行联盟等等。但这些措施远远不够，“财政契约”主要靠各成员国自律，仍然缺乏“牙齿”；“欧洲稳定机制”对意大利这样的国家来说可谓“杯水车薪”；银行联盟属重大、根源性举措，但其三根支柱，即单一监管机构、共同清偿基金及共同存款担保中，只有第一支柱落实，共同清偿基金规模太小，共同存款担保仍然缺失。欧元区特别是南欧国家银行持有大量本国国债和地方债，主权信用发生危机势必拖累银行业，导致银行资产缩水、投资损失、信用风险上升。政府为避免银行破产及信贷活动剧烈收缩，被迫对银行实施大规模救助，这反过来又拖累国家财政，导致主权信用下降，出现危机。只有建成银行联盟，才能从根本上切断银行业危机与主权债务危机的恶性循环。欧元区国家意识到了这一问题，目前正加紧制定改革方案。改革到何种程度并不确定，但目前态势是欧元区只能往前走，退则风险巨大，未来欧盟将以小步走方式，持续完善欧元区治理。2017 年 12 月 6 日，欧盟委员会正式提出系列强化欧元区建设的立法建议，包括将设立于 2012 年的“欧洲稳定机制”在 2019 年中的时候转变为欧洲货币基金组织，将其从一个政府间机构置于欧盟法律框架下，并赋予其在成员国救助、银行破产清算等方面更大的权力；最早于 2019 年设立欧元区财政部长，协调欧元区宏观经济政策、监管欧元区国家预算等①。但从目前看，这些立法建

① “THE 6 DECEMBER PACKAGE,” https：//ec. europa. eu/info/sites/info/files/economy – finance/emu_ deepening_ marco_ buti_ debrief. pdf；Eric Maurice，“Commission wants more centralised eurozone by 2019，” https：//euobserver. com/economic/140178.

议尚未完全落实。2019 年 10 月，欧元区财政部长决定建立一笔欧元区预算，7 年内提供 170 亿欧元[①]，很少，只具有象征性意义，财政部长未能设立，“欧洲稳定机制”的改革仍在讨论之中等等。

长期而言，欧元区“一统欧盟”的步伐可能加快，至少从经济与货币层面看，欧洲一体化可能由“多速”发展重回“单速”状态。目前，欧元区虽然危机四伏，但解体的可能性基本上可以排除，向好的可能性则开始增加。一方面，重灾国如希腊、葡萄牙、西班牙、意大利等国已在深入推进结构性改革，包括改革劳动力市场、提高退休年龄、破除行业垄断等，这些措施有利于提升经济竞争力，这种改革当前虽然痛苦，但正效应将逐渐显现。数据显示南欧国家经济竞争力已有较大提升；另一方面，欧元区机制改革也在逐步取得进展。包括欧元区首脑会议机制化，以协调各国经济政策；设立永久性的欧元区救助机制“欧洲稳定机制”；签署“财政契约”，强化欧元区财政纪律；创设欧元区银行业单一监管机制并最终建立某种程度的银行联盟等。未来，一个经济恢复增长、机制更为完善的欧元区对非欧元区国家来说将更具吸引力。目前欧元区一共有 19 个国家，剩下 8 个非欧元区国家包括 6 个中东欧国家以及丹麦、瑞典 2 个北方国家。如果欧元区情况好转，非欧元区国家对加入欧元区将更为积极。因为按欧盟法律，这些国家除丹麦获得明确的法律上的例外权外，均有义务加入欧元区，而且多数非欧元区国家对深化欧洲一体化仍持积极立场，也担心留在欧元区外会逐渐被边缘化。未来留在欧元区外的国家会越来越少，最终可能只剩下丹麦等极少数国家。这样，未来欧元区决策以及欧元区的立法就将事实上成为欧盟的决策和立法。在这种情况下，作为小国且国家命运与欧盟联系更为紧密的丹麦和瑞典可能会选择决定加入欧元区，即使未来由于民众反对暂时无法加入，也很可能选择参与欧元区行动，遵守欧元区决策，从而事实上成为欧元区的一员。

当然，应当指出的是，欧元区的扩张甚至“统一欧盟”并不意味着欧

---

① Jan Strupczewski，“EU ministers agree euro zone budget short of original ambitions，” https：//www. reuters. com/article/us – eurozone – budget/eu – ministers – agree – euro – zone – budget – short – of – original – ambitions – idUSKBN1WP0RZ.

洲一体化使命的完成，真正意义上的财政联盟和政治联盟仍将遥遥无期：其一，德、法两国关系调整不可能一帆风顺。两国在欧洲一体化的远景目标上差异较大。2012 年 11 月 7 日，德国总理默克尔在欧洲议会的一次演讲中曾提出，未来欧盟最终将联邦化，欧盟委员会演变为欧盟政府，欧盟理事会会演变为上议院，欧洲议会作为下议院也将获得更大的权力①。但法国作为一个有较强中央集权传统的国家，向来对“联邦欧洲”缺乏兴趣，法国国内存在强烈的反联邦化情绪。马克龙总统虽然亲欧，但其想像中的欧洲仍是一个法国的欧洲，是法国模式的扩大版，是法国投放力量和影响力的工具，并不愿将法国的未来交给一个法国无法主导的“欧洲联邦”。当前，在自身经济实力和人口处于弱势的情况下，更不大可能接受德国主导的欧洲秩序。其二，“民主赤字”扩大将弱化民众对欧盟支持率。历史表明，欧洲一体化的发展演变即意味着欧盟超国家机构与成员国之间权力分配的调整变化。欧洲一体化的任何深化发展都会导致限制成员国权力、扩大欧盟超国家机构权力的结果。在欧债危机的倒逼之下，欧元区正努力加强制度建设，改善经济治理，也就是说正在深化一体化进程，如欧盟“财政契约”就赋予了欧盟委员会较大的监督成员国预算的权力。再如，在建立银行业联盟及财政联盟的过程中，欧洲中央银行及欧盟委员会甚至欧洲议会等超国家机构的权力都会相应增大，而成员国的权力则势必会相应缩小。但由于欧盟委员会“高高在上”，欧洲议会代表性不足，其权力越大，民众疏离感会越强，寻求本国保护的情绪也就是民族主义情绪会更强烈，因而对一体化发展的制约性也会更强。其三，订立宪法意义上的新条约基本上是一项不可能的任务。要建立真正的财政联盟、政治联盟，成员国就必须谈判修改欧盟条约，鉴于欧盟内部南、北以及大小、穷富国家之间的差异和不同的利益诉求将长期存在，谈判将旷日持久。这方面欧盟已有前车之鉴。欧盟从 2001 年起开始“制宪”，2005 年法国和荷兰先后在全民公决中否决欧盟宪法条约，直到 2009 年简化版的欧盟宪法条约即《里斯本条约》才得以生效，历经 8 年时间。建立真正的财政和政治联

---

① Valentina Pop, “EU to be federalised in the long run, Merkel says,” *EUobserver*, November 7, 2012, http://euobserver.com/institutional/118126.

盟意味着向欧盟让渡更多的主权，届时包括从未就欧盟条约举行过公投的德国在内的大多数欧盟国家都将就此举行公投①，鉴于当前形势及欧盟的演变趋势，新条约几乎没有通过的可能。

总而言之，欧洲一体化中短期内将继续维持“多速”发展的状况，但长期看，随着欧元区发展速度的加快，保持另一种速度的国家会越来越少，最终两种速度可能合二为一，欧洲一体化重回“单速”状态，但这也只限于货币领域。即使到那时，欧洲一体化也仍将只是一个没有明确目标的进程，欧盟能否演变成一个真正意义上的“合众国”仍然遥遥无期。

当然，也有另一种可能，欧元区之外的国家如瑞典、丹麦等国也可能选择不加入欧元区，如果未来欧盟的发展严重损害其利益，这些国家也可能效仿英国退出欧盟，选择在欧盟之外与英国重组新的“家庭”。毕竟英国与北欧国家无论在经济发展程度、对外贸易政策等诸领域有更多的相似性。

从欧元区本身来说，由于其内部南北分化较为严重，如果未来欧元区不能采取较为激进的措施，比如设立较大的欧元区预算、共同欧元债券、建立有较大权威的欧元区财政部和欧元区政府，或者再次遭遇严重的债务危机，最终欧元区本身也有可能分裂，德国等北方国家可能建立一个更有凝聚力的小欧元区。而意大利、希腊等南欧国家则可能会退出欧元区。因此，从长期看，欧元区分裂的可能性无法排除。

长期以来，欧盟的经济一体化是最有成效、也是超国家因素最为明显的领域，新功能主义者的所谓“外溢”（spill – over）理论也在这一领域得到了验证。但发展到统一货币后，经济一体化已经很难再深入下去，仅靠“外溢”也无法推动。欧元区成员国已经让渡了货币政策的主权，如果再要让渡财政政策的主权，成立“欧洲经济政府”，那欧盟就发生了质变，涉及一系列主权和机制上的问题，比如是否要建立一个不同于欧盟委员会的“欧洲中央政府”等等。这一步是很难迈出的。因此，在可预见的将

① Florian Gathmann and Philipp Wittrock, “Germany Considers Holding EU Referendum,” http：//www. spiegel. de/international/europe/germany – considers – holding – eu – referendum – a – 849441. html.

来，经济领域都很难成为欧洲一体化的引擎。

而共同外交与安全政策以及司法与内务合作长期以来一直是进行政府间合作的，主权及机制上的困扰相对要少。欧盟主要成员国的经济问题对这两个领域合作的影响并不明显，从近年来的情况来看，这一观点是可以得到验证的。比如，在欧盟共同外交与安全政策方面，欧盟外交仍很活跃，如加大对非洲的援助、斡旋伊朗核危机、调整对美关系等等。欧盟未来可能加大在这一领域合作的原因在于：一是欧洲公众支持，“欧洲晴雨表”舆论调查机构的多份民调结果显示，各成员国中绝大多数人都支持欧盟奉行独立和积极的外交政策。二是大多数成员国政府都有意愿，如法、德等欧盟大国长期以来一直将欧盟看作是其投放国力的外交工具，一些新成员国则将欧盟看作是对抗俄罗斯影响的武器等。三是国际环境使然，欧洲现在实际上处于所谓“不稳定国家和地区”的包围之中，如中东、非洲也包括中亚等，与几亿穆斯林为邻，这给欧洲带来很大的安全问题，如非法移民、恐怖活动、人口和毒品走私、武器扩散等，在解决这些问题上，欧盟各国有共同利益，需要集体行动，也需要中、美、俄等大国的合作与配合。这既是欧盟外交趋于积极的一个重要因素，也是欧盟加强司法与内务合作的一个最大推动力。尽管欧盟各国在具体的外交问题上有不同的利益，但在大多数问题上特别是“大周边”政策上还是能以一个声音说话的。2017 年 6 月，欧盟成立“军事规划与指挥能力”办公室，负责协调军事与民事行动，被视为“通往欧洲司令部的一小步”。2017 年 11 月 13 日，欧盟 23 个成员国同意在防务领域开展“永久结构性合作”①，这是近十年来欧盟在该领域迈出的最重要一步。23 个欧盟国家将先行先试，组成“防务合作圈”，提高防务合作效率。12 月初，爱尔兰和葡萄牙也决定加入。12 月 11 日，上述 25 国提交了一份将在“永久结构性合作”机制下初步开展的项目清单，包括军事培训、网络安全、后勤支持、救灾和战略指挥等

① “Defence cooperation：23 member states sign joint notification on the Permanent Structured Cooperation（PESCO），” http：//www. consilium. europa. eu/en/press/press – releases/2017/11/13/defence – cooperation – 23 – member – states – sign – joint – notification – on – pesco/；Alessandro Marrone，“Permanent Structured Cooperation：An Institutional Pathway for European Defence，” http：//www. iai. it/it/pubblicazioni/permanent – structured – cooperation – institutional – pathway – european – defence.

方面。

第二种可能的方向是，在可预见的将来，欧盟作为一个“多国家的地区”（a region of states）这一特征将得到强化，而其作为一个“地区国家”（a region state）的特征则会受到较大程度的弱化。也就是说，欧盟内部“联邦主义”式微，“政府间主义”则将长期占据主导地位。国家以及体现国家意志的欧洲理事会及欧盟理事会将在欧盟的未来发展过程中起到更大的作用，而超国家机构如欧盟委员会的影响力则会因成员国利益的多元化而受到更大的制约。如欧盟委员会现在可算作是“欧盟的中央政府”，但其职能和地位正继续弱化，如开放成员国服务业市场的计划就因为德、法两国的反对而无法实施。欧盟委员会可能持续提出关于欧盟未来发展的各种建议，比如绿色协议等等，但如何落实则超出欧盟的权力之外。

造成欧盟“联邦化”受阻、国家主权主义突出的主要原因在于：其一，欧盟民众对欧盟经济表现感到失望，经济是欧盟的主要发展领域，而且欧盟也创立了单一大市场以及统一货币欧元，但欧盟经济长期增长缓慢，使民众对欧盟及经济一体化建设失去信心。其二欧盟缺乏方向感、同质性及身份认同，效率低下，尽管这些问题在一体化初期就不同程度的存在，但欧盟持续的扩大及未来可能的扩大无疑使很多民众“政治欧洲”的理想更加遥远。特别是欧盟主要出于政治原因而东扩的同时并没有进行机制上的配套改革，也没有征得欧洲各国民众的认可。2005 年法、荷两国民众否决宪法就是这种情绪的极端体现。甚至英国脱欧的部分原因也被认为与 2004 年东扩有关①，因为当时的布莱尔政府允许中东欧新成员国民众自由进入英国，而不是如德法等国有一段过渡期，在过渡期内，中东欧新成员国民众进入本国要受到限制。如果欧盟各国当前的经济和社会困境得不到解决，民众无法恢复对欧洲一体化的信心，欧盟各国长期无法在重大的经济和社会政策以及机制改革等问题上达成一致，欧盟的内聚力不可避免地会继续弱化，欧盟作为一个整体也会趋于松散。有学者认为，这一过程

---

① Adam Payne, Tony Blair isn't the voice of Remainers — he is partly to blame for Brexit, October 29, 2016, https://www.businessinsider.com/tony-blair-brexit-immigration-eu-referendum-2016-10.

可称作是欧盟的“解构”（deconstruction of Europe），未来“甚至不排除欧盟解体的可能性”①；也有人认为欧盟可能会演变为一个自由贸易区，或者成为“联合国的一个地方版”②。当然，这是一种较为悲观的看法，可能性并不大。目前，欧盟仍可以勉强依赖为当初的共同体六国所设置的欧盟架构来管理27 国或更多国家的欧盟；欧洲一体化也仍有巨大的历史和机制惯性；很多国家也仍抱有“政治欧洲”的理想。如法国前总统希拉克就曾强硬表示，“法国决不会让欧洲变成仅仅只是一个自由贸易区。我们想要一个植根于团结的政治和社会欧洲”③，法国现任总统马克龙对欧洲也持相似理想，主张建立一个“主权的欧洲”④。但不容否认的是，欧洲的极端主义（包括极左和极右）以及民族主义等正呈上升之势，它们的“疑欧”和“反欧”活动将在相当长的一段时间内给欧洲一体化造成很大的牵制；欧洲的结构性困境也在相当长的时间内很难得到解决，因此，欧盟整体在中短期内将会因更加多元而更趋于“松散”。

第三种可能的方向是，在欧盟整体趋于“松散”过程中，可能向“多速化”或“层次化”的方向发展。“多速欧洲”的概念并不是一个新的提法，自从英国加入欧盟后，这一概念便出现了，当时主要是法德等国试图以排斥英国出局这根大棒来促使英国跟上一体化的步伐。从欧盟当前的形势来看，由于27 国或者更多数量的欧盟国家的确很难一同前进，欧洲传统的以签订条约来推动一体化的模式已难以为继。

我们知道，欧洲一体化起源于具有联邦主义倾向的政治家的推动，此后的欧洲一体化也主要是由政治精英人物所主导的，通过谈判签订条约让渡主权的方式来实现。比如《罗马条约》建立了欧洲经济共同体，《马斯特里赫特条约》建立了欧元，但欧盟宪法危机表明，未来的欧洲一体化已

---

① See Laurent Coben - Tanugi, The end of Europe? Foreign Affairs, November/December 2005.

② Anne - Marie le Gloannec, Turkey holds a mirror to Europe's failings, Financial Times June 9, 2004.

③ Jacques Chirac, Europe needs strength and solidarity, Financial Times, October 26, 2005.

④ “For a sovereign, united, democratic Europe, Speech of the President of the Republic - Initiative for Europe - Paris La Sorbonne - Tuesday September 26, 2017,” https://onu.delegfrance.org/For-a-sovereign-united-democratic-Europe.

经很难再以签订条约的方式前进。因为欧洲联合已由政治家推动转变为需要民众认可，比如正是强大的民意压力才迫使法国和荷兰举行了针对宪法条约的全民公决，荷兰的全民公决更是200年以来的第一次。鉴于欧盟同质性减少，差异性增大，只要欧盟各国未来在经济和社会模式指标上未能取得较大程度的趋同，未来即使各国政治家能取得一致意见，再签订条约，也极可能在一到几个国家遭到否决。因此，欧盟整体未来将很难在一个统一的条约框架下一同行动，在这种情况下，一些国家可能会就不同的议题形成不同的“自愿者联盟”，如欧元区等。如果说欧元区集团现在还是欧洲一体化多速发展的特例，今后则可能成为常态，如过去英、法、德、意、西五国在反恐情报交流以及边境控制方面的合作以及英、法、德在伊朗核问题上的合作等等。法国总统马克龙自2017年上台以来，将欧元区成员国深化政治、经济和社会一体化视为首要任务，主张设立欧元区预算，设立欧元区财政部长等，推动欧盟的双速发展。欧盟在防务上的永久结构性合作也是欧洲一体化多速发展的又一例证。因此，从中长期来看，欧盟“多速化”发展趋势将常态化、多样化，而那些参与所有“自愿者联盟”的国家则可能自然形成一个欧盟的核心集团。但“多速欧洲”的发展也有一定的限度，比如机制和预算、法律等方面的限制，如果突破这些限制，比方说，欧元区国家另外建立起自己的预算和执行机构，或者某几个国家在外交及国防政策上进行实质上的统一，这就意味着欧洲实质上是因无法统一而再次分裂。从另一方面来说，欧洲一体化的“多速”或“层次”化发展也是欧盟一个无奈的选择，因为“多速”本身就表明了欧盟整体凝聚力以及欧洲认同感的下降。从现实主义的角度来说，即使欧盟未来能最终“联邦化”，“多速化”或“层次化”发展也是一个不可避免的阶段。

欧盟需要改革和完善的领域很多，未来几年也可能会有一定的进展，但也应看到，欧盟的改革和发展有其限度。欧盟成员国均不同程度受困于民粹主义、恐怖主义、极端化、贫富分化、阶层固化等问题，这些问题的解决不可能一蹴而就，需要牵扯大量时间、物力和精力，在这一过程中，成员国需要得到欧盟的帮助，因而会积极促成欧盟的务实合作；但各成员国同样也不希望因为欧盟改革问题而加剧本国政治纷扰甚至导致政府垮台，由于这一因素，至少未来几年内，欧盟发展不大可能有大的突破。任何大的改革，比如建立较大的欧元区预算和共同存款担保机制、统一税收和财政政策、统一外交和防务政策等等，都将引发成员国内极大争议，适得其反；重大欧盟改革方案还需要修改欧盟基础条约，这在当前情况下，几乎是不可能完成的任务。

至少从目前看，欧盟总体态势是持续向前，欧洲一体化还会持续的深化和扩大，但仍面临诸多困难挑战和风险点，未来也可能再次爆发严重危机。

其一，英国脱欧彻底打破欧洲一体化禁忌，即一体化不再是单行线，而是一条可以倒退的双行线。目前欧盟内虽无潜在的效仿者，但欧盟的核心欧元区仍是危机四伏，葡萄牙陷入高债务、低增长的恶性循环，民众看不到生活好转的希望。特别是意大利，意大利是欧元区第三大国，经济、政治隐患多，自加入欧元区以来经济几无实质增长，与欧元区内北方国家特别是德国相比差距拉大。从 2007 年第一季度到 2017 年第四季度，德国名义上国内生产总值增长 34%，年均增长 2.7%；意大利同期仅增长 9%，年均仅增长 0.8%。而意大利 2017 年第四季度实际国内生产总值比 2007 年第一季度甚至要低 5%，人均国内生产总值低 9%①。尽管意大利的困境并不完全归咎于欧元，但从客观上看，欧元的存在的确使意大利提升竞争力的努力更为困难。意大利是欧盟和欧元区创始成员国，一直是欧盟和欧洲一体化的积极支持者，但由于民众生活水平倒退，对欧盟特别是欧元已经热情不再，意大利 2018 年 4 月初的选举充分表明了这一民意上的巨大变化，对欧元区财政纪律的敌视前所未有。目前意大利银行业危机重重，政治上继续分化、激进化，成为欧元区定时炸弹。与希腊、葡萄牙等国经济体量较小不同，意大利被认为是“大到不能倒、大到不能救”，一旦出现类似希腊式危机，将给欧元区带来致命打击。向来亲欧的荷兰近年来疑欧情绪也在抬头，这将使未来欧元区的任何救助更为困难。欧元区之外的瑞

---

① Martin Wolf, “Italian election results expose eurozone inadequacy,” *Financial Times*, March 14, 2018.

典、丹麦向来对一体化缺乏热情。脱欧后的英国如果运行良好，将对欧盟内三心二意的成员国带来“致命诱惑”。

其二，欧盟经济在经历2014—2018年的相对较快增长后，再度放缓，2019年只增长1.1%，欧元区只有1%，意大利和法国在2019年第四季度甚至是负增长，因此，欧盟经济仍很脆弱。作为一个超大型经济体，欧盟严重依赖外部市场，而当前国际贸易秩序受到特朗普政府“美国优先”的严重冲击，欧盟特别是欧元区经常账户顺差较大，国际贸易环境的恶化也将恶化欧盟经济增长预期。再如，欧盟人口老龄化严重，意大利等多国出现人口负增长，从长期看也将制约经济增长。

其三，民粹主义对欧盟政治和一体化破坏力巨大，但从目前看，欧洲主流社会并无良好解决办法：一种是积极向其靠拢，如奥地利，主体社会极右化；一种是忽视，如德国，这样可能反而使极右势力坐大，无论哪种情况，都不利于欧洲一体化发展。

其四，欧盟仍可能决策失误。2015年，德国门户开放政策导致移民大规模涌入欧洲，欧盟在中东欧国家反对的情况下强行通过难民分摊方案，强烈刺激极右翼民粹主义发展，也加剧了欧盟内的东、西对立。因此，未来如果自私自利、民粹主义、民族主义得不到有效控制，欧盟再次倒退并非不可能。

总而言之，欧盟未来发展将以稳定为主，重点解决过去多年危机带来的种种后遗症，在此基础上推进改革，以增加民众获得感、促进一体化可持续发展。但即使是小幅改革也难以一帆风顺，欧盟内部纷扰不会平息，东西、南北矛盾还可能加大，甚至阶段性掀起较大波澜。因此，弱欧盟将成为长期趋势，其内部凝聚力难以提升，经济、地缘政治上的不安全感将有增无减，在国际上的弱势地位不大可能有明显改善。在很长时间内，欧盟仍将是一个缺乏自信和战略自主性，防御性和保护性突出的国际行为体。

是在意大利和西班牙等重灾国，一些国家如奥地利、捷克、丹麦准备有计划复工复产，但世界卫生组织警告，如果过早解除“封城”措施可能导致疫情的重新暴发①。法国总统马克龙声称，“没有人知道这一次疫情会持续多久”②。德国总理默克尔 3 月 18 日首次在黄金时间向全国民众发表非例行的电视讲话，称疫情“是第二次世界大战以来最大的挑战”，一方面传达政府战胜疫情的信心，另一方面呼吁德国人配合政府共渡时艰。此前，默克尔曾表示，在德国 8300 万人口中，最终可能有 70% 的人受感染。③

综上所述，欧洲国家本可以早日采取强制措施，但由于行动迟缓，导致疫情蔓延，加大了之后的防控难度。而且，从欧洲疫情的走势及欧盟和各国的应对来看，有这样几个特点，进一步加大了防控难度：一是不同步。在意大利“封城”“封国”的时候，欧洲很多国家仍然是“歌舞升平”。3 月 8 日，也就是在意大利“封城”当日，比利时、西班牙等多个欧洲国家仍然举行了国际妇女节的集会，法国也仍然举行了第一轮的地方选举。二是不同调。疫情升级后，意大利、西班牙等国采取了更为激烈的措施，但是英国、荷兰、瑞典等国却传出“群体免疫”的声音。英国后来改弦易辙，加强了防控举措，但瑞典、荷兰等国则更为自由放松。三是不团结，特别是在疫情暴发初期更是如此。意大利启动“欧盟民事救助机制”，但无一国响应，让深处危机的意大利情何以堪。成员国之间相互截留口罩等防疫物资，禁止口罩等防疫物资的出口，也让欧洲看起来像是一团乱麻。之所以出现这种情况，原因是显然的，欧洲没有中央一级的统筹机制，欧盟机构如欧盟委员会没有权限，难以发挥协调作用，更不用说令行禁止了。但欧洲几十年的一体化又使各国往来紧密，这就加大了疫情防控的难度。欧盟治理体系和治理能力上的弱点在疫情的冲击之下暴露无遗。

---

① Sarah Wheaton, “WHO chief: Lifting lockdowns early risks ‘deadly resurgence’,” https://www.politico.eu/article/who-chief-speedy-lockdown-lifts-risk-deadly-resurgence/.

② Rym Momtaz, “Macron: No one knows how long the coronavirus will last,” https://www.politico.eu/article/no-one-knows-how-long-coronavirus-will-last-emmanuel-macron/.

③ “Merkel: Coronavirus is Germany's greatest challenge since World War II,” https://www.dw.com/en/merkel-coronavirus-is-germanys-greatest-challenge-since-world-war-ii/a-52830797.

与欧洲过去经历的多种危机如债务危机、难民危机等相比，此次危机的不同之处在于，既要救人也要救经济，可以说是两线作战。为救人，就必须“封城”“封国”，或者至少限制民众出行；而经济运行需要人的流动，人人都待在家时，也就是经济停滞的时候；而要救经济，就不能采取过于激烈的措施，这也是欧洲国家“封城”“封国”不彻底的原因所在，特别是在疫情初期不愿采取强制措施，而是怀有美好愿望，寄希望于疫情不会暴发太快，从而错过了控制疫情的最佳时期，这就是当断不断，反受其乱，致使防疫期延长，反而不利于经济的恢复发展。德国大众汽车首席执行官称，“如果欧洲像中国一样迅速处理好了疫情”，汽车业很快就能恢复过来①。救人和救经济都重要，因为救经济实际上也是要救人，但这需要有一个平衡，有一个先后顺序的问题，从根本上讲，没有疫情的控制，是不可能有健康的经济活动的。从这方面来说，疫情对各国领导人的决断力都构成了一个挑战。从目前来看，欧洲似乎并没有经受住这一考验，虽然最后多数国家选择以“救人”为首要任务，但因为考虑到经济上的原因，没有在第一时间采取最果断的措施来应对疫情、控制疫情。而且，荷兰、瑞典等国长期未能采取有力措施，这也可能成为欧洲疫情第二次暴发的风险点。

欧洲疫情在 2020 年 6 月之后开始得到控制，防控措施开始逐渐放松，经济也开始恢复性发展。受到疫情严重影响的欧洲国家重点开始转向经济发展而不是继续根除病毒，特别是不愿错过暑期旅游季。因此，在 7 月和 8 月间，欧洲国家普遍加大了对经济的开放力度，这为疫情蔓延埋下了隐患。自 10 月开始，欧洲第二波疫情来袭，与第一次疫情不同，这次基本上所有欧洲国家都未能幸免，包括在第一波疫情中表现较好的中东欧国家以及希腊、葡萄牙等南欧国家，特别是应对第一波疫情非常有力的德国也受到严重冲击。在英国 2020 年 12 月出现新冠肺炎病毒的变异毒株后，欧洲形势更为紧张。英国、法国、德国、西班牙等国再次加强了封锁管控力度。在第一波疫情中相对宽松的荷兰也执行了为期五周的封锁，是该国疫

---

① Joe Miller, “1m car workers in Europe hit by coronavirus shutdowns,” *Financial Times*, April 1, 2020.

情以来宣布的最严格的措施。非必要的商店、电影院、理发店和体育馆都已关闭，包括学校。民众还被告知不要在2021年3月中旬之前预订不必要的出国旅行。欧洲成为美洲之外全球疫情最为严重的地区。根据欧洲疾病预防控制中心数据，截至2020—52周（2020年12月30日），欧盟/欧洲经济区和英国共报告17348389例，其中法国（2562646），英国（2329730），意大利（2047696），西班牙（1879413）），德国（1651834）。[①]。显然，第二波疫情打乱了欧洲恢复经济的节奏，也进一步加重了欧洲的经济困境。

鉴于疫情对经济的全方位损害，欧洲的经济救助措施也是力度空前，财政和货币政策双管齐下。在财政政策方面，3月10日，欧洲理事会主席米歇尔和欧盟委员会主席冯德莱恩与欧盟各国首脑召开了远程视频会议，讨论如何应对新冠肺炎疫情问题。会后冯德莱恩表示，将建立250亿欧元（约合1950亿元人民币）的新冠肺炎疫情应对投资基金，用于扶持医疗卫生、中小企业、劳动力市场和欧盟经济受到疫情冲击的部分[②]。欧盟委员会还允许成员国在疫情期间可以突破“财政契约”的赤字限制。4月9日，欧元区财政部长通过视频会议达成总额5400亿欧元的一揽子经济救助措施，其中包括欧洲稳定机制将基本上无条件提供2400亿欧元信贷基金，欧洲投资银行提供2000亿欧元的贷款基金，欧盟委员会提出的一项1000亿欧元的团结互助金，用于帮助工人维持收入并帮助企业维持生计[③]。4月23日，欧盟领导人召开视频会议，讨论如何进行疫后重建，是否发行“欧元债券”也成为重要议题之一。5月18日，德法联合提出倡议，由欧盟委员会以预算为担保，发行5000亿欧元债券，并主要以赠款的形式拨付给遭疫情冲击最严重的国家，以支持经济发展。5月27日，欧盟委员会出台一

---

① European Centre for Disease Prevention and Control, COVID－19 situation update for the EU/EEA and the UK, as of week 52 2020, https://www.ecdc.europa.eu/en/cases－2019－ncov－eueea.

② “Video conference of the members of the European Council,” March 10, 2020, https://www.consilium.europa.eu/en/meetings/european－council/2020/03/10/.

③ “EU finance ministers reach agreement on coronavirus rescue deal,” https://www.france24.com/en/20200409－eu－finance－ministers－reach－agreement－on－coronavirus－rescue－deal.

份备受关注的欧盟经济复苏方案，名为《欧洲的关键时刻：修复并为下一代做好准备》，计划以欧盟预算为担保，从市场募集 7500 亿欧元资金，其中 5000 亿欧元为赠款，2500 亿欧元为贷款。7 月 17—21 日，欧盟在经历了四天的“马拉松”峰会后，通过了所谓的“复苏基金”计划，将赠款额度定为 3900 亿欧元，另外贷款额度调整为 3600 亿欧元，用于支持成员国抗击疫情和提振经济发展。欧盟在此次峰会上还敲定了欧盟 2021—2027 年度规模为 1.074 万亿欧元的预算。

在货币政策方面，3 月 12 日，欧洲央行决定扩大量化宽松，增加 1200 亿欧元购债计划。3 月 18 日，欧洲央行再次加码，宣布启动一项 7500 亿欧元（约合 8200 亿美元）的购债计划，以应对新冠肺炎疫情可能带来的重大风险。该计划将至少实行到 2020 年底，直到欧洲央行判定本阶段新冠肺炎疫情已经过去时才停止。欧洲央行这一举措主要着眼于为欧元区商业银行提供贷款，缓解流动性风险；压低成员国特别是意大利等国国债收益率，降低债务负担。欧洲央行此轮国债购买打破了诸多禁忌，比如对购买成员国国债不设上限，此前的规定是不超过成员国所发国债的 1/3；一直因为评级较低被排除在外的希腊国债此次也被纳入①。欧洲央行行长拉加德宣称：“我们对欧元的承诺没有上限。”② 4 月 7 日，欧洲央行宣布，进一步放宽欧元区银行获取信贷时作为抵押资产的标准，包括接受银行以希腊政府债券作为抵押。欧洲央行试图以此进一步提高欧元区的风险承受能力，促进信贷流动。

各个成员国也都纷纷出台了本国的经济救助措施。4 月 6 日，意大利总理孔特宣布政府将以国家担保贷款的形式向意大利企业提供 4000 亿欧元流动资金，加上之前出台的经济纾困措施中涉及的 3400 亿欧元资金，意大利政府总共向市场注入 7400 亿欧元，意大利总理孔特声称，这是“意大

① Francesco Canepa, Balazs Koranyi, “Exclusive: ECB’s Lagarde overruled German and Dutch resistance to ‘no-limits’ pledge-sources,” https://www.reuters.com/article/us-health-coronavirus-ecb-exclusive/exclusive-ecbs-lagarde-overruled-german-and-dutch-resistance-to-no-limits-pledge-sources-idUSKBN21625J.

② Ben Hall, Martin Arnold and Sam Fleming, “Coronavirus: can the ECB’s ‘bazooka’ avert a eurozone crisis?” *Financial Times*, March 23, 2020.

利历史上最大规模的经济干预措施”[①]。3 月 17 日，西班牙政府宣布了 2000 亿欧元的经济援助计划（约合 2170 亿美元），其中一半资金将用于企业信用担保，其余将用于援助弱势群体，为失业工人提供救济金，并允许受疫情影响群体暂停偿还抵押贷款。西班牙首相桑切斯宣称，这一特别措施在“西班牙史无前例”[②]。德国 3 月 25 日设立了一笔 6100 亿美元的信贷基金，并增加财政支出 1720 亿美元。法国财政部长勒梅尔于 3 月 17 日宣布了一项 490 亿美元的援助计划，以帮助企业和员工应对危机，并设立了一笔 3270 亿美元的信贷基金。英国财政大臣苏纳克于 3 月 17 日宣布了一项规模为 3500 亿美元的应急措施，以帮助企业应对危机，而这一方案的规模也占到了英国 GDP 的 15% 以上，是英国在和平时期最大规模的紧急援助计划；英国央行还宣布，将购买 2280 亿美元的政府债券，并准备直接向政府提供资金。[③] 总而言之，欧盟和各国应对疫情的财政和货币政策力度可谓前所未有，这也正表明了疫情对经济和社会伤害的严重性。

第二节　影响深远

新冠肺炎疫情的直接冲击是显著的，欧洲对疫情的反应以及所采取的应对措施更将给欧洲带来深远影响。

首当其冲的是经济。疫情暴发前，欧洲经济已经处于下行状态。统计显示，2019 年第四季度欧元区经济环比增长 0.1%，较上个季度下滑 0.2%；同比增长 1%，较上个季度下滑 0.3%；环比和同比增速均跌至七

---

① Dmitry Zaks, “Italy Injects Record 400 Bn Euros Into Pandemic – hit Economy,” April 6, 2020, https://www.barrons.com/news/italy – s – virus – deaths – rise – to – 636 – after – big – drop – 01586190604?tesla = y.

② Belén Carreño, Jesús Aguado, “Spain unveils ‘unprecedented’ 200 billion euros coronavirus package,” https://www.reuters.com/article/us – health – coronavirus – spain/spain – unveils – unprecedented – 200 – billion – euros – coronavirus – package – idUSKBN2141ZN.

③ Gabe Alpert, “Government Stimulus Efforts to Fight the COVID – 19 Crisis,” https://www.investopedia.com/government – stimulus – efforts – to – fight – the – covid – 19 – crisis – 4799723.

年来新低；意大利、法国分别出现0.3%和0.1%的负增长。欧元区2019年全年增速仅为1.2%，较2018年下滑0.7%[①]。疫情暴发后，欧洲经济陷入衰退已经不可避免，预计欧盟2020年经济将衰退10%。[②]

欧洲经济以服务业为主，"封城""封国"甚至"封盟"措施首先打击的就是服务业。在疫情重灾国意大利、西班牙和法国，旅游业都是支柱性产业。法国每年接待外国游客近9000万人次，旅游业收入占全国总收入约8%[③]；意大利旅游业对GDP直接贡献高达4%，间接贡献高达13%[④]。西班牙旅游业2018年贡献了GDP的12%，提供了13%的就业岗位[⑤]。希腊是欧元区国家中除了塞浦路斯之外最为依赖旅游业的国家，2018年，旅游业占了希腊经济增长的一半，GDP的20%（有些地方占到90%），提供了就业岗位的1/4[⑥]。但疫情发生后，旅游业基本上消失不见了。航空业也是损失惨重，自意大利疫情发生以来，前往欧洲的国际航班数量减少了近八成。游客数量减少导致许多大型航空公司减少了航班安排。德国汉莎航空已经削减了95%的航班，并决定永久封存超过40架飞机[⑦]。制造业同样严重受损，大批企业处于停业状态。全欧范围内，至少100万汽车工人被

---

① "Euro zone GDP slows as expected in the fourth quarter, but employment beats consensus," https://www.cnbc.com/2020/02/14/euro-zone-gdp-slows-as-expected-in-q4-but-employment-beats-consensus.html.

② "European finance ministers ponder coronabonds," https://www.economist.com/europe/2020/04/09/european-finance-ministers-ponder-coronabonds.

③ Abigail Ng, "France has seen a 30% to 40% fall in tourists following the coronavirus outbreak: Finance minister," https://www.cnbc.com/2020/02/23/coronavirus-impact-france-sees-tourism-numbers-fall-by-30percent-to-40percent.html.

④ "Coronavirus: Italy's tourism industry reports 'worst crisis in recent history' after outbreak," https://www.thelocal.it/20200227/coronavirus-italian-regions-warn-tourism-is-on-its-knees-after-outbreak.

⑤ Daniel Dombey, "Spain's economy set to suffer most from coronavirus crisis," *Financial Times*, April 9, 2020.

⑥ "Covid-19 hits Greece even harder than the rest of the euro zone," https://www.economist.com/europe/2020/04/11/covid-19-hits-greece-even-harder-than-the-rest-of-the-euro-zon.

⑦ Joe Miller, Tanya Powley and Peggy Hollinger, "Lufthansa decommissions 40 jets and axes Germanwings," *Financial Times*, April 8, 2020.

解雇或者是减少了劳动时间，因为工厂被迫关门①。在这些受影响的工人中，超过一半在德国。银行业也遭受重大冲击，由于经济活动停滞，很多企业和消费者可能无法还帐，导致银行出现大量坏账死账。而且，由于利率超低，银行经营也面临更大压力。欧洲经济活动和信心明显下降。

疫情终将结束，后疫情时期，欧洲经济将更为危险：

其一，为应对危机，各国投入大量资金，其中绝大多数是从市场借债，这将不可避免推高各国本已较高的财赤率和公债率。疫情前希腊债务已经占到 GDP 180%；② 西班牙债务占 GDP 比略低于 100%，估计西班牙 2020 年将衰退 10%，赤字率上升至 10%，这将推高西班牙债务比至 120%，如果算上西班牙为应对疫情所投入资金，债务占比将更高③；意大利疫情前债务约 2.5 万亿欧元，占 GDP 比例约为 136%④，疫情后，意大利债务占比可能攀升至 180%⑤。这对西班牙和意大利等国来说将是一个更为沉重的负担，而且几乎看不到减负的那一天，债务的不可持续性问题将更为突出。因为要消化、减轻债务，只有两个办法：一是增加税收，而这基本上不可能，因为债务危机以来，南欧国家为推行财政紧缩政策，已经大大提高了税收水平，再提高只能是竭泽而渔，将企业逼向倒闭，将民众逼向失业；二是大幅提高经济增长率，鉴于过去 20 年来意大利经济几无实质增长，很难想象未来意大利经济能突然大幅增长。希腊、葡萄牙等南欧国家情况与意大利类似。一旦市场认为这些国家可能无法还债，将引发新一轮主权债务危机。鉴于意大利和西班牙等国的经济规模，届时，欧元区将难以救助，可能引发欧洲乃至全球经济巨震。

---

① Joe Miller, "1m car workers in Europe hit by coronavirus shutdowns," *Financial Times*, April 1, 2020.

② Bjarke Smith - Meyer, "Brussels warns Italy, Greece over high debt and bad loans," https://www.politico.eu/article/brussels - warns - italy - greece - over - high - debt - and - bad - loans/.

③ Daniel Dombey, "Spain's economy set to suffer most from coronavirus crisis," *Financial Times*, April 9, 2020.

④ "European finance ministers ponder coronabonds," https://www.economist.com/europe/2020/04/09/european - finance - ministers - ponder - coronabonds.

⑤ Wolfgang Münchau, "How the next euro crisis could unfold," https://www.ft.com/content/ddb02110 - 7b24 - 11ea - af44 - daa3def9ae03.

其二，自 2010 年债务危机以来，欧洲央行开始推进量化宽松政策，主导利率长期为负值，试图以提供流动性、大水漫灌的方式刺激生产和消费。但近年来，其负效应开始逐渐显现，包括刺激投机行为，股市和房市泡沫化，银行陷入困境，社会贫富分化加剧，中产阶层财富缩水等。为应对疫情，欧洲央行加码量化宽松，再次向市场注入巨量流动性，其负效应将更为突出。

其三，疫情期间，欧洲经济民族主义情绪抬头。法国财政部长呼吁零售商要有“经济上的爱国主义”，更多的购买法国农产品；法国农业部长也鼓励法国人展现爱国主义，购买“法国货”。大型连锁超市家乐福声称，如果有法国替代品的话，将停止采买外国产品。无独有偶，意大利外交部长迪马约称，“在当前时刻，所有意大利人都能采取的经济手段就是购买意大利产品”①；葡萄牙经济部长也有类似呼吁。泛欧经济民族主义行为无疑会损害欧盟单一市场的公正性和完整性，如果各国争相采取类似措施，也会妨碍欧盟各国合作振兴经济发展。尽管这些明显的经济民族主义行动发生在疫情期间，但无疑会影响民众情感和认同，其负效应不大可能随着疫情的结束而结束。

其四，后疫情时期，美国可能向包括欧洲在内的全球转嫁危机，鉴于美元的霸权地位，美国的确有能力这样做。美国的经济民族主义将更为严重，也可能向欧洲发起新的贸易战。欧盟国家自身的经济民族主义行为还可能加剧欧盟对外保护主义，恶化全球贸易环境，这对于依赖对外贸易的欧盟来说也是不利的。所以，后疫情时期欧洲外部经济环境也不容乐观。

欧洲陷入经济困境将埋下未来社会危机、政治危机甚至一体化危机的隐患。疫情暴发之前，欧洲已经面临较为严重的社会、政治和一体化问题。从社会层面看，欧洲国家特别是南欧国家，失业率较为严重，贫富分化突出。法国马克龙政府推进的自由化改革措施遭到民众强烈抵制，“黄背心”运动自 2018 年 11 月以来一直持续至今日，养老金改革虽然在疫情

---

① GiorgioLealiI, ElisaL Braun, Zosia Wanat and Barbara Moens, “Economic patriotism is back amid the coronavirus crisis,” https://www.politico.eu/article/economic-patriotism-is-back-amid-the-coronavirus-crisis/.

期间暂停，但此前曾引发大规模示威抗议活动。疫情极可能引发企业的倒闭潮和民众的失业潮，将加剧社会分化和激进化趋向。

从政治层面看，欧洲各国政治碎片化、极化问题突出，极右和极左的民粹主义都在兴起，甚至在德国这一较为稳定的国家也出现了政治不稳的迹象。2018 年，民粹主义政府首次在意大利上台执政，目前极右的意大利兄弟党和联盟党支持率都在上升。疫情期间，各党派尚能以大局为重，全力抗疫，但疫情过后，也是该算政治账的时候了。极右翼的民粹主义政党可能乘势继续发展，不排除在某一甚至多国上台执政的可能。

从欧洲一体化看，过去几年，欧盟经受了英国脱欧的刺激，但各国在欧盟未来发展方向等根本性问题上争吵不休，虽然在欧元区改革、共同防务建设等问题上取得了一些进展，但并无实质性举措。疫情期间，各国各自为战，损害了欧盟在民众中的形象，进一步弱化了欧洲一体化的民意基础。南欧国家与北方国家在是否发行“新冠债券”（某种形式的欧元债券）等问题上暴发激烈争吵，荷兰财政部长还要求欧盟委员会调查一些成员国为什么没有为应对疫情做好财政上的准备，事实上是在南欧国家伤口上撒盐，引发激烈反弹，葡萄牙总理科斯塔称荷兰财政部长所说“令人厌恶”，并质疑荷兰是否想要退出欧盟[①]。意大利 2020 年 3 月份有一份民调显示，88% 的意大利人没有感觉到欧洲对意大利的支持，67% 的受访者认为，作为欧盟成员国让意大利处于不利地位，而在 2018 年 11 月时，这一比例为 47%[②]。所以，疫情过后，欧盟非但没有形成更为强烈的命运共同体意识，反而更加的不团结。这显然也将不利于后疫情期欧洲一体化的深化发展。

疫情也将严重损害欧盟的国际形象和国际地位。其一，欧洲是世界上发达国家最集中的地方，也拥有非常好的医疗条件。至少在医疗领域，过去欧洲基本上只是充当救援者的角色而不是作为被救助的一方。但就是在

---

① “Portugal's Costa questions Dutch commitment to EU,” https：//www. politico. eu/article/portugal – antonio – costa – questions – dutch – commitment – to – eu – coronavirus – covid19/.

② Timothy Garton Ash，“The EU can emerge stronger from the pandemic if Merkel seizes the moment,” https：//www. theguardian. com/commentisfree/2020/apr/06/eu – stronger – pandemic – merkel – dictatorship – germany – coronavirus；Miles Johnson，Sam Fleming and Guy Chazan，“Coronavirus：Is Europe losing Italy?” *Financial Times*，April 6，2020.

这样一个地方，疫情最为严重，也需要世界其他国家的帮助。“为什么会这样”的问题不但在欧洲，在全世界也是一个难以避免的问题。显然，欧洲有控制疫情蔓延的有利条件，但出于各种各样的原因，没有控制好，没有利用好亚洲控制疫情所制造的时间差。这表明，欧洲国家和欧盟的治理体系出现了问题，欧盟领导人面对疫情时的治理能力也出现了问题。其二，欧洲在疫情期间，特别是疫情暴发初期乱象纷呈，各国主要是各自为战，甚至相互拆台，以邻为壑，虽然在疫情中后期，协调性有所增强，各国也出现互助行动，比如，德国接收了来自意大利和法国的一些重症患者，捷克向西班牙提供了口罩等防疫物资等，但是负面影响已经造成。欧盟多年来一直主张多边主义，但欧洲国家在面临疫情时，更多选择的是单独行动，在欧盟内部尚不能展开真正有效的多边行动，遑论在国际上推进多边主义了，所以，欧盟多边主义主张的说服力因为疫情而打了折扣。其三，欧盟的国际地位在于联合和一体化，疫情并未给世界展示欧盟的团结和凝聚力，相反是松散、争吵和欧盟机构的无能无力。这并不是一个欧盟未来深化一体化的迹象，相反更像是一个“去一体化”进程加速的开始。

其五，疫情将让欧洲更难应对复杂的地缘政治问题。过去10多年来，欧盟一直在遭受危机的冲击，债务危机、乌克兰危机、难民危机、英国脱欧、美国特朗普政府的单边主义等等，大国竞争激烈的国际政治新态势更让欧盟难以适应。2019年是欧盟换届年，新一届欧盟机构领导人到位，欧盟委员会想要打造一届“地缘政治的委员会”[①]，提出了一系列雄心勃勃的计划，包括推出新的人工智能战略、新的产业战略、新的气候战略以及新的非洲战略等等，建设“欧洲主权”，提升“战略自主”能力；当然，还必须完成与英国的谈判，以厘清未来的英欧关系；化解与美国的贸易争端，避免贸易战等。疫情之下，所有这些议程都被迫中断。但欧洲面临的地缘政治问题并未因疫情而消失，比如难民问题，与美国、俄罗斯和中国等大国的关系问题，气候变化问题等等，这些问题不会因为疫情的暴发而

① Lili Bayer, “Meet von der Leyen's ‘geopolitical Commission’, New Commission chief isn't getting the luxury of a honeymoon period,” https://www.politico.eu/article/meet-ursula-von-der-leyen-geopolitical-commission/.

消失，相反可能更加严峻。后疫情时期，世界形势和格局将会发生较大变化，欧盟的国际地位和影响力的进一步下滑将不可避免。美国为转移危机，可能更肆无忌惮地推进“美国优先”单边主义霸权政策，与欧盟在金融和贸易问题上的摩擦也可能加大。欧盟周边非洲、中东地区由于经济受损，非法移民、恐怖主义可能更为突出，中东地区甚至可能爆发新的战争。总之，疫情过后的欧盟将处于一个更为虚弱、更为不利的地位，内部不团结，外部信誉下降；但面对的却是一个更为复杂、也更为危险的地缘政治形势。总之，后疫情时期的世界对欧洲来说将更为凶险，欧盟可能更加的有心无力，“主权欧洲”“地缘政治的委员会”等等设想都可能沦为空谈。

第三节　未来走向

欧盟委员会经济委员、意大利前总理保罗·真蒂洛尼称，当前欧洲所面对的是战后最严重的危机，“欧洲一体化计划诞生于战争之后。在成功携手战胜这场可怕的大流行疫情后，它可能蓬勃发展，也可能被严重削弱。因此，在我这个意大利人看来，这为欧盟各机构的所有人员敲响了一记警钟”。[①] 如其所言，疫情后欧盟及欧洲一体化发展前景具有较大不确定性，向好向坏皆有可能。

一种可能是，疫情凸显了欧洲各国命运相连，休戚与共，将刺激各国加快一体化进程。虽然意大利、西班牙、法国等国情况更为严重，事实上是所有欧洲国家都遭到了疫情的冲击。后疫情时期，每个欧洲国家都将不同程度面临企业倒闭、民众失业、财政恶化、社会不安、政治激化等问题，一个国家难以单独面对，而且由于欧洲单一市场已经高度一体化，一损俱损，一荣俱荣。如果欧元区因一个或几个国家的退出而崩溃、瓦解，

① Ben Hall, Martin Arnold and Sam Fleming, “Coronavirus: can the ECB's ‘bazooka’ avert a eurozone crisis?” *Financial Times*, March 23, 2020.

即使是像德国这样的相对强大的国家也将遭遇极大损失。所以，欧洲政治人物对于欧盟未来存亡的紧迫感前所未有。意大利总统马塔雷拉 3 月发表特别电视讲话，警告欧洲未来面临风险，称“所有人都必须完全理解对欧洲威胁的严重性”，欧盟应该展现与意大利的团结一致[①]。德国总理默克尔 4 月 6 日宣称，“欧盟面临有史以来最大危机”，面对严峻形势，“答案只有一个，那就是更多欧洲、更强大的欧洲、运行更好的欧洲”[②]。目前，欧盟内部正在紧锣密鼓，寻求以团结一致的方式应对疫情。欧盟已经就抗疫及短期经济救助措施达成一致，包括如何利用在债务危机期间设立的欧洲稳定机制等论。应该说，在经历了疫情初期的混乱后，欧盟的协调性和团结性有所加强。其中一个举措是扩大欧盟预算。2020 年 12 月欧盟峰会通过了 2021—2027 年长期预算，为欧盟疫后经济社会发展提供了资金保障。欧盟还成功通过“复苏基金”，其中最具创新意义的是，欧盟以共同筹集资金的方式从市场筹集资金，所获资金以赠款的形式拨付给成员国使用。其中受疫情冲击最严重的意大利等国将获得更多拨款，这是欧盟在疫情的刺激下迈出的重要一步，将大大加快欧元区财政一体化步伐，补足欧元区财政短板。而财政上的一体化，又必将引发成员国外交及防务领域更多的一体化。当前，疫情肆虐，欧洲国家必须全力应对，但如前所述，欧洲的问题不只是疫情，还有严峻的地缘政治问题，除了团结一致之外，欧洲似乎并没有更好的选择。

当然，也不能排除另一种可能，即由于疫情加剧了欧元区及欧盟内部的紧张关系，欧洲“去一体化”进程也将加速发展，甚至可能引发欧盟的再次倒退。在上一个十年，欧盟遭遇了债务危机和难民危机的冲击，极右翼民粹主义兴起，最终以英国脱欧告终。随着疫情对欧洲影响的逐渐深入，一体化也可能再次遭遇逆转。未来十年内，会不会有成员国退出欧元区呢？

---

① Miles Johnson，Sam Fleming and Guy Chazan，“Coronavirus：Is Europe losing Italy?” *Financial Times*，April 6，2020.

② Eszter，Zalan，“Merkel：Virus is biggest challenge in EU history，” https：//euobserver. com/coronavirus/148003.

疫情暴发前，欧元区内的南北分化和矛盾就十分严重。北方国家如，德国、荷兰等国财政盈余，失业率较低；意大利等南欧国家甚至包括法国在内则持续面临削减赤字和债务的压力，失业率较高。债务危机让南欧更弱，北欧更强。疫情加重，加快了这一趋势。这从各国为应对疫情所投入的资金来看就可见一斑。至2020年3月底，西班牙所投入财政资金及贷款担保占GDP约12%，法国为23%，德国接近60%。[①] 因为像西班牙这样债务负担已经很重的国家无法承担更多债务，但由于救助力度有限，西班牙疫情后也将面临更多的企业倒闭和失业人口，形成经济上的恶性循环，继续拉大与德国等北方国家的差距。有预测认为，疫情后西班牙失业率将攀升至20%，而德国将仅上升至6%[②]。也正因为看到了这一问题，意大利、法国、西班牙、葡萄牙等9国提出发行“新冠债券”，即以欧元区19国共同担保的形式向市场发行债券，这实质上是某种形式的欧元债券。这样做的好处是，意大利等国可借用德国等北方国家相对更好的信誉，以较低的利率水平向市场融资；更重要的是，发行欧元债券所产生的债务不会推升意大利及法国、西班牙等国本已较高的负债率，从而可以减轻这些国家的债务负担，不至于被庞大的债务所压垮。但德国、荷兰、奥地利、芬兰等国则不愿承担南欧国家的债务风险，一如其债务危机期间拒绝欧元债券一样，这一次也是断然拒绝了“新冠债券”。德国总理默克尔8年前即2012年曾表示，“只要我还活着，就不会有欧元债券”[③]，虽然疫情与债务危机不同，德国国内也存在同情意大利等国的声音，绿党就赞同设立欧元债券，但默克尔的立场目前为止并无改变迹象。民调显示，64%的德国人反对欧元债券[④]。荷兰的反对声则更为强烈。荷兰财政部长声称，“我不赞

---

① Daniel Dombey, “Spain’s economy set to suffer most from coronavirus crisis,” *Financial Times*, April 9, 2020.

② Martin Arnold and Daniel Dombey, “Europe’s drive to save jobs risks fuelling north – south inequality,” https://www.ft.com/content/ff31b665 – 22e7 – 4439 – 817f – 75477bc77082.

③ “Merkel Vows ‘No Euro Bonds as Long as I Live’,” https://www.spiegel.de/international/europe/chancellor – merkel – vows – no – euro – bonds – as – long – as – she – lives – a – 841163.html.

④ “Views from the capitals: How the row over coronabonds is tearing Europe apart,” https://www.ecfr.eu/publications/summary/vfc_ views_ from_ the_ capitals_ how_ the_ row_ over_ coronabonds_ is_ tearing_ europe.

同（新冠债券）；我从未赞同过，未来也决不会同意。这对荷兰纳税人不公平，也会增加欧盟作为一个整体的风险；这是不明智的，应该极力避免”[①]。2020 年 5 月 18 日，德法联合提出倡议，以欧盟预算为担保，由欧盟委员会向市场融资 5000 亿欧元，建立一个“复苏基金”，帮助受到疫情严重影响的欧盟成员国渡过危机。有评论认为，这是欧洲一体化史上的“汉密尔顿时刻”（汉密尔顿为美国首任财政部长，他提出将各州债务共同化）。实际上，“复苏基金”虽然迈出了重要一步，但其意义有限，不能过分夸大，其与欧洲稳定机制筹资形式并无根本区别，与“欧元债券”相差甚远。

而不论是南欧或是北欧国家内部，都不同程度存在反欧元的民粹主义压力，如成立于 2013 年的德国“选择党”就是因为反对救助希腊等债务国而产生的，意大利的联盟党则因为反对德国和欧盟的“压制”而主张退出欧元区，民粹主义的上升限制了各国政府在欧盟层面的合作能力。

至少目前看来，“欧元债券”还将遥遥无期，也就是说，意大利等南欧国家看不到从债务负担中解脱的机会，这将催生这些国家内业已存在的民粹主义。如果联盟党在意大利执政、国民联盟在法国执政，那么意大利、法国关于是否留在欧元区的公投就可能不可避免。2020 年 4 月初的一份民调显示，53% 的意大利人已准备好离开欧元区或欧盟[②]。西班牙首相桑切斯称，拒绝“新冠债券”将损害欧盟在像西班牙这样国家的信誉[③]。

与欧元区一样，申根区也面临倒退风险。值得注意的是，南欧国家既是债务危机的重灾国，也是难民危机的重灾国，因为这些国家是中东、非洲、阿富汗等国非法移民和难民进入欧洲的第一站。意大利、希腊、西班

---

① Sam Fleming and Mehreen Khan, “Eurozone countries strike emergency deal on coronavirus rescue,” *Financial Times*, April 10, 2020.

② “European finance ministers ponder coronabonds,” https://www.economist.com/europe/2020/04/09/european-finance-ministers-ponder-coronabonds.

③ “European finance ministers ponder coronabonds,” https://www.economist.com/europe/2020/04/09/european-finance-ministers-ponder-coronabonds.

牙境内都存在大量的难民营，虽然欧盟也提供了帮助，但对意大利、希腊等国来说还远远不够。当前，受疫情冲击最严重的也是意大利、西班牙、希腊等南欧国家。未来，财政压力加上对欧盟及德国、荷兰等国的愤怒情绪，南欧国家可能决定不再收容进入境内的非法移民和难民，让其自由进入北方相对富裕的成员国。作为回应，德国、荷兰等国可能决定关闭与意大利及希腊等国边境，组成一个缩小版的申根区。如果这样，将是申根区的严重倒退，并可能引发欧盟新的政治危机。

“后疫情”时期恰好与“后脱欧”时期重叠，英国如果能够更好地从疫情中恢复，将进一步强化由疫情引发的欧洲国家主义和民族主义情绪。南欧国家可能因不堪忍受欧盟的财政束缚而滋生脱欧情绪。对北欧国家如荷兰、瑞典等国而言则是另外一种考虑，这些国家可能认为，一个由多数是相对贫穷的南欧及中东欧国家组成的联盟将对自身不利，可能构成一个愈来愈大的负担，因而也可能决定脱离欧盟，与英国组成另外一个自由贸易区。在充满变数的“后脱欧”及“后疫情”时期，这种可能性难以排除。一旦如此，也就意味着欧盟的终结。

综上所述，疫情可能推动欧盟向联邦式的国家方向发展，这是欧洲主义者的理想；但也可能加速欧盟走向裂变和瓦解，这是欧洲各国极右翼民粹主义者的希望。这两种可能性短期内都不大可能发生，尽管疫情对欧洲的影响可能超过以前所有危机，但未来几年，最大的可能仍然是，欧盟原地踏步，最多只是修修补补，继续勉强维持运转，以拖待变。

过去几十年来，欧盟成员国的利益分化和分歧一直在持续发酵，南北欧、东西欧、穷国（欧盟预算的净收入国）和富国（欧盟预算的净贡献国）之间的猜忌也一直在持续增长，疫情的确强化了欧洲命运共同体意识，但仍不足以让各国特别是各国民众摒弃成见，拥抱一个自己无法控制的欧盟超级国家。也就是说，欧盟财政、外交及防务上的一体化不可能迈出实质性的步伐。但与此同时，在一个大国竞争的时代，在一个不确定性和不安全性前所未有的时代，欧盟作为一个大家庭，虽然不尽如人意，仍能起到遮风挡雨的作用。所以，各国仍会努力维持欧盟的团结和完整性，不让其走向崩溃瓦解。但应该指出的是，欧盟各国需要对欧洲一体化的未来发展方向尽快达成共识，因为欧盟内部压力在逐渐增大，现状已经越来越难以维持，反欧元、反欧盟的民粹主义政党终有一天可能获得政权，拖延变革不会带来命运的自然好转，更可能导致进一步的大倒退。

第十七章 欧洲未来国际地位

欧洲的力量在于联合和一体化，在于欧盟的生命力和发展前景。欧盟是一支独特的全球性力量，作为一体化程度最高的区域性组织，既非主权国家，又拥有类似国家的主权性权力，是一种过渡性政治结构，处于一般意义上的国际组织和联邦国家的中间状态，几十年来其规模、职能、权力不断调整变化，与此同时其内部差异和累积的问题也愈来愈多，也正因为如此，其发展前景一直广受关注。乐观主义者有之，认为“危”即“机”，更大的危机也意味着更大的机遇。悲观主义者亦有之，认为欧盟已毫无希望[①]。近年来，欧盟持续遭遇危机冲击，债务危机、乌克兰危机、希腊危机、难民危机、恐怖主义、新冠肺炎疫情等重重危机叠加，既暴露了欧盟种种内在的结构性缺陷，也严重冲击其国际形象，欧盟国际地位下降趋势更为明显。

第一节 倒退风险增大

欧盟近年来所遭受的重重危机，很大程度上是其几十年来持续深化、扩大后反作用力爆发的结果，而欧盟作为一个主权国家联合体，难以应对

① 参见 Oliver Hartwich, *Why Europe Failed*, Connor Court Pub, 2015; Richard Youngs, *Europe's Decline and Fall: The Struggle Against Global Irrelevance*, Profile Books Ltd, 2010; Bruce S. Thornton, *Decline & Fall: Europe's Slow Motion Suicide*, Encounter Books, 2007.

危机，倒退、解体风险将长期存在：

其一，申根区自由受限。与单一大市场、欧元一样，以人员自由流动为主要精神的申根区是欧洲一体化最主要也是最具象征性意义的重大成果之一。1985 年，德国、法国、比利时、荷兰和卢森堡 5 国签署《申根协定》，宣布取消五国之间的边境管控，1995 年该协定正式生效，目前已有 26 国加入，其中多数是欧盟成员国，也包括非欧盟成员国的瑞士、挪威等国。申根区内，人员和货物可以自由往来，大大促进了欧盟经济发展和文化、社会融合，有力推动了欧洲一体化进程，特别是在司法、内务等领域的合作。但近年来，特别是 2015 年以来，欧盟遭受重大恐怖袭击及难民危机，申根机制承受前所未有的巨大压力。

这种压力主要体现在申根区内成员国间互信的下降，甚至相互猜疑。申根区自启动以来，区内各国民众可以像在一个国家内部那样不受限制的自由流动，但并无一个中央或集体层面的执法机构负责整个申根区的内部安全及外部边境管理。欧盟在波兰首都华沙设有欧盟边境管理局，但经费、人员及职能等均极为有限。申根区意味着成员国放弃对本国边境的控制主权，其运作主要基于区内各成员国对彼此的相互信任，即相信其他成员国有能力和意愿管理好其外部边界，并考虑、维护好其他成员国安全利益。从目前看，这种互信正受到严重侵蚀。一是对其他成员国能否管理好本国潜在恐怖分子质疑增大。法国巴黎 2015 年 11 月 13 日再遭严重恐怖袭击后，申根区内此前的担心变成现实，即恐怖分子很好利用了申根区不受限制的自由流动。时任法国总统奥朗德称，巴黎恐怖袭击是“在叙利亚策划，在比利时准备并组织，最终在法国实施”。[①] 主犯阿巴乌德能从叙利亚自由旅行至法国，法国竟然未能从其他申根区国家提前得知任何信息。显然，申根现行体制下边境管理漏洞很大，境内人员流动缺乏持续有效监督，成为欧洲恐怖主义一大“黑洞”。二是难民涌入冲击下的各自为战。自 2015 年夏季开始，来自叙利亚、阿富汗及非洲等地难民持续涌入欧洲，目前洪水已过，但涓涓细流不断，随着中东、非洲形势的恶化，难民的细

---

① Christian Oliver and Duncan Robinson, “Paris attacks: Belgium's arms bazaar,” *Financial Times*, November 19, 2015.

流随时可能再度形成洪流。压力之下，申根区各国从本国利益出发，各自为政，相互指责。根据《都柏林协议》，难民应在抵达欧洲的第一个国家进行登记并等待安置，欧洲北部国家指责意大利、希腊等地中海国家没有做好难民登记和指纹采集工作，放任甚至鼓励难民离开本国前往其他国家，荷兰首相吕特曾称，除非能保证边界安全，否则欧盟将面临罗马帝国一样的命运[①]；地中海各国则认为欧盟其他国家没有展现足够的团结精神，将难民问题视为边缘国家的问题，没有提供足够的帮助和支持。德国2015年在没有咨询其他申根区国家意见的情况下，单方面打破《都柏林协议》，向叙利亚难民无条件开放边界。德国宣称此举是紧急情况下的人道主义考虑，但事实上起到“鼓励”难民涌入的效果。匈牙利总理欧尔班称德国为“道义帝国主义”[②]，时任法国总理瓦尔斯抱怨“不是法国决定要开放边界（暗指德国），我们不能再接收难民”[③]。在欧盟境内难民安置问题上，各国也是相互推诿，欧盟安置16万难民的计划遭各国特别是波兰、匈牙利等中东欧国家抵制，目前已经沦为一纸空文，反而加深了欧盟内部矛盾。

互信下降的结果是本位主义、民族主义的上升。匈牙利率先在本国边界竖起围栏，其他国家包括奥地利、瑞典、德国等所谓“难民友好型”国家纷纷效仿，或筑围栏，或恢复边界检查，甚至干脆关闭边界。2019年7月29日，一名40岁的厄立特里亚籍男子在法兰克福中央火车站将一名8岁儿童及其母亲推下站台，导致这名儿童遭进站列车碾压后死亡，其母侥幸生还。随后，德国内政部长泽霍费尔8月2日称其将考虑在德国边境设置检查站，以改善国内安全形势。泽霍费尔表示，2018年有大约4.3万人非法入境德国，政府应采取应对措施。他特别提到，应在德国、瑞士边境设立检查站。这一表态被视作是对法兰克福中央火车站命案的回应。难民

---

① Vince Chadwick, “Mark Rutte: Migration could bring about EU’s decline and fall,” November 27, 2015, http://www.politico.eu/article/migration-eu-decline-and-fall-dutch-rutte-roman-empire-rutte/.

② Stefan Wagstyl, “Refugee crisis frays ties between Berlin and east EU,” *Financial Times*, September 27, 2015.

③ Wolfgang Münchau, “Europe needs a sense of strategic direction to survive,” *Financial Times*, November 29, 2015.

问题也进一步刺激欧洲各国极右势力的发展，法国国民联盟、瑞典民主党、德国“选择党”等极右政党主张恢复本国边境控制权，拒绝接收难民，支持率大幅上升。申根区摇摇欲坠，时任欧洲理事会主席图斯克称，申根区“正处在崩溃的边缘”[①]。时任欧盟委员会主席容克称，“如果申根区不保，欧元也将失去存在价值”[②]。德国据称一度考虑“B 计划”，即将不合作的希腊、中东欧国家等排除在外，建立一个“迷你版”申根区[③]。2016 年，欧盟与土耳其达成协议，欧盟给土耳其提供资金，而土耳其则负责看管境内近 400 万难民，其中绝大多数是叙利亚人，不让其进入欧洲。之后，欧盟难民危机逐步缓解，申根区压力也有所减轻。但欧盟并未能利用这段难得的喘息机会，就难民和非法移民问题达成一个欧盟范围内的解决方案。2020 年以来，随着叙利亚战事再趋激烈，土耳其开放边境放任境内难民流向欧盟，导致希土边境地区持续紧张。如果欧盟再度爆发类似 2015 年规模的难民危机，申根区将形同虚设。因为 5 年来，欧盟形势已经发生了巨大变化，极右翼民粹主义势力有了极大发展，再无主流政治家敢于主张向难民开放，几乎所有国家，包括默克尔总理领导的德国都准备以封锁边界的形式应对难民危机。

对欧盟来说，难民问题将是一个生死存亡问题，单一市场包括人员自由流动在内的四大流动是欧盟赖以存续的根本性问题，如果难民危机导致欧盟各成员国关闭边界，将意味着单一市场的崩溃，也即意味着欧盟的巨大倒退。

其二，欧元区问题仍在累积。在申根区遭受冲击之前的几年，欧洲一体化的另一重要象征欧元是各界关注焦点。2012 年下半年以来，随着欧洲主权债务危机的缓解，欧元逐渐站稳脚跟，欧元区解体论消退。2015 年上

---

① Jacopo Barigazzi, “Tusk: Schengen at Risk of Collapse,” http://www.politico.eu/article/eu-asks-for-african-help-to-stem-refugee-flow-malta-summit-migration/.

② Eszter Zalan, “Juncker: Euro doesn't make sense without Schengen,” Euobserver, November 25, 2015. https://euobserver.com/migration/131265.

③ Peter Müller, Ralf Neukirch and Andreas Ulrich, “Coalition of the Unwilling: Merkel's Plan B Could Mean End of Schengen,” http://www.spiegel.de/international/germany/merkel-s-back-up-refugee-crisis-solution-could-end-schengen-a-1066895.html.

半年，希腊“退欧”危机的再度爆发显示，欧元与危机仍如影随形，欧元的未来再次受到强烈质疑。这一质疑最主要依据是，主权债务危机以来，尽管欧元区为维护其完整性及可持续发展，采取了一系列前所未有的重大措施，包括签订“财政契约”，设立救助基金“欧洲稳定机制”，建立银行联盟等等，但并未解决其结构性矛盾即只有统一货币，无统一财政和中央政府。从欧盟主权债务危机期间的经验看，这一结构性矛盾的持续发展可能导致严重后果。由于没有统一财政和转移支付机制，像希腊这样债务负担沉重的国家得不到及时减债，不得不负重前行，希腊与欧元区 2015 年 8 月达成的 860 亿欧元救助协议只是进一步增加了希腊的债务负担，制约其经济增长，希腊再度爆发危机只是时间问题，也就是说，希腊退出欧元区的可能性仍在。从 2015 年欧元区应对希腊危机的情况看，德国及多数欧元区国家已开始认真考虑希腊的退出问题。从德国等国立场看，希腊可能是特例，甚至认为希腊退出对欧元区是好事。实际上，希腊一旦退出，将永久改变欧元区作为一个货币联盟的游戏规则，即成员国退出是可能也是可行的，禁忌一旦被打破，市场会紧盯第二个、第三个可能的退出者，葡萄牙、西班牙、意大利等国都可能成为下一个目标。如意大利加入欧元区之前经济尚能保持一定的增长速度，但自加入欧元区以来经济实际增长率几乎为零，民众生活水平反而下降，目前，相当一部分意大利人支持脱离欧元区也就不足为怪。2018 年意大利大选前夕，“五星运动”和“联盟党”都对欧元表示了怀疑态度。两党在组成政府后，虽然降低了疑欧调门，但两党特别是联盟党对欧元敌意未减。2019 年 7 月，意大利民粹主义政府曾提出一项发行短期政府债券的建议，这类债券可以充抵税款，可以购买国有企业商品和服务，实际上是在欧元之外引入一种“平行货币”①。一旦正式大量引入，欧元区因此可能沦为随意性较大的固定汇率机制，一旦如此，也就意味着欧元区的终结，甚至最终威胁到单一大市场。

货币联盟需要有协调一致的财政政策，欧盟曾为此制定“稳定公约”，

---

① Silvia Amaro, “Italy’s idea of a parallel currency gets a frosty response,” June 17, 2019, https://www.cnbc.com/2019/06/17/italys-idea-of-a-parallel-currency-gets-a-frosty-response.html.

但从欧盟2010年初爆发主权债务危机看，这一公约显然没有达到其目的。为确保以后不犯类似错误，欧元区在德国的强力敦促下签订了“财政契约”，并由欧盟委员会监督执行，但问题是欧盟委员会并非实质意义上的中央政府，对成员国缺乏有效的约束力，尤其容易过于灵活解释条约，对大国网开一面，对小国则严格执法，比如，希腊、葡萄牙、西班牙等国在欧盟压力下持续推进紧缩政策，法国的减赤目标则一再延后，凸显大小成员国事实上的不平等，最终“财政契约”也可能步“稳定公约”后尘，沦为“纸老虎”。这将进一步侵蚀欧元区南、北国家之间本已严重受损的互信。北欧国家担心欧元区最终将成为“转移支付联盟”，对欧元债券、欧元区预算、共同存款担保等一体化提议非常敏感，比如，欧盟委员会为完善银行联盟，曾提出建立共同存款担保制度，但遭到德国强力反对。欧洲央行的量化宽松政策在德国等国也遭质疑，认为有债务“共同化”及财政“货币化”之嫌，是在变相为南欧国家分摊债务，最终将由德国等北欧国家承担风险。事实上，德国等北欧国家之所以力推“财政契约”，根本原因在于对南欧国家的不信任，因而欲以法律约束其财政政策。如果“财政契约”不保，德国等国“疑欧”情绪还会上扬，甩开希腊等南欧国家组建小欧元区的意愿将更强烈。南欧国家则饱受紧缩之苦，对以德国为首的北欧国家充满怨言。2015年初以来，希腊、葡萄牙、西班牙等国先后经历大选，执政党均失去议会多数席位，表明南欧国家存在强烈的反紧缩情绪。从根本上讲，南欧国家很难仅靠内部贬值即紧缩提升相对德国的经济竞争力。从目前情况看，南、北欧经济仍在持续分化，社会和政治上的对立情绪仍很强烈，比如北方人认为南欧人懒散、不可靠；南欧人特别是希腊人则怨恨德国的霸道。很难想像南欧国家民众会长期忍受紧缩、失业之苦，尽管主张留在欧元区仍是这些国家的主流民意，但民意如流水，不排除未来有主张脱离欧元区的政党上台执政的可能。货币体系生生灭灭，如布雷顿森林体系取代了金本位制，自1944年起管理世界金融体系，但其存在甚至不到30年。欧元的光荣时代更短，只有10年时间。现在的欧元区仍处于一种不稳定的过渡状态，随时可能面临新的危机，而当新的危机来临时，倒退风险将切实存在。如果按照欧元区当前的发展趋势，其裂解将不可避免。

欧元区的问题还与难民问题相互关联。由于欧元区国家经济上的差异性，难民倾向于流动到经济形势和就业环境较好的国家，比如德国、荷兰等国，这些国家将不可避免地对不成比例的接纳难民表现出怨恨情绪，最终可能是以封锁边界的形式阻止难民进入，加剧欧盟危机。再比如希腊，在债务危机中已经自认为遭受了德国及欧盟的不公平待遇，至今尚未恢复过来。2020 年初以来，希腊再次遭遇难民压力，大量叙利亚难民聚焦在希腊与土耳其边境，而希腊境内难民安置设施早已不堪重负。如果欧盟不对希腊施以实质性援手，将会进一步加剧希腊人对欧盟缺乏团结和公平精神的负面认知。

其三，英国是第一个但有可能不是最后一个退出欧盟的国家。英国已经于 2020 年 1 月 31 日正式脱离欧盟，这是欧洲一体化自 20 世纪 50 年代启动以来前所未有的事件，即一个成员国决定不再参与欧洲一体化，甘愿冒着经济和政治上的巨大风险而脱离欧盟。而此前欧洲一体化和欧盟只有一条单行道，即向前进，深化和扩大，从来都是欧盟对想要申请加入的国家挑挑拣拣，但现在欧盟却遭到前所未有的嫌弃，欧盟和欧洲一体化自此出现双行线，即欧盟的发展也是可逆的，并不是只有前进一条道，还可以倒退。所以从这个意义上说，英国退出欧盟对欧盟机构和所有成员国来说，其冲击是巨大的，特别是在心理上。英国为什么会退出欧盟，不同的人可能有不同的解释，这方面的分析很多，的确，英国可能是个特例，是英国相对于其他成员国而言有太多例外、特殊的地方，包括历史、地理等方面的因素。尽管如此，英国退出欧盟这一事件仍然表明，英国国内政治有问题，欧盟同样有问题。从目前来看，这些问题欧洲并没有解决，比如欧盟层面的民主赤字问题，随着欧洲一体化的发展，欧盟机构的权力越来越大，却没有民主的制约，虽然有欧洲议会这一貌似民主的机构，但其代表性一直存在较大争议，并未得到欧洲民众的广泛认可。民粹主义问题，以及其所体现的精英与民众的矛盾问题，这一问题并非英国独有，欧洲其他国家也都不同程度地面临这一问题，民粹主义特别是是极右翼的民粹主义，从根本上讲就是民族主义，而这与欧洲主义和欧洲化目标是背道而驰的。从目前看，欧盟在英国 2016 年公投脱欧后虽然有所反思，但反思的结果是深化一体化，特别是深化欧元区一体化，也就是所谓更多的欧洲、更少的国家权力。这在马克龙等政治家看来，可能是解决欧洲问题的良方，但在民粹主义者看来，则无异于毒药。也就是说，欧洲一体化愈深化发展，可能会激发欧洲社会至少是相当大一部分社会群体更大的反弹。而欧洲一体化止步不前，则意味着欧洲的难民问题、债务问题、气候变化问题、经济发展等问题持续的累积，同样会损害欧洲一体化和欧盟形象。也就是说，欧盟当前面临悖论，进退两难，没有太好的办法。英国退出欧盟后，将走上一条独立的道路。从目前情况看，欧盟和欧洲一体化的未来发展是灰暗的，前景并不明朗。英国脱欧后前景也具有较大不确定性，但如果英国在欧盟之外发展良好，将对欧盟内一些国家构成范例和榜样，不排除未来一些国家效仿英国，也走上脱离欧盟的道路。

第二节　经济活力匮乏

欧盟目前的问题和危机，包括社会的激进化、穆斯林融合难、极右势力兴起、恐怖主义威胁增大、难民问题等等，都与其经济低迷、缺乏活力密切相关，欧盟经济低增长常态化，在全球总产值中占比将持续下降。

欧盟经济在经历主权债务危机期间的萎靡和衰退后，开始恢复性增长，但主要得益于外部因素，包括石油价格大幅下降，持续的宽松货币政策，欧元贬值等等。但其所带来的增长红利可能逐步衰减，如欧元过度贬值也将不可避免引发其他国家反弹甚至引发一定程度的货币战，从而抵消欧元贬值优势等等，美国特朗普政府已经开始大肆攻击欧盟的货币政策。所以，在经过 2014—2017 年的恢复性增长后，从 2018 年下半年开始，随着世界经济形势不确定性的增大，特别是特朗普政府“美国优先”政策的推进，欧盟经济仰赖的外部环境成为负面因素，但更为重要的是，从长期来看，欧盟经济内生性动力严重不足。

其一，福利制度仍是长期拖累。福利制度起源于西欧，随着欧洲一体化的深入，欧盟内部各成员国福利制度建设开始趋同，福利水平虽有高低，但都建立了强大的福利体系，是全球向往的“生活超级大国”。欧洲福利制度起到了社会的稳定器作用，也促进了社会的公平和谐发展，但任何事情都有其正反两面。随着欧洲社会进入老龄化时代以及全球竞争日趋激烈，其结构性弊病也日益突出。欧洲主权债务危机的爆发部分原因即在于此，主权债务危机期间，欧盟特别是欧元区国家对福利体系进行了改革，如削减了养老金，提高退休年龄，松绑劳动市场等。但由于各方阻力大，改革并不彻底，2015 年葡萄牙、波兰、西班牙等国大选结果表明，改革甚至有倒退可能。欧盟第二、四大经济体法国、意大利福利制度改革尤为艰难，问题更为突出。一是劳工市场严重僵化，缺乏灵活性。法国劳动法长达 3809 页，几乎是《圣经》的两倍[①]，规定、保护细则繁多。近年欧洲国家所推改革部分加强了劳工市场的灵活性，但主要是短期合同工灵活性增加，长期合同工解雇程序仍然复杂，成本高昂，企业仍然不愿长期雇用新人，年轻人往往求职无门。法国、意大利、西班牙等国就业市场仍存在两个阶层的分野：一个阶层是有工作的，特别是那些在公用部门的职员，得到高度保护；第二个阶层是没有工作的，或者只拥有短期合同、工作朝不保夕的人特别是年轻人。在西方发达经济体中，欧盟特别是欧元区失业问题最为严峻，多年来居高不下，2015 年 10 月欧元区失业率仍高达 10.7%，青年人失业率为 22.3%，其中意大利、西班牙及希腊等国青年失业率分别高达 39.8%、47.7%、47.9%[②]，近年来，欧盟和欧元区失业率持续下降，但相比美国、英国和日本等国，仍然处于较高水平，特别是法国及南欧国家。大量的人口不就业，既是欧盟经济的损失，从长远看，欧洲“失去的一代人”将成为日益严重的经济和社会负担。二是企业税负过高。为维持刚性的高福利支出，最容易的办法就是增税。增税导致企业成

---

① “François Hollande's Rhine journey,” *The Economist*, April 25, 2015, http://www.economist.com/news/europe/21649471 - french - president - tries - belatedly - catch - up - other - more - competitive - countries - his.

② “Unemployment statistics,” Data up to October 2015, http://ec.europa.eu/eurostat/statistics - explained/index.php/Unemployment_ statistics.

本上升，降低竞争力，在这种情况下，企业或无法生存而裁员、倒闭，或为降低生产成本，大量外迁，无论哪种结果都会导致当地失业率的上升，经济活动和政府税源的减少，而政府或“竭泽而渔”，形成恶性循环，或大量举债，埋下债务危机隐患。三是各种补贴支出庞大，包括失业保护等等，一个简单的事实是，欧盟 27 国占全球人口不到 7%，却占全球 GDP 24%，但社会福利支出却占全球近 50%，显然不可持续①。福利支出挤占了政府教育、研发开支，日益成为政府沉重的财政负担，不利经济长期发展。

其二，欧元区的机制性束缚。过去 10 年欧元区的经济表现可以说令人失望，特别是上个 10 年的前半段，基本上处于停滞状态，部分南欧国家更是严重衰退。2015 年，美国经济相比 2007 年增长 10%，欧元区则基本上是原地踏步，仅仅增长 0.6%，人均实际国内生产总值甚至比 2007 年水平还低 1.8%，而美国则是增长 3%。当然，德国至 2015 年时经济相比 2007 年增长 6.8%，但这意味着平均每年只有 0.8% 的增长，这一数字绝对说不上是成功。西班牙、葡萄牙，特别是希腊则是大幅萎缩。同一时期的英国、瑞典和挪威等非欧元区国家经济发展则更为成功，相比 2007 年增长 8.1%。从目前情况看，未来欧元区经济发展仍然不容乐观。一是紧缩仍将持续。作为一个货币联盟，为消除所谓“道德风险”，必须严格限制成员国的财政政策，这也是欧元区为什么要设立“财政契约”的目的。因此，紧缩并不仅仅是为应对债务危机，将是欧元区不可避免的长期性财政政策。目前，债务危机虽已成过去，但未来很长时间内紧缩强度仍很难降低。原因在于，欧元区国家普遍债务庞大。2019 年第一季度时，欧元区债务占 GDP 比例为 85.9%，但希腊债务占 GDP 比例高达 181.9%，意大利为 134%，葡萄牙为 123%，比利时为 105.1%，西班牙和法国也接近 100%②，

---

① “The Merkel plan,” *The Economist*, June 15, 2013, http://www.economist.com/news/special-report/21579144-germanys-vision-europe-all-about-making-continent-more-competitive-merkel.

② Eurostat, “First quarter of 2019 compared with fourth quarter of 2018, Government debt up to 85.9% of GDP in euro area Up to 80.7% of GDP in EU2,” https://ec.europa.eu/eurostat/documents/2995521/9984123/2-19072019-AP-EN.pdf/437bbb45-7db5-4841-b104-296a0dfc2f1c.

减赤任务仍重，要达到“财政契约”的要求，法国、意大利，特别是希腊还需多年努力，而且还要保持经济的较高增长，而这几乎是不可能的任务。2020 年 3 月以来，由于新冠肺炎疫情的暴发，欧盟放松了对成员国财政赤字和公共债务的要求，各成员国财政赤字及公共债务占 GDP 比例因此大幅上升。意大利、西班牙等南欧重债国财政负担未来将更为沉重。尽管欧盟因为疫情放松了财政要求，但这只是暂时的，未来欧元区一刀切的财政纪律对经济的抑制作用将长期存在。2015 年以来，因安全问题严峻、难民大规模涌入，欧洲国家财政支出有所上升，但这些均属消费性投资，短期内可能刺激经济增长，从长期看社会及安全成本的上升反而可能抑制经济增长。为破除财政瓶颈，绕开“财政契约”的限制，欧盟委员会设立的“欧洲战略投资基金”（EFSI）于 2015 年 9 月正式投入运营，以帮助成员国刺激经济增长。但该基金杠杆率过高，EFSI 初始资金为 210 亿欧元，其中，欧盟入股 160 亿欧元，欧洲投资银行（EIB）注资 50 亿欧元。之后再通过成员国公共部门资金和担保、私营部门注资和欧洲投资银行发售债券等方式，三年内（2015—2017 年）筹措 3150 亿欧元资金，杠杆率为 1∶15，撬动社会及境外资本并不理想。2019 年以来，由于经济下行压力增大，欧盟内部开始酝酿推行相对积极的财政政策。2019 年 9 月，荷兰公布 2020 年预算计划，承诺将在 2020 年减税 30 亿欧元，并制定公共投资基金计划①；法国宣布建立一个 50 亿欧元规模的公私投资基金；德国计划投入 540 亿欧元用于鼓励企业和家庭减少碳排放、铁路票价补贴、电动汽车补贴及新建电动汽车充电桩等。5 月，法国与德国宣布，共同投资约 50 亿—60 亿欧元建设动力电池项目②。但总体而言，力度不大，难以起到立竿见影的效果。而且从根本上讲，欧洲国家即使想要推进积极的财政政策也是心有余而力不足。二是内部分化将日趋严重。欧元区共同的货币政策、固

---

① “Europe's manufacturing slowdown shows no sign of letting up,” https：//www. economist. com/finance – and – economics/2019/09/26/europes – manufacturing – slowdown – shows – no – sign – of – letting – up.

② “France and Germany commit to European electric battery industry,” https：//www. reuters. com/article/us – france – germany – industry/france – and – germany – commit – to – european – electric – battery – industry – idUSKCN1S80SF.

定汇率、以及成员国财政政策独立性受限对强势成员国更为有利，但边缘国家则负面影响较大。总的趋势是弱国更弱，强国更强，欧元区债务危机的爆发及应对模式进一步强化了这一趋势，未来希腊、葡萄牙、意大利等国在欧元区内将更难生存，从而长期影响欧元区稳定和总体经济发展。

其三，长期竞争力弱化。欧盟整体仍有很强的全球竞争力，在世界经济论坛的竞争力报告等排名中，荷兰、芬兰、德国等多国位于全球前十。但欧盟的传统竞争力优势正在动摇，其刺激未来经济增长的产业优势和创新能力正在减弱。欧盟没有自己的苹果（Apple）、谷歌（Google）、脸谱（Facebook），在信息产业、数字经济领域不但大大落后于美国，甚至也不如亚洲，这是导致其经济增长缓慢的原因之一。欧盟缺乏颠覆性创新能力，同时传统制造业在技术及成本方面都面临新兴国家挑战，优势遭侵蚀，发展后劲严重不足。近年来，欧洲特别是欧元区国家为财政达标，强力紧缩，教育、研发、科技领域的投资遭到削减，削减这些领域的投资，也就等于削减了对未来长远竞争力的投资，而这对欧盟经济的影响将是根本性的。从教育看，在债务危机高峰时期的 2011 年和 2012 年，教育支出占欧盟 GDP 比例都出现了下降。2011 年，欧盟教育支出占 GDP 比例与 2010 年相比下降 3.6%。2012 年，欧盟教育支出占 GDP 比例为 5.3%，与 2011 年持平，但因为 2012 年欧盟 GDP 下降 0.4%，所以教育实际支出仍然减少①。债务危机过后，教育支出占欧盟 GDP 占比也在持续下降。2018 年，欧盟 27 国（不包括英国）政府教育支出占 GDP 比例为 4.6%，南欧重债国更低，如希腊仅占 3.9%，西班牙和意大利也都仅为 4%②。从研发看，欧盟 2010 年通过的《欧盟 2020 战略》要求研发支出要达到占 GDP 3% 的目标，但至今欧盟研发支出占 GDP 比例仍仅为 2% 左右，远低于美国的 2.81% 以及日本的 3.38%。除德国等北方国家外，南欧及中东欧国家

---

① "Public finance and growth - friendly expenditures," pp. 6 - 8, http://ec.europa.eu/europe2020/pdf/themes/01_ public_ finances_ growth_ friendly_ expenditure.

② "Government expenditure on education," https://ec.europa.eu/eurostat/statistics - explained/pdfscache/42735.pdf.

研发占比更低，很多国家甚至不到1%[①]。

其四，也更为重要的是，欧洲人口加速老龄化。根据欧盟统计署数据，到2035年时，欧盟人口将从现在的5.04亿人增加到5.25亿人，但到2060年时将逐步下降到5.17亿人。随着生育率的下降，欧洲人口快速老化，2014年欧洲劳动人口（15—64岁）为3.08亿，到2060年时将下降至2.65亿。老年人口依赖率（65岁以上老人占劳动人口比例）将从2010年的28%上升至2060年时的58%[②]。德国问题将更为突出，德国当前是欧盟人口最多国家，但生育率为全球最低之一，根据当前发展趋势，德国人口到2060年时将从当前的8200万下降至6500万人[③]。当然，对未来几十年的情况做预测很难，但人口发展有其内在惯性和动力，很难实质逆转，比如生育率水平很难改变，除非有大规模移民。德国当前大量接纳难民，甚至不惜采取单方面措施全面接纳叙利亚难民，即有经济上的考虑，德国需要劳动力，但除非德国社会文化、宗教思维有根本性转变，很难想象德国会全面开放移民政策。目前，默克尔的难民政策在德国及欧盟内已引发极大争议，并已悄然收紧难民政策。也就是说，德国接纳移民数量将有其限度，难以根本扭转人口下滑趋势。老化的人口意味着老化的经济，老龄人口作为一个选举投票集团将拥有更大的政治影响力，更多的财政支出将用于养老金，生产活动减少，经济活力下降，简而言之，人口数量的绝对下降和老龄化意味着经济不可避免的衰落。德国是欧洲经济的发动机和稳定锚，德国经济活力的丧失将给欧洲经济、政治、一体化带来难以想象的严重后果。当然，人口下降及老龄化问题非欧盟独有，而是发达甚至发展中经济体的普遍现象。但欧盟极为刚性的福利制度、相对僵化的劳动市场及欧元区机制缺乏灵活性等欧洲特性将使其老龄化问题更为严峻，也更难

---

① “R & D expenditure,” http://ec.europa.eu/eurostat/statistics-explained/index.php/R_%26_D_expenditure; Research and development expenditure (% of GDP) - European Union, “UNESCO Institute for Statistics,” https://data.worldbank.org/indicator/GB.XPD.RSDV.GD.ZS?locations=EU.

② Mark Leonard, Hans Kundnaniapril, “Think Again: European Decline,” http://foreignpolicy.com/2013/04/29/think-again-european-decline/.

③ Mike Bird, “Why Germany won't be in charge of Europe forever,” May 12, 2015, http://uk.businessinsider.com/why-germany-wont-be-in-charge-of-europe-forever-2015-5.

应对。

总而言之，由于种种结构性问题的制约，欧盟经济很难保持较高增长速度，低增长将常态化，特别是欧元区经济将长期低迷[①]。较低的经济增长将难以实质性改善就业环境和社会整体氛围，欧洲的社会问题如失业率居高不下、穆斯林移民融合难、青年激进化、民粹主义等等还将长期存在，而这反过来会影响经济的长远发展，形成恶性循环。2018 年欧盟和欧元区经济分别增长 2.0% 和 1.9%，2019 年则降至 1.5% 及 1.2%，未来几年也很难想象会有较高的增长率。2009 年，欧盟占全球 GDP 比例为 28.6%[②]，到 2020 年时将降至 22.4%[③]，这还是在包括英国在内的情况下，随着英国的退出，欧盟经济在全球占比还会更低。欧盟经济仍在增长，其全球占比下降更多是相对而言。但从全球经济增长趋势看，欧盟生产总值的全球占比下滑趋势还将延续，到 21 世纪末，欧盟经济在全球占比将低至不足 10%[④]，而长期的下滑必然会带来欧盟全球经济实力和地位的绝对下降。

第三节　国际地位下滑

欧盟近年来面临的种种问题和危机严重冲击到欧盟国际形象和影响力，而且无论从欧盟所面临问题和危机的复杂性、严重性，还是从欧盟危机应对的表现看，欧盟国际形象和影响力受损都不是短期或暂时现象，在

---

① “Eurozone economy faces more ‘prolonged sag’, Mario Draghi warns,” https://www.ft.com/content/02e97d16 - ddd0 - 11e9 - 9743 - db5a370481bc.

② IMF: http://www.imf.org/external/pubs/ft/weo/2015/02/weodata/index.aspx Eurostat http://ec.europa.eu/eurostat/tgm/table.do? tab = table&init = 1&plugin = 1&pcode = teina200 & language = en.

③ “Europe on the wane,” https://www.politico.eu/article/europe - on - the - wane - global - economics - demographics - gdp/.

④ “Europe on the wane,” https://www.politico.eu/article/europe - on - the - wane - global - economics - demographics - gdp/.

可预见的将来还会继续下滑。

其一，内部凝聚力下降，行动力受限。欧盟的全球实力和影响力很大程度上在于其一体化的持续深化，全球最大的单一大市场、第二大货币欧元、统一的外交和安全政策等等都是其实力来源，所谓团结就是力量。欧盟成员国即使是德、法等欧洲大国也都认识到，单个欧洲国家在快速演变的世界中分量只会愈来愈小，离开了欧盟这个大家庭，单个欧洲国家无论在规则制定还是在各种全球性议题的谈判中，都将更难有效捍卫自身利益。欧洲精英阶层对此有更为清醒的认识，因此从理性出发，欧洲国家在危机来临时选择了抱团，到目前为止仍维护了欧元区的完整性，也在力保申根区不致崩溃。但值得指出的是，重重危机分化了欧盟，也加大了欧盟的内部矛盾，德、法等主要国家之间，南、北欧之间，东、西欧之间的彼此猜疑和矛盾都上升到了一个前所未有的水平，比如法国与德国在欧元区未来发展方向上的根本性分歧，希腊与德国之间的相互不满甚至怨恨，中东欧及意大利等国对德国与俄罗斯的北溪管道二期工程计划的公开指责[①]等等不一而足，这些猜疑毒化了欧盟内部氛围，导致相互协作及危机应对更为困难，而各种危机如债务危机、乌克兰危机、难民危机的久拖不决又进一步加深了各国分歧和矛盾，形成恶性循环。英国甚至已经退出欧盟。如今，欧盟各国对一体化的热情俨然不再，对解体和崩溃的恐惧而不是出于对欧洲一体化的信念和理想还暂时维系着欧盟的生存。如果说精英层面对维系一体化成果尚有共识，民意则出现重大分化，法国、德国、意大利等国支持极右政党，也就是支持脱离欧元区和欧盟的民众都有较大幅度上升，如果说疑欧主义过去只是英国的专利，现如今在所有欧盟国家都成为一种突出现象。民意的变化及代表这部分民意的各种极右、极左政党的兴起将极大制约欧盟解决问题及应对危机的能力，也将使未来的欧洲一体化进程更为举步维艰。

从目前看，欧盟为确保欧元区及申根区生存，出台并准备出台系列政策举措，如强化银行联盟，建立“资本市场联盟”等改善欧元区治理；与

---

① 意大利称德国表现虚伪，参见 Christian Oliver and Stefan Wagstyl，“Tusk joins Italian premier in attacking Berlin over gas pipeline,” *Financial Times*, December 18，2015.

土耳其达成难民管理协议，设立欧盟边防部队等，以减轻申根区压力，但这些举措均属走一步看一步的危机管理范畴，而基本上每一步都反而加深了欧盟内部矛盾，比如法国等南欧国家对“财政契约”的抱怨就从未停止，意大利人认为德国推动的紧缩政策正在煽动民粹主义，导致政治瘫痪和政府垮台，“欧盟应服务于所有成员国而不是（德国）一个国家”①。从根本上讲，欧盟各国的深度融合需要有一个强有力的类似中央政府的执行机构，也就是说，当前欧盟执行机构欧盟委员会需要大幅扩权，因而需要修改欧盟条约，而这显然并不现实。一个持续处于艰难的不稳定的维系状态、在任何重大议题上都分歧重重、争吵不断的欧盟，很难有一个有利的国际形象，也不大可能产生高效、有力的国际行动，自然其国际地位也会下降。外交上，欧盟仍很难“用一个声音说话”，其共同对外立场往往只是最小公约数；经济上，欧盟已经不再是全球最大单一市场，其消费水平及对世界商品的吸纳能力下降；金融上，欧元仍保持全球第二大货币地位，但所占国际储备份额降低，在全球金融交易中份额下降，欧元对美元及其他世界其他主要货币仍趋于贬值。

其二，软实力光环不再。美国以军事实力见长，欧洲则以软实力自诩，其一体化模式、福利制度、民主政治、人权标杆等都曾是欧盟引以为傲的重要软实力，但这些都渐渐失去光环。长期以来，欧盟一直自豪于自己在二战后发展起来的一体化治理模式，通过联合，欧洲实现了彻底和平和普遍繁荣。欧洲一体化成为全球其他地区一体化的范本，欧盟也乐于推销自己的一体化模式。但近年来，欧洲一体化遭遇严重问题，出于政治目的设立的欧元处境尴尬，进退两难，进不容易，退则要承受难以忍受的经济和政治后果；申根区漏洞巨大，同样也是进退两难，即便欧盟内部也有“早知如此，何必当初”的感叹。英国长达 3 年半的脱欧大剧也大大损害了欧盟形象。因此，欧洲的一体化模式虽仍有可借鉴之处，但对外部世界而言，更多是作为教训而非经验看待。福利制度因为债务危机也更多成为教训而非经验，欧洲某种程度上成为贪图安逸和享乐的代名词。同样，欧

---

① James Politi, “Eurozone austerity fanning populist flames, says Renzi,” *Financial Times*, December 21, 2015.

洲虽为西方民主制度的发源地，但近年来却遭受民主困境，不论是中左还是中右的政府上台，都无法满足选民的期望，并没有比以前的执政党做得更好。也就是说，民主游戏并没有成功选出让选民满意的政府。无论是换党或者是换人执政，结果都一样，大同小异，都不能解决民众所关心的民生问题。民众可以换党，但不能改变政策，因此感到幻灭，因为政治人物和主流政党都不可信。欧洲当前民粹主义盛行，极右、极左势力兴起，甚至在意大利、波兰等国上台执政，正是欧洲民主运作失灵的表现。另外，民主也对欧洲经济、社会发展形成愈来愈大的制约，卢森堡前首相、前欧盟委员会主席容克曾有句名言，“我们都知道要做什么，但不知道做了以后如何再次赢得选举”①，欧洲的经济、社会问题积重难返，与政治人物多年来出于选举考虑不敢推进重大改革密切相关。欧洲民主失灵的另一表现是，欧洲各国的政治版图趋于碎片化，两党、三党甚至更多的党派联合执政更为普遍，德国 2017 年 9 月大选，但直到 2018 年 3 月才组建政府；西班牙 2019 年连续两次大选，仍然组阁困难，在这种情况下，指望政府能有所作为只是奢望。另外，欧盟在社会矛盾加剧、难民潮及恐怖主义压力下，排外情绪上升，出现“堡垒”化趋势，即排斥移民、抗拒全球化和自由贸易，也损害到欧盟国际形象，恶化与伊斯兰世界的关系。因此，欧盟虽仍在全球宣扬自己的民主、人权等价值观，但在自身问题不断、实力下降的情况下，更显苍白无力。

其三，硬实力进一步降低。冷战结束以来，欧洲国家军费总体一直呈下降趋势，2010 年初债务危机爆发以来，欧盟全面推行紧缩政策，军费首当其冲，遭到持续削减。自 2008 年以来，意大利实际国防支出下降 21.5%，英国 9.1%，德国 4.3%，法国零增长。欧洲国家军队某种程度上被视为一个就业渠道，国防支出很大部分用于人头和养老金，有的国家这一比例甚至占到 85%，用于装备的很少。② 2011 年英、法、意等欧洲国家

---

① Marco Buti, Alessandro Turrini, Paul van den Noord, “Can governments implement structural reforms and yet be re-elected?” June 17, 2008, http://www.voxeu.org/article/how-reform-and-still-win-elections.

② Sam Jones, “Nato: Northern exposure,” *Financial Times*, April 8, 2014.

带头军事干预利比亚，却充分暴露了欧洲国家的军事能力缺陷，包括难以定位攻击目标，无法空中加油，弹药储备严重不足，最后不得不依赖美国。法国近来对非洲的干预均属小型军事行动，即使如此也力不从心；叙利亚化武危机爆发后，英国拒绝军事干预，法国虽力主军事打击，但在美国打退堂鼓后，不得不尴尬地知难而退；欧洲国家一直希望叙利亚巴沙尔政权垮台，但无法给反对派提供实质性军事支持，而叙政府军则在俄罗斯和伊朗支持下，开始收复失地，统一全国，不能不说是欧洲的失败。同样，在利比亚，也是俄罗斯和土耳其唱主角，欧洲人在事关自己切身利益的重大问题上却无能为力，沦为看客①。乌克兰危机爆发后，波兰及波罗的海国家进一步转向美国，寻求美国的帮助，也从侧面表明这些国家对欧盟及西欧主要国家军事能力的不信任。在伊朗核问题上，美国退出伊核协议后，欧洲虽然极力维护这一协议，却无力兑现对伊朗承诺。当然，乌克兰危机和恐怖主义威胁对欧洲刺激很大，英、法、德等国不同程度准备增加军费开支，但小幅增加难以根本扭转其军事实力下降趋势。硬实力的下降意味着全球安全角色重要性的降低，如中东、东欧事关欧盟重大安全利益，却沦为美俄安全博弈的战场，欧盟及其主要成员国只能扮演次要角色。另外，经济既是软实力，也属硬实力，随着经济的低迷，欧盟对外援助趋于减少，贸易政策更为保守，扩大进程也大大放慢，这些都会降低欧盟对外辐射和影响力。

其四，外交独立性下降。这主要指相对于美国而言。冷战期间，欧洲经济外交虽相对独立，但在政治及安全领域则基本依附于美国，美国通过北约，对欧盟高政治领域对外关系保有强大影响力。冷战结束后，欧盟一度独立意愿较强，建立了共同外交与安全政策，2005 年《欧盟宪法条约》还设立了欧盟外交部，欧盟制宪努力失败后，《里斯本条约》仍设立了“对外行动署”，欲图整合欧盟各成员国外交与安全力量。但之后，随着经济、社会、政治及一体化困境的凸显，欧盟外交雄心逐渐消退，独立于美

---

① Russia，“Turkey emerge political frontrunners in Libya：Report，” https：//www.aljazeera.com/news/2020/01/russia－turkey－emerge－political－frontrunners－libya－report－200125164718802.html.

国的意愿很快降低。2008 年，时任法国总统萨科齐决定重返北约军事一体化组织即法国及欧盟外交独立性下降的鲜明体现。欧债危机爆发后，欧盟独立防务建设基本停滞不前，所谓欧洲军队建设更属纸上谈兵，共同防务问题甚少列入欧盟峰会议题。乌克兰危机及中东乱局既暴露了欧盟硬实力的局限性，也加深了欧盟对美国和北约的安全依赖，美国对欧盟的影响力再度趋强。当然，欧美在全球性问题上的确有很多相同或相似的立场，欧盟也要借助美国捍卫自身利益。但值得指出的是，美国从中东抽身、在伊朗核问题上推波助澜等行动显然不符合欧盟利益，欧洲社会对美国的不满情绪也非常高，尽管如此，欧盟仍与美国全球外交特别是政治、安全政策保持了高度一致性，即使这些政策有损欧盟利益，如法国被迫取消了对俄罗斯的军售案，欧盟在急需俄罗斯帮助解决中东问题的情况下，仍然不断延长对俄罗斯制裁的决定。近年来欧盟在南海等有关亚太问题的表态虽相对温和，但大体仍与美国立场保持了一致。欧洲国家选择加入亚投行，以及德国等国推进与俄罗斯的“北溪 -2”管道建设等等仍属经济范畴，并不能表明欧盟的独立性。众所周知，由于美国的反对，欧盟仍然维持着对华军售禁令，尽管这一政策不符合欧盟利益，也与中欧关系发展严重脱节。

欧盟仍然看好中国的发展前景，希望继续深化与中国的战略合作伙伴关系。原因在于：欧盟在共同外交与安全政策方面尽管采取政府间合作的方式，但各成员国在战略与安全方面近年来对华政策却日趋一致，也就是说，成员国政策日趋“欧洲化”，未来这种趋势不会改变。例如，大多数欧盟国家都认为，中欧之间不存在根本性的利益冲突，任何一个对对方都不是威胁。在欧洲的很多安全关切上面，如反恐、防止大规模杀伤性武器的扩散以及打击非法移民、有组织犯罪、应对气候变化等，欧盟都认为，中国是一个非常关键的、不可或缺的合作伙伴。但欧盟在传统的安全领域如军事等方面不但和中国很难有实质性合作，即使是象征性决定也很难实现：一是因为欧盟在意识形态上仍然存在对中国的偏见以及对中国快速发展的防范性心理增强；二是因为欧盟至少是一些成员国在经济、政治和安全等利益上有求于美国，容易受到美国压力的影响。

欧盟的衰落已然加速，但并非一个线性、简单的进程，受各种内外因素复杂作用，既与欧盟内部各力量关系的演变有关，也受全球力量格局变化的影响，因而是曲折的、波动的，既要看到其衰落的总体趋势，也要看到其渐进性和长期性。

第一，至少在可预见的将来，欧盟的衰落趋势难以逆转。当然，这一衰落更多是相对而言，即全球其他主要力量的群体性快速发展，必然意味着欧盟经济、政治、外交实力和影响力的相对下降。但在某些方面或某种程度上，欧盟的衰落也可能是绝对的，比如英国退出就意味着欧盟的大幅倒退，其对欧盟的影响将难以估量。欧盟经济也很可能随着货币贬值、人口减少而萎缩。在这种情况下，欧盟国际地位和影响力更将绝对下降。

第二，巨大压力下，欧盟危机意识增强，竭力维护一体化成果，扭转衰落颓势，未来欧盟还不至于走向解体。其一，欧盟成员国之间虽然分歧重重，猜疑和矛盾增大，但仍有团结在一起的较强政治意愿，不愿看到欧盟解体，这一点至关重要。其二，尽管欧盟经济、社会及政治、安全问题日趋严峻，但均尚在可控范围内，无论是穆斯林融合、恐怖主义、极端势力，还是欧元区、申根区以及英国退欧问题，均未构成致命威胁，欧盟仍有足够的资源和能力应对。其三，退出欧盟的风险实在太大，法国极右的“国民联盟”以及意大利的联盟党等虽然主张脱离欧盟或欧元区，但至少在短期内放弃了独立公投的想法。其四，成员国虽各有怨言和不满，但欧盟仍有极大附加值，包括额外的外交影响力、巨大的市场、出行的便利等等，对中东欧等国来说还有巨额的资金援助。

第三，欧盟的衰落进程早已开始，并非近年来现象，只是更为突出。未来欧盟的衰落仍将是渐进、缓慢、长期的过程。至少从目前看，还看不出欧盟“中兴”或再崛起的可能。欧盟不会崩溃、解体，但欧盟职能、成员国与欧盟机构关系等不确定性较大；欧盟也不会演变为联邦式国家，所谓“欧洲合众国”遥遥无期。作为一种中间的不稳定状态，欧盟的老问题不会消失，新问题还将层出不穷。

第四，欧盟的衰落，或者说实力和国际地位的下降并不意味其在国际舞台上“无关紧要”或“无足轻重”，欧盟仍将是一支重要的全球性力量。

其一，欧盟有巨大体量和规模，仍是全球最大经济体、最大单一市场，最大贸易集团，拥有全球第二大货币欧元等。而且在经济领域，欧盟高度一体化，在国际经济交往中基本上能做到用一个声音说话，在贸易问题上是堪与美国匹敌的对等谈判者，在竞争政策、产品安全、环境保护等领域拥有强大的规则制定能力。其二，欧盟在气候保护、环境治理、全球贸易、国际金融体系改革等全球治理领域仍有较大话语权。其三，欧盟作为一个不完全等同于美国的西方力量，在国际舞台上仍能发挥独特的作用。欧盟的共同立场，虽然难以达成，也仍有重要影响力，为世界各国所看重。其四，欧盟大国法、德等国仍有较强综合国力，经济、科技、金融、军事实力仍处于全球领先水平。

后　记

欧洲很复杂，有欧盟这一超国家组织，有众多的国家，特别是英、法、德三大国本身就有太多值得研究的问题，中东欧、南欧、北欧等次区域也都各有特点。就如“盲人摸象”一般，囿于历史、经济、语言文化等方面的知识以及理论水平的局限性，对欧洲的看法容易不客观、片面，也容易简单化。研究欧洲需要有深厚的历史功底、需要经济知识和一体化理论、需要语言基础，当然，更需要综合分析能力和超出欧洲之外的大视野。简言之，研究欧洲不易，研究好、研究透更不易。

本人自入职中国现代国际关系研究院以来，一直从事欧洲方向研究工作。现代院历史传承丰富，工作条件优越，研究氛围浓厚，浸润其中，获益良多。回望过去，在现代院工作的近20年正是欧洲急剧变化的年代，这些年的点滴研究正好汇成一幅大变局时代的欧洲画卷。

《失序与迷茫——大变局下欧洲的未来》一书对欧洲进入21世纪以来20年的发展历程进行了梳理，以重大事件和重要社会现象为经，以欧洲的上下求索为纬，分析研判，试图就欧洲未来发展走向得出一个相对客观的结论。无疑，这项任务挑战性极大。本人虽然研究欧洲多年，但知识和理论水平的不足和恐慌感却随着研究的深入不减反增。写作书稿过程中，本人常感力所不逮，分析不全面、观点不准确的地方在所难免，还请读者批评指正。

书稿完成了，要感谢的人很多！感谢现代院袁鹏院长对本书出版的鼓励和大力支持！感谢傅梦孜副院长对本书写作的肯定和建议；感谢冯仲平副院长长期以来的指点和帮助！感谢时事出版社的王基建社长和苏绣芳老师，感谢责编黄放和美编杨洋先生，他们为编辑出版本书付出了很多！最后，感谢我的家人，他们对我的工作给予了充分的理解和支持！

研究无止境，大变局下欧洲研究挑战巨大，我辈自当踏踏实实，一步一个脚印，履职尽责，努力工作，无愧于这一奋进的新时代。

张健

2020 年 11 月 20 日于北京